Wider den grünen Wahn

Kurze Biographie

Horst Demmler

Geb. am 18. Juni 1931 in Hattingen an der Ruhr

Studium der Volkswirtschaftslehre in Bonn und Mainz.

Studium der Osteuropakunde am Osteuropainstitut der Freien Universität Berlin und am Russian Research Center in Harvard.

26 Jahre Professor für Volkswirtschaftslehre an der Justus-Liebig-Universität Giessen.

Seit 19 Jahren im Ruhestand.

Keine spezielle wissenschaftliche Qualifikation für viele der in diesem Buch behandelten Themen. Die besondere Kompetenz, auf die zurückgegriffen werden kann, ist die von Odo Marquard so genannte Schandmaulkompetenz. „Man braucht im Alter keinen Mut mehr, um in Fettnäpfchen zu treten, weil man nicht genug Zukunft hat, um wiedergetreten werden zu können."

Das grüne Gesinnungstribunal verliert seine Schrecken.

Wider den grünen Wahn

Horst Demmler

Eine Streitschrift

EDITION OCTOPUS

Horst Demmler, »Wider den grünen Wahn«

© 2015 der vorliegenden Ausgabe: Edition Octopus im Verlagshaus
Monsenstein und Vannerdat Münster. www.edition-octopus.de

© 2015 Horst Demmler

Alle Rechte vorbehalten

Satz: MV-Verlag, Thorsten Hartmann

Umschlaggestaltung: MV-Verlag

Umschlagfoto: MV-Verlag

Druck und Einband: MV-Verlag

ISBN 978-3-95645-499-8

Inhalt

Erstes Kapitel

Die Wächter über unsere Moral

Die Grünen haben wie keine andere Partei oder Gruppierung den Geist der Zeit in den letzten Jahrzehnten bestimmt. Die von ihnen repräsentierte Umweltbewegung war in dieser Periode die einzige originäre neue Kraft. Die Grünen haben mit ihren Themen die gesellschaftlichen Diskussionen geprägt. Sie wurden groß durch ihren leidenschaftlichen Kampf gegen die Kernkraft. Sie triumphierten, als nach dem Reaktorunglück in Fukushima der Ausstieg aus der Kernenergie beschlossen wurde und auch die Bundeskanzlerin erkannte, was Restrisiko bedeutet. Sie haben die regenerativen Energien gefördert und das Erneuerbare-Energien-Gesetz (EEG) auf den Weg gebracht. Deutschland ist auf diesem Gebiet Spitzenreiter in der Welt. Die installierte Leistung bei der Photovoltaik ist mehr als viermal so groß wie in China, Japan oder den USA. Windräder und Sonnenpanele auf den Dächern haben unsere Landschaft verändert. Die Grünen haben früh auf die Grenzen des Wachstums aufmerksam gemacht. Sie wussten, dass die Vorräte an Erdöl, Erdgas, Zinn, Kupfer und vielen anderen Ressourcen bald erschöpft sein werden. Sie nehmen den Klimawandel ernst und dulden es nicht, wenn die Prognosen des Weltklimarats angezweifelt werden. Alles muss dem Ziel, den Klimawandel zu verlangsamen, untergeordnet werden. Sie treten für artgerechte Tierhaltung ein und wenden sich gegen die industrialisierte Landwirtschaft und den Einsatz chemischer Pestizide. Sie fördern den Biolandbau und stoßen dabei auf großen Anklang in der Bevölkerung. Als Anhänger des Vorsorgeprinzips lehnen die Grünen neue Technologien ab, wenn sie glauben, dass damit ein Risiko verbunden ist, sei es auch sehr gering. Sie kämpfen gegen die grüne Gentechnik und sie finden fast nur Zustimmung. Sie waren Vorreiter im Kampf gegen die Benachteiligung der Frauen und sie waren die ersten, die für Quotenregelungen eintraten und solche Regelungen auch in ihre eigene Satzung aufnahmen. Sie wenden sich scharf gegen das Betreuungsgeld und auch gegen das Ehegattensplitting, weil sie glauben, dass die Frauen dadurch daran gehindert werden, möglichst bald nach der Geburt eines Kindes wieder berufstätig zu sein. Die Grünen treten dafür ein, großzügig bei der Gewährung von Asyl zu sein und verstehen das als Ausdruck ihrer Solidarität und ihres Humanismus. Schärfer als andere wenden sie sich gegen jede Art von Fremdenfeindlichkeit. Jede Form von Nationalismus ruft sie als Wächter auf den Plan. Auch Patriotismus ist ihnen verdächtig. Sie glauben, dass der Nationalsozialismus und die damals begangenen Verbrechen kein Betriebsunfall in einer ansonsten achtbaren deutschen Geschichte waren, sondern die Quintessenz aus einem reaktionären Sonderweg, den Deutschland schon lange vorher eingeschlagen hat.

Die Grünen waren mit ihren Themen auf allen Gebieten erfolgreich. Wie keine andere Partei können sie auf die Unterstützung durch die Medien rechnen.[1] Die wichtige Frage

---

1   Von den Journalisten, die bei einer Umfrage angaben, sie stünden einer
     Partei nahe, neigten 42 Prozent den Grünen zu, aber nur 24 Prozent der

aber ist: Haben sie auch recht? Ist es vernünftig, ihren Vorschlägen zu folgen? Das soll in diesem Buch geprüft werden.

Wir werden sehen, dass die apokalyptischen Schreckensszenarien, denen die Grünen ihren Aufstieg verdanken, nichts als Hirngespinste waren. Es wird gezeigt werden, dass es verantwortungslos ist, die Biolandwirtschaft zu forcieren. Die Grünen führen einen erbitterten Kampf gegen synthetische Pestizide. Diese Hysterie hat bereits einigen Millionen Menschen das Leben gekostet. Heute kämpfen die Grünen und ihre Hilfstruppen gegen die grüne Gentechnik. Es beeindruckt sie nicht, dass alle Wissenschaftler und alle Wissenschaftsorganisationen der ganzen Welt erklären, dass gentechnisch veränderte Produkte mit keinen Risiken für den Menschen und die Umwelt verbunden sind. Beim Kampf gegen den Klimawandel tritt keine andere Partei so entschieden für die erneuerbaren Energien ein wie die Grünen. Wahr ist, dass mit all unseren Wind- und Solaranlagen, für die wir viele Hunderte von Milliarden ausgeben, nicht eine einzige Tonne CO_2 eingespart wird

Die Grünen handeln in dem Bewusstsein, ihre Urteile von einer überlegenen moralischen Position verkünden zu können. Als Wächter über unsere Moral verlangen sie, dass wir mit ihnen die richtigen Folgerungen aus unserer schuldbeladenen Geschichte ziehen. Sie verstehen sich als Schützer unserer Umwelt. Sie wollen, dass wir ihre Vorschläge zur Rettung des Planeten akzeptieren. Sie agieren als Wächter und als Ankläger. Pardon wird nicht gegeben. Wie keine andere Gruppierung verwalten sie das Erbe der Achtundsechziger.

....
SPD und lediglich 14 Prozent der CDU. Siehe dazu: Magreth Lünenborg, Simon Berghofer, Politikjournalistinnen und -Journalisten, Studie im Auftrag des Deutschen Fachjournalisten-Verbandes, Berlin 2010, S 13

Die Erben der Achtundsechziger

Die Kinder der NS-Generation hatten das natürliche Bedürfnis, sich von den ungeheuerlichen Verbrechen der Nationalsozialisten zu distanzieren. Dieser Wunsch war umso ausgeprägter, als sie glaubten, dass die von ihnen so genannte Tätergeneration wenig Schuld- und Schamgefühle zeigte. Jeder aus dieser Generation konnte ein Täter sein. Die zweite Generation der Kinder empfand sich als Opfer ihrer schweigenden Eltern, denn sie fühlten sich durch die Verbrechen der Tätergeneration belastet.

Sie distanzierten sich von ihren Eltern gerade dadurch, dass sie sich mit scheinbar hochmoralischer Gesinnung zur deutschen Schuld bekannten. Die Genugtuung, die das Bekennen der deutschen Schuld bereitet, war ein Mittel der moralischen Selbsterhöhung. Gerd Koenen, der in den siebziger Jahren dem maoistischen „Kommunistischen Bund Westdeutschland" KBW angehörte, hat das in seinem außergewöhnlich lesenswerten autobiographisch geprägten Buch „Das rote Jahrzehnt" eindringlich und nachvollziehbar geschildert.[2]

Koenen berichtet, wie man schon beim Jugendaustausch eine Position nachsichtiger Überlegenheit gewann, indem man bereit war, sich mit „der anderen Kultur schwärmerisch zu identifizieren" und so demonstrierte, dass man über „derart primitive Nationalvorurteile wie diese Briten, Holländer oder Dänen längst hinaus war." Koenen resümiert: „ Es bedurfte nämlich keines besonderen jugendlichen Raffinements, um zu bemerken, dass unser geheimer Bonus gerade

---

2   Gerd Koenen, Das rote Jahrzehnt, Unsere kleine deutsche Kulturrevolution 1967 – 1977, Köln 2001

die Verbrechen und Feindschaften von gestern waren, denen wir so demonstrativ abschworen. Sie blieben unser unsichtbares moralisches Negativkapital, das unseren Status deutlich erhöhte, das Pfund mit dem wir wucherten."[3] „Gerade die prononcierte Anerkenntnis einer pauschalierten ‚deutschen Schuld' vermochte uns Nachgeborene, wie wir bald herausfanden, in den Stand einer militanten Unschuld und moralischen Superiorität zu versetzen…"[4]

Das freudige Bekennen einer deutschen Schuld, die kosmopolitische Überwindung auch eines jeglichen Patriotismus, ist bis heute für die Grünen konstitutiv.[5] Je stärker sie die deutsche Schuld betonen, umso eindeutiger setzten sie sich von den schuldigen Deutschen ab. Das eigene Volk ist schlecht, man selbst steht außerhalb. Man tut sich in der Anklage deutscher Verbrechen hervor, erkennt allzeit die deutsche Schuld an und wälzt sie zugleich auf die anderen ab. „Man kommt sich moralisch sehr hochstehend vor", hat Robert Spaemann formuliert, „wenn man Bußfertigkeit zeigt, für etwas, wovon man überzeugt ist, dass man persönlich damit absolut nichts zu tun hat. Man sagt wir und schlägt andern an die Brust".[6] Man genießt den Heiligenschein, den die öffentliche Bekundung der Schuld und die laute moralisch Entrüstung verschaffen. „Moralische Entrüstung ist der Heiligenschein der Scheinheiligen" hat Helmut Qualtinger formuliert.

---

3   Alle Zitate nach: Koenen, a. a. O., S. 97

4   Koenen, a. a. O., S. 95

5   Auf der Website der Grünen-Jugend heißt es am 14. Juni 2012: „Alle Jahre wieder. Patriotismus? Nein Danke!" Und weiter. „Ja, wir sind keine Patriotinnen."

6   „Focus Magazin" vom 20. November 1995

Schon erstaunlich früh und verblüffend hellsichtig, (denn sie konnte ja nicht wissen, welches endemische Ausmaß das von ihr kritisierte Verhalten noch annehmen würde), hat sich Hannah Arendt in einer Replik gegen Hans-Magnus Enzensberger dagegen gewandt, die Verbrechen der Nazis zur eigenen moralischen Selbsterhöhung zu nutzen. In einem Brief vom 5. Februar 1965 an den „Merkur"-Herausgeber Paeschke, der nicht veröffentlicht wurde, schreibt sie:

„Ich bin betont freundlich geblieben, weil mir schien, dass an gutem Willen hier nicht zu zweifeln ist. Sachlich, und nun ganz entre nous, hätte ich sagen müssen: ‚Ich habe Ihnen ja nicht vorgeworfen, dass sie leugnen, dass die Deutschen an Auschwitz schuld sind, sondern dass sie sich dafür noch eine Feder an den Hut stecken'." [7]

Die Neigung, sich Auschwitz als eines negativen Mythos zu bedienen, war damit, wie Gerd Koenen schreibt, zum ersten Mal prägnant bezeichnet.

Die Beschäftigung der Achtundsechziger mit dem Leid der Opfer der nationalsozialistischen Herrschaft war ein notwendiger Schritt in der Aufarbeitung der grausamen Vergangenheit. Sie versuchten aus der schuldbeladenen Genealogie auszubrechen. Eine Identifikation mit den eigenen Vorfahren war unmöglich. Im Zentrum ihres Identifizierungswunsches standen die Opfer des nationalsozialistischen Systems, Kommunisten und Juden. Ihre Vorstellung, Opfer wie die ermordeten Juden zu sein, schließt die Idee der eigenen Unschuld ein: Sie selbst sind ohne Schuld, die Täter sind die Anderen.

---

[7]   Zitiert nach: Jörg Lau, Hans Magnus Enzensberger, Suhrkamp Taschenbuch, 2001, S. 197

Abstoßend ist die moralisch-politische Selbstgefällig-keit, die sich aus der nachträglichen Identifikation mit den Opfern ergibt. Man glaubt sich durch diese Identifikation ein moralisches Überlegenheitsgefühl schaffen zu können. Klaus von Dohnanyi hat geäußert, ihn beschleiche leider, wenn er das Wort Auschwitz in politischen Debatten höre, allzu oft das Gefühl, dass man sich durch Identifikation mit den Opfern für einen Augenblick aus der Reihe der Tätererben stehlen wolle.[8] Auschwitz, das sind die anderen.

In ihrer Rolle als Opfer gaben die Achtundsechziger ihren Kindern mit Vorliebe jüdische Namen.[9] Dauerbetroffenheit und das stetige Bekennen der deutschen Schuld wurden ihr Markenzeichen. Als „gefühlte Opfer" wussten sie sich im Stande unangreifbarer moralischer Überlegenheit und berufen, die Rolle des Wächters und Warners wie auch die des jederzeit sprungbereiten Anklägers zu übernehmen. Sie wurden die Hohepriester des allein korrekten Gedenkens und Verstehens unserer Geschichte. Die Grünen als Postachtundsechziger haben ihr Erbe angetreten.[10]

Die selbstkritische Analyse Alain Finkielkrauts sollte die „Gefühlten Opfer" beschämen. Finkielkraut schreibt: „Mit dem Judentum war mir das schönste Geschenk zuteil geworden, das sich ein dem Völkermord nachgeborenes Kind erträumen konnte. Ich erbte ein Leid, das ich nicht erfuhr. Vom Verfolgten übernahm ich die Rolle, ohne seine Unterdrü-

---

8   Klaus von Dohnanyi, Martin Walsers notwendige Klage, zitiert nach: http://www.kaleidos.de/alltag/meinung/mahn05c.htm

9   Christian Schneider, Achtundsechziger: Eine Antwort an Friedmar Apel, „Frankfurter Allgemeine Zeitung", 12. Juli 2006

10   Zur Thematik Identifikation mit den Opfern siehe: Ulrike Jureit und Christian Schneider, Gefühlte Opfer, Illusionen der Vergangenheitsbewältigung, Stuttgart 2010

ckung zu erleiden. In aller Ruhe konnte ich ein außergewöhnliches Schicksal genießen. Ohne mich einer realen Gefahr auszusetzen, hatte ich das Format eines Helden."[11] „Nachdem ein für alle Mal klargestellt war, dass die Geschichte die Einteilung der Welt in Folterknechte und Opfer ist, gehörte ich zum Lager der Unterdrückten … War ich nicht selbst der lebendige Vorwurf, den die leidende Menschheit an ihre Henker richtet?"[12]An anderer Stelle heißt es: „Ich kann nicht einmal mehr bekennen ‚Ich bin Jude‚ ohne sogleich den Eindruck zu haben, den Völkermord zu meinem persönlichen Vorteil zu missbrauchen und mich mit den Leiden anderer zu schmücken."[13] Unsere gefühlten Opfer hingegen empfinden nicht, wie anmaßend es ist, sich mit den Leiden anderer zu schmücken, sich Auschwitz als eine Feder an den Hut zu stecken und sich moralisch-politisch selbstgefällig nachträglich mit den Opfern zu identifizieren.[14]

Den Wechsel aus der Rolle des Angeklagten in die des Anklägers hat Odo Marquard schon früh beschrieben. Für die Generation der Achtundsechziger wurde das Entlastungsargument unwiderstehlich, dass man, – „wo Schuld-

---

11 Alain Finkielkraut, Der eingebildete Jude, München 1982, S. 15

12 A. a. O., S. 17

13 A. a. O., S. 35

14 Es war der renommierte jüdische amerikanische Historiker Peter Novick, der darauf hingewiesen hat, dass auch in den USA der Holocaust dem Zweck der nationalen Selbstüberhöhung dient. In den immer zahlreicher werdenden amerikanischen Holocaust-Museen sei es ein verpflichtender Glaubenssatz, sich mit den Opfern zu identifizieren und damit „den warmen Glanz der Tugend zu erwerben, den eine solche Identifikation mit sich bringt." Die Museumsbesucher werden darin bestärkt, indem man ihnen Opferpässe überreicht. Siehe: Peter Novick, Nach dem Holocaust, Stuttgart 2001, S. 27ff.

vorwürfe das Gewissen überlasten – das Gewissen nicht mehr zu haben braucht, wenn man das Gewissen wird."[15] Es ist die Flucht aus dem Gewissenhaben in das Gewissensein, so dass man das schlechte Gewissen selber nicht mehr zu haben braucht, wenn man das schlechte Gewissen für andere wird. Man entkommt dem Tribunal, indem man es wird.[16] „Es ist die Flucht nach vorn in das absolute Anklagen, dass das absolute Angeklagtsein hinter sich lässt …"[17]

Vom entlasteten Angeklagten zum alltäglichen Inquisitor

Es ist bezeichnend, dass die Achtundsechziger kein Interesse hatten, die Geschichte des Dritten Reiches gründlich zu erforschen. Sie zogen es vor, von dem moralischen Podest, das sie sich gezimmert hatten, als Ankläger zu agieren, die das Angeklagtsein hinter sich gelassen haben, weil sie das schlechte Gewissen für andere geworden sind. Man weiß, was gut und böse ist, und versteht sich als Stimme des guten Gewissens, das man für die anderen ist. Die allzeit verfügbare moralische Entrüstung wird genutzt, um andere zu diffamieren, den Gegner zu verteufeln, ihn in die Sümpfe der moralischen Diskreditierung zu treiben und ihn aus der Gemeinschaft der Gutmenschen und „Anständigen" auszuschließen. Auschwitz wird zur Waffe der moralischen Stigmatisierung Andersdenkender.

---

15   Odo Marquard, Abschied vom Prinzipiellen, Stuttgart 1981, S. 12

16   Odo Marquard, Der angeklagte und der entlastete Mensch in der Philosophie des 18. Jahrhunderts, in: Odo Marquard Abschied vom Prinzipiellen, Stuttgart 1981, S. 57

17   Ebenda, S. 57

Deshalb zeichnete sich die Debatte über den National-sozialismus durch den penetranten denunziatorischen Charakter aus. Im „Dienste der Wahrheitssuche" werden aus Doktorarbeiten, die vor Jahrzehnten geschrieben worden sind, aus Aufsätzen in Fachzeitschriften oder aus Illustrierten irgendwelche aus heutiger Sicht fragwürdige oder peinliche Sätze zitiert, oder man begnügt sich damit, Menschen zu verdammen, weil sie überhaupt zur Zeit des Dritten Reiches gearbeitet, geschrieben, gefilmt, musiziert oder dirigiert haben. Die Auseinandersetzung mit dem „Faschismus" wird zum Instrument, mit dem missliebige Personen gedeckelt, an den Pranger gestellt, verunglimpft, diffamiert oder gesellschaftlich vernichtet werden sollen.

Die Suche nach kompromittierenden Zitaten wurde gerade für die Achtundsechziger zu einer Art Volkssport. Natürlich wurden sie häufig fündig.

In der „Zeit" wurde ein bekannter, inzwischen verstorbener Publizist angeklagt und geschmäht, weil er in den dreißiger Jahren in der Anfangszeit des Dritten Reiches, im mondänen Bilderblatt „Die Dame" in einem Aufsatz geschrieben habe, die Novelle lebe, während doch –der Dichter Mühsam von den Nazis schon ermordet worden war.[18] Es wird insinuiert, man habe so dazu beigetragen, das verbrecherische Regime zu verniedlichen, sich also als eine Art Handlanger Joseph Goebbels' betätigt, der diesem half, den Mord zu vertuschen!

Der hier attackierte Publizist war Sebastian Haffner.

---

18   Nach: Christa Rotzoll, Frauen und Zeiten, Stuttgart 1987, S. 167. Frau Rotzoll war seit 1982 die Ehefrau Sebastian Haffners

Im. Januar 2001 wird Erich Kästner in der „Frankfurter Allgemeinen Zeitung" an den Pranger gestellt, weil er, der im Dritten Reich Publikationsverbot hatte und dessen Bücher 1933 verbrannt wurden, sehr erfolgreich unter Pseudonym publizierte. Kästner sei nach den zwölf Jahren moralisch und künstlerisch ramponiert gewesen.[19]

Im „Amtlichen Mitteilungsblatt der Reichsjugendführung" fand man eine Rezension, in der Chöre auf Gedichte Baldur von Schirachs zustimmend gewürdigt und dabei ebenfalls zustimmend, eine Formulierung von Goebbels zitiert worden war. Der Verfasser dieser Rezension war Theodor W. Adorno.[20]

Walter Boeckh schreibt in einem Leserbrief an die „Frankfurter Allgemeine Zeitung": „Max Planck, dessen Sohn vom Terrorregime ermordet wurde, wurde kürzlich eigentümlicherweise als eine Art Anbiederung vorgeworfen, dass er in der Eingabe (die er wegen des unterdrückten Ordens Pour le mérite – Friedensklasse Wissenschaft und Kunst – an Göring richtete) diesen mit „Exzellenz" tituliert hätte; in Wahrheit war das die Anrede, die beim Ministerpräsidenten von Preußen damals auch jeder ausländische Diplomat und Politiker gebrauchte. Bei anderer Gelegenheit wurde sein Besuch

---

19 Hermann Kurzke, Der mit den Wölfen heulte, „Frankfurter Allgemeine Zeitung" vom 3. Januar 2001

20 Nach Marcel Reich-Ranicki, Mein Leben, Stuttgart 1999, S. 455. Reich-Ranicki schreibt dazu: „Aber schlimmer als die zwei oder drei höchst anstößigen Sätze war der Triumph der widerwärtigen Schadenfreude, der baren Infamie und übrigens auch, wie könnte es anders sein, des ganz gewöhnlichen Antisemitismus. Wieder einmal musste man an das Wort von Hoffmann von Fallersleben denken, das man hierzulande nicht oft genug zitieren kann: ‚Der größte Lump im ganzen Land, / Das ist und bleibt der Denunziant.'"

bei Hitler im Frühjahr 1933 (bei dem er sich für jüdische Wissenschaftler einsetzte) nachträglich verdächtigt, obwohl Planck dabei eine schmähliche Abfuhr erlitt." Weiter heißt es im Leserbrief: „Doch auch vor Vertretern des eigentlichen Widerstandes wird nicht haltgemacht; genüsslich wird registriert, was beanstandet werden könnte, etwa, dass Bonhoeffer bei bestimmten Gelegenheiten „Heil Hitler!" gesagt hat – wobei verschwiegen wird, dass er dies aus Tarngründen tat. Auch bei anderen aus diesem Kreise werden einzelne Äußerungen herausgestellt, die den Anschauungen des heutigen Publikums nicht mehr zu entsprechen scheinen."[21] Dem Autor Walter Boeckh ist zuzustimmen, wenn er schreibt: „Es herrscht jedoch bei einigen zu spät geborenen selbsternannten Antifaschisten eine denunziatorische Phantasie, die voll der Mentalität derer entspricht, die sie angeblich bekämpfen."

Der aggressive Moralist ist guten Gewissens ein zeitgemäßer Inquisitor.

Vom Marxisten zum grünen Gutmenschen

Viele Achtundsechziger waren in den siebziger Jahren als Mitglieder in den diversen kommunistischen, stalinistischen und maoistischen Gruppen aktiv. Die Verbrechen Stalins wurden bagatellisiert, man weigerte sich, Maos Verbrechen mit 45 Millionen Opfern[22] auch nur zur Kenntnis zu nehmen,

---

21   Walter Boeckh, Leserbrief an die „Frankfurter Allgemeine Zeitung" vom 11. August 2003

22   „Frankfurter Allgemeine Zeitung" vom 13. Juni 2011. Die Angaben über die Zahl der Opfer basieren auf dem Buch von Frank Dikötter, Mao's Great Famine, London 2010

man übersandte dem Genossen Pol Pot ein Grußtelegramm und versicherte ihn, der etwa zwei Millionen seiner Landsleute umbrachte, der festen Solidarität.[23] In der furchtbaren Reihe derer, die des Genozids schuldig sind, war Pol Pot der letzte. Man war nicht an den Opfern kommunistischer Gewaltherrschaft interessiert, sondern an den Tätern.

Man machte sich über die FdGO (Freiheitlich demokratische Grundordnung) lustig, verleumdete den Rechtsstaat und nicht wenige forderten die Abschaffung der parlamentarischen Demokratie. Charakteristisch für die studentischen Revolutionäre waren Intoleranz, Dogmatismus und als Lehre aus der Geschichte eine deutschfeindliche Haltung, die sich in Hassparolen wie „Deutschland verrecke" und „Nie wieder Deutschland" entluden.

Sie hatten alle, wenn auch in verschiedenen Varianten, den Marxismus als geistiges Rüstzeug in ihrem Gepäck. Als Marxisten war es für sie evident, dass ihre Gegner Dummköpfe oder vom Warenfetischismus Verblendete waren. Wer sich gegen sie wandte, bekannte sich als Klassenfeind und stand auf Seiten der Ausbeuter. Da die Achtundsechziger die Welt in Folterknechte und ihre Opfer einteilten, standen sie tapfer auf der Seite der Opfer.

Argumente und Gedanken der Gegner brauchte man nicht ernst zu nehmen. Man musste sie enttarnen, auf die wahren Interessen zurückführen und die volksfeindlichen Beweggründe aufzeigen. Man musste enthüllen, dass die Ansichten nur Masken für finstere Absichten sind. Pardon wird nicht gegeben.

---

23 Es war der erste Sekretär des KBW (Kommunistischer Bund Westdeutschland) Joscha Schmierer, der das Grußtelegramm sandte und außerdem Geld für den Verbrecher sammelte. Herr Schmierer wurde von Außenminister Fischer als Referent im Planungsstab des Auswärtigen Amtes eingesetzt

Sie waren und sind nach ihrer Mutation zu Grünen Vertreter eines politischen Moralismus. Sie verstehen sich auf die „rhetorische Praxis, statt das Argument die moralische Integrität des Gegners zu bezweifeln, „statt der Meinung des Gegners zu widersprechen drückt man seine Empörung darüber aus, dass er sich gestattet, eine solche Meinung zu haben."[24] „Statt eine Ansicht zu tadeln, tadelt man, sie zu haben, statt eine Absicht zu rügen, erklärt man, hier sehe man, um wen es sich handelt."[25]

Man ist allzeit empört. Man entrüstet sich nicht zuletzt zu dem Zweck, den Gegner zu verteufeln und ihn aus der Gemeinschaft der „Anständigen" auszuschließen, ihn zu diffamieren, moralisch zu entwürdigen. Moralische Aggressivität wurde Kennzeichen der Achtundsechziger und ihrer grünen Nachfolger. Die Moralaggression dient dem Ziel der Schaffung eines eigenen Überlegenheitsgefühls. Der Moralaggressor versteht es, sich als Stimme des demokratischen Gewissens darzustellen. Er weiß, was gut und böse ist. Er ist Meister der Verdächtigung und in der Kunst, die wahren Absichten des Kontrahenten zu entlarven. Der aggressive Moralist wird guten Gewissens zu einem Inquisitor.

Am Ende eines erschütternden, autobiographisch geprägten Essays schreibt Günther Franzen:

„Womit ich mich nicht werde abfinden können und was ich mir niemals verzeihen werde, ist der zu spät in Frage gestellte Schulterschluss mit einer Generation, die sich in der Unerbittlichkeit ihres Urteils, der Aggressivität ihrer Moral und dem Ausmaß ihrer Gefühlskälte von keiner Ge-

---

24   Hermann Lübbe, Politischer Moralismus, Der Triumph der Gesinnung über die Urteilskraft, Berlin 1987, S. 120

25   Ebenda. S. 54

neration zuvor hat überbieten lassen und deshalb können wir von Glück sagen, wenn es nur die Pelzmützen sein werden, die uns unsere Kinder im Verlauf des überfälligen geschichtlichen Verhörs irgendwann von den vereisten Köpfen schlagen."[26]

Die früheren Mitglieder der diversen kommunistischen, maoistischen Sekten, Putzgruppen und Kampfgruppen sind zu einem nicht geringen Teil zu Grünen mutiert. Gerd Koenen weiß, dass es seit 1980 zu einem individuellen oder auch kollektiven Zutritt eines großen Teils der Aktivisten aus den sich auflösenden diversen K-Gruppen in die neu gegründete Partei der Grünen kam.[27] Es wurde den Mitgliedern des KB empfohlen, in die Partei der Grünen einzutreten, um das Überleben des Kommunismus zu sichern.[28] Viele Mitglieder der kommunistischen Gruppen oder der Spontis machten bei den Grünen Karriere.[29] Die kommu-

---

26 Günter Franzen, Nach Auschwitz, Zur Identitätsproblematik der 68er, „Psyche", Zeitschrift für Psychoanalyse und ihre Anwendungen, 60. Jahrgang, Juni 2006, S. 581. Der letzte Halbsatz des Zitats knüpft an eine frühere Passage im gleichen Aufsatz an. Dort heißt es: „Sigmund Freud berichtet in der *Traumdeutung* davon, dass ihm sein Vater im Alter von zehn oder zwölf Jahren eine Begebenheit anvertraut habe, die ihm früher einmal widerfahren sei. Im Vorübergehen hatte ein Passant dem Vater auf dem Gehweg seine neue Pelzmütze vom Kopf heruntergeschlagen, worauf sie in den Straßenkot fiel, und hatte gerufen: „Jud herunter vom Trottoir!" Der Vater hatte sich nicht gewehrt, sondern seine Mütze wieder aufgehoben." Günter Franzen, a. a. O., S. 580

27 Gerd Koenen, a. a. O., S. 492

28 Gerd Koenen, a. a. O., S. 309

29 Dem Kommunistischen Bund gehörten unter anderen an: Angelika Beer, 2002–2004 Bundesvorsitzende von Bündnis 90/Die Grünen, Bettina Hoeltje, 1980-1981 im Bundesvorstand der Grünen, 1982 und 1985-1986 Hamburger Bürgerschaftsabgeordnete der GAL, Thomas Ebermann, in den 1980er Jahren führender Vertreter des ökosozialistischen Flügels der

nistischen Gruppen aller Couleur waren auch mit Enthusiasmus dabei, in der Antiatombewegung mitzumischen, um bald dort den Ton anzugeben[30]. Moralische Großmäuligkeit und politischer Moralismus sind ihr Markenzeichen geblieben.

Als die CDU es wagte, eine Befragung des Wahlvolks in Sachen Türkei-Beitritt zur EU in Betracht zu ziehen, wurde das von der damaligen Parteivorsitzenden Claudia Roth, „die vor nicht sehr langer Zeit den republikweiten Rauschgiftkonsum propagierte (Durch Deutschland muss ein Joint

....

Grünen, Rainer Trampert, in den 1980er Jahren führender Vertreter des ökosozialistischen Flügels der Grünen, Jürgen Trittin

Ehemalige Mitglieder des KBW bzw. seiner Nebenorganisationen waren: Reinhard Bütikofer, früher Bundesvorsitzender von Bündnis 90/Die Grünen, Ralf Fücks, Vorstand der Heinrich-Böll-Stiftung, ehemaliger grüner Bremer Umweltsenator einer von ihm initiierten Ampelkoalition (SPD/FDP/GRÜNE), Gerd Koenen, Historiker und Publizist;), Winfried Kretschmann, seit Mai 2011 Ministerpräsident von Baden-Württemberg, Hermann Kuhn, nach 1995 einer der Vizepräsidenten der Bremischen Bürgerschaft., 2005 bis 2009 stellvertretende Fraktionsvorsitzende der Grünen im Bundestag. Wilfried Maier, Gründungsmitglied der Grünen, 1997-2001 Stadtentwicklungssenator, Bundesrats-Bevollmächtigter und Europa-Beauftragter in Hamburg, Winfried Nachtwei, von 1994 bis 2009 Mitglied des Deutschen Bundestages. Hier war er von Oktober 2002 bis Oktober 2005 stellvertretender Vorsitzender der Bundestagsfraktion Bündnis 90/Die Grüne, Krista Sager, ehemalige Vorsitzende der grünen Bundestagsfraktion (2002-2005), Joscha Schmierer, 1999-2005 Mitarbeiter im Planungsstab des Auswärtigen Amts (1973-82 Erster Sekretär des KBW), Ulla Schmidt (SPD) Bundesgesundheitsministerin; (kandidierte bei der Bundestagswahl 1976 für den KBW)

KPD/AO: Antje Vollmer, von 1994 bis 2005 Vizepräsidentin des Deutschen Bundestages

Sponti Milieu: Joschka Fischer und Daniel Kohn-Bendit

30 Gerd Koenen, a. a. O., S. 308

gehen)"[31] als „abscheuliches Beispiel für die Verkommenheit der politischen Kultur der Union"[32] bezeichnet, eine Formulierung, die dem Gegner die moralische Integrität abspricht.

Professor Dr. Joachim Pflug kommentiert in einem Leserbrief an die „Frankfurter Allgemeine Zeitung": „Diesen Ton kennt man seit der Zeit der Tugendterroristen Robespierre und Marat (oder ihres späten Schülers Lenin). Die bürgerlichen Parteien sollten auf der Hut sein: Wenn sich erst ein grüner Wohlfahrtsausschuss etabliert haben wird, dann wird der auch mit bestem Gewissen die gute, alte Guillotine wieder funktionstüchtig machen."[33]

Als Laurenz Meyer den Beschluss des Grünen-Parteitags, das Asylrecht wieder auszuweiten, kritisierte, sagte Jürgen Trittin in einem Interview: Laurenz Meyer hat die Mentalität eines Skinheads und nicht nur das Aussehen".[34] Trittin warf Meyer auch vor, dieser habe gesagt, er sei stolz darauf, ein Deutscher zu sein. "Das ist so die Flachheit, der geistige Tiefflug, der jeden rassistischen Schläger in dieser Republik auszeichnet." [35]

Das ist moralische Aggressivität in ihrer widerwärtigsten Form. Sie steht ganz in der Tradition jener Aggression, wie wir sie von den in den kommunistischen Bünden organisierten Achtundsechzigern kennen. Trittin konnte hier an

---

31 Leserbrief Professor Dr. Joachim Pflug, „Frankfurter Allgemeine Zeitung" vom 23. Oktober 2004

32 Zitiert nach: „Handelsblatt" vom 11. November 2004

33 Leserbrief Professor Dr. Joachim Pflug, „Frankfurter Allgemeine Zeitung" vom 23. Oktober 2004

34 Zitiert nach: „Handelsblatt" vom 13. März. 2001

35 Ebenda

den Rufmord anknüpfen, der von dem Kommunistischen Bund, dem er früher angehörte, gepflegt wurde. Patriot zu sein war für die Grünen schon immer etwas Erschreckendes. Den ersten gesamtdeutschen Wahlkampf 1990 bestritten sie auf Plakaten mit Sprüchen wie „Alle reden von Deutschland. Wir reden vom Wetter" oder „Ohne uns wird alles schwarzrotgold."[36]

Die grünen Wächter über unser Geschichtsverständnis: Zwei Beispiele

Philipp Jenninger

Philipp Jenninger war von 1969 bis 1990 Mitglied des Deutschen Bundestages und von 1982 bis 1984 Staatsminister im Bundeskanzleramt. 1984 wurde er mit großer Mehrheit zum Bundestagspräsidenten gewählt und 1987 wiederum mit großer Mehrheit (76 %) in seinem Amt bestätigt. Die Unparteilichkeit seiner Amtsführung wurde auch von der damaligen Opposition gelobt. Es gab zu keiner Zeit irgendwelche Zweifel an seiner persönlichen Integrität. Er pflegte besonders die Beziehungen zu Israel, das er in seiner Amtszeit dreimal besuchte. Als einziger Parlamentspräsident aus Europa hatte er an der Feier in der Knesset zum 40. Jahrestag der Gründung Israels teilgenommen. Alle wussten, dass ihm Antisemitismus völlig fern lag.

---

36 Zitiert nach Sven Felix Kellerhoff, Die Grünen waren schon immer die „Dagegen-Partei", Die Welt vom 02. 12. 2010

Als Bundestagspräsident oblag es ihm, am 10. November 1988 anlässlich des 50. Jahrestages der Reichspogromnacht die obligatorische Ansprache zu halten. Jenningers Rede löste einen Skandal aus, wie er in der Geschichte des Bundestages ohne Beispiel ist. Zwei Tage später trat Philipp Jenninger von seinem Amt als Bundestagspräsident zurück.

Jenninger hatte nach einigen Begrüßungsworten gerade mit seiner Ansprache begonnen und gesagt:

„Heute nun haben wir uns im Deutschen Bundestag zusammengefunden, um hier im Parlament der Pogrome vom 9. und 10. November 1938 zu gedenken, weil nicht die Opfer, sondern wir, in deren Mitte die Verbrechen geschahen, erinnern und Rechenschaft ablegen müssen, weil wir Deutsche uns klarwerden wollen über das Verständnis unserer Geschichte und über Lehren für die politische Gestaltung unserer Gegenwart und Zukunft."[37]

An dieser Stelle wurde er bereits von der Grünen-Abgeordneten Jutta Oesterle-Schwerin[38] mit dem Zwischenruf „Das ist doch alles gelogen" unterbrochen. Das war, wie sie später selbst sagte, eine schon zuvor geplante Provokation.[39]

---

37 Philipp Jenninger, Rede am 10. November 1988 im Deutschen Bundestag, http://www.mediaculture-online.de

38 Oesterle-Schwerin verbrachte ihre Kindheit in Israel und trat dort der kommunistischen Jugend bei. In Deutschland engagierte sie sich in der Ostermarschbewegung und wurde 1974 Mitglied der SPD, aus der sie 1980 austrat. 1983 wurde sie Mitglied der Grünen. Oesterle-Schwerin gehörte am 9. November 1989 zu jenen drei Abgeordneten, die den Plenarsaal des Bundestages verließen, als die Abgeordneten nach dem Fall der Mauer spontan das Deutschlandlied sangen. Siehe Artikel Jutta Oesterle Schwerin in: Wikipedia

39 Nach Rainer Poeschl, Nach der Rede im freien Fall, „Das Parlament", Ausgabe 15, Jahrgang 2011

Jenninger wollte sich in seiner Rede nicht mit den üblichen Gedenkritualen und dem bekannten Erinnerungsvokabular begnügen. Er wollte die Gefühle und Stimmungen der normalen Deutschen erklären, das politische Klima nach den Erfolgen Hitlers schildern. Er wollte zeigen, warum nach wenigen Jahren des Naziregimes Millionen Deutsche dem „Führer" zujubelten. Er wollte erklären, warum moralische Normen in einem der zivilisiertesten Länder dieser Welt von einer so großen Zahl von Menschen beiseite geschoben wurden, warum die große Mehrzahl der Deutschen die Verbrechen der Nazis duldete und viele zu Tätern wurden und warum man nicht gehandelt hat, als dies noch möglich war.

Damit folgte Jenninger einer Anregung, die der ehemalige Vorsitzende des Zentralrats der Juden, Werner Nachmann, gegeben hatte.[40] Nachmann hatte geklagt, er höre von jungen Deutschen häufig, sie bekämen keine Antwort auf die Frage, wie es eigentlich zu Hitler gekommen sei.[41]

Um die Stimmung der Deutschen verständlich zu machen, berichtete Jenninger zunächst von den außenpolitischen Erfolgen Hitlers und fuhr fort:

„aus Massenarbeitslosigkeit war Vollbeschäftigung, aus Massenelend so etwas wie Wohlstand für breiteste Schichten geworden. Statt Verzweiflung und Hoffnungslosigkeit herrschten Optimismus und Selbstvertrauen." [42]

Jenninger resümierte:

---

40 Werner Nachmann war von 1969 bis zu seinem Tode im Januar 1988 Vorsitzender des Zentralrats der Juden in Deutschland

41 Siehe dazu den Artikel: Philipp Jenninger in: Wikipedia

42 Philipp Jenninger, Rede am 10. November 1988 im Deutschen Bundestag, S. 6

„Für das Schicksal der deutschen und europäischen Juden noch verhängnisvoller als die Untaten und Verbrechen Hitlers waren vielleicht seine Erfolge. Die Jahre von 1933 bis 1938 sind selbst aus der distanzierten Rückschau und in Kenntnis des Folgenden noch heute ein Faszinosum insofern, als es in der Geschichte kaum eine Parallele zu dem politischen Triumphzug Hitlers während jener ersten Jahre gibt."[43]

Als Philipp Jenninger diese Passage im Bundestag vorgetragen hatte, verließen die ersten Abgeordneten empört den Plenarsaal. Ein Eklat wurde inszeniert. In den Medien hieß es: „Jenninger vom Faschismus fasziniert." Im „Spiegel" las man, er marschiere im Knobelbecher durch die Geschichte.[44]

Der Triumphzug Hitlers während der Jahre von 1933 bis 1938 wird ähnlich wie bei Jenninger in den „Anmerkungen zu Hitler" von Sebastian Haffner geschildert. Anders als Jenninger spricht Haffner nicht nur von den Erfolgen Hitlers – das geschieht ausführlich im dritten Kapitel -, sondern im zweiten Kapitel auch von Hitlers unbestrittenen Leistungen.[45] Die Faszination, die mit diesen Erfolgen verbunden war, wird dargestellt.

Joachim Fest hatte in der Einleitung zu seiner monumentalen Hitlerbiographie geschrieben: „Wenn Hitler Ende 1938 einem Attentat zum Opfer gefallen wäre, würden nur wenige zögern, ihn einen der größten Staatsmänner der Deutschen, vielleicht den Vollender ihrer Geschichte, zu nennen. Die

---

43   Ebenda

44   Nach Rainer Poeschl, Nach der Rede im freien Fall, „Das Parlament", Augabe 15, Jahrgang 2011

45   Sebastian Haffner, Anmerkungen zu Hitler, Frankfurt 1981, S. 28-48 und S. 49-73

aggressiven Reden und ‚Mein Kampf', der Antisemitismus und das Weltherrschaftskonzept wären vermutlich als Phantasiewerk früher Jahre in die Vergessenheit geraten und nur gelegentlich einer ungehaltenen Nation von ihren Kritikern zum Bewusstsein gebracht worden.“[46]

Man fragt sich, ob die aggressiven Erinnerungswächter, die den Eklat über Jenningers Rede inszenierten, nicht eigentlich verlangen müssten, die Bücher von Fest und Haffner auf einen grünen Index der verbotenen Bücher zu setzen.

Die Faszination, die von Hitlers Erfolgen ausstrahlte, war übrigens nicht auf die „ganz normalen Deutschen“ beschränkt, wie das Beispiel des folgenden Zitats zeigt.

„Ich bin gerade von einem Besuch in Deutschland zurückgekehrt … Ich habe jetzt den berühmten deutschen Führer gesehen und auch etwas von den großen Veränderungen, die er bewirkt hat … Was immer man von seinen Methoden halten mag – es sind bestimmt nicht die eines parlamentarischen Landes – es kann nicht bezweifelt werden, dass er einen wunderbaren Wandel in der Stimmung seines Volkes herbeigeführt hat, in ihrer Haltung zueinander und in ihren sozialen und wirtschaftlichen Erwartungen … Zum ersten Mal seit dem Krieg herrscht ein allgemeines Gefühl der Sicherheit. Die Menschen sind fröhlicher. Im ganzen Land herrscht eine Stimmung allgemeiner

---

46 Joachim C. Fest, Hitler, Eine Biographie, Frankfurt 1973, S. 25. Diese Passage wird auch von Haffner zitiert. Haffner schreibt dazu: „Sicher hätten die meisten Deutschen, wenn er damals einem Attentat (oder einem Unfall oder einem Herzinfarkt) zum Opfer gefallen wäre, geglaubt, einen ihrer größten Männer verloren zu haben.“ Haffner macht allerdings einschränkend geltend, dass sie damit nicht recht gehabt hätten, weil Hitler schon im Herbst 1938 zum Krieg entschlossen gewesen war und nicht für eine geordnete Nachfolge gesorgt habe. Siehe dazu: Sebastian Haffner, Anmerkungen zu Hitler, S. 44ff.

Freude. Es ist ein glücklicheres Deutschland ... Dieses Wunder
hat ein Mann vollbracht. Er ist der geborene Menschenführer.
Eine magnetische Persönlichkeit mit einer redlichen Absicht,
einem entschlossenen Willen und einem furchtlosem Herzen
Er ist nicht nur dem Namen nach, sondern in der Realität der
nationale Führer. Er hat sie sicher gegen die potentiellen Feinde
gemacht, von denen sie umgeben sind.... Über seine Popularität
vor allem bei der Jugend Deutschlands kann es keinen Zweifel
geben. Die Alten vertrauen ihm, die Jungen vergöttern ihn. Es
ist nicht die Bewunderung, wie sie einem populären Führer ent-
gegengebracht wird. Es ist die Verehrung eines nationalen Hel-
den, der sein Land aus völliger Mutlosigkeit und Erniedrigung
befreit hat .... Er ist der George Washington Deutschlands."

Dies schrieb David Lloyd George am 17. November 1936
im Daily Express.[47] Lloyd George war während des Ersten
Weltkriegs britischer Premierminister. Er vertrat Großbritannien auf der Friedenskonferenz von Versailles.

Es kann nach alldem nur verwundern, wenn die selbsternannten Wächter über unsere Geschichte und über die Art
unseres Erinnerns die Wörter Faszination oder Faszinosum
im Zusammenhang mit den Erfolgen Hitlers nicht dulden
und diejenigen an den Pranger stellen, die dem zuwiderhan-
deln!

Auch der damalige Fraktionsführer der SPD rügte an der
Rede die Passage, in der vom Faszinosum gesprochen worden
war. Später räumte er ein, auch auf ihn sei von Hitler und dessen Reden während seiner Zeit in der Hitlerjugend „eine gewisse Faszination ausgegangen."[48] Er hat wohl als Scharführer

---

47   Der ganze Artikel kann nachgelesen werden unter http://rense.com/gene-
      ral43/lloyd.htm

48   Siehe dazu Rainer Poeschl, a. a. O.

in der HJ und Kulturbeauftragter des Banns in Gießen dazu beigetragen, dass diese Faszination auch anderen in der Hitlerjugend übermittelt wurde.

Man hat an der Rede Jenningers kritisiert, dass er an vielen Stellen seiner Rede, in denen er das Vokabular der Nazis benutzte, nicht deutlich gemacht habe, dass er sich mit dem, was er schilderte, nicht identifiziert. Die von Jenninger benutzten Stilmittel der direkten und der erlebten Rede konnten, isoliert betrachtet, in der Tat einen falschen Eindruck erwecken. Sie machten es denen leicht, die ihn missverstehen wollten. Im Zusammenhang der ganzen Rede ist der Vorwurf, er habe sich nicht ausreichend von den Verbrechen der Nazis distanziert, absurd.

Eine größere Zahl von Achtundsechzigern war in den 11. Deutsche Bundestag eingezogen. Von den etwa 50 Abgeordneten der Grünen und der SPD, die während der Rede Jenningers den Plenarsaal verließen, hatten sich die meisten „die Generationsmotive von 68 zu eigen gemacht".[49] Ihr aggressiver Moralismus hatte sein erstes prominentes Opfer gefunden. Die Medien, in denen die 68er ebenfalls beträchtlichen Einfluss erlangt hatten und bis heute haben, zögerten nicht, zu diesem traurigen Schauspiel der politischen Korrektheit ihren Beitrag zu leisten.

Manche, die Jenninger zunächst kritisiert hatten, haben sich später korrigiert, so Götz Aly, der Jahre später meinte: „Er hatte eigentlich recht. Im Grunde ist er vorangeschritten, hat versucht etwas zu erklären, was man damals noch nicht erklärt haben wollte."[50]

---

49 Ulrike Jureit und Christian Schneider, a. a. O., S. 161

50 Zitiert nach Otto Langels in: Deutschland Radio Kultur, Beitrag vom 11. November 2013

Ignaz Bubis, der 1999 verstorbene Vorsitzende des Zentralrats der Juden in Deutschland, berichtete Jahre später, er habe ein Jahr nach der Rede Philipp Jenningers diese in seiner Ansprache bei einer Gedenkfeier in der Frankfurter Synagoge faktisch wiederholt und den Text nur geringfügig modifiziert.[51] Niemand nahm Anstoß an der Rede. Er habe, so Bubis, die Ansprache als zutreffende Beschreibung des Mitläufertums verstanden und die Überreaktion, die zum Rücktritt des Bundestagpräsidenten führte, bedauert.[52]

Jureit und Schneider resümieren: "Heute könnte der Redetext als Prunkstück jeder kultusministeriellen Handreichung für den Geschichtsunterricht über die Aufarbeitung des Nationalsozialismus dienen."[53]

Man hat die Rede Jenningers mit der viel gelobten Rede Richard von Weizsäckers zum 40. Jahrestag des Endes des Zweiten Weltkriegs im Jahr 1985 verglichen. In einer immer wieder genannten Passage zitiert von Weizsäcker die chassidische Weisheit: "Das Vergessenwollen verlängert das Exil, und das Geheimnis der Erlösung heißt Erinnerung." Ulrike Jureit schreibt dazu: Hier wird aus einem religiösen Heilversprechen eine säkulare Form der Vergangenheitsbewältigung. Für zureichendes Erinnern wird Erlösung in Aussicht gestellt. Sie legt ausführlich dar, warum der Ablasshandel nicht funktioniert.[54]

---

51   http://scandalpress.com/jenninger/19891109_bubis.htm

52   Siehe dazu Ulrike Jureit und Christian Schneider a. a. O., S. 159 und S. 244

53   Ulrike Jureit und Christian Schneider a. a. O., S.159

54   Siehe dazu das von Ulrike Jureit verfasste zweite Kapitel „Erinnerung und Erlösung: Ein Missverständnis" in Ulrike Jureit und Christian Schneider Gefühlte Opfer, a. a. O., S. 38-53

Die Frankfurter Szene-Zeitschrift „Kommune" fasste einen Vergleich der beiden Reden salopp zusammen: „Weizsäcker, das ist zu schön, um wahr zu sein; Jenninger das ist zu wahr, um schön zu sein."[55]

Arnulf Baring

Arnulf Baring, emeritierter Professor für Zeitgeschichte an der Freien Universität Berlin, hielt am 7. September 2006 den Eröffnungsvortrag in einer Veranstaltungsreihe der hessischen CDU-Landtagsfraktion mit dem Titel „Was uns leitet – Eckpfeiler einer bürgerlichen Kultur." Es war ein öffentlicher Vortrag vor etwa 150 Zuhörern, die meisten waren Mitglieder der CDU. Professor Baring sprach frei; es gab kein Manuskript seiner Rede. Es gab viel Applaus. Zwei Tage nach dem Vortrag wurden in der Presse einige Sätze aus dem Vortrag zitiert. In der Frankfurter Rundschau vom 9. September 2006 erschien auf der ersten Seite ein Bericht mit der Überschrift „Arnulf Barings Entgleisungen". Da es kein Manuskript gab, wurden in der Presse nur einige Sätze des Vortrags zitiert. Zu einem Entrüstungssturm der grünen und linken Wächter über unser Geschichtsverständnis führte vor allem der Satz, der Nationalsozialismus sei eine beklagenswerte Entgleisung gewesen, und die in der Presse zitierte Äußerung, die Gewalttaten heutiger Rechtsextremer seien nur Jugendverirrungen von Leuten, die sich wichtig machen wollen. Auch die Forderung, statt von Integration

---

55 Zitiert nach dem Artikel: Zu wahr, um schön zu sein, „Der Spiegel" vom 6. Februar 1989

der Ausländer von Eindeutschung zu sprechen, löste Empörung aus.[56]

Die Reaktionen der sprungbereiten Entrüstungsprofis ließen nicht lange auf sich warten. Als erster meldete sich Reinhard Kahl, Parlamentarischer Geschäftsführer der SPD-Landtagsfraktion zu Wort. Er beschuldigte Baring mit seinen ‚dubiosen' Äußerungen den millionenfachen Mord an Juden und das unendliche Leid des Zweiten Weltkriegs auf unzumutbare Weise verharmlost zu haben.[57]

Natürlich entrüsteten die Grünen sich auch: „Der hätte auch bei einer NPD-Veranstaltung großen Beifall gekriegt", meinte Frank Kaufmann, Geschäftsführer der Grünen-Landtagsfraktion.[58] Und der damalige Fraktionsvorsitzende der Grünen im hessischen Landtag Tarek Al-Wasir erklärte: "Es ist schlimm, wenn auf Veranstaltungen der CDU-Landtagsfraktion Reden gehalten werden, die auch bei NPD-Veranstaltungen Beifall finden würden."[59] Tarek Al-Wasir nannte es an der Zeit, dass die CDU-Bundesvorsitzende Angela Merkel „einen klaren Trennungsstrich zieht."[60]

Weil Baring von Christean Wagner eingeladen worden war und Wagner Barings Rede auch noch gelobt hatte, er-

---

56 Die Ausführungen in diesem und den folgenden Abschnitten stützen sich vor allem auf den Artikel von Majid Sattar, Lauter Entgleisungen, „Frankfurter Allgemeine Zeitung" vom 20. September 2006. Über den Vorgang wurde auch ausführlich in dem Buch von Jan Fleischhauer, Unter Linken, S. 281 bis 286 berichtet

57 Nach Sattar, a. a. O.

58 Ebenda

59 Politikforen net vom 11. 09. 2006, http://politikforen.net/show-thread.php?29769-Eindeutschung-von-Ausl%C3 %A4ndern-ist-unerw%C3 %BCnscht&s=4846b9f11d3c21686a3abaf143d25b29

60 Ebenda

33

klärte die damalige SPD-Landesvorsizende Andrea Ypsilanti: „Christean Wagner ist als CDU-Fraktionsvorsitzender für ein tolerantes und weltoffenes Land wie Hessen nicht tragbar."[61]

Am 10. September wurde der „Fall Baring" durch Renate Künast -„deutsche Meisterin der schnellen Empörung"(JanFleischhauer) – auch als bedeutsames Thema für die Bundespolitik erkannt. Frau Künast, damals Vorsitzende der Bundestagsfraktion der Grünen, forderte Bundeskanzlerin Angela Merkel auf, Christean Wagner aus der CDU-Grundsatzkommission zu entfernen.[62] Wenige Tage später meldete sich Frau Künast noch einmal zu Wort. Jetzt warf sie Baring vor, nicht den Nationalsozialismus, sondern den Holocaust als bedauernswerte Entgleisung bezeichnet zu haben, womit Baring, wie Fleischhauer schreibt, in der Nähe von Judenmordleugnern angelangt war. Sie verlangte von der Bundeskanzlerin, Barings Teilnahme an einer Gedenkveranstaltung der CDU-Bundestagsfraktion zur Erinnerung an die Vertreibungen nach dem Zweiten Weltkrieg zu verhindern.

Bis dahin waren nur aus dem Zusammenhang gerissene Zitate aus der Rede Barings bekannt. Keiner der Verleumder machte sich die Mühe, bei Baring nachzufragen, ob er das, was kolportiert wurde, wirklich gesagt hatte. Dann tauchte ein allerdings technisch dürftiger Mitschnitt auf. Die

---

61 Majid Sattar, a. a. O. Es ist vielleicht kein Zufall, dass Frau Ypsilanti hier mit der Floskel „nicht tragbar" eine bei den Nationalsozialisten häufig verwendete Redewendung benutzte, eine Wendung, die bei den Nazis dazu diente, „Volksschädlinge" zu brandmarken. Bei den Grünen scheint übrigens die Redewendung „nicht tragbar" besonders beliebt zu sein, wenn es gilt, politische Gegner an den Pranger zu stellen.

62 Majid Sattar, a. a. O.

„Frankfurter Allgemeine" vom 19. September 2006 veröffentlichte den Mitschnitt. Nur Teile seiner Rede waren rekonstruierbar. Doch entscheidende Stellen konnten nun an Hand des Mitschnitts gelesen werden. Baring hat danach folgendes gesagt:

„Natürlich ist vollkommen klar, daß die zwölf Jahre Hitler mit uns sein werden, solange es Deutsche gibt. Auch wenn wir selber geneigt wären, einen Schlußstrich zu ziehen, wird uns dieser zwölf Jahre lange Zeitraum immer anhängen." Das sei nicht zu ändern. Sodann fügt er an:

„Das ist eine Katastrophe gewesen, und die Verbrechen haben uns anhaltend beschädigt. Aber es ist ebenso wahr, daß diese zwölf Jahre und die verbrecherischen Züge dieser Zeit nicht das Ganze unserer Geschichte ausmachen, daß dies eine beklagenswerte Entgleisung gewesen ist, daß wir im Grunde genommen nur mit Trauer an diese Phase zurückdenken, daß dies eben eine Vergangenheit ist, die nicht vergehen will, daß eben doch die deutsche Geschichte nicht in dieser Phase kumuliert, sondern daß es lange Jahrhunderte deutscher Tüchtigkeit und deutscher Friedlichkeit vorher gegeben hat."

Das, was die Deutschen seit 1945 zustande gebracht hätten, könne sich sehen lassen. Auch dies sei ein Teil dieser Geschichte, „zu der wir uns bekennen wollen".[63]

Über den Holocaust, den Frau Künast ins Spiel gebracht hatte, um Baring noch übler diffamieren zu können, hatte Baring überhaupt nicht gesprochen.

In der „Frankfurter Allgemeinen" vom 19. September 2006 heißt es weiter:

---

63   „Frankfurter Allgemeine Zeitung" vom 19. September 2006

35

„Baring ging in seiner Rede auch auf das späte Bekenntnis des Schriftstellers und Literaturnobelpreisträgers Günter Grass ein, Angehöriger der Waffen-SS gewesen zu sein. Dieser Teil läßt sich aufgrund der schlechten Qualität des Mitschnittes nicht genau rekonstruieren. Deutlich wird aber, daß Baring dies als „Jugendverirrung" bezeichnete."

Baring hatte also von Jugendverirrung nicht im Zusammenhang mit den Gewalttaten Rechtsextremer gesprochen, wie ihm unterstellt wurde, sondern den Beitritt von Günter Grass zur Waffen-SS als Jugendverirrung angesehen.

Der versuchte Rufmord an Arnulf Baring zeigt, dass man sich keineswegs bemühte, zu erfahren, was er wirklich gesagt hat. Es genügt, zu wissen, dass sich hier einer außerhalb der von Roten und Grünen für korrekt gehaltenen politischen Denkmuster und des politisch korrekten Sprachgebrauchs bewegt hat, um eine Rufmordkampagne zu starten. Die Herabwürdigung und Verunglimpfung Barings erreichte ihren Höhepunkt in einer Rede, die Andrea Ypsilanti am 14. September 2006 vor dem hessischen Landtag gehalten hat. Die als Exegetin getarnte Exorzistin befand über Baring:

„Der ist nun wahrlich ein ‚Eckpfeiler bürgerlicher Kultur', freilich einer aus den finstersten Ecken, die die bürgerliche Kultur leider auch zu bieten hat. Das ist die Ecke, in der ein vollkommen unaufgeklärter, ganz und gar unpatriotischer Nationalismus aufbewahrt wird, um bei passender Gelegenheit hervorgeholt und ins Schaufenster gestellt zu werden. Die Ecke, wo gerade zwanghaft jede revisionistische These zum Nationalsozialismus wiederholt, bestaunt und beklatscht werden muss ... Es gibt einen inneren Zusammenhang, ein gleitendes Kontinuum zwischen diesen pseudointellektuellen deutschnationalen Parolen und ihren gar

*nicht so subtilen Subtexten einerseits und dem glatzköpfigen,
dumpfbackigen Krawall-Rechtsextremismus der NPD und
der Straße andererseits.*"[64]

Die frühere Flugbegleiterin und spätere Wahlbetrüge-
rin Ypsilanti hatte nicht die geringsten Hemmungen, einen
Mann zu verunglimpfen, der dreißig Jahre mit großem
Erfolg an der Freien Universität Berlin gelehrt hatte, der
schon als junger Mann in Princeton und in Paris studiert
hat und später auf Einladung Kissingers einen einjährigen
Forschungsaufenthalt am Center for International Affairs
in Harvard verbrachte. Sein Buch „Machtwechsel: Die Ära
Brandt-Scheel" ist ein Meisterwerk der neueren Geschichts-
schreibung. Baring ist Träger des Europäischen Kulturprei-
ses für Politik. Er war Gesprächspartner von Henry Kissin-
ger, Willy Brandt, Walter Scheel, Hans-Dietrich Genscher,
aber auch von Hans Werner Richter, Peter Wapnewski, Sebastian Haffner und vielen anderen.

Wenn nicht durch einen glücklichen Zufall ein Mitschnitt eines zentralen Teils der Rede gefunden worden
wäre, wäre die Kampagne vermutlich erfolgreich gewesen.

Allerdings macht auch der durch den Mitschnitt be-
zeugte Zusammenhang, in dem Baring von Entgleisung
sprach, die Sache für die Grünen nicht besser. Denn es wird
ja hier, anders als es grüner Geschichtsglaube will, unterstellt, dass der Nationalsozialismus nicht das zwangsläufige
Ergebnis der deutschen Geschichte ist. Grüner Geschichtsglaube besagt jedoch, dass, wenn schon nicht seit der Zeit
der mittelalterlichen Kaiser und dem gegen den Osten gerichteten Imperialismus, Deutschland zumindest seit dem

---

64   Text der Rede nach
      http://www.andreaypsilanti.de/db/docs/doc_15330_200771013558.pdf

Bismarckreich ein Hort der Reaktion gewesen ist. Deutschland trägt die Alleinschuld am Ausbruch des Ersten Weltkriegs. Nationalsozialismus und Holocaust sind nichts anderes als die Quintessenz aus der deutschen Geschichte.

Dass das Kaiserreich von 1871 bis 1914 nichts anderes als ein reaktionärer Obrigkeitsstaat war, wie grünes Geschichtsdenken glauben machen will, und das Bismarckreich nur die Inkubationszeit für die nationalsozialistischen Verbrechen, ist Unsinn. Es ist wahr, dass der Reichskanzler nicht auf das Vertrauen des Parlaments angewiesen war. Es gab andererseits ein allgemeines, geheimes Wahlrecht für den Reichstag für alle Männer, die älter als 25 Jahre waren. Nur Frankreich und Griechenland konnten damals ein vergleichbar modernes Wahlrecht aufweisen. Es ist wahr, es gibt aus der Kaiserzeit bis heute nachwirkende Kontinuitäten, aber auch andere als es grüner Geschichtsmythos weiß:

„Als Rechtsstaat, Bundesstaat und Sozialstaat steht das vereinigte Deutschland in Traditionen, die weit hinter 1918 zurückreichen. Und wenn die Parlamentarisierung Deutschlands auch erst in die letzten Wochen des Kaiserreichs fällt: Für die Herausbildung einer Parlamentskultur waren die Bismarckzeit und die Wilhelminische Ära die prägenden Jahrzehnte."

So der Historiker Heinrich August Winkler in einem Artikel im „Spiegel" vom 30. August 1999.[65]

Anders als es das Gerede von der reaktionären Missgeburt des Kaiserreiches nahelegt, war die kulturelle, wirtschaftliche und gesellschaftliche Entwicklung Deutschlands

---

65   Heinrich August Winkler, Hitler und die Deutschen, „Der Spiegel" vom
      30. August 1999. Der Aufsatz war der dritte in einer Folge von vier Artikeln unter der Gesamtüberschrift: Das Jahrhundert des Faschismus

in dieser Periode beeindruckend. Schon um die Jahrhundertwende war Deutschland in den wissensbasierten Industrien Chemie und Elektrotechnik einsam an der Weltspitze. Die Deutschen Universitäten hatten Weltruf und zogen Studenten und künftige Gelehrte aus allen Ländern an. Deutschland spielte in den Naturwissenschaften nicht nur in der Champions League, es war der Champion.[66]

Der englische Kulturhistoriker Peter Watson schreibt in seinem über tausend Seiten starken Buch über den deutschen Genius:

Bis zum Januar 1933 *„war Deutschland ganz fraglos die führende geistige Kraft der Welt gewesen … Hätte ein Historiker, egal welcher Nationalität, am Ende des Jahres 1932*

---

66 Nach Berechnungen von P. Forman stammen um 1900 ein Drittel der physikalischen Abhandlungen und 42 Prozent der Entdeckungen von Deutschen. (Nach P. Forman, J. L. Heilbron, S. Weart, Physics circa 1900: Personnel, Funding, and Productivity of the Academic Establishment. In: Historical Studies in the Physical Sciences (5) 1975, zitiert nach: Thomas Nipperdey, Deutsche Geschichte 1866 – 1918, Band I, Bürgerwelt und Arbeitsgeist, München 1990, S. 602)

In der Zeit von 1901 (als zum ersten Mal Nobelpreise vergeben wurden) bis 1932 entfielen 14 der 31 Nobelpreise in Chemie an Deutsche Von den 37 insgesamt im gleichen Zeitraum vergebenen Nobelpreisen in Physik fielen elf an Deutschland.

„Am Beginn des Ersten Weltkrieges hatte Deutschland auf dem Gebiet der modernen Chemie die übrige Welt hinter sich gelassen – soweit, daß selbst die Beschlagnahme der deutschen Industriepatente(nach dem ersten Weltkrieg) den Konkurrenten in Übersee nicht sofort etwas einbrachte. Die größten amerikanischen Firmen mit den besten Chemieingenieuren wussten nicht, was sie damit anfangen oder wie sie sie anwenden sollten." David S. Landes, Der entfesselte Prometheus. Technologischer Wandel und industrielle Entwicklung in Westeuropa von 1750 bis zur Gegenwart, München 1983, S. 320. Als Nebenzweig der chemischen Industrie entwickelte sich die pharmazeutische Industrie. Deutschland wurde zur Apotheke der Welt.

eine Geistesgeschichte des modernen Deutschland veröffent-
licht, wäre es im wesentlichen eine Geschichte des Triumphs
gewesen. Bis 1933 waren Deutschen mehr Nobelpreise zuer-
kannt worden als Engländer und Amerikanern zusammen.
Deutschlands Art und Weise, sich geistig zu organisieren, war
ausgesprochen erfolgreich" [67]

Es war die bewundernswerte deutsche Jüdin Hannah Arendt, die vor den Nazis in die Emigration in die USA floh, die 1945 schrieb, dass der Nationalsozialismus nicht die Vollendung, sondern „den Zusammenbruch aller deutschen und europäischen Traditionen darstellt" und dass „es nicht irgendeine deutsche Tradition als solche" war, „die den Nazismus herbeigeführt hat, sondern die Verletzung aller Traditionen." Sie warnt, „dass alle Versuche, Hitler mit der deutschen Geschichte zu identifizieren, nur dazu führen, dass dem Hitlerismus unnötigerweise nationale Respektabilität verliehen und ihm bescheinigt wird, dass er durch eine nationale Tradition sanktioniert sei."[68]

Was Hannah Arendt sagt, wollen die Grünen nicht akzeptieren, es ist das Gegenteil ihrer kruden Geschichtsauffassung, die nicht dulden kann, das es deutsche Traditionen gibt, auf die man stolz sein kann. Für sie ist deutscher Patriotismus nichts anderes als ein Vorläufer des Faschismus. Deshalb demonstrierten vor der Bundestagswahl 1990 Claudia Roth, Angelika Beer zusammen mit Jutta Ditfurth und vielen anderen hinter einem über die ganze

---

67 Peter Watson, Der Deutsche Genius, München 2010, S. 52

68 Hannah Arendt, Das „deutsche Problem", hier zitiert nach: Le Monde diplomatique, deutsche Ausgabe Nr. 7640 vom 15. 04 2005. Der Text erschien zuerst 1945 in der Partisan Review unter dem Titel: Approaches to the German Problem

Straßenbreite gespannten Band mit der Parole „Nie wieder Deutschland".[69]

Sebastian Haffner beendet seine Anmerkungen zu Hitler mit den Sätzen:

"Und noch weniger gut ist, dass viele Deutsche sich seit Hitler nicht mehr trauen, Patrioten zu sein. Denn die deutsche Geschichte ist mit Hitler nicht zu Ende. Wer das Gegenteil glaubt und sich womöglich darüber freut, weiß gar nicht, wie sehr er damit Hitlers letzten Willen erfüllt."

Die Grünen als Erben Hitlers?

Die Wächter über unsere Umwelt

Die Umwelt ist die neue säkulare Religion, die bei uns auf den Ruinen einer ungläubigen Welt errichtet wird.[70] Das neue Credo ist: Allem Neuem muss mit Argwohn begegnet werden.

Die Grünen als Anhänger des sogenannten Vorsorgeprinzips lehnen neue Technologien ab, sofern damit irgendwelche Risiken verbunden sind, mögen sie auch gering sein. Man weigert sich, die Risiken des Unterlassens gegen die Risiken des Handelns abzuwägen.[71]

---

69   Siehe http://www.youtube.com/watch?v=fmmXEELqs2Y

70   Pascal Bruckner, The Fanaticsm of the Apocalypse, Cambridge 2013, S. 3

71   Wenn unsere Vorfahren sich von dieser Version des Vorsorgeprinzips hätten leiten lassen, gäbe es keine Bahn, keine Autos, keine Flugzeuge, keine Schutzimpfungen.

1987 lehnten die Grünen in ihrem Wahlprogramm Kabel- und Satellitenfernsehen, Breitband-ISDN, Digitalisierung des Fernsprechnetzes und vieles andere ab.[72]

Die Grünen führten lange einen verbissenen Kampf gegen die sogenannte rote oder medizinische Gentechnik. Der hessische Umweltminister Joschka Fischer verweigerte 1984 Hoechst die Genehmigung einer Betriebserlaubnis für eine Versuchsanlage zur Herstellung von humanem Insulin mittels Bakterien.[73]. Erst 1998 konnte die aus Höchst hervorgegangene Aventis die Insulinanlage in Betrieb nehmen. Die Diabetes-Patienten in Deutschland bezogen ihr gentechnisch hergestelltes Humaninsulin längst von ausländischen Herstellern. Noch bis vor gut fünfzehn Jahren wurden Produktionsanlagen, in denen gentechnisch veränderte Arzneimittelwirkstoffe hergestellt werden, von den Grünen bekämpft. Deutschland verlor für lange Zeit den Anschluss an die internationale Spitzenforschung. Gentechnisch hergestellte Medikamente sind inzwischen längst unverzichtbare Mittel im Kampf gegen Krankheiten.[74]

---

72 http://www.novayo.de/politik/deutschland/001149-wussten-sie-schon-grune-lehnten-1987-die-informationsgesellschaft-ab.html

73 Es ist ein Vorteil des gentechnisch hergestellten Insulins, dass es seltener Immunreaktionen bei den Patienten hervorruft als das früher aus der Bauchspeicheldrüse von Schweinen gewonnene Insulin

74 Zurzeit sind in Deutschland nach Angaben des Verbandes forschender Arzneimittelhersteller mindestens 169 Arzneimittel mit 128 Wirkstoffen zugelassen, die gentechnisch hergestellt werden. Wichtige Anwendungsbereiche sind u. a. Diabetes (Insuline), Multiple Sklerose und rheumatoide Arthritis (Immunmodulatoren), Krebserkrankungen (monoklonale Antikörper), angeborene Stoffwechsel- und Gerinnungsstörungen (Enzyme, Gerinnungsfaktoren) sowie Schutzimpfungen (Gebärmutterhalskrebs, Hepatitis B. http://www.vfa.de/de/suche?search=%22Gentechnisch+hergestellte+Arzneimittel%22

Heute führen die Grünen und die Umweltverbände wie Greenpeace und BUND erfolgreich eine Kampagne gegen die grüne Gentechnik, die von allen führenden Wissenschaftsverbänden der Bundesrepublik als sichere und aussichtsreiche Zukunftstechnologie angesehen wird.

In der Vergangenheit wollten Revolutionäre Schluss mit der Vergangenheit machen und etwas Neues beginnen. Heute geht es darum, Vergangenheit und Gegenwart vor das grüne Tribunal zu bringen. Das Übel hat nicht mehr seinen Ursprung in der Natur, die heilig gesprochen wird, auch nicht in politischem oder religiösem Fanatismus, es entsteht durch das wirtschaftliche Wachstum, das unseren Planeten verwüstet. Die Erbsünde ist wieder Bestandteil der Religion geworden. Der CO_2-Fußabdruck benennt die Sünde, die wir schon begehen, indem wir atmen. Es war der grüne Politiker Yves Cochet, Mitglied des Europäischen Parlaments, der 2009 forderte, dass Ehepaare, die ein drittes Kind bekommen, bestraft werden sollten, weil das Baby die Umwelt so belastet wie 620 Flüge von Paris nach New York und zurück.[75]

Eine neue Erscheinung hat in unsere Geschichte Einzug gehalten: Mutter Gaia; es gilt sie vor der Besudelung durch die Menschen zu schützen.[76]

Die Grünen verstehen sich als die Verkünder der neuen Religion. Häretikern wird kein Pardon gegeben. Dabei werden auch unkonventionelle Wege beschritten. Dazu einige Beispiele.

---

75   Pascal Bruckner, a. a. O., S. 15

76   Siehe zu diesem Absatz: Pascal Bruckner, a. a. O., S. 2-4

Und sie erwärmt sich doch

Im Mai 2013 erschien eine Broschüre des damals von dem Grünen Jochen Flasbarth[77] geleiteten Umweltbundesamtes mit dem Titel „Und sie erwärmt sich doch." [78]

Mit diesem an Galileo Galilei erinnernden Titel beginnt bereits eine Art Fälschung. Wird hier doch suggeriert, dass in dieser Broschüre einsame Streiter gegen eine Welt übermächtiger Feinde kämpfen. Tatsächlich wird hier mit der Autorität des Amtes versucht, eine wissenschaftliche Kontroverse durch eine staatliche Behörde zu entscheiden. Professor Thorsten Koch:

„Die Entscheidung wissenschaftlicher Kontroversen ist keine Staatsaufgabe. Der hier vorliegende Versuch des Umweltamtes, eine wissenschaftliche Kontroverse zu entscheiden, dürfte in dieser Form einzigartig sein."[79]

Autoren, die dem „wissenschaftlichen Konsens" widersprechende Thesen vertreten, werden als Klimawandelskeptiker[80] an den Pranger gestellt. Es wird von Amts wegen

---

77 Flasbarth wurde 2003 vom damaligen Bundesumweltminister Trittin zum Abteilungsleiter Naturschutz und nachhaltige Naturnutzung im Umweltministerium berufen. 2009 wurde er Präsident des Umweltbundesamts.

78 Bundesumweltamt, (Hrsg), Und sie erwärmt sich doch. Was steckt hinter der Debatte um den Klimawandel? Mai 2013, http://www.umweltbundesamt.de/en/publikationen/sie-erwaermt-sich-doch-was-steckt-hinter-debatte-um

79 Thorsten Koch, Staatspropaganda, Das Bundesumweltamt missachtet die Regeln der Neutralität, Die Welt, 22.Mai 2013. Henryk M. Broder wird durch die Praxis des Bundesumweltamts an die Reichskulturkammer erinnert. „Die Welt" vom 19. Mai 2013

80 Es wird in der Broschüre darauf hingewiesen, dass man die Klimawandelskeptiker auch Klimawandelleugner (kurz: Klimaleugner) nennt. Damit wird verbal versucht, Klimaskeptiker auf eine Stufe mit Ausch-

Rufmord an Journalisten und Wissenschaftlern begangen, die die Auffassungen des Amtes und die in den Zusammenfassungen des Weltklimarats IPCC dargestellten Ansichten für einseitig oder falsch halten. In der Broschüre werden zunächst die Klimawandelskeptiker in den USA angegriffen. Sie sind nach Ansicht der Verfasser schon deshalb unglaubwürdig, weil viele von Exxon Mobile finanziert worden seien.[81] Die linientreuen Wissenschaftler hingegen könnten nach Auffassung des Bundesumweltamtes schon deshalb durch die horrenden staatlichen Fördergelder nicht korrumpiert werden, weil Wissenschaftler ihren Ruf aufs Spiel setzen, wenn sie nicht haltbare Aussagen machen.[82] Es gilt also: korrumpierbar sind nur die Wissenschaftler, die andere Auffassungen vertreten als das Umweltbundesamt.

In einem eigenen Abschnitt rechnet das Bundesumweltamt mit den Klimawandelskeptikern in Deutschland ab. Angeprangert werden das europäische Institut für Klima und Energie (EIKE), ein Zusammenschluss von Natur-, Geistes- und Wirtschaftswissenschaftlern, Fritz Vahrenholt und Sebastian Lüning[83] als Autoren des Buches „Die kalte Sonne", die Journalisten Dirk Maxeiner, Michael Miersch und Günter Ederer. In einer ersten Fassung waren die wichtigsten Passagen über nicht linientreue Wissenschaftler durch gelbe

....

witzleugnern zu stellen. Sie müssten also eigentlich angeklagt und bestraft werden. Siehe: Bundesumweltamt a. a. O., S. 98

81 Bundsumweltamt, a. a. O., S. 100 ff.

82 Bundesumweltamt, a. a. O., S. 94 ff.

83 Fritz Vahrenholt ist promovierter Chemiker und war von 1991 bis 1997 in Hamburg Senator der Umweltbehörde. Ab Februar 2008 arbeitete Vahrenholt als Geschäftsführer von RWE Innogy, der Sparte für Erneuerbare Energien des Energiekonzerns RWE. Sebastian Lüning ist habilitierter Geologe

Hervorhebungen gekennzeichnet. Das ist in der zurzeit im Internet abrufbaren Fassung verschwunden. Den Kritikern wird allgemein fehlende Fachkenntnis vorgeworfen. Speziell zu Vahrenholt und Lüning heißt es, es sei für fachfremde Einzelpersonen kaum möglich, sich neben einer andersgearteten hauptberuflichen Tätigkeit in Klimamodelle einzuarbeiten.

Die Autoren der Broschüre wurden nicht genannt. Das Bundesumweltamt räumte später ein, dass dies ein Fehler war. Es gab die Namen der Autoren bekannt. Da das Amt in seiner Broschüre verlangt hatte, dass nur Wissenschaftler und Journalisten mit entsprechender Fachausbildung sich kompetent zum Thema Klimawandel äußern können, konnte man jetzt feststellen, dass nicht ein einziger der vier Autoren die verlangte Fachkompetenz besitzt. Als Autoren wurden genannt: Dr. Harry Lehmann, Dr. Klaus Müschen, Dr. Steffi Richter und Dr. Claudia Mäder. Lehmann promovierte mit einer Arbeit über Struktur und Dynamik von Energiesystemen auf Basis erneuerbarer Energien. Damit wird man nicht zum Klimawissenschaftler. Über Greenpeace und dem Lobbyverband Eurosolar gelangte er ins Umweltbundesamt. Über Aktivitäten im Bereich Klimaforschung ist nichts bekannt. Klaus Müschen studierte Elektrotechnik und Sozialwissenschaften und arbeitet als Berufsschullehrer. Er leitete 15 Jahre lang in Berlin das Referat für Klimaschutz und Lokale Agenda in der Senatsverwaltung für Stadtentwicklung. Mit Klimaforschung hatte er nichts am Hut. Claudia Mäder trat immerhin als Autorin eines Buches in Erscheinung, das vermutlich auch vom Klima handelt. Sie schrieb das Kinderbuch Pia, Alex und das Klimaprojekt. Über Steffi Richter erfährt man auch im Internet nichts. Das besagt aber wohl, dass sie über Klima nichts publiziert hat. Fazit: Keiner der Autoren, die in der Broschüre über dissidente Klimawissenschaftler zu Gericht saßen, hat auch nur annähernd die gleiche Kompetenz wie zum Beispiel der von ihnen kritisierte Fritz Vahrenholt. Es drängt sich der Verdacht auf, dass man keine Fachkompetenz, sondern nur die richtige Gesinnung braucht, um im Umweltbundesamt beschäftigt zu werden.

Übrigens war auch Flasbarth, der damalige Leiter des Umweltamtes, kein Klimawissenschaftler. Er ist nicht promovierter Volkswirt. Und auch der Vorsitzende des Intergovernmental Panel on Climate Change (IPCC), Rajendra Kumar Pachauri, ist kein Klimawissenschaftler. Er ist Ökonom und Ingenieur. Er ist aber Botschafter von 350.org., eine von Umweltaktivisten gegründete internationale Klimaschutzorganisation.

In der Broschüre wird der Eindruck erweckt, dass alle angesehenen Klimawissenschaftler den Ergebnissen des IPCC zustimmen. Das trifft aber auf eine Reihe renommierter Forscher nicht zu.[84] In einem Artikel im „Wall Street Journal" vom 27. Januar 2012 erklären 16 renommierte Wissenschaftler, dass es keine überzeugenden wissenschaftlichen Argumente gibt, durch drastische Maßnahmen die Weltwirtschaft zu dekarbonisieren.

Nicht wenige der für das IPCC arbeitende Wissenschaftler können ihre Meinung in den offiziellen Zusammenfas-

---

84 Hier seien beispielhaft genannt: Terje Berntsen, Caroline Leck, Henrik Svensmark, Christopher W. Landsea, Jan Veizer, Nir Joseph Shaviv, Murry Lewis Salby, Freeman John Dyson. Zu erwähnen wäre auch der Physiknobelpreisträger Ivar Giaever, der unter Protest aus der American Physical Society austrat, weil diese nicht bereit war, die Erkenntnisse zum Klimawandel anders als „unumstößlich" zu werten. Über alle genannten Wissenschaftler kann man sich im Internet über Wikipedia informieren

sungen nicht wiedererkennen. Der schon erwähnte Christopher Landsea beendete seine Mitarbeit, weil der IPCC politisiert worden sei und vorgefertigte Programme abgearbeitet werden sollten.[85]

Richard Tol, einer der angesehensten Ökonomen, die für den Weltklimarat IPCC gearbeitet haben,[86] hat seinen Namen aus Protest gegen die vom IPCC betriebene Panikmache kurz vor Veröffentlichung des Berichts zurückgezogen. Tol hatte in der Arbeitsgruppe 2 als einer der Hauptautoren mitgearbeitet. Er hatte über die wirtschaftlichen Folgen des Klimawandels geschrieben. In der politischen Zusammenfassung seien seine Gedanken in das Gegenteil verkehrt worden. Tol ist der Meinung, dass die wirtschaftlichen Folgen des Klimawandels eher gering sind. Bei einem geringen Temperaturanstieg seien die Auswirkungen positiv. Erst wenn der Temperaturanstieg zwei Grad übersteigt, seien die Folgen per saldo negativ. Es sei ökonomisch sinnvoller, Anpassungsmaßnahmen an den Klimawandel vorzunehmen als die horrenden Kosten auf sich zu nehmen, die Co2-Reduktion drastisch zu verringern. Diese zentrale Aussage sei in der 30 Seiten umfassenden Zusammenfassung nicht mehr enthalten. Es gebe einen starken Druck, die Berichte des Klimarats dramatisch zu formulieren. „Es gibt viele Bürokraten, Politiker und Wissenschaftler, deren Jobs davon abhängen, dass die Klimakatastrophe schlimm erscheint", sagte Richard Tol in einem Gespräch mit der Frankfurter

---

85 Siehe den Artikel über Landsea in: Wikipedia, http://en.wikipedia.org/wiki/Christopher_Landsea

86 Richard Tol hat mehr als 250 Arbeiten in führenden Journalen als Autor oder Ko-Autor veröffentlicht. Er wird in Ideas RePEc (Research Papers in Economics) zu den hundert wichtigsten Ökonomen der Welt gezählt. Siehe deas.repec.org/top/top.person.all.html#pto90

Allgemeinen Zeitung.[87] Richard Tol ist inzwischen für die grünen Glaubenskrieger zu einer Hassfigur geworden.

Amtliche Fälschung

Wer bisher glaubte, dass die vom Umweltministerium, dem Umweltbundesamt und dem Bundesministerium für Forschung und Bildung herausgegebenen deutschen Zusammenfassungen der amtlichen englischen IPCC-Berichte „Summary for Policymakers" deren Kernbotschaften im wesentlichen korrekt wiedergeben, hat die Umdeutungsenergie der in diesen Behörden und ihrer Leitung agierenden Umweltaktivisten unterschätzt. Wer bisher die genannten Behörden für eine seriöse Quelle gehalten hat, irrt.

Für die Beurteilung der deutschen Politik der Subventionierung erneuerbarer Energien ist die Frage, ob die praktizierte Förderung erneuerbarer Energien vernünftig ist, wenn zugleich – wie bei uns ein Emissionshandelssystem existiert, von alles überragender Bedeutung. Der Ökonom Hans-Werner Sinn, Professor Joachim Weimann, der wissenschaftliche Beirat beim Bundeswirtschaftsministerium, die Monopolkommission und andere haben seit langem darauf hingewiesen, dass die horrenden Subventionen per saldo nicht zu einer Verringerung der CO_2-Emissionen führen, da die Gesamtemissionsmenge, der sogenannte

---

87   Protest gegen Klimaschwarzmalerei, „Frankfurter Allgemeine Zeitung" vom 28. März 2014. Siehe auch Philip Plickert, Die Apokalypse fällt aus, „Frankfurter Allgemeine Zeitung" vom 30. Juni 2014

„cap" fixiert ist..[88] Die Bundesregierungen haben auf diese vernichtende Kritik nicht reagiert. Der ICCP, dessen Aussagen gerade für die Umweltaktivisten sonst die nicht mehr zu hinterfragenden Weisheiten sind, hat sich nun dieser Kritik angeschlossen. In dem Summary for Policymakers heißt es, dass bei einem Emissionshandelssystem mit verbindlich festgesetzter Gesamtemissionsmenge (cap) die Subventionierung erneuerbarer Energien die Emissionen nicht vermindert[89].

In der deutschen Version, in der die „Kernbotschaften" wiedergegeben werden sollen, heißt es: „Der Emissionshandel beeinträchtigt die Wirkung anderer Maßnahmen, es sei denn die Anzahl der zulässigen Zertifikate wird flexibel angepasst."[90] Damit wird die Aussage aus dem Summary for Policymakers ins Gegenteil verkehrt. Die für die deutsche Politik vernichtende Aussage wird verfälscht, weil die Wahrheit peinlich ist und die gigantische Verschwendung offenlegt, die mit unserer Energiepolitik verbunden ist. Dies ist nicht die einzige Fälschung.[91]

---

88 Das wird ausführlicher im letzten Kapitel dieses Buches begründet

89 IPCCWGIIIAR5, Final Draft, Summary for Policymakers, S. 32. http://report.mitigation2014.org/spm/ipcc_wg3_ar5_summary-for-policymakers_approved.pdf. Siehe auch IPCC Working Group III-Mitigation of Climate Change, Technical Summary, S. 81, http://report.mitigation2014.org/drafts/final-draft-fgd/ipcc_wg3_ar5_final-draft_fgd_technical-summary.pdf

90 Bundesministerium für Umwelt, Naturschutz, Bau und Reaktorsicherheit und andere, Fünfter Sachstandsbericht des IPCC Teilbericht 3 (Minderung des Klimawandels), S.4, http://www.de-ipcc.de/_media/140413_Botschaften_IPCC_WGIII_Web.pdf

91 Siehe dazu :Daniel Wetzel, Die dreiste Berichtsfälschung der Klimatrickser, Die Welt vom 18.Mai.2014 und Joachim Weimann, Der verschwiegene Klimapolitik-Skandal, Frankfurter Allgemeine Zeitung vom 02.Juni

Kleine Anfrage der Grünen

In einer von Renate Künast und Jürgen Trittin und der Fraktion unterzeichneten Kleinen Anfrage verlangten die Grünen von der Bundesregierung Auskunft über ihre Position zur Leugnung des Klimawandels.[92] In einer Vorbemerkung weisen die Fragesteller darauf hin, dass nach Presseberichten bekannten Klimawandelleugnern in den Unionsfraktionen der CDU und der FDP ein Diskussionsforum gegeben wird

Es wird schon in der Vorbemerkung klar, um was es hier geht. Wissenschaftler oder Bürger, die die Meinungen der Grünen zum Klimawandel nicht teilen, werden Klimawandelleugner genannt. Damit wird gezielt eine Verbindung zum Ausdruck Holocaustleugner hergestellt. Und es wird deutlich gemacht, dass Klimawandelleugner nicht anders als Holocaustleugner bestraft werden sollten. Doch auch wer mit Dissidenten spricht, mit ihnen diskutiert, Klimawandelleugnern „ein Diskussionsforum" gibt, wird an den grünen Pranger gestellt. Diese Hetze gegen Andersdenkende

....

2014. Auf die empörte Kritik haben die verantwortlichen Behörden reagiert, indem sie eine korrigierte Fassung der inkriminieren Passagen vorgelegt haben. Erläuterung zu der Zusammenfassung von Teilbericht 3 des fünften Sachstandsberichtes des IPCC, http://www.bmub.bund.de/fileadmin/Daten_BMU/Download_PDF/Klimaschutz/ipcc_sachstandsbericht_5_teil_3_umformulierungen_bf.pdf). Es ist schon ein ungewöhnliches Maß an Chuzpe, wenn es in der „Erläuterung" heißt: „Der Vorwurf der Manipulation und Verfälschung des IPCC-Berichts ist jedoch absurd und entbehrt jeder Grundlage."

92 Kleine Anfrage der Abgeordneten Dr. Hermann Ott, Bärbel Höhn, Hans-Josef Fell, Sylvia Kotting-Uhl, Oliver Krischer, Undine Kurth (Quedlinburg), Nicole Maisch, Dorothea Steiner und der Fraktion BÜNDNIS 90/ DIE GRÜNEN, Deutscher Bundestag, Drucksache 173613 vom 3. November 2010

fand Ihren Höhepunkt, als ein Professor aus Graz die Todes-
strafe für Klimaleugner verlangte.[93] Eine schwarze Liste gibt
es auch schon.[94]

In der Kleinen Anfrage wollen die Grünen unter anderem von der Bundesregierung wissen, ob Veranstaltungen
von Klimawandelleugnern über das Liberale Institut der
Friedrich-Naumann-Stiftung auch von öffentlichen Mitteln
finanziert werden

Die Bundesregierung hat in ihrer Antwort auf die Anfrage der Grünen darauf hingewiesen, dass sich rechtlich für
die parteinahen Stiftungen die Grenzen des gesellschaftlichen Diskurses aus der freiheitlich-demokratischen Grundordnung ergeben.[95] Die Grünen scheinen zu glauben, dass
es mit der freiheitlich-demokratischen Grundordnung
nicht vereinbar ist, wenn Sachverständige gehört werden,
die ihrem Verständnis des Klimawandels nicht entsprechen.
Die Aussagen der Grünen laufen darauf hinaus, Äußerungen zum Klimawandel, die nicht mit ihrer Parteilinie übereinstimmen, offiziell zu verurteilen. Meinungsfreiheit darf
Gegnern der grünen Gesinnungspolitik nicht gewährt werden.

In vielen der elf Fragen der Grünen geht es jeweils unter
allen möglichen Aspekten um den Physiker Fred Singer.[96]

---

93   Siehe http://www.webcitation.org/6D8yy8NUJ

94   http://www.desmogblog.com/global-warming-denier-database

95   Antwort der Bundesregierung auf die Kleine Anfrage der Abgeordneten
      Dr. Hermann Ott, Bärbel Höhn, Hans-Josef Fell, weiterer Abgeordneter
      und der Fraktion BÜNDNIS 90/DIE GRÜNEN -- Drucksache 17/3613,
      Deutscher Bundestag, Drucksache 17/3917 vom 22. November 2010

96   Fred Singer ist amerikanischer Atmosphärenforscher. Im Alter von 16
      Jahren musste Singer als Jude mit seinen Eltern 1940 von Österreich in die
      USA emigrieren. Studium der Elektrotechnik an der Ohio State Univer-

Die Grünen wollen wissen, wie die Bundesregierung die wissenschaftliche Reputation von Fred Singer und verschiedene Äußerungen von Singer beurteilt, wie sie dazu steht, dass er in einem Gutachten die Gefahren des Passivrauchens bagatellisiert hat, und wie deshalb seine Aktivitäten gegen den Klimaschutz zu bewerten sind. Die Grünen wollen wissen, ob der Bundesregierung bekannt ist, von wem Fred Singer in der Vergangenheit finanziert worden ist und ob die Regierung mit den Grünen der Meinung ist, dass man durch Veranstaltungen mit Singer unwissenschaftliche Arbeiten bewusst aufwertet.

Hier wird ein angesehener Wissenschaftler verteufelt, als Fürst des Reichs der Finsternis dargestellt. Die Grünen verstehen sich als Exorzisten. In englischsprachigen Veröffentlichungen sah man in der Verunglimpfung durch die Grünen auch den Versuch grüner Faschisten, wieder einen gelben Stern zu vergeben.[97] Eine solche Herabwürdigung eines angesehenen – wenn auch umstrittenen – Gelehrten habe es seit der Zeit des Dritten Reiches in Deutschland nicht mehr gegeben.

Fred Singer hat auf der inkriminierten Veranstaltung der Friedrich Naumann-Stiftung übrigens über die Kosten der Klimaschutzpolitik gesprochen. Wären die Grünen überhaupt lernfähig, hätten sie mit Sicherheit davon profitiert. Ihr eigenes Denken in dieser Frage zeichnet sich durch ein

....

sity, Studium der Physik und 1948 Promotion in Physik an der Princeton University. 1953 Professor für Physik an der University of Maryland und Direktor des dortigen Zentrums für Atmosphären- und Weltraumphysik. 1971 Professur für Umwelt-Wissenschaften an der University of Virginia, 1994 emeritiert

97   http://motls.blogspot.de/2010/11/pogrom-against-german-climate-realists.html

Ausmaß an Ignoranz aus, das gemeingefährlich ist. So hatte Jürgen Trittin 2004 offiziell für das Bundesumweltministerium verkündet: „Es bleibt dabei, dass die Förderung erneuerbarer Energien einen durchschnittlichen Haushalt nur rund 1 Euro im Monat kostet – so viel wie eine Kugel Eis."[98]

Das Berlin Manhattan Institut hat auf die Kleine Anfrage der Grünen reagiert, indem es eine Kleine Anfrage an die Bundestagsfraktion der Grünen richtete. Von den insgesamt 16 Fragen wird hier eine Auswahl reproduziert.[99]

2. Ist den Mitgliedern der Grünen-Bundestagsfraktion bekannt, dass es sich bei den Klimawissenschaften um eine sehr junge Wissenschaft handelt, die erst seit wenigen Jahren dabei ist, die klimaphysikalischen Zusammenhänge zu bearbeiten und noch weit davon entfernt ist, sie zu verstehen. Sind sich die Mitglieder der Fraktion bewusst, dass wissenschaftliche Theorien einer empirischen Bestätigung bedürfen und ihr Wahrheitsgehalt sich nicht durch Modellanalysen testen lässt?

4. Wenn die Grünen der Auffassung sind, dass die Frage des Klimawandels und seiner möglichen menschlichen Ursachen bereits endgültig geklärt sind, werden sich die Grünen dann für einen sofortigen Stopp der Finanzierung von Forschungsarbeiten zu diesem Thema einsetzen, die ja dann keine neuen Erkenntnisse mehr bringen könnten? Ist den Grünen noch ein weiteres Forschungsfeld bekannt,

---

98 Bundesministerium für Umwelt, Naturschutz, Bau und Reaktorsicherheit, Pressemitteilung Nr. 231/04 | Berlin, 30. 07. 2004, http://www.bmub.bund. de/presse/pressemitteilungen/pm/artikel/erneuerbare-energien-gesetz-tritt-in-kraft/

99 http://www.science-skeptical.de/blog/kleine-anfrage-an-die-bundestags-fraktion-bundnis-90die-grunen/003390/

auf dem weiteres wissenschaftliches Arbeiten überflüssig wäre, weil bereits alle Fragen endgültig geklärt sind?

5. Ist den Grünen außer ihrer eigenen Partei und dem Papst, sofern er ex cathedra entscheidet, noch eine andere Institution bekannt, die Unfehlbarkeit für sich in Anspruch nimmt?

9. Sind die Grünen der Auffassung, dass sich die Kriterien, nach denen man unseriöse und unwissenschaftliche Forschung von seriöser und wissenschaftlicher Forschung unterscheidet danach bestimmen, ob die Arbeiten im Ergebnis politische Forderungen der Grünen stützen oder diese konterkarieren?

10. Halten es die Grünen weiter für eine glückliche Fügung, dass kein Journalist auf die Idee kommt, die wissenschaftliche Reputation der von den Grünen bezahlten Gutachter zu überprüfen?

11. Wie stehen die Grünen zu dem Umstand, dass ihre Politik der extremen Subventionierung von Solar- und Windenergie einhergeht mit Parteispenden unter anderem der IBC Solar AG, der SMA Solar Technology AG, der Ostwind-Verwaltungsgesellschaft mbH, der Umweltkontor Renewable Energy, der EWO Energietechnologie GmbH, der Conergy AG, Pro Vento, der Nordex AG, der Windpark G. W. Meerhof GmbH & Co. KG, der Ersol AG, der Windpark wohlbedacht GmbH & Co. KG, der Wind Projekt Development GmbH, der Solarworld AG, der SMA Technologie AG, der Solon AG für Solartechnik, der AGU Energie- und Elektrotechnik GmbH?

14. Werden sich die Grünen weiter für die steuerrechtliche Gemeinnützigkeit von Organisationen einsetzen, die so mit öffentlichen Geldern indirekt finanziert zur Begehung von Straftaten, wie etwa dem Schottern von Gleisen aufrufen?

Gesinnungspolitik und Politischer Moralismus.

Da die Grünen wissen, dass sie aus unserer schuldbeladenen Geschichte die richtigen Folgerungen abgeleitet haben und da sie sich zur Rettung unseres Planeten berufen fühlen, handeln sie im Bewusstsein, moralisch in einer anderen Liga zu spielen als Andersdenkende. Sie sind die Guten, die Anderen die Bösen. Man hat ironisch formuliert, dass sie ihre moralische Sonderstellung gerade auch aus dem Kontakt mit dem Bösen ableiten, weil sie beim Besuch ihrer Großväter an deren Stammplatz in der Hölle Einsichten gewonnen haben, von denen andere, die es versäumt haben, sich dergestalt kundig zu machen, keine Ahnung haben.

Die Grünen haben erkannt, dass die Moral, die persönliche Betroffenheit und das Gefühl ihnen eine rhetorische Ausgangsposition verschaffen, die es erlaubt, Zahlen, Fakten und sachliche Argumente als kalt und unmenschlich zu ignorieren.[100] Sie haben den Meinungsmarkt moralisiert. Wer ihre Gesinnung nicht teilt, ist verdächtig. Sie haben die neuen Gesslerhüte aufgestellt und neue Denkverbote erlassen. Sie haben erkannt, dass die Sprache ein Instrument zur Beeinflussung der öffentlichen Meinung und zur Unterdrückung von Meinungen sein kann. Sie sind die Hüter der politischen Korrektheit. Ein falsches Wort und man wird vor den grünen Wohlfahrtsausschuss geladen. Ihnen steht zwar nicht die Guillotine zur Verfügung, aber den Job kann es schon kosten, wenn man vorgeladen wird.[101]

---

100 In den sogenannten Talk-Shows ist das ständige Praxis.

101 Als Thilo Sarrazin wegen seiner in seinem Buch „Deutschland schafft sich ab" vertretenen Meinungen seinen Job verlor, fragten Spötter, was denn noch der Unterschied zwischen der früheren DDR und der Bundesrepu-

Die Grünen sind Vertreter einer Gesinnungspolitik und Veranstalter öffentlicher Gesinnungstribunale. Argumente sind nicht falsch oder wahr, sondern gut oder böse. Wer ihnen widerspricht, wird an den moralischen Pranger gestellt. Immer sind sie auf der Hut, jene zu entdecken, die ihre Gesinnung nicht teilen, um die Alarmglocken rechtzeitig zu läuten.[102]

Der furchtbare Schöpfer der praktizierten Gesinnungspolitik ist Maximilien Marie Isidore de Robespierre, der „Unbestechliche", der den Ahnvater der Grünen, Jean-Jacques Rousseau, wie einen Heiligen verehrte. Seine Gesinnungspolitik lässt sich als Übertragung der religiösen Intoleranz auf das politische Leben beschreiben.[103] Sie bestraft nicht erst den Verstoß gegen Gesetze, sondern schon die abweichende Gesinnung. Es genügte also nicht, die Gesetze zu beachten, sich an die überkommenen moralischen Regeln zu halten, man musste „tugendhaft" sein und das war man. nur als Mitglied der Jakobiner. Mit der Gesellschaft der Jakobiner hatte Robespierre sich seine Kirche geschaffen. Was gut und böse ist, bestimmten die Revolutionstribunale. Ro-

....

blik sei. Antwort: In der Bundesrepublik ist auch die Opposition gegen Meinungsfreiheit und für Berufsverbote.

102 Keiner konnte bisher die Alarmsirenen so schnell schrillen lassen wie Renate Künast, die deutsche Meisterin der schnellen Entrüstung. Auch für die im nächsten Absatz erwähnten Jakobiner war es oberste Pflicht, wachsam zu sein und die Lebensführung und Gesinnung der Mitmenschen zu beobachten und rechtzeitig Alarm zu schlagen. Der ideale Jakobiner wurde daher nicht nur als Träger der roten Mütze, sondern auch mit der Glocke in der rechten Hand dargestellt. Das sollte dokumentieren, dass er allzeit bereit ist, Alarm zu schlagen. Nach: Friedrich Sieburg, Robespiere, München 1958, S.124

103 Die Religion schließt allerdings auch die Buße ein, sie kann duldsam sein

bespierre ist der Begründer des Tugendterrors in der jakobi-
nischen Schreckensherrschaft.[104]

Gesinnungspolitik ist Ausdruck dessen, was Hermann
Lübbe in einem fulminanten Essay Politischen Moralismus
genannt hat. Politischer Moralismus, das ist unter anderem
„die Selbstermächtigung zum Verstoß gegen die Regeln des
gemeinen Rechts und des moralischen Common sense unter
Berufung auf das höhere Recht der eigenen, nach ideologischen Maßgaben moralisch besseren Sache".[105]

Lübbe weist darauf hin, dass es nicht kriminelle Gesinnung, sondern „der angespannte Politmoralismus ideologisch formierter gemeinsinnstranszendenter Gesinnung"
war, der die großen Verbrechen im zwanzigsten Jahrhundert
möglich machte. [106]

In der Zeitschrift „Rotes Schwert" dem Organ der von
Lenin gegründeten Geheimpolizei Tscheka[107] heißt es am
18. August 1919: „Uns ist alles erlaubt."[108] Hermann Lübbe
erläutert:

„Man verstünde diesen Satz grundsätzlich falsch, wenn
man ihn als einen Satz unüberbietbaren Zynismus läse. Er
ist, ganz im Gegenteil, ein Satz unüberbietbarer politmoralistischer Selbstlegitimation, und die entscheidende ideolo-

---

104 Friedrich Sieburg, a. a. O., S. 88ff.

105 Hermann Lübbe, a. a. O., S. 120

106 Hermann Lübbe, a. a. O., S. 45 und S. 26

107 Tscheka ist die Abkürzung von чрезвычайная комиссия (außerordentli-
che Kommission). Sie wurde von Lenin zur Bekämpfung der Konterrevo-
lution gegründet. 1922 wurden ihre Aufgaben der GPU (государственное
политическое управление = staatliche politische Verwaltung) übertragen.

108 Hermann Lübbe, a. a. O., S. 22

gietheoretische Frage ist, unter welchen Voraussetzungen man sich zu einem solchen Satz berechtigt weiß."

Der zitierte Artikel stellt klar, warum alles erlaubt ist:

„Unser ist ein neuer Moralkodex. Unsere Humanität ist absolut; denn sie gründet sich auf das glorreiche Ideal der Beseitigung von Tyrannei und Unterdrückung. Uns ist alles erlaubt; denn wir sind die ersten in der Welt, die das Schwert nicht zu Zwecken der Versklavung und Unterdrückung ziehen, sondern im Namen der Freiheit und der Befreiung von der Knechtschaft[109]."

Von den Grünen droht uns zur Zeit weder das Ende auf der Guillotine noch der Gulag. Doch die aus ihrem Sendungsbewusstsein resultierende Selbstermächtigung zu einem Verhalten, das dem Andersdenkenden die moralische Integrität abspricht, wurde schon in diesem einleitenden Kapitel deutlich. Wer im Zusammenhang mit Hitler von Faszinosum spricht, ist für sie nicht tragbar, um diesen bei den Grünen beliebten Terminus aus dem Wörterbuch des Unmenschen zu gebrauchen. Wer wie Arnulf Baring nicht die Meinung der Grünen teilt, der Nationalsozialismus sei die Quintessenz aus der deutschen Geschichte und ihn in der Geschichte unseres Landes für eine „Entgleisung" hält, wird vor das grüne Gesinnungstribunal gestellt. Das Bundesumweltamt hält sich für berechtigt, wissenschaftliche Kontroversen zu entscheiden und andersdenkende Journalisten und Autoren zu tadeln. Es experimentiert mit einer Vorstufe einer grünen Bundessschrifttumskammer. Eine Kommission, in der das grüne Bundesumweltamt und das Bundesumweltministerium prominent vertreten sind, fälscht in

---

109 Ernst Topitsch, http://www.bayarea.net/~kins/AboutMe/Topitsch_and_ Albert/PoliticalCorrectness.html

einem Akt schwer überbietbarer „politmoralistischer Selbst-legimitation" ein IPCC-Dokument, um zu verhindern, dass man die Wahrheit über den Irrsinn der grünen Energiepolitik erfährt. Die grünen Wächter über unsere Umwelt offenbaren in einer Kleinen Anfrage, dass Meinungsfreiheit Gegnern der grünen Gesinnungspolitik nicht gewährt werden darf. Menschen und Wissenschaftler, die Aussagen des IPCC kritisieren, werden mit Holocaustleugnern sprachlich auf eine Stufe gestellt. In Übertragung der religiösen Intoleranz auf das politische Leben wird Rufmord an Andersdenkenden begangen, die verunglimpft und herabgewürdigt werden.

Literatur zum ersten Kapitel

Hermann Lübbe, Politischer Moralismus, Der Triumph der Gesinnung über die Urteilskraft, Berlin 1987

Pascal Bruckner, The Fanaticsm of the Apocalypse, Cambridge 2013

Zweites Kapitel

Die Geburt der Grünen aus dem Geist der Apokalypse

Grenzen des Wachstums

Der Club of Rome, der 1968 als elitäres Diskussionsforum gegründet worden war, veröffentlichte 1972 die Studie „Die Grenzen des Wachstums".[1] In dem Buch wurde mit Hilfe von Computersimulationen prognostiziert, dass bei der gegenwärtigen Zunahme der Industrialisierung, der Weltbevölkerung und der Ausbeutung der natürlichen Rohstoffe die absoluten Wachstumsgrenzen in naher Zukunft erreicht werden. In düsteren Prognosen wurde eine Weltuntergangsstimmung beschworen. Die „Grenzen des Wachstums" wurde in 35 Sprachen übersetzt und neun Millionen mal verkauft.

Schon durch Rachel Carsons Buch „Stummer Frühling", das 1962 erschien, war ein Schreckensszenario erzeugt wor-

---

1   Denis Meadows, Donella Meadows, Erich Zahn, Peter Milling, Die Grenzen des Wachstums, Bericht des Club of Rome zur Lage der Menschheit, Stuttgart 1972. Englischer Titel: The Limits to Growth, Universe Books 1972

den. Auch dieses Buch mit seinen apokalyptischen Visionen war ein internationaler Bestseller.

Nur wenige Jahre vor dem Erscheinen der „Grenzen des Wachstums" war im Jahr 1968 Paul Ehrlichs Buch „The Population Bomb"[2] erschienen, in dem ebenfalls Katastrophenszenarien entwickelt wurden. Gleich zu Anfang wurde dem Leser erklärt, dass der Kampf um die Ernährung des Menschen schon verloren sei. In den siebziger Jahren würden Hunderte von Millionen Menschen den Hungertod sterben, trotz aller Programme, die man in Angriff nehmen könnte. Zu dem gegenwärtigen Zeitpunkt könne nichts mehr den drastischen Anstieg der Hungertoten verhindern. Ehrlich erörtert die Idee der Zwangssterilisierung durch Beigabe von Sterilisationsmitteln zum Trinkwasser und zur Nahrung. Er sprach sich für die Einführung einschneidender Maßnahmen zur Geburtenkontrolle aus, die das Selbstbestimmungsrecht der Menschen missachteten. Nach einem kontrollierten „Absterben" („die-back") solle die Weltbevölkerung bei zwei Milliarden Menschen im 21. Jahrhundert stabilisiert werden.

Das geistige Klima, in dem in den siebziger Jahren und darüber hinaus die Studie „Die Grenzen des Wachstums" so erstaunlich einflussreich war, wurde auch geprägt durch das Chemieunglück in dem italienischen Ort Seveso im Jahr 1976. „Seveso ist überall", war der berühmt gewordene Titel eines Buches von Egmont R. Koch und Fritz Vahrenholt.[3]

---

2   Paul R. Ehrlich, The Population Bomb, New York: Ballantine Books 1968; deutsch: Die Bevölkerungsbombe, München: Carl Hanser 1971

3   Egmont R. Koch und Fritz Vahrenholt, Seveso ist überall – Die tödlichen Risiken der Chemie, Köln 1976

Die Studie über die Grenzen des Wachstums von Meadows und anderen baut auf der von Jay Forrester am MIT gegründeten Systemdynamik auf. Dabei werden mit Simulationsverfahren die Interaktionen zwischen Objekten in komplexen dynamischen Systemen untersucht. Forrester äußerte, er würde gern etwa hundert besonders begabte Persönlichkeiten aus der ganzen Welt zusammenbringen, um mit Hilfe seiner Modelle eine psychosoziale Analyse des Weltgleichgewichts durchzuführen. Als Forrester nach der Zusammensetzung dieses Gremiums gefragt wurde, meinte er: „Above all it shouldn't be mostly made up of professors. One would include people who had been successful in their personal careers, whether in politics, business, or anywhere else. We should also need radical philosophers, but we should keep care to keep out the representatives of the social sciences. Such people always want to go to the bottom of a particular problem. What we want to look at are the problems caused by interactions."[4] Robert Solow[5] meinte dazu, er wisse nicht, wie man Leute nennt, die glauben, sie könnten bei allem in den Einzelheiten irren, die aber erwarteten, alles dennoch irgendwie durch die Interaktionen richtig hinzukriegen. Solow meinte sarkastisch, das müssten wohl die Nachkommen des berühmten Kaufmanns Lapidus sein, der sagte, dass er bei jedem Produkt, das er verkaufe, einen Verlust mache, aber die Menge werde es bringen.

Forrester fand das von ihm gesuchte Gremium im Club of Rome und man fand in Meadows den Autor, der in das

---

4   Zitiert nach: Robert M. Solow, Is the End of world at Hand? Challenge, März/April 1973, S. 39

5   Robert M. Solow erhielt 1987 den Nobelpreis für Wirtschaftswissenschaften

Weltmodell Fakten und Annahmen eingab. Die am meisten beachtete These der „Grenzen des Wachstums" war die vom drohenden Absturz unserer Industriegesellschaft durch die Erschöpfung der natürlichen Ressourcen. Sie wurde in den Medien meist kritiklos übernommen und führte zu der Forderung nach einem Ende des Wachstums und einem radikalen Umbau unseres Wirtschaftssystems. Die kritischen Stellungnahmen und Verrisse führender Ökonomen fanden so gut wie keine Beachtung. Die Studie konnte so zur Geburtsstunde der grünen Bewegungen werden. Es war eine Geburt der Grünen aus dem Geist der Apokalypse und der ökonomischen Ignoranz.

Die „Grenzen des Wachstums" sagen uns nicht nur, dass kontinuierliches Wachstum nicht möglich ist, sie sagen uns auch, dass die Welt mit einem Paukenschlag enden wird.[6] Es gibt keine allmähliche Annäherung an die natürlichen Grenzen, wo immer diese zu finden sein mögen. Wenn wir keine umfassenden Änderungen an der Art unseres Wirtschaftens vornehmen, wird es zum Zusammenbruch kommen. Es komme spätestens in der Mitte unseres Jahrhunderts zu „einem ziemlich raschen und nicht aufhaltbaren Absinken der Bevölkerungszahl und der industriellen Kapazität."[7] Das sei eben die unvermeidbare Folge eines jeden exponentiellen Wachstums. In der Studie wird es so erläutert: „In einem Gartenteich wächst eine Lilie[8], die jeden Tag auf die doppelte Größe wächst. Innerhalb von dreißig Tagen kann die Lilie den ganzen Teich bedecken und alles andere Leben in dem

6   Solow, a. a. O., S. 43

7   Meadows, a. a. O., S.17

8   Bei uns wird die Geschichte meist nicht von einer Lilie, sondern von einer Seerose erzählt.

Wasser ersticken. Aber ehe sie nicht mindestens die Hälfte der Wasseroberfläche einnimmt, erscheint ihr Wachstum nicht beängstigend; es gibt ja noch genügend Platz, und niemand denkt daran, sie zurückzuschneiden, auch nicht am 29. Tag; noch ist ja die Hälfte des Teiches frei. Aber schon am nächsten Tag ist kein Wasser mehr zu sehen."[9]

Das ist ziemlich abenteuerlicher, ökonomischer Unsinn. In diesem Modell wird für die einzelnen nicht regenerierbaren Rohstoffe eine mittlere jährliche Wachstumsrate des Verbrauchs bestimmt, die sich im Zeitablauf nicht ändert und bei der von Jahr zu Jahr der Verbrauch an Rohstoffen exponentiell steigt. Die Rechnung erinnert an Mark Twain, der schrieb: „Binnen 170 Jahren hat sich der untere Mississippi um 240 Meilen verkürzt. Das macht im Durchschnitt 1 1/3 Meile pro Jahr. Daher sieht jeder Mensch, es sei denn, er ist blind oder ein Idiot, dass vor einer Million Jahren der Untere Mississippi mehr als eine Million Dreihunderttausend Meilen lang gewesen ist und in den Golf von Mexiko hinausragte wie ein Angelstock. Genauso sieht man sofort, dass heute in 742 Jahren der Untere Mississippi nur noch eine Meile und dreiviertel messen wird."[10]

In diesem Modell, in dem die endlichen Ressourcen mit steigender Rate verbraucht werden, gibt es keinen eingebauten Mechanismus, der bewirkt, dass bei knapper werdenden Ressourcen der Verbrauch allmählich und frühzeitig schrumpft. Im Modell von Meadows gibt es kein funktionierendes Preissystem, obwohl es das Preissystem ist, das in

---

9   Meadows, a. a. O., S. 20f.

10   Zitiert nach: Walter Krämer, So lügt man mit Statistik, Frankfurt 1992, S. 59.

der Marktwirtschaft die relative Knappheit anzeigt und alle möglichen Anpassungsreaktionen auslöst.

Für das Verständnis der durch Preise bewirkten Anpassungsreaktionen ist die Einsicht wichtig, dass ein für die Zukunft erwarteter Preisanstieg sich in den aktuellen Preisen niederschlägt. Nehmen wir an, für eine Tonne einer Ressource würde in der Zukunft ein Preisanstieg erwartet. Der Preis, der für eine Einheit der Ressource in 14 Jahren erwartet wird, steige von bisher 800 Dollar auf 1.000 Dollar. Der Ressourceneigner kann den Erlös aus dem Verkauf der Ressource zu fünf Prozent anlegen. Der aktuelle Preis betrage 400 Dollar. Der Ressourceneigner erkennt, dass eine Einheit der Ressource, die er heute fördert und für 400 Dollar verkauft, ihm nach 14 Jahren nur einen Betrag von 800 Dollar einbringt, wenn er den Erlös zu fünf Prozent verzinslich anlegt. Er wird – wie andere – die Förderung reduzieren, bis das geringere Angebot den aktuellen Preis auf 500 Dollar steigen lässt. Bei diesem Preis ist ein neues Gleichgewicht erreicht. Der bei einem Verkauf der Ressource erzielte Preis von 500 Dollar wächst bei einer Verzinsung von fünf Prozent nach 14 Jahren auf 1.000 Dollar an, also auf den gleichen Betrag, der erzielt würde, wenn die Ressource erst in 14 Jahren verkauft würde.

Wenn eine Ressource knapper wird und der Preis steigt, werden alle möglichen Anpassungsprozesse wirksam. Die Produzenten, die die Ressource verarbeiten, werden versuchen, durch technische Veränderungen pro Produkteinheit weniger zu verbrauchen. Der Rohstoff wird in der Produktion durch andere Materialien substituiert, Kupfer etwa durch Aluminium, wenn der Preis von Kupfer relativ zu dem von Aluminium steigt. Die Käufer der Produkte, die viel von der im Preis gestiegenen Ressource enthalten und die deshalb relativ zu anderen Gütern teurer geworden sind, werden ihre Nachfrage einschränken und die teurer geworden Güter durch andere substituieren. Das alles bedeutet, dass der Anteil der knapper gewordenen Ressource am Bruttoinlandsprodukt sinkt. Anders formuliert: die Produktivität der Ressource steigt.

Wir sind es gewohnt, von der Arbeitsproduktivität zu sprechen. Die Arbeitsproduktivität ist der Quotient aus realem Bruttoinlandsprodukt und Arbeitsvolumen. Wir beobachten bei uns und in den meisten anderen Ländern, dass die Arbeitsproduktivität steigt, im langjährigen Durchschnitt etwa um zwei Prozent pro Jahr. Bei steigendem Preis des Faktors Arbeit bemühen sich die Unternehmer, durch technische Neuerungen ihre Produkte mit weniger Arbeitsstunden herzustellen. Arbeitsleistungen werden durch Maschinen ersetzt. Arbeitsintensive Produkte steigen im Preis und werden weniger nachgefragt. Als Ergebnis dieser Veränderungen steigt die Arbeitsproduktivität. In gleicher Weise kann man erwarten, dass die Produktivität einer Ressource bei steigendem Ressourcenpreis steigt, das heißt, der Quotient aus realem Bruttoinlandsprodukt und Ressourceneinsatz erhöht sich. Dies kann bedeuten, dass bei wachsendem Bruttoinlandsprodukt der Verbrauch der Ressource nicht steigt.

Die Wirkungen steigender Ressourcenpreise sind damit nicht erschöpft. Je höher der Preis einer Ressource, umso lohnender wird bei nicht-energetischen Ressourcen die Wiederverwertung oder Wiederaufarbeitung (Recycling). Die Vorräte können so vermehrt werden. Das Ausmaß, in dem Materialien durch Recycling in den Nutzungskreislauf zurückgeführt werden, ist beachtlich. Bei der Stahlproduktion wurde ein Drittel, bei Aluminium 25 Prozent, bei Silber und Blei 45 bis 50 Prozent, bei Kupfer 35 bis 40 Prozent durch Wiederverwertung oder Wiederaufarbeitung für erneute Nutzung verfügbar gemacht.[11] Steigende Preise für die Ressourcen bedeuten auch, dass es lohnender wird, zu investieren, um die Effizienz der Recyclingverfahren zu verbessern. Es ist theoretisch denkbar, dass ein Rohstoff trotz steigender Nachfrage unendlich lange zur Verfügung steht, wenn die Recyclingquote und die Produktivität kontinuierlich wachsen.

Bei Erwartung höherer Ressourcenpreise werden verstärkt Explorationsanstrengungen lohnend. Es wird in die Verbesserung der Fördertechniken investiert. Der Abbau von Ressourcen in weniger ergiebigen Lagerstätten wird wirtschaftlich sinnvoll.

Alle aufgeführten Mechanismen haben bewirkt, dass im letzten Jahrhundert die Preise fast aller Ressourcen gesunken sind. In den „Grenzen des Wachstums" werden die geschilderten Anpassungsprozesse nicht in die Überlegungen über die für die Zukunft zu erwartende Knappheit der Ressourcen einbezogen. Das ist ziemlich abenteuerlicher ökonomischer Unsinn. Gleichwohl wurde das Buch zu einer Art Bibel für viele Intellektuelle, die bar aller ökonomischen Grundkenntnisse der Glaube an das Ende der Welt vereinte.

Die folgende Tabelle gibt an, wann nach den Berechnungen der Studie von Meadows und anderen unsere Rohstoffe nicht mehr verfügbar sein werden.

---

11   Die Angaben bezogen sich auf die neunziger Jahre des vorigen Jahrhunderts. Siehe dazu: Bjorn Lomborg, Apocalypse No, Lüneburg 2002, S. 177.

Zeitpunkt, zu dem unsere Rohstoffvorräte erschöpft sind

Rohstoffart	Bei gegebenen Reserven Aufgebraucht bis	Bei fünffachen Reserven Aufgebraucht bis
Gold	1979	1999
Quecksilber	1983	2011
Silber	1983	2012
Zinn	1985	2013
Zink	1988	2020
Erdöl	1990	2020
Kupfer	1991	2018
Blei	1991	2034
Erdgas	1992	2019
Wolfram	1998	2042
Aluminium	2001	2025
olybdän	2004	2035
Mangan	2016	2064
Platin	2017	2055
Nickel	2023	2066
Kobalt	2030	2118
Eisen	2063	2143
Chrom	2065	2124
Kohle	2081	2120

Quelle: Dennis Meadows, Die Grenzen des Wachstums, a. a. O., S. 139.
Im Text werden die Anzahl der Jahre angegeben, in denen der Rohstoff noch verfügbar ist. Wegen der größeren Anschaulichkeit wird
in dieser Tabelle daraus das Jahr ermittelt, in denen der Rohstoff auf-
gebraucht ist. Basis ist das Jahr 1970, in dem die Studie entstand.

Es waren vor allem die Angaben in der zweiten Spalte, die
Beachtung fanden. Der Leser musste sich ja nach der Lektüre
des Buches mit Recht fragen, woher denn die fünffach hö-

heren Rohstoffreserven, die in der dritten Spalte unterstellt werden, kommen sollten. Es konnte wohl nur ein gnädiger Gott gewesen sein, der hier den Zeitpunkt des Jüngsten Gerichts herausgeschoben hatte, um den sündigen Menschen, die sich an seiner Schöpfung vergangen hatten, mehr Zeit zur Umkehr zu geben.

Die Lektüre der zweiten Spalte zeigt uns, dass wir seit den achtziger Jahre kein Gold, kein Quecksilber, kein Zinn und kein Zink mehr haben. Seit 1990 gibt es kein Erdöl mehr, seit 1992 kein Erdgas, seit 1991 kein Blei und seit 1998 kein Aluminium mehr.

Aber selbst wenn mit Gottes Hilfe die Reserven verfünffacht worden wären, hätten wir bereits heute kein Gold, kein Silber und kein Quecksilber mehr. In fünf Jahren gäbe es kein Erdgas und in sechs Jahren kein Erdöl mehr.

Das alles hat mit der Realität nicht das Geringste zu tun. Doch die Angaben in unserer Tabelle wurden als Prognosen aufgefasst und von einer großen Mehrheit für wahr gehalten. Zweifel waren nicht erlaubt. Wer damals dennoch wagte, Zweifel zu äußern, erntete bestenfalls Kopfschütteln, sofern er nicht als gefährlicher Trottel angesehen wurde, der die Glaubensgewissheit vom Ende des Wachstums leugnete.

Wenn man diesen Zahlen die heute verfügbaren Reserven und Ressourcen gegenüberstellt, sieht man, welchem Unsinn all die aufgesessen sind, die das Buch „Die Grenzen des Wachstums" als Bibel auffassten, das ihre heiligen Glaubensüberzeugungen enthielt.

Im Folgenden wird zwischen Reserven und Ressourcen unterschieden. Reserven sind die sicher nachgewiesenen und mit heutiger Technologie wirtschaftlich gewinnbaren Vorkommen. Ressourcen sind Vorkommen, die noch nicht wirtschaftlich zu fördern sind oder die noch nicht sicher ausgewiesen sind. Wenn die Rohstoffpreise steigen oder Fördertechniken verbessert werden, können Ressourcen zu Reserven werden. In den folgenden Tabellen sind zunächst für die besonders heiklen Energierohstoffe Erdöl und Erdgas die heute verfügbaren Reserven und Ressourcen aufgeführt.

Erdölreserven und Erdölressourcen 2012 in Millionen Tonnen.

Reserven	darunter konventionell	Ressourcen	darunter konventionell
216.551	168.859	**331.444**	161.052

Summe aus Reserven und Ressourcen	Verbrauch
547.995	4.122,5

Quelle: Bundesanstalt für Geowissenschaften und Rohstoffe (BGR), Reserven, Ressourcen und Verfügbarkeit von Energierohstoffen, Energiestudie 2013, Hannover 2013, Tabelle 7, S. 60, Tabelle 8, S. 61, Tabelle 6, S. 59. Nichtkonventionell sind Reserven und Ressourcen aus Bitumen/Ölsand, Schwerstöl und Schieferöl.

Setzt man den Verbrauch in Relation zu den Reserven, bildet man also den Quotienten aus Reserven und Verbrauch (oder Förderung, die sich 2012 auf 4,137 Mill. Tonnen belief), ergibt sich die sogenannte Reichweite oder Lebensdauer. Sie beträgt 52,5 Jahre. Dividiert man die Summe aus Reserven und Ressourcen durch den Verbrauch, erhält man als Reichweite 133 Jahre. Das heißt: Bei dem heutigen Erdölverbrauch wäre die Reserven und Ressourcen erst nach 133 Jahren erschöpft, selbst wenn sie im Zeitablauf konstant blieben. Das sind erstaunliche Zahlen, zumindest für all die, die wussten, dass wir schon seit 1990 über kein Erdöl mehr verfügen! Tatsächlich ist die hier verwendete Reichweite nur „eine Momentaufnahme eines sich dynamisch entwickelnden Systems."[12] Die Reserven, Ressourcen und die Produktion ändern sich ständig wegen der Exploration, besserer Fördertechniken und der Anpassung der Produktion an veränderte Knappheiten. Die Erfahrung zeigt, dass für die meisten Rohstoffe die Reichweite langfristig konstant war, so dass man von einem dynamischen Gleichgewicht sprechen kann.[13]

Betrachten wir nun, wie hoch 2012 die Reserven und Ressourcen beim Erdgas waren, die nach den Grenzen des Wachstums schon seit 1992 erschöpft sind.

Erdgasreserven und Erdgasressourcen 2012 in Milliarden m^2

Reserven	darunter konventionell	Ressourcen	darunter konventionell
196.831	190.627	**628.846**	309.979

Summe aus Reserven und Ressourcen	Verbrauch
825.019	3.389.5

Quelle: BGR Energiestudie 2013, Tabelle 13, S. 69, Tabelle 14, S. 70, Tabelle 15. S. 71, Tabelle 17, S. 73. Nichtkonventionelle Ressourcen sind Schiefergas, Kohleflözgas (CBM) und Tight Gas.

---

12 Bundesanstalt für Geowissenschaften und Rohstoffe, Artikel: Lebensdauer, http://www.bgr.bund.de/DE/Themen/Min_rohstoffe/Rohstoffwirtschaft/min_Lebensdauer.html.

13 Bundesanstalt für Geowissenschaften und Rohstoffe, ebenda.

Die Reichweite beträgt bei den Reserven 58 Jahre und bei der Summe aus Reserven und Ressourcen 243 Jahre! Der Club of Rome hatte philosophiert, dass es selbst bei einer Verfünffachung der Vorräte schon 2019 kein Erdgas mehr gibt.

Die Bundesanstalt für Geowissenschaften hat für einige mineralische Rohstoffe die sogenannte Reichweite der heutigen Reserven ermittelt. Sie hat also für die in der folgenden Tabelle aufgeführten Rohstoffe den Quotienten aus den heute bekannten und wirtschaftlich gewinnbaren Vorräten (Reserven) und der aktuellen Förderung bestimmt.

Reichweite oder Lebensdauer ausgewählter mineralischer Rohstoffe (in Jahren)[14]

Gold	Zink	Kupfer	Wolf-ram	Alumi-nium	Vana-dium	Chro-mit	Kali
18	24	36	62	197	223	269	329

Quelle: Bundesanstalt für Geowissenschaften und Rohstoffe, Artikel: Lebensdauer, a. a. O.

Es sei daran erinnert, dass dies nur die Momentaufnahme eines sich ständig ändernden dynamischen Systems ist und dass in den letzten Jahrzehnten die Reichweiten bei den meisten Rohstoffen in etwa konstant gewesen sind!

---

14 Es sei darauf hingewiesen, dass es sich hier nur um die Reichweite der Reserven handelt. Die Ressourcen sind in allen Fällen bedeutend höher. Beim Kupfer etwa beliefen sie sich 2012 nach einer vorläufigen Schätzung des U. S. Geological Survey auf mehr als drei Milliarden Tonnen bei Reserven von lediglich 680.000 Tonnen. Siehe: http://minerals.usgs.gov/minerals/pubs/commodity/copper/mcs-2013-coppe.pdf

Fazit: Erdöl und Erdgas gibt es immer noch. Auch die nichtenergetischen Rohstoffe werden noch lange verfügbar sein. Die vorhergesagte Katastrophe blieb aus. Der Weltuntergang fand nicht statt. Die Geburt der Grünen aus dem Geist der Apokalypse beruhte auf einem folgenschweren Irrtum.

Wachstum möglich, aber unerwünscht?

Wenn Wachstum trotz stets begrenzter Ressourcen möglich ist, mag es dennoch sein, dass es nicht wünschenswert ist. Das war früher und ist bis heute die Auffassung vieler Grüner. In den siebziger Jahren etwa konnte man von bessergestellten Naturfreunden, die später zu Grünen mutierten, hören: Jetzt fährt auch der Pöbel Auto und verpestet die Luft in unseren Städten. Mit Verachtung beklagte man, dass „diese Leute" die Strände am Mittelmeer bevölkern, statt in die „Sommerfrische" zu fahren, um sich bei langen Waldspaziergängen zu erholen. In einem selbst für Grüne besonders arroganten Artikel im Feuilleton der Frankfurter Allgemeinen vom 6. Juni 2013 nimmt Reinhard Loske diesen Faden wieder auf und fragt, ob wir wirklich immer mehr vom Gleichen brauchen und klagt, dass die Autos zwar immer verbrauchsärmer geworden sind, es aber leider immer mehr davon gebe, der Heizenergiebedarf pro Quadratmeter Wohnfläche zwar sinke, aber die uneinsichtigen Verbraucher immer mehr Wohnfläche pro Kopf in Anspruch nehmen. Er schreibt: „Man muss also an die Frage der Bedürfnisse heran". Das heißt konkret wohl nur: Man muss den Leuten sagen, was sie für Wünsche haben sollten. Die Menschen zu bevormunden, ist oberste Pflicht.

Statt auf diese Weise zu schwadronieren, sei es gestattet, aus eigener Erfahrung zu berichten, was Wachstum ganz konkret bedeutet hat. Als Ende der fünfziger Jahre für die junge Familie eine erste Bleibe gemietet wurde, war es eine winzige Wohnung ohne Zentralheizung und Bad. Es gab nur ein Bett in einer fensterlosen Abstellkammer. Einer musste auf einem alten Sofa schlafen. Mit wachsendem Einkommen konnte dann später eine Wohnung mit Bad gemietet werden, in der alle ein eigenes Bett hatten und die Kinder ein eigenes Kinderzimmer. Und schließlich wurde dann ein weiterer Fortschritt erzielt: eine Wohnung mit Bad und Zentralheizung. Ein großer Sprung nach vorn war der Kauf eines eigenen Hauses mit Garten und mit der von Herrn Loske beklagten größeren Wohnfläche. Kaum eine andere Entscheidung hat mehr zu unserem Glück und unserer Zufriedenheit beigetragen, als der Erwerb des Hauses. Dieser Kauf wurde möglich, weil mit dem allgemeinen Wirtschaftswachstum auch das eigene Realeinkommen gewachsen war. Wachstumskritiker wie Loske, der stellvertretend für die Grünen steht, maßen sich an, dies zu missbilligen. Sie wissen, dass materieller Wohlstand und Glück sich „längst entkoppelt" haben.

Das erste Auto reduzierte die Zeit für Hin- und Rückfahrt zur Arbeitsstätte um mehr als eine Stunde täglich. Aber noch in den siebziger Jahren waren die Autos reparaturanfällig, rosteten schnell durch und sprangen bei Kälte und Feuchtigkeit nicht an. Das „Luxusauto"[15], das schließlich angeschafft werden konnte, hatte diese Mängel nicht, musste erst nach 300.000 Kilometern statt früher nach 100.000 Kilometern Fahrleistung verschrottet werden und verbrauchte nur halb

---

15   Ein Auto der unteren Mittelklasse, das aber im Vergleich zu den Autos vor dreißig oder vierzig Jahren als Luxus empfunden wird.

so viel Benzin. An die Stelle der Schreibmaschine, die bis in die achtziger Jahre genutzt wurde, traten nicht drei Schreibmaschinen, wie Herr Loske suggeriert, sondern ein PC, für mich und viele andere die größte Erleichterung, die ich erlebt habe. Die Flüsse, die zu der Zeit, als „Die Grenzen des Wachstums" erschien, stinkende Kloaken waren, haben dank der durch wirtschaftliches Wachstum möglichen Investitionen heute sauberes Wasser, in dem sich wieder wie zum Beispiel im Rhein Lachs, Hecht, Zander, Wels und viele andere Fische tummeln. Die Luft ist sauberer geworden. Wer in den fünfziger Jahren im Ruhrgebiet aufgewachsen ist, weiß das zu schätzen.

Das Wachstum seit den siebziger Jahren machte steigende Ausgaben in der medizinischen Forschung und der Pharmazie möglich. Das Leben des Verfassers wäre ohne die Fortschritte in der Kardiologie schon vor zwanzig Jahren beendet gewesen. Geht man vom Jahr 1970 aus, in dem die „Grenzen des Wachstums" entstanden, ist die mittlere Lebenserwartung eines Vierzigjährigen Mannes bis heute um mehr als sieben Jahre, die mittlere Lebenserwartung einer vierzigjährigen Frau um neun Jahre gestiegen[16]. Auch meine Altersgenossen haben von der gestiegenen Lebenserwartung profitiert und sind froh darüber.[17]

---

16 https://www.destatis.de/DE/ZahlenFakten/GesellschaftStaat/Bevoelkerung/Sterbefaelle/Tabellen

17 Auch die grüne Bionade-Biedermeier-Schickeria, die Impfen verweigert, die Schulmedizin verachtet und von der als unwirksam erwiesenen Homöopathie, von Schüßler-Salzen und der Bachblütentherapie Heilung erwartet, wird im Ernstfall keineswegs versäumen, von den Fortschritten in der Medizin Gebrauch zu machen, die durch das geschmähte wirtschaftliche Wachstum möglich wurden

Wir haben nicht, wie die Grünen meinen, immer mehr vom Gleichen konsumiert, wirtschaftliches Wachstum bedeutet für uns längeres Leben und gestiegene Lebensqualität.

Betrachten wir die Frage, ob Wachstum wünschenswert ist oder nicht, aus einem anderen Blickwinkel. Das Land mit der wohl höchsten Wachstumsrate des Bruttoinlandsprodukts ist China, das von 1979 bis zu seinem Tode 1997 von Deng Xiaoping geführt wurde, vielleicht dem bedeutendsten Staatsmann des vorigen Jahrhunderts. Das Land erzielte in der Periode von 1980 bis 2005, die hier betrachtet werden soll, reale Wachstumsraten zwischen acht und zwölf Prozent. Es erreichte in dieser Periode einen bemerkenswerten und wie die Weltbank schreibt „beneidenswerten Erfolg" in der Bekämpfung der Armut, der ohne das schnelle Wachstum niemals hätte erzielt werden können. Der Anteil der Menschen, die mit weniger als einem Dollar pro Tag auskommen mussten, fiel von 1981 bis 2004 von 65 Prozent auf 10 Prozent. Die absolute Zahl der Menschen, die unter der Armutsgrenze von einem Dollar pro Tag leben mussten, fiel von 625 Millionen auf 135 Millionen, ein Rückgang von mehr als einer halben Milliarde Menschen. Die Weltbank schreibt, dass ein Rückgang der Zahl der Armen in so kurzer Zeit ohne jedes historisches Beispiel ist. In der gleichen Periode sank die Zahl der Armen in den Entwicklungsländern weltweit von 1,5 Milliarden auf eine Milliarde Menschen. Ohne China hätte es also überhaupt keine Abnahme in der Zahl der unter der Armutsgrenze lebenden Menschen in den sich entwickelnden Ländern gegeben. Wenn man die Armut durch die neue Armutsgrenze von 1,25 Dollar pro Tag misst, ist die Zahl der Armen in China höher. 27 Prozent der Bevölkerung wären nach diesem Standard 2004 arm gewesen. Aber der Rückgang des Anteils der Armen an der Bevölkerung ist genauso beeindruckend: Der Anteil sank von 85 Prozent im Jahr 1981 auf 27 Prozent 2004.[18]

Man muss schon ein grüner Wachstumskritiker sein, um Chinas auf wirtschaftlichem Wachstum beruhenden Erfolg in der Bekämpfung der Armut zu schmähen.

Empfohlene Literatur

Robert M Solow, Is the End of World at Hand? Challenge, März/April 1973

Julian L. Simon, The Ultimate Resource, Princeton University Press, 1981

---

18   Alle Angaben sind entnommen aus: World Bank, From poor areas to poor people: China's evolving poverty reduction agenda, An assessment of poverty and inequality in China, März 2009. http://www.worldbank.org/en/news/feature/2009/04/08/poor-areas-poor-people-chinas-evolving-poverty-reduction-agenda

Das Waldsterben

„Die ersten großen Wälder werden schon in den nächsten fünf Jahren sterben. Spätestens nach dem nächsten heißen Sommer. Sie sind nicht mehr zu retten."[19] Mit diesen Worten löste der Göttinger Forstwissenschaftler und Bodenkundler Bernhard Ulrich in Deutschland eine hysterische Debatte aus, wie sie selbst in unserem zur Hysterie neigenden Land selten ist.

Ulrich führte seine Forschungsarbeiten im Solling durch und stellte fest, dass selbst in diesem nicht unmittelbar durch Schadstoffe bedrohten Gebiet große Mengen an Luftverunreinigungen wie Schwefeldioxid und Stickoxide im Boden nachgewiesen werden konnten. Er diagnostizierte Luftschadstoffe, vor allem Schwefeldioxid und den „sauren Regen" als Ursache der Waldschäden und prognostizierte 1979, dass schon in den nächsten Jahren in Deutschland großflächig Wälder absterben werden.[20] Die in direkter Nachbarschaft der Schadstoffemittenten entstandenen Schäden, wie etwa die sogenannten Rauchschäden durch Schwefeldioxid an Kiefern und Tannen, waren seit langem bekannt und wurden schon im 19. Jahrhundert untersucht. Bernhard Ulrich erklärte jedoch, dass bei den neuen Waldschäden saurer Regen sich in den Boden einträgt und Schäden auch fernab der Emissionsquellen aufträten, so dass der Wald großflächig geschädigt sei. Ulrich löste damit jene Debatte aus, von der die Bundesrepublik in den achtziger Jahren heimgesucht wurde.

---

19   „Hamburger Abendblatt" vom 10. Oktober 1981

20   Ulrich, B.; Mayer, R.; Khanna, P.K): Deposition von Luftverunreinigungen und ihre Auswirkungen in Waldökosystemen des Solling. Göttingen 1979

Neben Ulrich trat vor allem der Forstwissenschaftler Peter Schütt, Professor für Forstbotanik und Forstpathologie an der Ludwig-Maximilians-Universität München, als Protagonist der Waldsterbensdebatte in Erscheinung. Schütt war es auch, der das Wort Waldsterben in die Diskussion einführte. Seine Zitate fehlten in kaum einem der Artikel in der Pressekampagne, die entstand. Seine alarmierenden Aussagen passten sich ein in die Horrorszenarien, die die Medien entwarfen. Im Kern besagten seine Thesen, dass durch Umweltbelastungen die Bäume durch Stress so geschwächt waren, dass sie traditionellen Krankheitserregern keinen Widerstand mehr leisten konnten. Peter Schütt hatte bei seinen Studien im Forstamt Sauerlach „neuartige Waldschäden" entdeckt. Ein Kollege sah in diesen Schäden allerdings nichts anderes als eine altbekannte Pilzerkrankung, wie Günter Keil, der von 1990 bis zu seiner Pensionierung 2002 im Bundesforschungsministerium die Waldschadensforschung betreute, zu berichten weiß.[21] Sieben Jahre nach der Entdeckung „neuer Waldschäden" bei Sauerlach durch Peter Schütt hatten sich die gekennzeichneten Bäume erholt und lebten.[22]

Das von Ulrich und Schütt prognostizierte Waldsterben breitete sich schnell aus, nicht in den Wäldern, wohl aber in den Artikeln und Kommentaren der Medien, in denen Horrorvisionen entworfen wurden. Das Waldsterben wurde zu einer beispiellosen Kampagne, in der die Apokalypse ihren Lauf nahm und das Gottesgericht heraufbeschworen wurde. Das Waldsterben war die Rechnung der Natur für menschli-

---

21 Günter Keil, Chronik einer Panik, Ein Vierteljahrhundert Waldsterben – oder wie ein deutscher Mythos entstand, sich verfestigte und allmählich zerbröckelt. Beobachtungen aus dem Bundesforschungsministerium, „Zeit online" vom 9. Dezember 2004

22 Ebenda

ches Fehlverhalten. In diesem Sinne schrieb der Schriftsteller Carl Amery: „Das Waldsterben ist der untrüglich einsetzende Versuch der Gaia, d. h. des Lebewesens Erde, sich durch eine gewaltige Operation einer misslungenen Spezies zu entledigen.“[23]

In diesem Klima gelang es den Grünen, im März 1983 zum ersten Mal in den Bundestag einzuziehen und man kann bezweifeln, ob ihnen das auch ohne die Debatte um das Waldsterben gelungen wäre.

Ausgangspunkt der Waldsterbensdebatte in den Medien war eine dreiteilige Artikelserie im „Spiegel“ vom November 1981 mit dem Titel „Säureregen: Da liegt was in der Luft“. Wie man sieht, war hier aus dem sauren Regen schon ein Säureregen geworden.

Doch schon vor der berühmt gewordenen Artikelserie, die als Startpunkt der Medienkampagne angesehen werden kann, waren alarmierende Berichte erschienen. So hieß es etwa im „Spiegel“ vom 8. September 1980, dass die deutsche Tanne bedroht sei. Massenweise fielen die Tannen einer rätselhaften Krankheit zum Opfer. Von ihnen bleibe nicht mehr als „ein totes Gerippe zurück“. Mit der Tanne sei ein Waldbaum vom „unaufhaltsamen Siechtum“ betroffen, „der nebst der Eiche am tiefsten in der deutschen Seele wurzelt“. Weiter heißt es im „Spiegel“: „Die Tanne könne, befürchten Wissenschaftler, mit ihrer rätselhaften Krankheit nur die ‚Spitze eines Eisbergs‘ (Schütt) bilden – den Indikator für eine umfassende Bedrohung der Waldvegetation. ‚Das wäre‘, sorgt sich Forstbotaniker Schütt, ‚eine Umweltkatastrophe, wie wir sie bisher nicht erlebt haben.‘“ Und im „Spiegel“ vom

---

23   Zitiert nach dem lesenswerten Essay von Thea Dorn, Lust an der Apokalypse, „Der Spiegel“ vom 5. Januar 2009

13. Juli 1981 erfuhr man, dass nach der Tanne nun auch die Fichte vergilbe. „Durch eine geheimnisvolle Seuche verdorren nach den Tannen nun auch die Fichten und sterben ,in einem teilweise dramatischen Geschehen' binnen weniger Wochen ab. ,Wenn das so weitergeht', sagt der Münchner Forstbotaniker Professor Peter Schütt, ,dann gnade uns Gott.'"

Der große Durchbruch in der öffentlichen Wirkung wurde dann mit der erwähnten Artikelserie im „Spiegel" erzielt. Dort heißt es schon in der Einleitung: **„In Westdeutschlands Wäldern, warnen Forstexperten, ,tickt eine Zeitbombe': Ein großflächiges Tannen- und Fichtensterben ist, wie Fachleute befürchten, erstes Vorzeichen einer ,weltweiten Umweltkatastrophe von unvorstellbarem Ausmaß'. Denn der Auslöser des stillen Wald-Untergangs, saure Niederschläge aus den Schloten von Kraftwerken und Raffinerien, bedroht nicht nur Flora und Fauna, sondern auch die menschliche Gesundheit."**

Die Schadensmeldungen addierten sich zu einem Krankheitsbild, „das den Zusammenbruch des gesamten Ökosystems" befürchten lasse. Das Absterben der Nadelbäume sei, so Schütt, nur ,die Spitze eines Eisbergs', ,der Anfang vom Ende vieler anderer Baumarten.' „Der Spiegel" zitiert Bernhard Ulrich, der sagte, dass die ersten großen Wälder schon in fünf Jahren sterben werden, sie seien nicht mehr zu retten. Im letzten Teil der Serie gibt der „Spiegel" die Meinung von Ulrich wieder, der erklärt habe, dass Europa und womöglich die gesamte nördliche Hemisphäre am Anfang ,einer sich über mehrere Generationen dahinziehenden Waldvernichtung' stehe. Schütt wird mit der Aussage zitiert, es drohe, wenn Ulrich recht habe, ,die gigantischste Umweltkatastrophe, die es je gab'.

Am 14. Februar 1983 gibt der „Spiegel" einem weiteren Artikel zum Thema Waldsterben die Überschrift „Wir stehen vor einem ökologischen Hiroshima". Der BUND wird mit der Aussage zitiert, Intensität und Ausdehnung der Schäden nähmen „galoppierend zu. Die Fläche der erkrankten Wälder habe sich in weniger als einem Jahr verdoppelt". Vom Stuttgarter Umweltministerium wird die Meldung übernommen, dass nur noch ein Prozent der Tannen gesund sei, „der Symbolbaum der deutschen Weihnacht, kaum zu fassen, ist praktisch ausgestorben". Und unter Verweis auf den Bundesverband Bürgerinitiative Umweltschutz (BBU) heißt es, dass schon im Jahr 2000 Westdeutschland „in weiten Teilen versteppt sein werde." Auch Professor Schütt kommt wieder zu Wort. Er zweifle, so heißt es „ob wir noch fünf Jahre haben", um den Tod unserer Wälder zu verhindern.

Ein halbes Jahr später legt der „Spiegel" nach. In der Ausgabe vom 8. August 1983 gibt er einem Artikel über das Waldsterben die Überschrift: „Wer den Wald liebt, kann nur noch beten". Danach heißt es weiter: „Das Baumsterben in Mitteleuropa weitet sich zur Katastrophe aus". Im Text heißt es dann, dass im Herzen Europas eine ökologische Katastrophe von bisher unbekannter Dimension droht. Der „Spiegel" zitiert den Bund Naturschutz Bayern, der sagte, Schäden im Bergwald würden ‚die Bewohnbarkeit ganzer Alpentäler in Frage stellen' und es sei keineswegs sicher, dass die Olympischen Spiele 1992 in Berchtesgaden abgehalten werden könnten.

Am 1. Oktober 1984 greift der „Spiegel" unter der Überschrift „Alarmstufe eins" das Thema Waldsterben wieder auf. Im Vorspann heißt es: **„Seit dem letzten Herbst haben sich die Waldschäden erneut verdoppelt. Forstbehörden fahnden schon nach Lagerflächen für ‚Großanfälle von**

Rundholz', Waldbesitzer rechnen mit ruinösem Holzpreis-Verfall."

Das Ergebnis der Schadenfeststellung im Auftrag der Bundesregierung sei von „niederschmetternder Eindeutigkeit". Mittlerweile sieche mehr als die Hälfte der Bäume dahin. Die „Süddeutsche Zeitung" wird mit der Aussage zitiert, die Regierung Kohl habe ‚bis heute nicht die Dramatik dessen begriffen, was sich ereignet, indem der Wald stirbt: Eine Welt geht zugrunde.' Wegen des voranrasenden Waldsterbens werde mit Großanfällen von Rundholz gerechnet und die hessischen Forstbeamten seien beauftragt, nach Lagerflächen zur Konservierung von Holz zu „fahnden". Man errechnet, dass man die Fläche des gesamten Landes Hamburg braucht, um dort das Holz einen Meter hoch zu stapeln. Aber nur wenn das Holz aus den Noternten ständig bewässert werde, könne es seine Qualität bewahren. Man brauche deshalb „Stauseen, Baggerseen, Flussarme, frühere Floßhäfen, andere Hafenbereiche, sonstige Wasserflächen." Der „Spiegel" mokiert sich darüber, dass im Schwarzwald in Prospekten immer noch mit Tannengrün geworben werde und zitiert einen Förster, der meinte, ihm komme das so vor, ‚als wenn man den toten Opa ins Fenster stellt, um noch für ein paar Monate die Rente kassieren zu können'.

Die Pressekampagne war keineswegs auf den „Spiegel" beschränkt. „Die Zeit" scheint dem Thema noch mehr Artikel gewidmet zu haben, mit gleicher Tendenz wie beim „Spiegel". Auch für die „Zeit" ist das Jahr 1983 der Höhepunkt der Waldsterbenskampagne. Es beginnt mit dem Artikel „Noch zwanzig Jahre Deutscher Wald?" Untertitel: „Mit Beschwichtigungen und Patentrezepten lässt sich die Umweltkatastrophe nicht aufhalten". Der Artikel erschien am 7. Januar 1983, also zu einem Zeitpunkt, als die Haushalte dabei waren, ihre Weihnachtsbäume zu entsorgen. In den einleitenden Sätzen heißt es: „Das weihnachtliche Ereignis in den guten Stuben der Deutschen bekam dieses Mal eine düstere Symbolik: Der Weihnachtsbaum nadelte ab. Der millionenfache Tod des traditionellen Zimmerschmucks nimmt, daran gibt es nicht mehr viel zu deuteln, den millionenfachen Tod unserer Bäume draußen im Wald vorweg." Schon am 25. Dezember 1981 hatte die „Zeit", passend zur Weihnachtszeit, einer Reportage den Titel gegeben, „Oh Tannenbaum, wo sind deine Blätter." In dem neuen Artikel erfährt der Leser, dass 1983 das größte Waldsterben in der Geschichte der Bundesrepublik stattfinden wird. Die Schwindsucht galoppiert, nach der Tanne sterben Buche und Fichte. Am 19. August greift der gleiche Autor, Günter Haaf, das Thema mit dem Artikel „Jetzt stirbt der Wald – und dann?" wieder auf. Er gratuliert sich zu seiner zu Beginn des Jahres gemachten Prognose und schreibt: „Wir haben die traurige Pflicht, eine Anfang des Jahres an dieser Stelle gemachte Prognose schon jetzt als nur zu wahr zu bestätigen." Gemeint war die Prognose, dass 1983 das größte Waldsterben in der Geschichte der Bundesrepublik stattfinden würde. Schließlich weiß die „Zeit" in dem Dossier vom 19. Oktober, dass Zweifel am furchtbaren Schicksal des deutschen Waldes nicht mehr möglich sind: „Am Ausmaß des Waldsterbens könnte heute nicht einmal der ungläubige Thomas zweifeln, allenfalls ein pathologischer Ignorant."

Auch der „Stern" mischte bei der Pressekampagne ordentlich mit. Im März 1983 mahnte er in einem Artikel „Schauen Sie ihn noch mal an… bald gibt es diesen Wald nicht mehr." Der Stern weiß, dass zwei Millionen von sieben Millionen Hektar Wald ‚unheilbar krank oder bereits abgestorben' sind.[24] Im August 1983 informiert der „Stern": Tanne am Aussterben, zwei Drittel der Fichten krank, Buchen sterben ab, die deutsche Eiche kränkelt, Schadfläche in einem Jahr verdoppelt, ja verdreifacht!!![25] Man fragt sich, was der Redakteur hier wohl gemeint haben könnte. Im Juli 1984 bringt der „Stern" eine zweiteilige Serie mit den Titeln „Deutschland…bald ein Land ohne Wald" und „Endstation Steppe". Dem Leser wird klargemacht: 1990 gibt es keine Nadelwälder mehr, 1994 sind auch die Buchen verschwunden und 2002 existiert praktisch kein Wald mehr. Die Holzindustrie steht vor dem Zusammenbruch. Hunderttausende Arbeitsplätze sind bedroht.[26]

Andere wollten nicht abseits stehen. Die Deutsche Bundespost gab im Juli 1985 eine Sondermarke „Rettet den Wald" heraus. Die abgebildete Uhr zeigte dass es weniger als fünf vor zwölf war! Alle deutschen Haushalte erhielten 1984 vom Bundesinnenministerium Päckchen mit Rotfichtensamen. Jeder sollte im verzweifelten Kampf gegen das Waldsterben seinen Beitrag durch Pflanzen eines Baumes leisten. Auch im heimischen Wohnzimmer nahm man den Kampf auf. Bei dem 1988 als ‚Spiel des Jahres' ausgezeichneten Würfelspiel „Sauerbaum" spielen alle gegen den sauren Regen. Die Spieler müssen die sauren Regentropfen einfangen, um zu verhindern, dass der Regen an die Wurzeln des Baumes dringt und der Baum stirbt.

Es hat lange gedauert, bis deutsche Zeitungen sich kritisch mit dem Spuk auseinandersetzten.

---

24   Quelle: Rudi Holzberger, Das sogenannte Waldsterben, Schriftenreihe der Medien-Akademie Weingarten, Band 1, o. J., S.106

25   Quelle: Rudi Holzberger, a. a. O., S.107

26   Quelle: Rudi Holzberger, a. a. O., S.115 f.

Die ersten kritischen Artikel erschienen in der „Zeit". Autor war Hans Schuh, also nicht der Redakteur, der in den frühen achtziger Jahren in der Zeit die Horrorszenarien entworfen hatte. Vor allem die mehr als fragwürdigen Methoden der quantitativen Messung der Baumschäden wurden von Schuh mit Recht kritisiert.[27] Am 7. September 1996 veröffentlichte die „Süddeutsche Zeitung" einen ganzseitigen Artikel mit dem Titel „Holzwege und andere Irrtümer – stirbt der Wald wirklich?" In dem Artikel wurde die Waldsterbensthese deutlich kritisiert.

Die Bundesregierung wurde in den achtziger Jahren von der Presse, die das Waldsterben zu einer gigantischen Katastrophe stilisierte, und den Umweltverbänden, die mit der Ausmalung apokalyptischer Szenarien die Zeitungen noch übertrafen, unter ständigen Druck gesetzt. Man meinte, dass der Waldschaden, so es ihn gab, gemessen und bilanziert werden müsse. Man brauchte möglichst schnell eine Methode der Schadensfeststellung. Ein zunächst als provisorisch angesehener Vorschlag war, die Verluste der Bäume an Nadeln oder Blättern zu ermitteln und die Schäden zunächst für ein Jahr in sogenannten Schadensklassen zusammenzufassen. Es gab von Anfang an Zweifel daran, ob die Ergebnisse tatsächlich etwas über den entstandenen Schaden aussagten und ob man so die Ursachen für die ermittelten Schäden gewinnen könne. Doch da man schnell eine möglichst umfassende Diagnose brauchte, wurde das von Beginn an als zweifelhaft angesehen Verfahren angewendet.[28]

---

27 Die Artikel erschienen in der „Zeit" vom 25. November 1988, 17. November 1989, 29. November 1991, 20. November 1992 und 3. Dezember 1993

28 Siehe dazu: Günter Keil, Chronik einer Panik, Ein Vierteljahrhundert Waldsterben – oder wie ein deutscher Mythos entstand, sich verfestigte

So kam es 1984 zu dem ersten sogenannten Waldschadensbericht, der später unter dem Protest der sogenannten Umweltverbände Waldzustandsbericht genannt wurde.

In den Waldzustandsberichten wird eine Stichproben-
auswahl von Bäumen regelmäßig begutachtet. Ihre Baum-
kronen werden hinsichtlich des Nadel- oder Blattverlustes
(auch Kronenverlichtung) und dem Grad der Vergilbung
eingeschätzt. Es werden fünf Schadstufen gebildet. Schadstufe 0 bedeutet einen Verlust bis zehn Prozent, Schadstufe 1
einen Verlust von 11 bis 25 Prozent, Schadstufe 2 Verlust von
26 bis sechzig Prozent, Schadstufe 3 Verlust von 61 bis 99
Prozent und die Schadstufe 4 bedeutet einen Verlust von 100
Prozent. Man fasst meist zusammen: Schadstufe 0 bedeutet
„ohne Schadensmerkmale", Schadstufe 1 „schwach geschädigt" und die übrigen Schadstufen werden unter „schwer geschädigt" zusammengefasst.

Als Schadstufe 1 später in Warnstufe umbenannt werden
sollte, traf dies sofort auf den Widerstand der Umweltverbände, die darin den Versuch sahen, den deutschen Wald
gesundzulügen. Der erste Waldschadensbericht von 1984
wies aus, dass 33 Prozent der Bäume schwach geschädigt
und 23 Prozent schwer geschädigt waren, also 56 Prozent
der Bäume krank waren. Dabei war vielen Sachverständigen
klar, dass die Schäden viel zu hoch ausgewiesen werden, weil
man zumindest bei Kronenverlichtung von bis zu 25 Prozent noch nicht von Schaden sprechen könne. Der Versuch,
ein besseres Verfahren einzuführen, stieß auf die Proteste
der Umweltverbände und der Medien, wie Günter Keil zu
berichten weiß: „Die Regierung kapitulierte, erhob die pro-

....

und allmählich zerbröckelt. Beobachtungen aus dem Bundesforschungsministerium, „Zeit online" vom 9. Dezember 2004

visorische Blatt-Nadel-Verlustmethode zum Regelverfahren – und entließ unliebsame Forstwissenschaftler aus dem BML-Expertenkreis. Seither lieferte das Ministerium Jahr für Jahr einen Bericht ab, der das stets traurige Ergebnis der Blatt Nadel-Verlust-Zahlen zusammenfasste."[29]

Die Kronenverlichtung war als Kriterium nur bedingt geeignet, Aussagen über die Höhe der Waldschäden zu machen. Sie war in der Art und Weise, wie sie in den Waldzustandsberichten ausgewiesen wurde, nicht einmal geeignet, um festzustellen, ob überhaupt ein Schaden vorlag. Sie konnte auch nicht angeben, ob registrierte Schäden tatsächlich – wie unterstellt – durch den sauren Regen oder durch ganz andere Faktoren verursacht wurden.

Bäume aufgrund der Kronenverlichtung in Schadensklassen einzuteilen, ist irreführend, weil auch völlig gesunde Bäume auf nährstoffarmen Böden sehr lichte Kronen haben können, obwohl sie keine Nadeln oder Blätter verloren haben. Aus Erfahrung weiß man auch, dass die Kronenverlichtung von Jahr zu Jahr stark schwankt. Bäume, die als schwer geschädigt ausgewiesen wurden, können nach wenigen Jahren wieder völlig gesund sein. „Die Erfahrung lehrt", schreibt Hans Schuh in der „Zeit", „dass die Belaubung beziehungsweise Benadelung alljährlich stark schwanken kann, ohne dass sich die Baumgesundheit änderte. So können scheinbar schwerkranke Exemplare (mit siebzigprozentiger Kronenverlichtung) wieder völlig gesunden. Und mehr als die Hälfte der abgestorbenen Bäume hatte im Vorjahr noch ein ‚gesundes Kronenbild.'"[30] Hans Schuh schreibt, dass man wohl mit Erstaunen zur Kenntnis nähme, wenn

---

29   Günter Keil, Chronik einer Panik, a. a. O.

30   Hans Schuh, Das Ende des Holzwegs, „Die Zeit" vom 12. Dezember 1997.

der Gesundheitszustand der Bevölkerung bestimmt würde, indem man den Blutdruck der Bürger durch eine repräsentative Stichprobe ermittele.[31]

Wenn im ersten Waldschadensbericht 33 Prozent der Bäume als schwach geschädigt ausgewiesen wurden, in einem späteren Bericht für das Jahr 2004 sogar 46 Prozent aller Bäume in dieser Schadensklasse erfasst wurden, so ist unklar, ob hier überhaupt von Schaden gesprochen werden kann, denn Blattverluste von bis zu 25 Prozent (und weit darüber hinaus) liegen im Bereich natürlicher Schwankungen. Deshalb lassen diese „Schäden" keine Rückschlüsse auf den Gesundheitszustand des Waldes zu. In der Regel führen Kronenverlichtungen in dieser Schadensklasse auch nicht zu einem geringeren Holzwachstum. Doch die Empfehlungen der Wissenschaftler, Bäume, die der Schadensklasse 1 zugeordnet werden, nicht mehr bei der Beurteilung des Waldzustands zu berücksichtigen, wurden vom Landwirtschaftsministerium nicht umgesetzt, weil man den Protest der Umweltverbände fürchtete.[32] Ein Sprecher des Landwirtschaftsministeriums wird mit der Aussage zitiert: „Die werfen uns dann vor, wir würden den Wald gesund lügen."[33] Man beachte: die Macht der Umweltverbände verhindert, dass ein sachlich adäquater Waldzustandsbericht erstellt wird!

Als Ursache für die Kronenverlichtung wird auf die Luftschadstoffe hingewiesen. Tatsächlich hängen die Blatt- und

---

31   Hans Schuh, Kiechles Bericht macht es sich zu leicht: Waldes wohl und Wehe, „Die Zeit" vom 20. November 1992.

32   Sieh dazu Hans Schuh, Der krank geschrieben Wald, „Die Zeit" vom 29. November 1991

33   Ebenda

Nadelverluste von einer großen Zahl anderer Faktoren ab: Trockenheit oder Frost in einer früheren Periode, Schädlingsbefall, Pilzfäule, Viren, Alter der Bäume (je älter der Baum desto weniger Blätter und Nadeln hat er), Mangel an Nährstoffen wie Magnesium, Stickstoff, Phosphor oder Fruchtbildung. Bei der Fruchtbildung verbraucht der Baum verstärkt Nährstoffe. Wenn die Bäume schlecht mit Nährstoffen versorgt sind, schlägt sich die Fruchtbildung in einer größeren Kronenverlichtung nieder

Hans Schuh zitiert den angesehenen Experten, Rodolphe Schröder, Direktor der Eidgenössischen Forschungsanstalt für Wald, Schnee und Landschaft, mit der Aussage: „Eine Abhängigkeit der Kronenverlichtung von der Luftverschmutzung ist weder räumlich noch zeitlich erkennbar."[34]

Die Panikmache in den Zeitungen und durch Forstwissenschaftler wie Ulrich und Schütt hatte eine für die Beteiligten erfreuliche Folge: Forschungsgelder sprudelten, ergossen sich wie ein warmer Regen über die unter dem Waldsterben leidenden Forscher. Die unter Druck gesetzten Bundes- und Landesministerien gaben mehr als 500 Millionen DM für die Waldforschung aus. Nach Günter Keil wurden von 1982 bis 1998 367 Millionen DM für die Waldschadensforschung und außerdem 180 Millionen für Waldökosystemforschung ausgegeben. Dazu kamen noch die Kosten der Waldzustandserhebung.[35] „Bis 1995 wurden mehr als 850 Forschungsprojekte gestartet, im Schnitt jede Woche eins."[36] Bei dieser

---

34 Hans Schuh, Kiechles Bericht macht es sich zu leicht: Waldes Wohl und Wehe, „Die Zeit" vom 20. November 1992

35 Günter Keil, a. a. O.

36 Heinz Horeis, Begrabt das Waldsterben, Novo Magazin, Heft 79, November/Dezember 2005

Masse überhastet vergebener Forschungsaufträge wurde es dann sogar nötig, ein Forschungsprojekt zu vergeben, dessen Aufgabe es war, zu ermitteln, „wer denn wo was im Wald untersucht."[37]

Man konnte in dieser zum Teil von den Forschern selbst durch Schreckensszenarien aufgeheizten Atmosphäre Ministerien und Politiker unter Druck setzen, indem man sie der Passivität in einer für unser Land lebenswichtigen Frage anklagte. So bemängelte Schütt, dass es den vor Ort tätigen Instituten oft am Nötigsten fehle. Den Politikern warf er vor, lediglich Alibimittel zu vergeben, um lautstark auf die eigenen Verdienste hinweisen zu können.[38] Auf den Artikel antwortete der Pressereferent des Bayerischen Landwirtschaftsministeriums in einem Leserbrief unter der Überschrift „Die Forstwissenschaft lebt vom Waldsterben."

„Prof. Dr. Schütt beklagt die Vielfalt und Einzelaktivität der Länder, Institute und Lehrstühle und der daraus folgenden Aufsplitterung der verfügbaren Gelder. Er selbst arbeitet gleichzeitig an acht verschiedenen Projekten zum Thema Waldsterben mit einem Gesamtmittelaufwand von rund 2,5 Millionen Mark. U. a. erhält er für drei Projekte der Deutschen Forschungsgemeinschaft 170.000 Mark. Für ein Projekt des Umweltbundesamts erhält Prof. Schütt 247.000 Mark, für einen Forschungsauftrag vom Bundeslandwirtschaftsministerium 243.000 Mark und für ein Vorhaben des Bundesministeriums für Forschung und Technologie 1 106.000 Mark."[39]

---

37   Rudi Holzberger, a. a. O., S. 8

38   „Süddeutsche Zeitung" vom 3. März 1983. Zitiert nach: Roland Schäfer, „Lamettasyndrom" und „Säuresteppe": Das Waldsterben und die Forstwissenschaft 1979 – 2007, 2012 Institut für Forstökonomie, S. 139

39   „Süddeutsche Zeitung" vom 18. März 1983, zitiert nach, Roland Schäfer, a. a. O., S. 140

Man muss es wohl schon als Chuzpe bezeichnen, wenn jemand, der in solchem Maß Forschungsmittel einsammeln konnte, die horrenden Beträge als Alibimittel bezeichnet.

Die apokalyptische Allianz aus Umweltverbänden, Medien und „kritischen" Wissenschaftlern hat erfolgreiche Arbeit geleistet, die sich für alle gelohnt hat. Je sinistrer der Schreckensbericht, umso höher das Spendenaufkommen und umso erfolgreicher die Mitgliederderwerbung der Umweltverbände (Angst macht Reibach!) und umso höher die Auflage der Zeitungen oder die Quote der Rundfunkanstalten. (Skandal macht Quote!). Aber auch die Wissenschaftler, die am intensivsten die Horrorvisionen verbreiteten, konnten sich über sprudelnde Quellen an Forschungsgeldern freuen. Besser konnte es für sie nicht laufen. Wer versuchte, sich dieser unheiligen Allianz entgegenzustellen, konnte nur scheitern. Als das Forschungsministerium, das sich hier wie in anderen Fällen als Hort der Vernunft erwies, auf der Grundlage der Stellungnahmen von 18 Sachverständigen einen vertraulichen Vorschlag zur Neufestsetzung der irreführenden Schadstufen machte, landete das Papier bei den Umweltverbänden, die zum Angriff bliesen.[40] Sie zeigten dem Ministerium, was eine Harke ist. Die „TAZ" zitierte in einem Artikel „Waldsterben verboten" den Vorsitzenden des BUND, Hubert Weinzierl, mit den Worten: „Wenn Forschungsminister Jürgen Rüttgers mit diesem Unfug Erfolg hätte, würde er als einer der größten Wunderheiler aller Zeiten in die Kulturgeschichte der Quacksalberei eingehen."[41]

Das Waldsterben war schon längst für alle, die unermüdlich Katastrophenarbeit geleistet hatten, zu einem Grund-

---

40   Günter Keil, a. a. O.

41   „TAZ" vom 15. November 1996

pfeiler ihrer Kritik an dem kapitalistischen System und zu ihrer Forderung nach einer alternativen Lebensweise geworden. Man hatte ja erkannt: Erst stirbt der Wald, dann stirbt der Mensch. Das Waldsterben offenbarte, dass unser Wohlstand vergänglich ist, wie Reichtum und Pracht der Hure Babylon, die von einem Tag auf den anderen in bitterste Armut, Nacktheit und Einsamkeit stürzte. Der Jubel über den erwarteten Sturz der Hure war jedoch vorschnell.

Die Lage änderte sich nämlich, als das Europäische Forstinstitut 1996 in Freiburg eine Studie über Wachstumstrends der Wälder Europas vorlegte. Danach wachsen die Wälder Europas schneller als früher. Die Bäume werden immer älter. Von 1950 bis 1990 ist das Holzvolumen der europäischen Wälder um mehr als 40 Prozent gestiegen. Das beschleunigte Wachstum der Wälder war vielen Fachleuten schon vorher bekannt, jetzt konnte man es aber nicht länger als wissenschaftlich nicht gesicherte Meinung einiger Spinner ansehen.

Wenn der Wald aber wächst, kann er nicht sterben. Es war eindeutig: Hier waren Leugner des Waldsterbens am Werk. Deshalb musste die Studie alle alarmieren, die mit Lust am Untergang Schreckensszenarien entworfen hatten. Die Reaktion derer, die wie die Grünen, die Umweltverbände und die ihnen verbundenen Journalisten das Waldsterben zu ihrer Sache gemacht hatten, war eindeutig. Man setzte sich nicht mit dem Inhalt der Studie auseinander, sondern empörte sich darüber, wie jemand solche Inhalte überhaupt vertreten könne. Man sagte: „Freiburg ist eine grüne Stadt. Da macht man so etwas nicht."[42] Man verunglimpfte und diffamierte, wie das seitdem vor allem beim BUND ge-

---

42   Zitiert nach: Horeis, a. a. O.

genüber Andersdenkenden Routine geworden ist. Hauptobjekt der Diffamierungskampagne war Professor Spieker von der Universität Freiburg und Vorsitzender des Europäischen Forstinstituts, der die Studie vorgestellt hatte, aber selbst, wie Günter Keil weiß, mit der Studie nicht befasst war. Spieker, dessen Frau Finnin war, wurde von der „Süddeutschen Zeitung" vorgeworfen, die Studie werde von der finnischen Holzindustrie bezahlt. Günter Keil schreibt: „In einer Sendung des Fernsehens wurden dem Europäischen Forst-Institut und dem Leiter der Studie korruptes Handeln vorgeworfen. Spiecker wurde beschimpft und verdächtigt. Seine Hoffnung, die Universität Freiburg stelle sich schützend vor ihn, erwies sich als trügerisch. Der Rektor und die anderen Würdenträger duckten sich weg und warteten passiv das Ende der Steinigung ab."[43] Diese Form der Diffamierung hat sich seitdem unzählige Male wiederholt. Sie gehört nicht nur beim BUND zum eingeübten Ritual. Sie war früher die Art, wie sich in den siebziger Jahren die Angehörigen der verschiedenen kommunistischen und maoistischen K-Gruppen mit ihren Gegnern auseinandersetzten. Statt eines Arguments genügte der Vorwurf, der Gegner sei nichts anderes als ein Lakai oder Knecht des Monopolkapitals. Viele Angehörige der K-Gruppen sind bei den Grünen oder ihnen verbundenen Organisationen gelandet. Sie erkannten, dass sich hier erweiterte und neue Möglichkeiten boten, das verhasste System zu bekämpfen. Sie setzten ihre frühere Art der Diffamierung mit nur leicht veränderten Worten fort.

Man meinte, das Waldsterben retten zu können, indem man behauptete, die schnell wachsenden Bäume seien sterbenskrank. „Dieser Schwachsinn wurde mehrfach ge-

---

43 Günter Keil, a. a. O.

druckt, und Hubert Weinzierl vom BUND prägte dafür den Begriff ‚krankhaftes Wachstum‘, den der „Spiegel" gern verbreitete."[44]

Schon zuvor, im Februar 1993, hatte ein Expertenkreis beim Bundesforschungsministerium, dem auch Professor Ulrich angehörte, festgestellt, „dass ein Absterben der Wälder in Zukunft nicht mehr zu befürchten" sei.[45] „Ulrich räumte damit in respektabler Manier ein, dass er damals in seiner Prognose zu weit gegangen sei."[46]

Einen weiteren empfindlichen Schlag gegen die Waldsterbensgeschichte mit dem sauren Regen als Ursache lieferten 2001 der Münchener Professor für Bodenkunde, Karl-Eugen Rehfuess, und Jörg Ewald, Professor für Botanik und Vegetationskunde an der Fachhochschule Weihenstephan. In einem 35 mal 10 Kilometer breiten Streifen rund um Garmisch-Partenkirchen wurden 93 repräsentative Flächen auf Waldschäden untersucht. Der besorgniserregende Zustand der Bergwälder hatte dazu geführt, dass der bayerische Alpenraum als „Hauptschadensgebiet" eingestuft wurde. Nahezu die Hälfte der Fichten und 40 Prozent der Buchen hatten eine Kronenverlichtung von mehr als 25 Prozent.[47] Sie wiesen also nach der üblichen Definition deutliche Schäden auf. Örtliche Einwirkungen durch sogenannte Rauchgase gab es nicht. Doch auch die Luftschadstoffe, also der saure Regen, der die flächendecken-

---

44   Ebenda

45   Zitiert nach: Günter Keil, ebenda

46   Ebenda

47   Siehe hierzu und dem folgenden: Jörg Sauer, Luftschadstoffe führen nicht zu Schäden im Bergwald, „Neue Zürcher Zeitung" vom 24. Oktober 2001 und Heinz Horeis, a. a. O.

den Schäden nach der Waldsterbenthese verursacht haben sollte, wurde in der Studie nicht als Ursache nachgewiesen. Es zeigte sich vielmehr, dass der Zustand der Bäume von der Art des Bodens, der Höhenlage und dem Alter der Bäume abhängt. Je karbonatreicher die Böden und je weniger Mangan, Stickstoff und Phosphor sie enthalten, je nährstoffärmer die Böden also sind, umso beklagenswerter der Zustand der Bäume. Der zweite Faktor, der den Kronenzustand erklärt, war das Alter der Bäume. Je älter der Baum, desto weniger Nadeln und Blätter hatte er. Das braucht nicht auf eine Erkrankung hinzuweisen, denn der alte Baum, der sein Wachstum eingestellt hat, braucht weniger Nadeln. Und dass ein alter Baum stirbt, ist so wenig verwunderlich wie die Erscheinung, dass auch alte Menschen sterben.

Die Autoren kommen zu dem Schluss, dass sich der Zustand der Wälder allein durch die Nährstoffversorgung und das Alter der Bäume erklären lässt. Es gab keinen Hinweis. dass Luftschadstoffe eine Rolle gespielt haben. „Die Bäume", so wird Jörg Ewald von Heinz Horeis zitiert „sehen so aus, wie sie immer aussahen."

In der Tat hatte Otto Kandler, vielfach geehrter Professor für Botanik und Mikrobiologie an der Ludwig-Maximilians-Universität München, einer der wenigen Wissenschaftler, die sich mutig gegen den Waldsterbensmythos gewendet haben, Fotos von Wäldern analysiert, die vor dreißig bis sechzig Jahren aufgenommen worden waren. Der Anteil geschädigter Bäume war damals genauso hoch wie heute.[48] Die Bäume sahen also aus wie immer.

---

48 Sieh dazu: Horeis, a. a. O., und Bjorn Lomborg, Apocalypse No!, Lüneburg 2002, S. 214

Die deutschen Horrorgeschichten gingen um die Welt und führten auch in anderen Ländern zu Studien, in denen geprüft werden sollte, ob der „saure Regen" die bei uns nachgesagten Folgen habe. In Amerika kam es zum „National Acid Precipitation Assesment Program" (NAPAD), das mehr als zehn Jahre dauerte und an dem etwa 10.000 Wissenschaftler beteiligt waren. Die Theorie vom sauren Regen als Ursache neuer Waldschäden konnte nicht bestätigt werden. Es zeigte sich, dass mäßig saurer Regen die Bäume sogar schneller wachsen ließ.[49]

Auch die Vereinten Nationen stellten in ihrem „State of the World's Forests Report" 1997 fest: „Das allgemeine Sterben der europäischen Wälder aufgrund der Luftverschmutzung, das in den achtziger Jahren vielfach vorhergesagt wurde, ist nicht eingetreten."[50]

„Der Wald stirbt nicht. Das steht heute fest." Das erklärte die Eidgenossische Forschungsanstalt für Wald, Schnee und Landschaft *(WSL) 1998 in ihrem Jahresbericht. Nach 15 Jahren Waldforschung sei zweifelhaft, ob von einer Schädigung überhaupt gesprochen werden könne und ob mit der Kronenverlichtung ein wesentlicher Parameter gemessen werde.[51] Schon früher hatte die WSL bei ihren Untersuchungen keinen Zusammenhang zwischen Kronenverlichtung und dem Waldsterben ermitteln können. Die Sterblichkeit*

---

49   Bjorn Lomborg, a. a. O., S. 211f.

50   State of The World's Forests 1997, Rome, Food and Agriculture Organisation of the United Nations, S. 21, zitiert nach Lomborg. S. 213

51   Zitiert nach http://.www.peter-moser.ch/Moser Risikodiskurse Kapitel 7 & 8, S. 161

der Bäume belief sich auf 0,3 und 0,5 Prozent pro Jahr. Das entsprach in etwa der natürlichen Absterberate der Bäume.[52]

Wie sieht es heute bei uns aus? Seit 1990 sind unsere Nadelwälder verschwunden. Schon seit 1994 gibt es keine Buchen mehr und seit 2002 existiert praktisch kein Wald mehr. Wir mussten ein ökologisches Hiroshima erleiden. Und wie Hubert Weinzierl, der frühere Vorsitzende des BUND, mit gewohnter Präzision prognostizierte: Das Sterben der Wälder hat unsere Länder stärker verändert als der Zweite Weltkrieg.[53]

So sähe es aus, wenn sich die Vorhersagen der apokalyptischen Harlekine in der Presse und den Umweltverbänden erfüllt hätten. Doch unser Wald ist nicht verschwunden. Deutschlands Wälder wachsen jährlich um 10.000 Hektar. In den vergangenen 40 Jahren wuchsen sie um rund zehn Prozent oder eine Million Hektar. Die Gesamtfläche der Bundesrepublik enthält 11,1 Millionen Hektar Wald. Die Nutzung der Holzvorräte ist wesentlich geringer als der Zuwachs. Die Holzvorräte Deutschlands sind mit 3,4 Milliarden Kubikmetern mittlerweile die größten Europas.[54]

Ist der Wald gesund? „Natürlich nicht", schreibt Günter Keil und zitiert den Forstschutzprofessor Michael Müller: „Der gesunde Wald ist eine idyllische Vorstellung, eine Projektion. Es hat ihn nie gegeben. Wo der Wald ist, kränkelt er auch.

---

52   „Neue Zürcher Zeitung" vom 22. Februar 1995

53   „Der Spiegel" vom 7. November 1987. Weinzierl wird mit den Worten zitiert: „Das Sterben der Wälder wird unsere Länder stärker verändern als der Zweite Weltkrieg."

54   http://www.wald.de/bundeswaldinventur-der-wald-in-zahlen

Aber er muss deshalb nicht gleich sterben."[55]

Empfohlene Literatur

Rudi Holzberger, Das sogenannte Waldsterben, Schriftenreihe der Medien-Akademie Weingarten, Band 1, o. J.

Günter Keil, Chronik einer Panik, Zeit online vom 9. Dezember 2004

Heinz Horeis, Begrabt das Waldsterben, Novo Magazin, Heft
79, November/Dezember 2005

---

55   Günter Keil, a. a. O.

Fukushima, die Medien und wir

Am 11. März 2011 wurde Japan von dem schwersten Erdbeben seit Beginn der Aufzeichnungen erschüttert. Das Erdbeben mit der Stärke neun und der durch das Beben ausgelöste Tsunami verwüsteten weite Teile der Ostküste von Japans Hauptinsel Honshu. Am stärksten betroffen waren die Präfekturen Iwate, Miyagi und Fukushima. Die größten Schäden wurden nicht durch das Erdbeben, sondern durch den Tsunami verursacht. Der Tsunami überflutete in Japan eine Fläche von 470 Quadratkilometern. 375.000 Gebäude sind vollständig zerstört oder teilweise eingestürzt. Ganze Ortschaften wurden vernichtet. Japans Infrastruktur wurde durch das Erdbeben schwer gestört. 4.200 Straßen und 116 Brücken wurden beschädigt. 470.000 Menschen mussten in Notunterkünften untergebracht werden. 18.537 Menschen wurden als tot gemeldet (Stand September 2013). 2654 von den als tot gemeldeten wurden noch nicht gefunden.[56]. Von den Toten kamen 9537 in der Präfektur Miyagi, 4673 in der Präfektur Iwate und 1.607 in Fukushima ums Leben. Mehr als 90 Prozent der Opfer ertranken, es waren vor allem ältere Menschen. Es starben, wie Reinhard Zöllner schreibt, „mindestens 80 Kindergartenkinder, 212 Grundschüler, 98 Mittelschüler und 150 Oberschüler."[57] Mehr als zwei Drittel der Opfer verloren mindestens ein Elternteil.

Am Kernkraftwerk Fukushima Daichi kam es durch den Tsunami zu einem nahezu vollständigen Ausfall der Stromversorgung in vier Reaktorblöcken. Es kam zu Störfällen im Kühlmittelkreislauf wegen des Ausfalls der Notstromgenera-

---

56   Artikel Tohoku: Erdbeben 2011 in: Wikipedia

57   Reinhard Zöllner, Japan. Fukushima. Und wir. München 2011, S. 18

toren. Nach einem Temperaturanstieg und Knallgasbildung kam es in drei Reaktorblöcken zu Explosionen, die die äußeren Hüllen der Reaktorblockgebäude zerstörten. Wegen der erheblichen Menge an freigesetzten radioaktiven Stoffen wurde der Unfall auf der höchsten Stufe der sogenannten INES-Skala eingestuft. Von Evakuierungen oder Empfehlungen zum Verlassen des Wohnorts waren etwa 160.000 Menschen betroffen. Bis heute hat es keine Strahlentote gegeben.

In den Medien sprach man über den schrecklichen Tsunami, der fast 19.000 Todesopfer gefordert hat, bald nur noch am Rande. Man konzentrierte die Berichterstattung auf das Reaktorunglück in Fukushima. Dieser Unfall wurde in schamloser, zynischer Weise von ARD und ZDF instrumentalisiert. Man wollte allen Fernsehzuschauern einhämmern, dass Kernkraftwerke nicht beherrschbar sind und es nicht zu verantworten ist, Kernkraftwerke zu betreiben. Die Reporter schienen von einer sachlichen Berichterstattung wenig zu halten. Bei der Instrumentalisierung des Unglücks war den Reportern und Redakteuren jedes Mittel recht. Nur wer den Tipp bekam, statt ARD oder ZDF die Sender CNN und BBC einzuschalten, wurde sachlich und kompetent ohne irreführende Panikmache informiert.

Der Japanologe Reinhard Zöllner, dessen Frau Japanerin ist und der Erdbeben und Tsunami in Tokio erlebte, schreibt: "Wir haben die Freundschaft der Japaner in ihrer größten Krise nach dem Zweiten Weltkrieg bitter enttäuscht. Es stimmt: In vielen Ländern reagierten die Medien und die Menschen verstört, schockiert, ungläubig auf die Ereignisse in Japan. Aber Hysterie, Unprofessionalität und vor allem Gefühl- und Taktlosigkeit bis zum Zynismus: das war das ganz besondere Markenzeichen der deutschen Reaktion.

Und zwar nicht nur der Medien. Die deutsche Haltung zu Erdbeben, Tsunami und Atomkatastrophe war eine Aneinanderreihung von peinlichen Desastern."[58]

Bei diesen Peinlichkeiten durften die sogenannten Talk-Shows nicht fehlen. Über eine solche Talk-Show von Anne Will, bei der ich mich als Zuschauer für die Schamlosigkeit der Interviewerin geschämt habe, schreibt Vera Lengsfeld:

„Eine besondere Ausgeburt der gefühlten atomaren Katastrophe in Deutschland, die bislang alles in den Schatten stellt, was in Japan tatsächlich passiert, war gestern Abend bei Anne Will zu erleben. Schon in der Anmoderation sprach die Talkerin von Japan als einem ‚Land am Abgrund', meinte damit aber nicht die Naturkatastrophe apokalyptischen Ausmaßes mit den zehntausenden von Toten, sondern die Störfälle in den betroffenen Atomkraftwerken. Ohne ein einziges Wort des Bedauerns über die Heimsuchung Japans und die zehntausenden Opfer zu verlieren, wandte sie sich an den japanischen Botschafter mit der Frage, wann die Regierung endlich zugäbe, nicht alles im Griff zu haben. Es zeugt für die meisterhafte Beherrschung des Diplomaten, dass er nicht sofort, angeekelt von so viel Arroganz und Zynismus, die Sendung verließ, sondern ruhig darauf hinwies, dass angesichts der Verheerungen, die Erdbeben, Tsunami und Nachbeben angerichtet haben, die Lage geradezu vorbildlich unter Kontrolle sei."[59]

Das wurde übrigens zwar nicht von den Reportern der Fernsehanstalten, aber von zahlreichen Deutschen, die schon länger in Japan lebten und japanisch verstanden, oft

---

58   Reinhard Zöllner, Apokalypse jetzt, Wir Deutsche sollten uns schämen, Die Welt vom 28. 03. 2011

59   Vera Lengsfeld, Anne Will am atomaren Abgrund, Die Achse des Guten, 14. März. 2011 http://www.achgut.com/dadgdx/index.php/dadgd/article/anne_will_am_atomaren_abgrund

eindrucksvoll bestätigt. Man konnte das schließlich sogar am Ende der Talkshow erfahren, als eine Deutsch-Japanerin aus Tokio zugeschaltet wurde. „Sie beschrieb", so Vera Lengsfeld, „mit welch bewundernswerter Ruhe die Japaner sich trotz der Krise bewegten. Die einzigen Auffälligkeiten seien von Ausländern verübt worden, die sich auf dem Flughafen um Flugtickets geprügelt hätten. Warum? Weil Menschen, die auf deutsche Nachrichten angewiesen waren, weil sie kein japanisch verstünden, von den Untergangsszenarien der deutschen Medien kopflos gemacht worden seien."

In einer anderen Talk-Show, wieder bei Anne Will, wurden japanische Arbeiter gezeigt, die bei gefährlichen Arbeiten eingesetzt wurden. Man sprach davon, dass sie wohl ihr Leben riskieren. Die zur Beurteilung notwendige Information über die in Sievert gemessene Strahlenbelastung wurde nicht mitgeteilt. Doch dann wurde die Gästen der Talk-Show von der Moderatorin über die Expertise eines Strahlenexperten informiert. Der Fachmann verkündete, dass die Arbeiter nicht ihr Leben riskierten, sondern opferten!

Wenn man nachschlug, welche spezielle Ausbildung und Qualifikation der Strahlenschutzexperte hatte, stellte man fest: Der Mann war von Beruf Kinderarzt. Als Mitglied der IPPNW (Internationale Ärzte für die Verhütung des Atomkrieges) glaubte er, Experte zu sein. Die IPPNW ist jene Organisation, die die absurde Behauptung in die Welt setzte, dass 600 Millionen Menschen in Europa gesundheitlich von Tschernobyl betroffen seien. Es ist kaum möglich, sich wissenschaftlich in gleichem Maße zu blamieren, wie das die IPPNW durch diese Äußerung gemacht hat. Doch als grüne Überzeugungstäter ist den Fernsehmatadoren jeder als Experte willkommen, sofern er hinreichend Angst und Schrecken verbreitet.

Auch die in München lebende japanische Schriftstellerin Miki Sakamento stellt verwundert fest, „dass im deutschen öffentlich-rechtlichen Fernsehen keine Physiker und Techniker aus den Atomforschungszentren zur Beurteilung des Geschehens in Fukushima befragt wurden."[60] Tatsächlich wurden in den Berichten, die man sah, immer nur Leute von Greenpeace als Experten präsentiert.[61] Offenbar befürchteten die Reporter, dass bei einer Befragung ausgewiesener Strahlenschutzexperten ihre Angst- und Schreckensszenarien entzaubert werden könnten. Andreas Kronenberg, der im Auftrag der internationalen Atomenergiebehörde im April 2011 in Japan war, fragt sich, warum er und die japanischen Kollegen, die in mehreren Autos unterwegs waren, in all den Tagen nie jemanden von Greenpeace gesehen haben. Greenpeace hatte auch gar keinen Zugang in die 20-km-Zone. Dort, so Kronenberg komme man nur mit speziellen Papieren herein und alle Strassen seien gut abgeriegelt. Kronenberg fragt sich auch, wo eine private Organisation radioaktive Eichquellen herhaben will, ohne die die genaue Messwerte gar nicht bestimmt werden können.[62]

---

60 Miki Sakamento, Wie wir Japaner wirklich sind, „Die Welt" vom 11. März 2012. Atomforschungszentrum ist ein Begriff, der bei uns nicht mehr benutzt wird

61 Mir wurde berichtet, dass es Ausnahmen gegeben hat. So seien Experten vom renommierten Helmholz Zentrum München verschiedentlich in den Nachrichtensendungen des ZDF und in einer Talk Show zu Rate gezogen worden. Ich selbst habe jedoch in Dutzenden von Nachrichtensendungen immer nur sogenannte Experten von Greenpeace gehört. Die gleich Erfahrung machten viel meiner Gesprächspartner

62 Andreas Kronenberg, Reisebericht aus Fukushima, Die Achse des Guten, 24. April 2011, http://www.achgut.com/dadgdx/index.php/dadgd/print/0021382.

Die Japaner wurden jeden Mittag über Lautsprecher über die aktuellen Dosiswerte in der 20 bis 30-km-Zone informiert. Sie scheinen, so Kronenberg, zu wissen, was Mikrosievert ist. Kronenberg und seine Gruppe haben die Strahlenbelastung gemessen und sie den interessierten Japanern mitgeteilt. Diese bedankten sich durch freundliches Nicken und schienen zu wissen, dass die Zahlenwerte kleiner werden. Das alles in ruhiger Atmosphäre, ohne eine Spur von Panik.

Diese Panik wurde bei uns durch die Berichte im Fernsehen angefacht. Panikmache statt Information. Die folgenden Angaben sind einem Artikel entnommen, den Professor Dr. Joachim Breckow in der „Gießener Allgemeinen Zeitung" am 11. Oktober 2011 veröffentlichte.[63] Der Artikel enthält zwei Bilder aus der Tageschau vom 14. April 2011 und den Tagesthemen vom 15. Juni 2011. Das erste Bild zeigt Arbeiter, die in unmittelbarer Nähe des zerstörten Reaktors nach Leichen suchen. Breckow schreibt:

„Es wird eine große Gefährdung suggeriert. Das Unheimliche sind nicht die sichtbaren Zerstörungen durch den Tsunami, sondern es ist die unsichtbare Strahlung. Die Kamera blendet das Display eines Strahlungsmessgerätes ein. Der abzulesende Strahlungswert entspricht dem, wie er beispielsweise aktuell auch im Schwarzwald gemessen und dort selbstverständlich als völlig harmlos eingestuft würde. Der Messwert wird jedoch nicht erklärt oder kommentiert."

Der gemessene Wert war 0,3 Mikrosievert pro Stunde. Das zweite Bild aus den Tagesthemen zeigt einen Mitarbei-

---

63 Professor Breckow ist Biophysiker am Institut für Medizinische Physik und Strahlenschutz an der Technischen Hochschule Mittelhessen und gewählter Präsident des Deutsch-Schweizerischen Fachverbands für Strahlenschutz.

ter einer Sternwarte, die durch das Erdbeben zerstört wurde. Breckow:

„Der Mann, dessen Verbleiben in der Gegend als nahezu unverständlicher Idealismus dargestellt wird, trägt ein Strahlungsmessgerät. Im Hintergrund hört man das bedrohliche Klicken dieses Geigerzählers. Die Stimme des Reporters aus dem Off: ‚Eine Idylle – radioaktiv verstrahlt...' Einen kurzen Moment kann man den Strahlungsmesswert ablesen. Er ist etwa der gleiche wie der an meinem Schreibtisch, während ich in Gießen diese Zeilen schreibe. Ein Geigerzähler hier würde ebenfalls mit gleicher Anzahl klicken..."

Der angezeigte Messwert war 0,17 Mikrosievert pro Stunde. Die einzige Reaktion auf den vollkommen sachlichen Artikel war ein Leserbrief, in dem eine Leserin schrieb, der Artikel sei menschenverachtend. Man setzt sich nicht mit den Argumenten und Fakten auseinander, sondern ist entrüstet, weil es jemand wagt, diese Fakten mitzuteilen und verleumdet den Autor, weil der es gewagt hat, das Sakrileg zu begehen, Fakten zu veröffentlichen, die nicht in das grüne Weltbild passen. Es gab keine Reaktion auf den Leserbrief. Niemand sah sich veranlasst, auf diese jeden normalen Anstand verleugnende Verunglimpfung zu antworten. Robespierre und der Tugendterror der französischen Revolution lassen grüßen.

Auf „Arte" wurde am 05. März 2013 ein Beitrag gezeigt („Die Welt nach Fukushima"), in dem Dosimeter anzeigten, wie furchtbar die Verstrahlung in den Gebieten um Fukushima ist. In der evakuierten Todeszone zeigte er 0,852 Mikrosievert pro Stunde und in einer von den Bewohnern verlassenen Geisterstadt sogar 1,139 Mikrosievert pro Stunde an. Noch schlimmer: In einem Dorf, das nicht einmal evakuiert worden war, wurden 0,338 Mikrosievert gemessen. Rechnet man die gemessenen Werte um in die Strahlenbelastung pro Jahr, so erhält man für das nicht evakuierte Dorf eine Belastung von 2,96 Millisievert. Das ist deutlich weniger als die durchschnittliche Belastung in der Schweiz von rund 4,5 Millisievert pro Jahr. Für die evakuierte „Todeszone" erhält man 7,46 Millisievert. Das entspricht der durchschnittlichen Belastung in Finnland. Sollte man den Finnen empfehlen, ihr Land zu verlassen? Für die verlassene Geisterstadt erhält man eine jährliche Belastung von 9.97 Millisievert. Es gibt viele Gebiete in der Welt, in denen die natürliche Strahlenbelastung deutlich höher ist, ohne dass dort in Studien erhöhte Erkrankungen an Krebs oder an erblichen Erkrankungen festgestellt wurden.

Als Propagandisten der guten Sache, die Kernkraft zu verteufeln, schrecken unsere Reporter vor keiner Schamlosigkeit zurück. Da vergleicht ein NDR-Reporter die Kontrollzentrale eines Kernkraftwerks mit Hitlers Führerbunker[64]. Der NDR-Reporter Robert Hetkämper behauptet in einem Interview, das er dem Mitteldeutschen Rundfunk gab, dass zahlreiche Obdachlose, Minderjährige und Gastarbeiter als Wegwerfarbeiter im Kernkraftwerk in Fukushima missbraucht werden. Als die „Süddeutsche Zeitung" ermittelte, dass keine Obdachlosen und „Wegwerfarbeiter". eingesetzt worden waren, zog Hetkämper mit den Worten, er habe keine Bestätigung für seine Behauptung bekommen können, seine schamlosen Unterstellungen zurück.[65]

---

64 Reinhard Zöllner, Fukushima und die Dämonen des Schreckens, „Die Welt" vom 7. April 2011

65 Reinhard Zöllner, Reinhard Zöllner, Japan. Fukushima. Und wir. München 2011, S. 153f.

Da lauert – wie Reinhard Zöllner schreibt – ein NDR-Reporter einer japanischen Mutter auf, die ihr Kind im Kindergarten abgeben will. Die Frau, so Zöllner,

„bebt vor Zorn, als sie den Reportern ins Gesicht schleudert: ‚Wir sollten den Kindern in dieser Lage keine Angst einflößen. Wir sollten ihnen ein Mindestmaß an Freude und Abwechslung zugestehen‘ … Die japanische Mutter hat sich gegenüber den deutschen Reportern noch zu einem Lächeln gezwungen. Wer Verstand hat, dem ist spätestens bei diesem Anblick das Lachen vergangen. Wie aber verstehen unsere furchtbaren Reporter diese Frau? ‚Ich will den Kindern keine Angst machen.‘ Hat sie wirklich „ich“ gesagt? Nein – sie hat „wir“ gesagt und damit so höflich, wie es einem Japaner unter Wahrung des Anstands möglich ist, gemeint: Ihr! Ihr, die ihr in 9.000 Kilometer Entfernung den stellvertretenden Strahlungstod erleidet – gönnt wenigstens unseren Kindern Ruhe und Stille!“[66]

Wer die Berichterstattung über den Reaktorunfall im deutschen Fernsehen verfolgte, musste den Eindruck gewinnen, dass die japanische Regierung völlig hilflos, tatenlos und beschönigend wie ein Verein dämlicher Trottel dem Unglück begegnete. Fachgremien haben später erklärt, die japanische Regierung habe so gut wie alles richtig gemacht[67]. Diese Verächtlichmachung war nicht auf das Fernsehen beschränkt. In einem Artikel „Atompolitik nach Fukushima, Die nukleare Selbstdemontage“ in der „Frankfurter Allgemeinen Zeitung“ vom 25. Juni 2012 schreibt der Leiter des Ressorts „Natur und Wissenschaft“, Joachim Müller-Jung,

---

66 Reinhard Zöllner, Fukushima und die Dämonen des Schreckens, „Die Welt“ vom 7. April 2011

67 Wichtig war die frühe Evakuierung der 20-km-Zone

Fukushima sei ein Menetekel atomaren Missmanagements und falscher Informationspolitik. Millionen Menschen seien evakuiert, fast tausend Quadratkilometer Land auf unabsehbare Zeit unbewohnbar. Müller-Jung fragt, was das für eine Kommunikationsstrategie sei, wenn verschwiegen, ausgesetzt und zurechtgebogen werde. Es werde ein Schleier der Ungewissheit gelegt, wenn es um die Frage geht, wo und wie stark die radioaktive Kontamination sei. Der Leser Johann Grabner schrieb dazu im Internet:

„*TEPCO und die Regierung Japans haben uns doch mehrmals täglich mit Meßdaten und Live-Bildern versorgt. Ich wusste fast auf die Stunde genau, wieviele mSv/h vor dem Haupttor gemessen wurden und wieviele Bcq/l das Trinkwasser in Tokio gestrahlt hat. NHK hat 24h am Tag berichtet – auch über das Internet (und der Live-stream war erstaunlich stabil). Die Wasserstände in den Abklingbecken und in den Reaktoren, Dutzende Meßsensoren auf dem ganzen Gelände und im ganzen Land verteilt – alles war fast in Echtzeit abrufbar. Was verdammtnochmal wollen Sie denn noch?*“

Im Übrigen: Es wurden nicht, wie Müller-Jung schreibt, Millionen von Menschen evakuiert sondern rund 160.000! Die fast tausend Quadratkilometer Land sind nicht auf Dauer unbewohnbar. Die Bewohner werden nach Dekontamination in ihre Häuser zurückkehren können. Für die Gemeinde Tamura City wurde zum Beispiel die Dekontamination im Juni 2013 erfolgreich abgeschlossen. Die Evakuierungsempfehlungen wurden aufgehoben. Nur in den am stärksten verstrahlten Gebieten mit einer jährlichen Dosis von über 50 Millisievert in der zum Sperrgebiet erklärten Zone im Umkreis von 20 km um das havarierte Kraftwerk wird sich die Rückkehr der Bevölkerung verzögern. Die betroffenen 25.000 Personen werden nach japanischer Planung nicht vor 2016 oder 2017 in ihre Häuser zurückkehren.[68] Herr Müller-Jung betreibt Panikmache mit völlig falschen Angaben.

Auch in einem weiteren Artikel in der „Frankfurter Allgemeinen Zeitung" vom 15. Juni 2011 erhebt Herr Müller-Jung völlig unberechtigte und falsche Vorwürfe gegen die japanischen Behörden.[69] Reinhard Zöllner hat das ausführlich dargelegt.[70]

Die Schamlosigkeiten toppen

In den Berichten über das Unglück, das Japan heimgesucht hatte, hörte man oft einen kurzen Hinweis auf den Tsunami und danach ausführliche Schreckensmeldungen über die Havarie des Kernkraftwerks in Fukushima. Wenn danach von den Tausenden von Toten die Rede war, blieb es häufig unklar, ob die Menschen in den Fluten des Tsunami ertrunken waren oder Opfer des Reaktorunglücks geworden sind. Es blieb der Grünen Claudia Roth vorbehalten, hier keine Zweifel mehr aufkommen zu lassen. Zum zweiten Jahrestag des Unglücks in Fukushima erklärte sie am 11. März 2013 auf Facebook:

„Heute vor zwei Jahren ereignete sich die verheerende Atom-Katastrophe von Fukushima, die nach Tschernobyl ein

---

68 Alle Angaben nach: Bundesamt für Strahlenschutz, Die radiologische Situation in Japan, http://www.bfs.de/de/kerntechnik/unfaelle/fukushima/radiologische_situation_japan.html

69 Joachim Müller-Jung, Verstrahlte Kraftwerksarbeiter und verseuchtes Wasser, „Frankfurter Allgemeine Zeitung" vom 15. Juni 2011

70 Reinhard Zöllner, Japan. Fukushima. Und wir, a. a. O., S. 148

weiteres Mal eine ganze Region und mit ihr die ganze Welt in den atomaren Abgrund blicken ließ. Insgesamt starben bei der Katastrophe in Japan 16.000 Menschen, mehr als 2.700 gelten immer noch als vermisst. Hunderttausende Menschen leben heute fernab ihrer verstrahlten Heimat. Unsere Gedanken sind heute bei den Opfern und ihren Familien. Die Katastrophe von Fukushima hat uns einmal mehr gezeigt, wie unkontrollierbar und tödlich die Hochrisikotechnologie Atom ist. Wir müssen deshalb alles daran setzen, den Atomausstieg in Deutschland, aber auch in Europa und weltweit so schnell wie möglich umzusetzen und die Energiewende voranzubringen, anstatt sie wie Schwarz-Gelb immer wieder zu hintertreiben. Fukushima mahnt.[71]

Schamloser und zynischer kann man die Opfer des Tsunami nicht für parteipolitische Zwecke instrumentalisieren. Wahr ist, dass es bis zum 11. März 2013 und bis heute keinen einzigen Strahlentoten gegeben hat. Von den fast 19.000 Toten sind mehr als 90 Prozent ertrunken, vor allem ältere Menschen, aber auch viele Kinder. Diese Tsunamiopfer im Interesse der Partei und der grünen Ideologie zu Strahlenopfern zu machen, übertrifft an Schamlosigkeit alles, was man bisher an Taktlosigkeit und Zynismus in diesem Lande erfahren musste.

Doch steht Claudia Roth mit dieser verlogenen Instrumentalisierung nicht allein. Auch Jürgen Trittin konnte sich die Gelegenheit nicht entgehen lassen, die in den Wellen des Tsunami Ertrunkenen zumindest zum Teil zu Opfern der Reaktorkatastrophe zu machen. In einem Interview für die Website der Grünen, sagte er:

---

71   https://de-de.facebook.com/Roth/posts/10151525525735664

„19.000 Menschen starben bei Tsunami und Reaktor-katastrophe."[72]

Man kann nur fassungslos über diese hemmungslose, widerliche Instrumentalisierung des schrecklichen Unglücks staunen.

Bei dem zynischen Missbrauch der Opfer der Naturkatastrophe konnte auch unser durch eine Demokratieabgabe finanziertes Rundfunksystem nicht ganz abseits stehen. Am gleichen Tag wie Claudia Roth auf Facebook hieß es in der ARD-Tagesschau:

„Japan gedenkt heute der Opfer der verheerenden Erdbeben- und Tsunamikatastrophe vor zwei Jahren. Ein Erdbeben der Stärke neun hatte damals den Nordosten des Landes erschüttert und eine bis zu 20 Meter hohe Tsunamiwelle ausgelöst. In der Folge kam es zu einem Reaktorunfall im Kernkraftwerk Fukushima. Dabei kamen ungefähr 16.000 Menschen ums Leben. Tausende gelten immer noch als vermisst."[73]

Keine Hysterie?

Nur wenige Tage nach dem Unglück in Fukushima hat Bundeskanzlerin Merkel ein Moratorium für die ältesten deutschen Kraftwerke erlassen. Am 6. Juni 2011 beschloss das Kabinett das Aus für acht Kernkraftwerke und einen stufen-

---

72 Zitiert nach: Ulli Kulke, Roth im Strudel der „Atomopfer" von Fukushima, „Die Welt" vom 12. März 2013 http://www.welt.de/politik/deutschland/article114366195/Roth-im-Strudel-der-Atomopfer-von-Fukushima.html.

73 Zitiert nach: Ulli Kulke, Roth im Strudel der „Atomopfer" von Fukushima, a. a. O.

weisen Atomausstieg bis 2022. Kein Land der Welt hat so reagiert.

Bei der Landtagswahl in Baden Württemberg am 27. März 2011 erzielen die Grünen mit 24,2 Prozent (Zuwachs 12,5 Prozentpunkte) ein Rekordergebnis und stellen mit Winfried Kretschmann zum ersten Mal einen Ministerpräsidenten in einem deutschen Bundesland.

Überall im Land werden Mahnwachen gebildet. Die Lobby der erneuerbaren Energien weiß die einmalige Chance zu nutzen.

Im Gegensatz zu den Vertretungen manch anderer Länder floh die deutsche Botschaft nach dem Unglück nach Osaka. Sie blieb dort auch, als die Vertreter der meisten anderen Länder längst wieder nach Tokio zurückgekehrt waren. Die deutsche Botschaft und die deutschen Schulen blieben wochenlang geschlossen. Die deutsche Botschaft hat auch nicht wie die Vertretungen anderer Länder versucht, Kontakt zu den bei ihr registrierten Landsleuten aufzunehmen.[74].

Das Technische Hilfswerk THW war in Japan und führte drei Einsätze durch. Zöllner schreibt: „Der erste wurde wegen einer Tsunami-Warnung abgebrochen – das war unvermeidlich. Der zweite wurde abgebrochen, weil die Dunkelheit hereinbrach – da hätte auch ein rechtzeitiger Blick auf die Uhr helfen können. Und der dritte wurde abgebrochen wegen heranziehender Radioaktivität. Das war offenbar Verfolgungswahn. In der Heimat erzählte man den grotesken Unsinn, man sei haarscharf nicht radioaktiv verseucht worden.[75]

---

74 Matthias Heitmann, Atomkraft: der deutsche Fukushima-Mythos, http://www.novo-argumente.com/magazin.php/novo_notizen/artikel/0001315

75 Reinhard Zöllner, Apokalypse jetzt, a. a. O.

Die Männer vom THW stehen mit ihrem Verfolgungs-wahn nicht allein. Die von den Medien geschürte Katas-trophenangst war erfolgreich. So weigert sich eine Bonner Zollbeamtin, ein Paket aus Japan anzufassen. Ein Berliner Taxifahrer weigert sich, eine Japanerin vom Flughafen ab-zuholen. Die deutschen Museumskuratoren sehen ihre Van-Gogh-Bilder in Nagoya von Radioaktivität bedroht. Nagoya ist rund 650 Kilometer von Fukushima entfernt![76] Selbst im nur rund 250 km von Fukushima entfernten Tokio war die in Mikrosievert gemessen Radioaktivität der Luft, selbst als sie am 22. März den höchsten Wert erreichte, mit 0,155 Mikro-sievert pro Stunde niedrig und völlig ungefährlich. Bis zum 15. April war sie auf 0,0782 Mikrosievert gesunken.[77]

Die Dresdner Philharmonie sagte ihre für Juni/Juli ge-planten Auftritte in Japan aus Furcht vor radioaktiver Strah-lung ab, obwohl Experten des Bundesamtes für Strahlen-schutz ihnen erklärt hatten, dass die Strahlenbelastung am Reiseziel „knapp unter" der natürlichen Strahlenexposition in Dresden liege, also bedenkenlos sei.[78]

Viele Orchestermusiker der Münchner Staatsoper wei-gerten sich im Juni, an einem für den Herbst geplantem Kon-zert in Tokio teilzunehmen, obwohl Sachverständige vom re-nommierten Helmholtz-Zentrum dargelegt hatten, dass die Strahlenbelastung in Tokio nicht höher sei als in München oder Nürnberg.[79]

---

76 Alle Angaben nach: Zöllner, Fukushima und die Dämonen des Schre-ckens, a. a. O.

77 Zahlen nach: Reinhard Zöllner, Japan. Fukushima. Und wir, a. a. O., S. 161

78 http://www.tagesspiegel.de/kultur/klassik-strahlende-vorbilder-in-ja-pan/4315128.html

79 http://www.sueddeutsche.de/muenchen/musiker-wollen-nicht-auf-ja-pan-tournee-angst-vor-radioaktiven-strahlen-1.1110203

In vielen Städten sind die Jodtabletten ausverkauft. Geigerzähler sind überhaupt nicht mehr zu beschaffen. Ein Elektronikhändler spricht von einer überfallartigen Auftragslage. Er könne nicht ein einziges dieser 300 bis 500 Euro teuren Geräte mehr liefern.

Der inzwischen verstorbene Mitherausgeber der „Frankfurter Allgemeinen Zeitung", Frank Schirrmacher, meinte jedoch, die Diagnose Hysterie sei erkennbar unwahr. Die Deutschen hätten auf das Ereignis so rational reagiert, wie das in einer Demokratie nur möglich sei. Schließlich seien die Jodtabletten nicht ausverkauft, keiner habe sich eine Arche gebaut, es habe keine Hamsterkäufe gegeben und auch von Auswanderungen und Fluchtbewegungen sei nichts bekannt.[80] Eine erstaunliche Diagnose.

Die Freunde Japans sind entsetzt

Vor allem Deutsche, die in Japan leben, Japaner, die in Deutschland die Medienberichterstattung verfolgen konnten, Deutsche die mit Japanern verwandt oder befreundet sind, haben mit Entsetzen die Instrumentalisierung des Reaktorunglücks zur Kenntnis genommen. Der schon mehrfach zitierte Ordinarius für Japanologie in Bonn, Reinhard Zöllner, der Erdbeben und Reaktorunglück in Tokio miterlebte, hat seiner Wut und Empörung über die Schamlosigkeit, die Gefühl- und Taktlosigkeit, mit der von den hiesigen „Zelebranten" der nuklearen Katastrophe über das

---

80   Frank Schirrmacher, Sie nennen es Hysterie, „Frankfurter Allgemeine Zeitung" vom 5. April 2011

Unglück berichtet wurde, in fulminanten Artikeln in der „Welt" und in dem schon zitierten Buch „Japan. Fukushima. Und wir" Luft gemacht. Auch Professor Walter Krämer, dessen Schwiegertochter Japanerin ist, sagt, dass er sich für die deutschen Medien schämt. Er konstatiert, dass das „aktuelle Trauerspiel zu Japan alle Rekorde der Schamlosigkeit" breche. „Da sind", schreibt Walter Krämer, „in einem befreundeten Land Zehntausende Menschen durch Erdbeben und Flutwellen umgekommen, ganze Landstriche liegen in Trümmern, Kinder suchen ihre Eltern, Männer ihre Frauen, doch anstatt innezuhalten, die Toten zu betrauern und dem japanischen Volk in den schwersten Stunden seit dem Zweiten Weltkrieg beizustehen, diskutieren vermeintliche Experten in der ARD, ob wir Deutsche noch bedenkenlos Fischstäbchen essen können."[81] An anderer Stelle heißt es bei ihm: „Und in Deutschland werden Mahnwachen geübt. Japaner haben dafür nur Verachtung übrig. Ich jedenfalls werde bei meinem nächsten Besuch in Tokio vermeiden, als Deutscher erkannt zu werden."[82]

Auch die in München lebende Schriftstellerin Miki Sakamoto ist fassungslos. Während die Japaner eine Welle von Gemeinschaftsgefühl und Hilfsbereitschaft erfasse und der Aufruf „Gambare Nippon! Halte durch Japan!" die Stimmung wiedergebe, gerate Deutschland in eine Art Ausnahmezustand. Sie weiß aber auch, dass es vielen ihrer Bekannten in Deutschland peinlich ist, wie sich Parteien in Deutschland der Katastrophe bemächtigten und sie politisch instrumentalisierten. Für Japaner, so schreibt sie, ginge so etwas gegen die Ehre. Die Deutschen hätten als Reaktion

81   Walter Krämer, Die Angst der Woche, a. a. O., S. 52f.

82   Ebenda, S. 57

auf das Unglück ihre Kernkraftwerke abgeschaltet, die Russen hätten die von Japan dringend benötigte Ersatzenergie in Form von Flüssiggas geschickt. Das Verhalten Deutschlands ist ihr umso unverständlicher, da Deutschland für Japan das große Vorbild gewesen sei. „Wir übernahmen das deutsche Rechtsystem. Ein deutscher Musiker komponierte unsere Nationalhymne. Deutsche Qualität wurde zum Maßstab unserer eigenen technischen Produkte." Und Miki Sakamoto fragt sich, warum dieses einst so vorbildliche Land so hysterisch und überstürzt reagiert.[83]

Auch viele in Japan lebende Deutsche sind empört. Sie äußern sich sarkastisch oder wütend.

So heißt es in einer E-Mail: „Für alle Märchenliebhaber! Wir sitzen auf der verstrahlten Terrasse und genießen radioaktiv verseuchte Lebensmittel!!! "Oder: "Bei den deutschen Medien möchte ich mich dafür entschuldigen, dass wir immer noch keinen Supergau wie in Tschernobyl haben." Christian Thoma, der seit 1981 in Japan lebt und in Tokio seine eigene Firma leitet, ist empört über die „verdummende Informationsstrategie", und die „haarsträubende" und „schamlose" Berichterstattung, in der behauptet wird, dass die Bürger in Tokio die Supermärkte stürmen, um ihre Keller und Tiefkühltruhen zu füllen. Er weiß, dass die Kunden diszipliniert an der Kasse stehen und ihre Keller schon deshalb nicht füllen können, weil die meisten Häuser in Tokio keine Keller haben. In der Tat haben gerade Ausländer in Japan mit Bewunderung registriert, dass es keinerlei Panik, keine Gewalt und keine Plünderungen gibt.

---

83 Miki Sakamoto, Wie wir Japaner wirklich sind, „Die Welt" vom 11. März 2012

Der Unternehmer hatte auch kein Verständnis für die Aufforderung viele deutscher Unternehmer, das Land zu verlassen. "Gott sei Dank", so wird er zitiert, gibt es auch noch einige Firmen, deren deutsche Vorstände in Japan bleiben, um ihren Angestellten in der Not beizustehen."[84]

Von vielen in Tokio lebenden Deutschen wird die Deutsche Botschaft in Tokio kritisiert. Über die Kopflosigkeiten in der Botschaft schreibt Professor Dr. Baron, der von 2003 bis 2006 Präsident der Deutschen Industrie und Handelskammer in Japan war: „Als ich dort (in Tokio) vier Tage nach dem Erdbeben um eine Auskunft bat, ob die Botschaft uns bei einem Verlassen Japans behilflich sein könnte, wurde mir gesagt, das sei völlig unmöglich. Ich würde doch wissen, dass an ein Ausfliegen aus Japan nicht mehr zu denken sei, alles sei verstopft. Mir wurde empfohlen, mich mit meiner Familie (sieben Personen) nach Kyushu (etwa 900 Kilometer von Tokio entfernt) ‚durchzuschlagen', was natürlich mit Auto oder Bahn nicht mehr zu bewerkstelligen sei. Wenn es mir dennoch gelänge, bis Kyushu ‚durchzukommen', könnte ich versuchen, Plätze auf der Fähre nach Korea zu erhalten, dann sei ich zunächst wohl mal in Sicherheit. Nichts davon entsprach der Wirklichkeit. Die Verkehrssituation südlich von Tokio war normal. Flugzeuge nach Europa waren halb leer, weil die Japaner verständlicherweise Auslandsreisen aufgeschoben hatten."[85] Es scheint so, als ob die Botschaft nicht hintan stehen wollte, wenn es darum geht, die Lage in Japan mit falschen Informationen zu dramatisieren.

---

84   Alle Informationen und Zitate in diesem Abschnitt aus: Matthias Heitmann, Deutsche in Japan fühlen sich verhöhnt, Die Welt vom 23. März 2011

85   Peter Baron, Kopflosigkeiten auch in Japan, Leserbrief, „Frankfurter Allgemeine Zeitung" vom 15. April 2011

Die Ethikkommission und Ulrich Beck

Am 14. März 2011 hatte die deutsche Bundeskanzlerin ein dreimonatiges Moratorium für die ältesten deutschen Kernkraftwerke erlassen. Am 22. März 2011 wurde von der Bundeskanzlerin eine Ethikkommission für eine sichere Energieversorgung eingesetzt. Sie sollte technische und ethische Aspekte der Kernenergie prüfen. In die Kommission wurden keine Strahlenforscher oder Experten berufen, die kompetent über die Sicherheit deutscher Kernkraftwerke Auskunft geben konnten. Vertreten waren neben anderen zwei Soziologieprofessoren, eine Politikwissenschaftlerin, der Landesbischof der Evangelischen Landeskirche in Baden, der Erzbischof von München und Freising, der Präsident des Zentralkomitees deutscher Katholiken, eine Philosophin.

Einer der beiden Soziologen, die in die Ethikkommission berufen wurden, Ulrich Beck, hat in einem ausführlichen Artikel in der „Frankfurter Allgemeinen Zeitung" die Öffentlichkeit über sein technisches Verständnis und seine Visionen informiert. Es heißt dort:[86]

„Wenn der Dachstuhl brennt, kommt die Feuerwehr, die Versicherung zahlt, für die notwendige medizinische Betreuung und anderes ist gesorgt. Übertragen auf die Risiken der Atomenergie hieße das: Auch im schlimmsten Fall strahlt unser Uran nur wenige Stunden und nicht Tausende von Jahren ..."

Wenn wir das Uran 235U betrachten, weil dies das wichtigste Reaktormaterial ist, so hat dieses eine Halbwertzeit von 703,8 Millionen Jahren. 238U hat eine Halbwertzeit

---

86   Ulrich Beck, Der Irrtum der Raupe, „Frankfurter Allgemeine Zeitung"
       vom 14. Juni 2011

von 4,468 Milliarden Jahren. Es wäre also noch viel schlimmer als Beck schreibt. 235U und 238U stammen noch aus der Entstehung des Sonnensystems. Milliarden von Tonnen von Uran kommen in der Erdkruste und den Weltmeeren vor. Müssen wir die Erde von Uran säubern, um der Strahlung zu entgehen?

Bei Ulrich Beck heißt es weiter, *"dass wir sehr genau wissen, was geschieht, wenn ein Atomkern schmilzt. Wir wissen, wie lange Radioaktivität strahlt, was Cäsium und Jod mit den Menschen und der Umwelt tun und wie viele Generationen im schlimmsten Fall zu leiden haben."*

Offenbar hat Ulrich Beck in dem erlauchten Gremium etwas über Kernschmelze gehört, bei der Brennstäbe im Reaktorkern übermäßig erhitzt werden und schmelzen. Bei Beck aber schmilzt der Atomkern, da müssen unsere Physiker wohl umlernen. Bei Ulrich Beck strahlt die Radioaktivität. Auch das ist neu. Bisher glaubte man, dass radioaktive Materie strahlt! Beck will uns glauben machen, dass viele Generationen unter Jod zu leiden haben. Jod hat eine Halbwertzeit von acht Tagen. Die nach acht Tagen verbliebene Menge halbiert sich im Lauf der nächsten acht Tage wiederum, das heißt, es verbleibt 1/4; nach 24 Tagen 1/8, nach 32 Tagen 1/16 und so weiter. Zu dem Zeitpunkt, als Herr Beck seinen bemerkenswerten Artikel schrieb, war das Jod in Fukushima auf weniger als ein Promille zerfallen.

Ulrich Beck schreibt weiter: „Wer dagegen wie Monbiot[87] davon ausgeht, dass nur die Toten zählen, nicht aber die genetischen Schäden ungeborener Generationen, die Evaku-

---

87   Georges Monbiot ist Umweltschützer, Journalist und politischer Aktivist. Er hält die globale Erwärmung für eine der wichtigsten Herausforderungen für unsere Generation. Er tritt für die Nutzung der Kernenergie ein und erklärt, das Reaktorunglück in Fukushima habe ihn in seiner Mei-

ierten, die niemals zurückkönnen, der betreibt Risikowissenschaft als Ideologie."

Unser Wissen über die schädlichen Strahlenwirkungen stammt von den seit 1950 von der japanisch-amerikanischen Radiaton Effects Research Foundation durchgeführten Untersuchungen an Überlebenden der Atombombenabwürfe auf Hiroshima und Nagasaki. 75.000 Kinder von Eltern, die 1945 stark radioaktiv bestrahlt worden waren, sind seit dieser Zeit intensiv untersucht worden. Es konnten bei den Nachkommen der bestrahlten Überlebenden keine genetischen Anomalien oder eine erhöhte Rate vererbbarer Krankheiten im Vergleich zur den nicht betroffenen Einwohnern Japans festgestellt werden.[88]

Eine Rückkehr der Evakuierten ist nach Beck wohl deshalb nicht möglich, weil die betroffenen Gebiete für immer verstrahlt sind. Die Strahlenbelastung der Bevölkerung ergibt sich nach den ersten Wochen nur durch die Radionuklide im Boden und durch die Aufnahme über die Nahrung. Da die radioaktiven Isotope Jod und Tellur nur eine kurze Halbwertzeit haben, wird nach den ersten Wochen die Strahlenbelastung im Wesentlichen durch Cäsium verursacht. Die Strahlenbelastung durch die im Boden abgelagerten Radionuklide wurde von der WHO im Umkreis von 20 km um den Reaktor mit 10-50 Millisievert im ersten Jahr nach dem Unfall angegeben. In anderen stärker belasteten Gebieten wurden für das erste Jahr Dosiswerte von ein bis zehn Millisievert ermittelt. In den folgenden Jahren ist mit

....

nung bestärkt. Siehe: Georges Monbiot, Why Fukushima made me stop worrying and love nuclear power, "The Guardian", 21. März 2011

88 Siehe zum Beispiel: Bundesamt für Strahlenforschung, Risikoabschätzung und Bewertung, S. 1. http://www.bfs.de/de/ion/wirkungen/risikoabschaetzung.html

einem deutlichen Rückgang der jährlichen Dosiswerte zu rechnen. Die Belastung sinkt im zweiten Jahr auf etwa die Hälfte, im dritten Jahr auf weniger als ein Drittel der Belastung im ersten Jahr.[89]

Zum Vergleich: Strahlenbelastung bei einem CT von Bauch und Becken: 10 Millisievert.

1,5 Päckchen Zigaretten täglich, Belastung pro Jahr: 13 Millisievert. Niedrigster Wert, von dem an ein Anstieg des Krebsrisikos beobachtet wurde: 100 Millisievert. Größere Bevölkerungsgruppen sind einer Strahlenbelastung von 10 bis 20 Millisievert jährlich ausgesetzt. Natürliche Strahlenbelastung in Ramsar, Iran: 250 Millisievert pro Jahr, ohne dass gesundheitsschädliche Wirkungen beobachtet werden konnten.[90]

Die sehr vorsichtige japanische Regierung hat begonnen, die stärker belasteten Gebiete zu dekontaminieren. Die Rückkehr der evakuierten Bevölkerung hat schon begonnen. Es ist geplant, dass bis 2016 oder 2017 die Bevölkerung in ihre Häuser zurückkehren kann. Man fragt sich, wer hier Risikowissenschaft als Ideologie betreibt.

---

89 Alle Angaben nach: Bundesamt für Strahlenschutz, Die radiologische Situation in Japan, http://www.bfs.de/de/kerntechnik/unfaelle/fukushima/radiologische_situation_japan.html. Die genannten Werte berücksichtigen, dass kontaminierte Nahrung verzehrt wurde. Die Strahlenbelastung durch Aufnahme von Radionukliden mit der Nahrung belief sich in der Präfektur Fukushima im zweiten Jahr nach dem Unfall auf weniger als 0,1 Millisievert. In Deutschland nehmen wir 0,3 Millisievert mit der Nahrung auf. Quelle: Bundesamt für Strahlenschutz, ebenda

90 Angaben nach: World Nuclear Association, Nuclear Radiation and Health Effects, http://www.world-nuclear.org/info/Safety-and-Security/Radiation-and-Health/Nuclear-Radiation-and-Health-Effects/ und Stewart Brand, Whole Earth Discipline, London 2010, S.97, Unscear, Answers to Frequently Asked Questions, www.unscear.org/unscear/en/faq.html, S. 2

Ulrich Beck weiß auch, wie man durch kluge Industriepolitik unseren Reichtum mehrt.

*„Die Deutschen treibt eine listige Angst an. Sie wittern die
ökonomischen Chancen der Weltmärkte. Ein Zyniker könnte
sagen: Lasst die anderen doch weiter stolz auf ihre Angstlosig-
keit sein – das mündet in technologische Stagnation und Fehlinvestitionen. Die Befürworter der Atomenergie verbauen sich
selbst den Weg in die Zukunftsmärkte, sie investieren nicht in
‚alternative Ausbildungen‘ und Forschungsinstitute."*

Mit dümmlicher Arroganz wird hier eine der – wie wir
inzwischen wissen – teuersten Fehlinvestitionen in der Geschichte der Bundesrepublik gepriesen. Die Solarindustrie,
die glaubte im Schutze der hohen Subventionen leichtes
Spiel zu haben, wurde von eine Pleitewelle heimgesucht, wie
sie bei uns ohne Beispiel ist.[91] Die durch die Energiewende
explodierenden Strompreise führen zur Abwanderung stro-
mintensiver Unternehmen und haben den Beginn der Deindustrialisierung Deutschlands eingeleitet. Die von Ulrich

---

91   Hier ein kurzer Überblick über die Zeit vom Dezember 20011 bis Juli 2013:
      Dezember 2011, Solon SE beantragt Eröffnung eines Insolvenzverfahren
      Februar 2012, Eröffnung eines Insolvenzverfahrens über Solar-Millenium
      April 2012, Q-Cells beantragt die Eröffnung eines Insolvenzverfahrens
      April 2012, First Solar kündigt an, sein Werk in Frankfurt (Oder) schließen
      zu wollen
      Juli 2012, Centrotherm photovoltaics AG stellt einen Antrag auf Insolvenz
      in Eigenverwaltung
      August 2012, Die Solarfirma Sovello in Sachsen-Anhalt stellt die Produk-
      tion ein
      März 2013, Bosch, gibt seinen Rückzug aus dem Solargeschäft bekannt
      April 2013: SolarWorld beschließt drastischen Schulden- und Kapitalschnitt
      Juli 2013: SMA Solar kündigte erneut einen Personalabbau um rund 700
      Arbeitsplätze an
      Juli 2013: Das Solarunternehmen Conergy meldet Insolvenz an

Beck beschworene „listige Angst" hat zu „Stagnation und Fehlinvestition" nicht im Ausland, sondern bei uns geführt.

Schließlich präsentiert sich Ulrich Beck als Mann, der ein gesellschaftliches Umsturzprogramm in den Blick nimmt:

„Angesichts der Atomkatastrophe", heißt es bei ihm, „werden Staaten und zivilgesellschaftliche Bewegungen ermächtigt, da sie neue Legitimationsquellen und Handlungsoptionen zum Vorschein kommen lassen. Entmächtigt wird gleichzeitig die Atomindustrie. Infolgedessen erhält eine neuartige Koalition zwischen zivilgesellschaftlichen Bewegungen und Staat, wie wir sie jetzt in Deutschland beobachten können, ihre historische Chance."

Man registriert, dass Beck keine Hemmungen hat, hier wieder von „Bewegung" und „Ermächtigung" zu sprechen. Ulrich Schacht hat in einem lesenswerten Artikel in der „Frankfurter Allgemeinen Zeitung" vom 28. Juni 2011 zu dem zuletzt zitierten Satz von Beck geschrieben: „Weil eine solche Konstruktion aber zuletzt entscheidende Verfassungsnormen der repräsentativen, gewaltengeteilten Demokratie quasi rätedemokratisch umdeutet und damit im Sinne einer volonté de tous Rousseaus ins totalitär Verführbare lenkt, wird ein übergesetzlicher Notstand proklamiert, der sich im aktuellen Fall durch eine angebliche ‚Atomkatastrophe' legitimiert, auf die wiederum in einem gesamtgesellschaftlichen Generalakt hypermoralisierender Politik final geantwortet werden muss."[92]

„Niemand", so lesen wir bei Beck, „kann das Sonnenlicht besitzen, keiner kann es privatisieren oder nationalisieren.

---

92   Ulrich Schacht, Will er jetzt den Sonnengott spielen? Ha, welch ein Augenblick: Ein Atomunglück bringt Soziologen auf die Idee, die Sonne sei demokratisch. Eine Antwort auf Ulrich Beck, „Frankfurter Allgemeine Zeitung" vom 28. Juni 2011

Jeder kann diese Energiequelle für sich erschließen. Atomenergie ist hierarchisch, Sonnenenergie demokratisch." Am Ende seines Artikels wird Beck lyrisch: „Wer Deutschlands Ausstieg aus der Atomenergie kritisiert, könnte dem Irrtum der Raupe erliegen. Das Tier befindet sich im Stadium der Entpuppung, beklagt aber das Verschwinden des Kokons, weil sie den Schmetterling der erneuerbaren Energie, zu dem sie wird, noch nicht ahnt."

Ulrich Schacht schreibt dazu:

„Wer der Sonne ‚demokratische‘ Eigenschaften andichtet, der Nuklearindustrie ‚antidemokratische‘ und die Energieversorgung der hochindustrialisierten Länder in der Zukunft als schmetterlingsleichtes Unterfangen verkündet, zugleich aber kein Dichter ist, dem man das durchgehen lassen könnte – der es zuletzt also handfest politisch meint –, der verfügt über eine doch eher gefährliche Phantasie für ein Gemeinwesen wie dem unseren: aus bewährt verfasstem Staat und sich in ihm frei bewegender Gesellschaft."

Man kann nicht unterstellen, dass der in dem Artikel „Der Irrtum der Raupe" von Ulrich Beck erzählte Unsinn auch von anderen Mitgliedern der Ethikkommission vertreten wird. Allerdings hat sich kein Mitglied von dem Artikel des Soziologen Ulrich Beck distanziert.

Das Restrisiko

Die Bundeskanzlerin meinte nach dem Unglück im Kernkraftwerk Fukushima, diese Katastrophe habe ihr klar gemacht, was ein Restrisiko bedeutet. Auch in der Begründung für das Atomausstiegsgesetz ist von Fukushima als einem

Restrisikoereignis die Rede. Das ist Unsinn. Bei einem Restrisiko handelt es sich um ein extrem seltenes Risiko, das auch bei einem richtig ausgelegtem und sicherheitstechnisch durch Nachrüstung den neuesten Erkenntnissen angepasstem Kraftwerk nicht abzudecken ist. Um ein solches Kraftwerk handelte es sich bei dem Kernkraftwerk Fukushima Daiichi nicht!

Der Reaktor war auf ein Erdbeben der Stärke 8,4 ausgelegt. Erdbeben dieser Stärke hatte es dort schon früher gegeben. Es gab keine Sicherheitsreserve wie es bei richtiger Auslegung erforderlich gewesen wäre. Das Erdbeben am 11. März 2011 hatte eine Stärke von neun. Allerdings ist das Kraftwerk durch das Erdbeben nicht beschädigt worden!

Die Gefahren, die mit Tsunamis für ein Kernkraftwerk verbunden sind, wurden unterschätzt. Es hatte schon früher Tsunamis mit einer Wellenhöhe von zehn Metern und darüber hinaus gegeben. Das Kraftwerk war dennoch nur gegen Tsunamis von zehn Metern geschützt. Es war auf sträfliche Weise nicht hinreichend ausgelegt gegen höhere Tsunamis, mit denen man rechnen musste. Der Tsunami am 11. März 2011 war 14 Meter hoch.

Die Diesel für die Notkühlung waren nicht – wie zum Beispiel in Deutschland – gegen Überflutungen abgedichtet und verbunkert. Die Notstromdiesel befanden sich in Maschinenhauskellern, deren Türen leicht vom Wasser eingedrückt werden konnten. Die Kühlung fiel aus. In den deutschen Kraftwerken stehen mehr Dieselgeneratoren zur Verfügung. Es sind Anschlussstellen vorhanden, an die externe luftgekühlte Generatoren angeschlossen werden können.

Es wurde unterlassen, die Druckentlastungsleitungen nachzurüsten. Bei einer Kernaufheizung können diese durch Druck Lecks bekommen. In den USA wurden bei den gleichen Modellen die Leitungen verstärkt. In Japan unterblieb diese Nachrüstung.

Während bei uns die Druckentlastung über leistungsfähige Filter erfolgt, die weit über neunzig Prozent der radioaktiven Stoffe zurückhalten, gab es diese Filter in dem havarierten Kraftwerk nicht.

Die Reaktoren der havarierten Anlage verfügten nicht über Rekombinatoren, die gebildeten Wasserstoff in Wasser umwandeln. Deshalb konnte der Wasserstoff zusammen mit dem Sauerstoff der Luft Knallgas bilden, das zu Explosionen und zum Ausstoß radioaktiver Substanzen führte. Die deutschen Reaktoren verfügen über diese Rekombinatoren.[93]

Günter Keil resümiert: „Deshalb lag das tatsächliche Risiko der Fukushima-Reaktoren um das Zig-Tausendfache über dem theoretischen Restrisiko."

Anders gesagt: Wenn man angesichts des Reaktorunglücks in Fukushima den Ausstieg aus der Kernenergie beschließt, ist das etwa so, als würde man bei einem Absturz einer vierzig Jahre alten Propellermaschine in einem Tornado über Arkansor der Lufthansa alle Flüge verbieten.

Wenn die Bundesregierung in ihrem Atomausstiegsbeschluss Fukushima als Beispiel für das unvermeidliche Restrisiko anführt, zeugt das entweder von einem gemeingefährlichen Ausmaß an Ignoranz oder es handelt sich um den

---

93   Alle Angaben nach: Günter Keil, Sechs schwere Sicherheitsmängel in Fukushima, http://www.die-stauden.net/downloads/schwere-sicherheitsmaengel-in-fukushima.pdf,
Ludwig Lindner, Lehren aus Fukushima: Deutsche Kernkraftwerke sind sicherer, Novo Argumente. http://www.novo-argumente.com/magazin.php/novo_notizen/artikel/000864,
Ludger Mohrbach, Fukushima zwei Jahre nach dem Tsunami – Konsequenzen weltweit, Energiewirtschaftliche Tagesfragen, 63. Jahrgang (2013) Heft 3, S. 36 ff.

Versuch, durch Lügen die Hysterie in der Bevölkerung noch anzufachen.

Einige ergänzende Bemerkungen

Es hat bisher keine Strahlungstoten in Fukushima gegeben. Die durch UNSCEAR und die WHO ermittelten Angaben über die radioaktiven Belastungen der Bevölkerung und der Kraftwerksarbeiter lassen hoffen, dass es auch in Zukunft als Folge des Reaktorunglücks in Fukushima keine Strahlungstoten gibt.[94]

Am 1. April 2012 hat Japan die Grenzwerte für radiaktiv belastete Lebensmittel gesenkt, obwohl dies radiologisch nicht erforderlich gewesen wäre. Die Europäische Kommission übernimmt diese Grenzwerte und wendet sie ab sofort auf importierte japanische Ware an. So werden die Grenzwerte für Cäsium von bislang 500 Becquerel pro Kilogramm Lebensmittel auf 100 Becquerel pro Kilo herabgesetzt. Pro Kilogramm Trinkwasser sind nur noch 10 anstelle von 200

---

94 Report of the United Nations Scientific Committee on the Effects of Atomic Radiation, August 2013
http://www.unscear.org/docs/GAreports/A-68-46_e_V1385727.pdf
World Health Organisation, Preliminary dose estimation from the nuclear accident after the 2011 Great East Japan Earthquake and Tsunami, 13. Mai 2012, http://whqlibdoc.who.int/publications/2012/9789241503662_eng.pdf,
Health Risk Assessment from the nuclear Accident after the 2011 Great East Japan Earthquake and Tsunami based on a preliminary dose estimation, 2013
http://apps.who.int/iris/bitstream/10665/78218/1/9789241505130_eng.pdf

Becquerel erlaubt. Die Messergebnisse der Präfektur Fukushima zeigen, dass im ersten Jahr nach dem Unfall die Strahlenbelastung durch Radionukliden in der Nahrung weniger als ein Millisievert betrug; im zweiten Jahr nach dem Unfall belief sich die Belastung auf weniger als 0,1 Millisievert. In Deutschland beläuft sich die Aufnahme von Radionukliden mit der Nahrung im Jahresdurchschnitt auf 0,3 Millisievert.[95]

Die Kosten, die infolge des Reaktorunglücks entstehen, wie zum Beispiel Ausgaben für die Arbeiten zur Dekontamination oder Entschädigungszahlungen an die Evakuierten, sind zuletzt gestiegen und werden sich nach Schätzungen Ende 2013 auf insgesamt rund 60 Milliarden Euro belaufen.[96] Das ist weit entfernt von den gigantischen Summen, von denen die Kernkraftgegner wie Jürgen Trittin und Sigmar Gabriel stets sprachen. Es ist kleiner als die Summe, die wir in drei Jahren als EEG-Umlage zahlen müssen.

Empfohlene Literatur

Reinhard Zöllner, Japan. Fukushima. Und wir. Zelebranten der nuklearen Erdbebenkatastrophe, München 2011.

Gwyneth Cravens, Power To Save The World, The Truth About Nuclear Energy, New York 2008.

---

95   Bundesamt für Strahlenschutz, Die radiologische Situation in Japan, S. 4
     http://www.bfs.de/de/kerntechnik/unfaelle/fukushima/radiologische_situation_japan.html

96   Yoshifumi Takemoto, Japan readies additional 30 billion Dollar for Fukushima clean up, Reuter 12. November 2013. Der Betrag von 60 Milliarden Euro enthält nicht die Kosten der Stilllegung des Kraftwerks.

Drittes Kapitel

Biolandwirtschaft
Der vom grünen Zeitgeist gesegnete Schwindel

Die Biolandwirtschaft ist der Grünen liebstes Kind. Als Renate Künast 2001 Bundesministerin für Landwirtschaft wurde, verkündete sie die Agrarwende: Kampf gegen die industrialisierte Landwirtschaft, Kampf gegen Profitbauern und Agrarfabriken und Kampf für die ökologische Landwirtschaft. Künast: „Es hat sich eine Tür aufgetan. Wenn man auf Rudolf Steiner zurückgeht, dann haben sich die Menschen seit den zwanziger Jahren für einen nachhaltigeren Umgang mit der Natur eingesetzt."[1] Der hier genannte Rudolf Steiner lehrte, wie man biodynamischen Landbau betreibt. „Nehmen wir Dünger ... stopfen wir damit ein Kuhhorn aus und geben wir ... das Kuhhorn in die Erde ... Dadurch dass das Kuhhorn äußerlich von der Erde umgeben ist, strahlen alle Strahlen in seine innere Höhlung hinein ... und man bekommt dadurch eine außerordentlich konzentrierte belebende Düngungskraft in dem Inhalte des Kuhhorns...Da ist

---

1   Zitiert nach: Peter Treue, Blut und Bohnen, „Frankfurter Allgemeine Zeitung" vom 13. März 2002

eine ungeheure Kraft an Astralischem und an Ätherischem.“[2] Die Zahl der esoterischen Absurditäten bei Steiner lässt sich endlos fortsetzen. Bei dem Einzug des Okkultismus in die Landwirtschaftspolitik war der wissenschaftliche Beirat des Ministeriums hinderlich. Nachdem Frau Künast die Unabhängigkeit des Beirats durch eine Satzungsänderung beseitigt hatte, trat er geschlossen zurück. Sie hatte freie Hand, sich ihre Berater so auszusuchen, dass ihr Weg in den Okkultismus keinen Widerspruch mehr fand.

Was ist biologischer Landbau?

„Bio“ oder „Öko“ (Österreich), englisch: „organic“ sind landwirtschaftliche Verfahren, bei denen auf Kunstdünger und synthetische Pflanzenschutzmittel verzichtet wird.

Biolandwirte versuchen, die Fruchtbarkeit des Bodens durch Gründüngung zu erhalten. Sie düngen mit Stallmist oder Kompost. Der Schöpfer des biologisch-dynamischen Landbaus Rudolf Steiner erklärte, dass der mineralische Dünger wertlos sei, im Mist hingegen die Seele der Tiere wirke und kosmische Kräfte walten.

Biobauern dürfen keine synthetischen Pestizide einsetzen. Sie verzichten also auf den Einsatz von synthetische Herbiziden, das sind Unkrautbekämpfungsmittel, auf den Einsatz von Insektiziden (Insektenvernichtungsmittel), und auf den Einsatz synthetischer Fungizide, das sind Wirkstoffe,

---

2   Rudolf Steiner, 4. Vortrag „Kräfte und Substanzen, die in das Geistige hineingehen: Die Düngungsfrage“, in: Geisteswissenschaftliche Grundlagen zum Gedeihen der Landwirtschaft, S. 99, zitiert nach www. Esowatch

die Pilze oder ihre Sporen abtöten. Da die Biobauern auf chemische Unkrautvernichtungsmittel verzichten, beseitigen sie das unerwünschte Unkraut mit mechanischen Geräten oder verwenden Mulch. Statt chemischer Insektizide werden biologische Schädlingsbekämpfungsmittel eingesetzt: Vögel und „nützliche", oder besser räuberische Insekten, die die schädlichen fressen sollen. Darüber hinaus werden aber auch zahlreiche Gifte eingesetzt, die in der Natur vorkommen. Dazu zählen zum Beispiel Bt-Protein, auch: Bt-Toxin, ein für Fraßinsekten giftiges Protein, das vom Bodenbakterium Bazillus thuringiensis (daher Bt) gebildet wird. Zu den Insektengiften, die im Biolandbau zugelassen sind, zählen auch die Pyrethrinen, die von Chrysanthemen gebildet werden und auch das aus tropischen Wurzeln gewonnene Rotenon, das ein Fischgift ist[3]. Weniger giftig ist es für Bienen und Säugetiere. Es soll beim Menschen die Parkinson-Erkrankung auslösen. Für deutsche Biobauern, aber auch für konventionell arbeitende deutsche Bauern ist es tabu, nicht aber für ausländische Erzeuger von Bioprodukten Als Fungizid werden vor allem im Obst -und Weinanbau und bei Kartoffeln Kupferpräparate eingesetzt.

---

3   Pyrethrine sind eine Gruppe von Naturstoffen, die für die insektizide Wirkung von Pyrethrum verantwortlich sind. Sie werden von bestimmten Chrysanthemen-Arten gebildet. Pyrethrine werden aus Pyrethrum-Extrakt isoliert und als Insektizide für Pflanzenschutz, Schädlingsbekämpfung und in der Medizin verwendet.
Rotenon wird aus der Wurzel von Barbasco oder der Tubawurzel, einem in Borneo heimischen Schmetterlingsblütler, gewonnen. Im Freien zersetzt sich Rotenon relativ schnell, ist aber dennoch gefährlich, da es auch über die Haut oder als Staub in die Lunge eindringt. Rotenon ist aktuell in Deutschland nicht als Insektizid zugelassen (aber in der Schweiz, Spanien und einigen anderen Ländern).(Aus: Artikel: Rotenon in: Wikipedia)

Biobauern verzichten also mitnichten auf den Einsatz von Giften, sie dürfen nur nicht im Chemielabor erzeugt worden sein.

Es stellen sich folgende Fragen:

1. Sind Bioprodukte gesünder
2. Schmecken sie besser?
3. Enthalten sie weniger Schadstoffe, das heißt sind sie sicherer.
4. Ist Biolandwirtschaft umweltfreundlicher?
5. Sind Bioprodukte gesünder?

Die meisten Ernährungswissenschaftler finden keine Anhaltspunkte dafür, dass Bioprodukte im allgemeinen gesünder sind. Claire Williamson von der „British Nutrition Foundation" sagt, dass es aus ernährungsphysiologischer Sicht keine überzeugenden Gründe gibt, Bioprodukte den konventionell erzeugten Produkten vorzuziehen. Die Mayo-Klinik erklärt, dass es keine stichhaltigen Gründe dafür gibt, daß Bionahrung gesünder ist. Im Jahre 2009 veröffentlichte das *American Journal of Clinical Nutrition* eine Studie, in der die Ergebnisse aus 162 wissenschaftlichen Veröffentlichungen aus den letzten 50 Jahren über die gesundheitlichen und diätetischen Merkmale von Biokost ausgewertet wurden. Es konnte nicht festgestellt werden, dass Bioprodukte besser waren. Der Leiter der Studie erklärte, dass es wegen des Nährwerts der Produkte keinen

Grund gebe, Bioprodukte den konventionell erzeugten vorzuziehen.[4]

Auch das britische *Journal of the Science of Food and Agriculture*, das 1997 einen Überblick über die wissenschaftlichen Veröffentlichungen gab. kam zu dem Ergebnis, dass sich hinsichtlich des Nährwerts keine eindeutigen und konsistenten Unterschiede ergaben, wenn man Bioprodukte mit konventionell erzeugten Produkten verglich.[5] Bei einer Untersuchung, von Forschern aus Newcastle war der Nährwert von konventionell erzeugtem Weizen größer als beim Bioweizen.[6] Von den Forschern der Strathclyde University in Glasgow wurde festgestellt, dass die Muskulatur des Biogeflügels weniger wertvolle Fettsäuren, aber mehr Cholesterin enthielt.[7]

In einigen Tests von Bioverbänden oder Bioinstituten wurde gefunden, dass der Nährwert von Biomilch größer ist, weil sie mehr Omega-3-Fettsäuren oder Polyphenole enthielten. Allerdings stellte sich heraus, dass die Unterschiede nur am Rande etwas mit Bio oder konventionell zu tun hatten. Es wurden nämlich die Milch von Weidekühen mit der von Stallkühen verglichen. Aber auch viele konventionelle Bauern halten Weidekühe und erzielen dann die gleichen Ergebnisse, die außerdem jahreszeitlich und örtlich stark schwanken. Doch ist der Effekt völlig unbedeutend. Wenn also von dem Organic Center in den USA be-

4   Nach: Robert Paarlberg, Food Politics, Oxford University Press, New York 2010, S. 144

5   Dirk Maxeiner, Michael Miersch, Biokost und Ökokult, München 2008, S. 30

6   Maxeiner – Miersch, a. a. O., S. 33

7   Maxeiner – Miersch, a. a. O., S. 32

richtet wird, die Milch von Weidekühen enthalte 50 Prozent mehr Betakarotin, so entspricht diese Extramenge pro Quart (etwa ein Liter) gerade einmal einem Prozent der Menge an Betakarotin, die in einer einzigen mittelgroßen Süßkartoffel ist.[8] Auch was den Gehalt an Omega-3-Fettsäuren angeht, ist die Ausbeute bescheiden. Man müsste schon 20 Liter Milch trinken, um die gleiche Menge zu erhalten, die ein einziges Lachsfilet enthält.[9]

Die „Stiftung Warentest", die im Juni 2010 die Bilanz aus 85 Tests gezogen hat, schreibt zusammenfassend: ‚"Biolebensmittel sind nach den Qualitätsurteilen unserer Tests im Durchschnitt nicht besser als herkömmliche Produkte. ‚Auf beiden Seiten gibt es „sehr gute", aber auch „mangelhafte Produkte"– und das in recht ausgewogenem Maße."[10] Hinsichtlich des Nährwerts enttäuschten in einem der in den letzten Jahren vorgenommenen Tests alle 13 Bio-Babymenüs ernährungspsychologisch. Sie hatten zu wenig Vitamin C und Fett.[11]

Es wird behauptet, dass Biolebensmittel besonders reich an bioaktiven Stoffen sind, also reich an sekundären Pflanzenstoffen, denen gesundheitsfördernde Wirkungen nachgesagt werden. Die „Stiftung Warentest" schreibt: „In unseren Tests stellten wir fest, dass sich sekundäre Pflanzenstoffe in naturnah hergestellte Produkten meist ballten. Es war unerheblich, ob sie ökologischer oder konventioneller Herkunft waren. So enthielt trüber Apfelsaft mehr Polyphenole als klarer Apfelsaft. Das Karotinoid Lutein kam nur in nati-

---

8   Robert Paarlberg, a. a. O., S. 143f.

9   Maxeiner – Miersch, a. a. O., S 31 f.

10   Stiftung Warentest, Heft 06, 2010

11   Stiftung Warentest, Heft 06, 2010

vem, nicht in raffiniertem Rapsöl vor. Doch die Mengen an sekundären Pflanzenstoffen reichten nicht für gesundheitliche Vorteile."[12]

In einer umfangreichen Studie, in der tausende Studien aus der Zeit von 1966 bis 2011 gesichtet und 240 Studien ausgewertet wurden, kamen Forscher der Universität Stanford zu dem Ergebnis, dass Bioprodukte sich hinsichtlich des Nährwerts, des Gehalts an Vitaminen, Mineralien und Proteinen kaum von konventionell erzeugten Nahrungsmitteln unterscheiden. Lediglich der Gehalt des Spurenelements Phosphor war bei Bioerzeugnissen deutlich höher. Dies bringe nach Ansicht der Forscher jedoch keinen gesundheitlichen Vorteil, weil wir meist gut mit Phosphor versorgt sind.[13]

Fazit: Die Behauptung, Bioprodukte seien gesünder, ihr Nährwert sei deutlich höher als der konventionell hergestellter Produkte, ist ein Mythos. Aber der Glaube an Bioprodukte ist wie der Glaube an Homöopathie und Geistheiler durch Argumente nicht zu erschüttern.

---

12 Stiftung Warentest, Heft 06, 2010, Alex Avery, Bio Milch: nicht gesünder, dafür aber teurer, Novo-Magazin, Heft 85, Nov-Dez. 2005

13 Redaktion Pflanzenforschung.de vom 11. 09. 2012. http://www.pflanzenfor-schung.de/de/journal/journalbeitrage/bio-ein-kleiner-unterschied-1897 Originalartikel: Smith-Spangler, C. et al. (2012): Are Organic Foods Safer or Healthier Than Conventional Alternatives?: A Systematic Review. Annual International Medicine, 4. September 2012;157(5): 348-366

2. Schmecken Bioprodukte besser?

Die „Stiftung Warentest" prüft bei ihren Tests auch die sensorische Qualität der konventionellen und Bioprodukte. Fünf geschulte Prüfer beurteilen Aussehen, Mundgefühl, Geruch und Geschmack. Jeder verkostet anonymisierte Proben unter gleichen Bedingungen und in randomisierter Reihenfolge. Aus den Einzelergebnissen wird ein Konsens erarbeitet.

In die Statistik der „Stiftung Warentest", in der die Urteile aus 52 Tests einflossen, in denen Bioprodukte und konventionelle Erzeugnisse verglichen wurden, und in der die Bioprodukte einen Anteil von 20 Prozent hatten (Anteil der Bioprodukte im deutschen Lebensmittelhandel beträgt 4 Prozent) erreichten nur sieben Prozent der Bioprodukte und acht Prozent der konventionellen Lebensmittel die Bestnote „sehr gut".

Sehr gut bewertet wurden zum Beispiel bei der Frischmilch gleich mehrere Bioprodukte, aber auch die frische Vollmilch von Weihenstephan erhielt hinsichtlich der sensorischen Prüfung die Note „sehr gut". Mit „sehr gut" (1,5) wurde in einem neuen Test (Stiftung Warentest Heft 1, 2012) bei der sensorischen Beurteilung der Schwarzwälder Schinken von Tannenhof, einem Bioprodukt, bewertet. Es war das einzige Erzeugnis, das die Note „sehr gut" erhielt. Es gab allerdings eine Reihe konventioneller Produkte, die sensorisch ein „gut" (2,0) erhielten. Es kostete allerdings der mit „gut" (2,0) bewertete Schinken von Lidl pro 100 Gramm 0,95 Euro, der Schinken von Tannenhof 3,30 Euro.

Selten waren Erzeugnisse, die mit „mangelhaft" bewertet wurden. Dazu zählten zum Beispiel zweimal ein herkömmlicher Rotkohl. Fünfmal wurde bei diesem Test bei der sensorischen Beurteilung die Note „gut" vergeben, darunter war ein

Bioprodukt. Die Note „mangelhaft" wurde weiter vergeben für konventionellen Honig und Röstkaffee. Sensorisch mangelhaft waren aber auch eine Bio-Vollmilchschokolade und sieben! Bio-Rapsöle. Die „Stiftung Warentest" schreibt: „Naturnah hergestellt und gesund – natives Rapsöl passt perfekt in die Biowelt. Es spielt eine große Rolle auf dem Rapsölmarkt und war auch im Rapsöltest zahlreich vertreten- mit 9 von 16 Produkten. Doch sieben Biorapsöle rochen und schmeckten holzig-strohig, stichig-modrig, oder ranzig. Kurzum sie waren ‚mangelhaft'."[14] Als mögliche Erklärung wurde genannt, dass Rapssaat sehr empfindlich ist und kleinste Schäden bei der Ernte, Lagerung oder Produktion das Öl sensorisch verderben können.

Bioprodukte schnitten auch insgesamt bei einem Margarinetest im Jahre 2008 schlecht ab. Während elf konventionelle Margarineerzeugnisse die Note „gut" erhielten, landeten die drei im Test geprüften Bioprodukte mit „befriedigend" (einmal) und „ausreichend" (zweimal) auf den hinteren Plätzen. Auch in Bezug auf die sensorische Qualität schnitten sie schlechter ab als die meisten konventionell hergestellten Produkte.[15]

Bei Fischstäbchen, die von der „Stiftung Warentest" im April 2008 getestet wurden, haben bei der sensorischen Beurteilung sieben die Note „gut" erhalten. Das einzige Bioprodukt im Test, „Deutsche See Bio-Fischstäbchen" (Naturland) erhielt die Note „befriedigend". Der Geschmack war leicht modrig, die Panade hart. Der mittlere Preis je Kilogramm betrug 19,97 Euro, die insgesamt und sensorisch besser bewerteten Fischstäbchen von Aldi kosteten 3,09 Euro je Kilogramm.

---

14   Stiftung Warentest, Bilanz aus 85 Tests, Heft 6, 2010

15   Stiftung Warentest, Heft 2, 2008

Ein anderes Produkt mit Biopanade „Wild Ocean" von Demeter Felderzeugnisse (Preis je Kilogramm 13, 03 Euro) erhielt als einziges von allen sowohl in der Gesamtbewertung wie auch in der sensorischen Prüfung die Note „mangelhaft". Die „Stiftung Warentest" schreibt, der Fisch schmecke fade, alt, tranig und zum Teil fischig. Aber auch die Zahl der gefundenen Keime war relativ hoch. Außerdem fiel „Wild Ocean" durch einen vergleichsweise hohen Quecksilbergehalt auf. [16]

Bei Kartoffelchips, die von der „Stiftung Warentest" geprüft wurden, fielen alle Biochips durch. Alle drei Produkte im Test erhielten die Gesamtnote „mangelhaft". „Stiftung Warentest" schreibt: „Die fettreduzierten Paprikachips von „Trafo Bio-Organic" fielen sensorisch durch. Sie schmeckten alt, bitter und dumpf. Und auf den Chips waren verkohlte Kartoffelpartikel verteilt. Bei den beiden anderen Bioprodukten reichte es sensorisch nur knapp für ein „ausreichend". Die „Alnatura Kartoffelchips Paprika" waren leicht pappig und wenig knusprig. Die „Original Lantchips" schmeckten leicht ranzig und bitter. Des Weiteren wiesen die Tester in beiden Produkten geringe Anteile von Palmöl oder Palmfett nach. Im Zutatenverzeichnis war das aber nicht aufgeführt – darum sind sie insgesamt „mangelhaft"." [17]

Mechthild Busch Stockfisch, Professorin für Sensorik und Produktentwicklungan der Hochschule für angewandte Wissenschaften in Hamburg, hat einen Test mit 138 Kindern im Alter zwischen zwei und sieben Jahren gemacht. Die Kinder erhielten Äpfel, Möhren und zu Brötchen verarbeitetes Getreide jeweils einmal als Bioware und aus konventioneller

16   Stiftung Warentest, H

17   Stiftung Warentest, Heft 1, 2013

Herstellung. Busch Stockfisch: „Die Kinder haben überhaupt keinen Unterschied geschmeckt."[18]

Bei einem Eiertestessen, welches vom WDR und der Landwirtschaftskammer Rheinland veranstaltet wurde, schnitten Käfigeier im Vergleich zu Eiern aus der Auslaufhaltung geschmacklich und bei den Kriterien Schalenqualität, Dotterfarbe und Beschaffenheit des Eiklars deutlich besser ab.[19]

Schließlich sei noch von einem von der „Frankfurter Allgemeinen Sonntagszeitung" organisierter Geschmackstest von Dosentomaten berichtet. Sechs Fabrikate wurden mit guten Noten bewertet: sie erhielten einen bis fünf Sterne. Dann folgten die Dosentomaten, die unter „ferner liefen" genannt wurden. Keine der Biotomaten konnte einen Stern erringen. Alle wurden unter „ferner liefen" registriert. Gleich vier der fünf Biotomaten fielen besonders negativ auf. Sie kamen den Testern „schwächlich, angebittert bis künstlich, überdies mit Fehlern versehen vor." Eine der Biotomaten, „Basic", erinnerte an Aspirin und eine andere, „Campo", an den muffigen Geruch eines alten Schranks. Nur eine der Biotomatendosen landete wenigstens im Mittelfeld der unter „ferner liefen" erwähnten Tomaten.[20]

Fazit: Bioprodukte schmecken manchmal besser und häufig schlechter. Die Aussage, sie schmeckten generell besser, ist falsch. Dem, der an Bio glaubt. werden sie aber immer besser schmecken, denn der Glaube kann nicht nur Berge versetzen, sondern auch Geschmackswunder bewirken.

---

18   Zitiert nach: „Zeit online" vom 4. April 2012, http://www.zeit.de/2012/15/ Bio-Geschmack

19   Manfred Stein, Mogelpackung Ökoei, http://www.animal-health-online. de/vog/mogel.html

20   „Frankfurter Allgemeine Sonntagszeitung" vom 11. März 2012, S. 68

3. Sind Bioprodukte sicherer?

Da Biobauern keine synthetischen Pestizide einsetzen, finden sich in Bioprodukten in der Regel keine Rückstände von synthetischen Pflanzenschutzmitteln. Das stellte auch die Stiftung Warentest in ihrem zusammenfassenden Bericht fest, in dem die Ergebnisse aus 52 Tests ausgewertet wurden. „Bioware ist meist frei von chemischen Pestiziden, aber andere Schadstoffe kommen vor". Nur in zwei Biomarken von Weinblättern wurden die für Biobauern verbotenen chemisch-synthetischen Pestizide nachgewiesen. Allerdings waren Biopaprika aus Spanien und ein Biofeldsalat aus Italien „deutlich" durch das Insektengift Rotenon belastet. Anders als deutsche Biobauern können manche ausländische Biolandwirte Rotenon einsetzen. „Die natürliche Herkunft macht es nicht harmlos" schreibt die „Stiftung Warentest" zutreffend. Es ist ein sehr effektives Fischgift und stand schon lange im Verdacht, Parkinson auszulösen.[21] Was lange vermutet wurde, konnte 2012 durch Forscher vom Universitätsklinikum Dresden bestätigt werden. Sie haben den Mechanismus entschlüsselt, wie das Insektizid Rotenon Symptome der Krankheit auslöst und verstärkt.[22]

---

21   In Wikipedia heißt es: In Norwegen wurde versucht, den von einem Parasiten bedrohten Lachsbestand in einigen Flüssen mit Rotenon zu bekämpfen. Dabei sterben außer den Parasiten jedoch auch die gesamten Fischbestände der Flüsse, was an manchen Orten (USA) gezielt genutzt wird, um Seen von Fischen zu *reinigen*, um dort neue Fischbestände anzusiedeln. Rotenon ist aktuell in Deutschland nicht als Insektizid zugelassen (aber in der Schweiz, Spanien und in einigen anderen Ländern)

22   Giftige Pflanzenschutzmittel lösen Parkinson aus, „Die Welt" vom 4. Dezember 2012, http://www.welt.de/gesundheit/article111801582/Giftige-Pflanzenschutzmittel-loesen-Parkinson-aus.html

Doch auch im Übrigen sind Bioprodukte nicht so sicher, wie das die Freunde der Biokost glauben. Dazu einige Beispiele.

Die „Stiftung Warentest", die auch die mikrobiologische Qualität der von ihr getesteten Produkte prüft, untersuchte im Oktober 2013 die mikrobiologische Qualität von Hähnchenschenkeln. Im Test waren 20 Produkte, meist mit Rückenstück, darunter fünf Bioprodukte. Bei fünf Hähnchenschenkeln war die mikrobiologische Qualität gut. Darunter war kein Bioprodukt. Sechs Hähnchenschenkel erhielten die Note „mangelhaft", davon drei Bioprodukte. Das am besten bewertete Bioprodukt, die „Rewe Biohähnchenschenkel", erhielt gerade noch mit der Note 3,5 ein „befriedigend". In vier der Bioprodukte wurden Campylobacter nachgewiesen. In den mit „mangelhaft" bewerteten Hähnchenschenkeln von „Bio Geflügel" lagen die Listerien über dem gesetzlich erlaubten Wert bei einem Preis pro Kilogramm von 14,90 Euro. Die am besten bewerteten Hähnchenschenkel von „Friki Geflügellaune" und „Kaufland", bei denen als einzigen Produkten alle Keime unauffällig waren, kosteten 3,20 bzw. 2,72 Euro pro Kilogramm.[23]

Als die „Stiftung Warentest" die mikrobiologische Qualität von Räucherlachs untersuchte, erhielten zwei von vier Bioprodukten die schlechteste vergebene Note „ausreichend". Von den vierzehn insgesamt untersuchten Produkten war nur ein Erzeugnis „Lauschinger Räucherlachs" mit der Note „ausreichend" (3,9) schlechter als die beiden Bioprodukte „Wechsler's No. 1 frischer Biolachs" (Naturland) und „Rewe Bio Räucherlachs Salmo Salar aus Irland" mit den Noten 3,6 und 3,8. Die schlecht bewerteten Produkte

---

23   Stiftung Warentest, Oktober 2013, S. 28ff.

wiesen erhöhte Keimzahlen auf. Die beiden Bioprodukte kosteten pro 100 Gramm fünf und vier Euro, der hinsichtlich der mikrobiologischen Qualität mit „sehr gut" bewertete Räucherlachs von „Aldi Süd" kostet 1,40 Euro.[24]

Spanische Wissenschaftler haben in ihren Untersuchungen gefunden, dass sich bei iberischen Freilandschweinen bei mehr als siebzig Prozent der Tiere in Blutproben Hinweise auf Salmonelleninfektion zeigten. Die Katzenparasiten (Toxoplasma gondii) wurden bei mehr als der Hälfte der Tiere gefunden. Der Katzenparasit wird von einigen Autoren für Nervenleiden und psychiatrische Erkrankungen verantwortlich gemacht Auch amerikanische Wissenschaftler des „Agricultural Research Service" haben bei Bio-Schlachtschweinen aus Freilandhaltung den Katzenparasiten im Blut und in der Muskulatur des Herzens nachgewiesen und warnen vor einem potentiell erhöhten Gesundheitsrisiko bei Verzehr von Bio-Schweinefleisch.[25]

Vor Weichmachern wie Bisphenol A (BPA)wird häufig gewarnt. Sie stören den Hormonhaushalt und fördern wahrscheinlich auch Diabetes und Übergewicht. Bisphenol A hat ähnliche Wirkungen wie das Geschlechtshormon Östrogen. Bei Mäusen und Ratten stört die Chemikalie die Sexualentwicklung und macht männliche Mäuse unfruchtbar. Es gibt Anzeichen dafür, dass Bisphenol A bei Kindern Angststörungen, Depressionen und Hyperaktivität beeinflussen kann. Wir finden Weichmacher wie Bisphenol A an Küchengeräten aus Kunststoff, an Plastikbehältern, Folien

---

24 Stiftung Warentest, Januar 2010, S. 18ff.

25 http://www.animal-health-online.de/gross/2013/02/17/verbraucher-risiko-toxoplasma-gondii-den-verbraucher-wenigstens-informieren/24072/

und vielen anderen Dingen. Die Verwendung von Weichmachern bei Babyflaschen ist in der EU verboten. Amerikanische Forscher haben nun geprüft, ob man durch gesunde Ernährung mit frisch zubereiteter Biokost die Belastung mit den Weichmachern senken kann. Das Ergebnis überraschte die Forscher. Es zeigte sich, dass der Weichmacher auch dort auftritt, wo man ihn am wenigsten vermutet hatte: in Bio-Milchprodukten, frischem, ökologisch angebautem Gemüse und in Biogewürzen. Nach nur fünf Tagen Biokost waren die BPA-Werte der „gesund" ernährten Probanden um mehr als das 30-fache gestiegen. Ein Teil der Kinder hatte fast 200 Milligramm BPA pro Kilogramm Körpergewicht aufgenommen. Der von der EU festgesetzte Grenzwert für die tägliche Aufnahme liegt bei 0,5 Milligramm pro Kilogramm Körpergewicht. Die weiteren Analysen zeigten, dass vor allem Milch und Milchprodukte und Gewürze erhebliche Mengen an Weichmachern enthielten. Extreme Werte fanden die Forscher in Gewürzen wie gemahlenem Zimt, Cayennepfeffer und vor allem in gemahlenem Koriander.[26]

Anders als die durch die Panikmafia von Greenpeace und BUND verunsicherten Konsumenten glauben, stellen „geringe, ja selbst deutliche Belastungen mit den in Europa rund 400 zugelassenen Pestiziden kein gesundheitliches Risiko dar", heißt es in dem Bericht der „Stiftung Warenest" unter Bezugnahme auf die Auskunft des Bundesinstituts für Risikobewertung. Die Gefahrstoffverordnung unterscheidet sehr giftige Stoffe, giftige Stoffe und gesundheitsschädliche Stoffe, je nach der Dosis, die letal ist. Ein Großteil der Pflan-

---

26 Nadja Podbregar, Biokost mit Weichmachern, Bild der Wissenschaft, 1. März 2013. Der Artikel basiert auf: Sheela Sathyanarayana (University of Washington) et al., Journal of Exposure Science and Environmental Epidemiology, doi: 10.1038/jes.2013.9

zenschutzmittel ist nicht einmal als gesundheitsschädlich einzuordnen. Nimmt man Kochsalz als Bezugssubstanz so ist die Toxizität einer großen Anzahl von synthetischen Pestiziden geringer als die von Speisesalz.[27]

Es ist den durch die von Greenpeace, BUND und ihren gläubigen Anhängern in den öffentlich-rechtlichen Medien verunsicherten Bürgern in aller Regel unbekannt, dass in den Pflanzen, auch wenn sie nicht durch chemische Pflanzenschutzmittel behandelt wurden, alle Gifte dieser Welt enthalten sind. Pflanzen können nicht vor ihren Feinden weglaufen, sie können nicht zuschlagen oder beißen, sie haben sich, um in der Evolution zu bestehen, mit chemischen Waffen verteidigt. Sie wehren sich mit Giften aller Art. Tatsächlich sind etwa 99,99 Prozent! aller Pestizide, die wir zu uns nehmen, natürlichen Ursprungs. Es sind chemische Verbindungen, die von den Pflanzen produziert werden, um sich gegen Pilze, Insekten und andere tierische Feinde zu verteidigen. Jede Pflanze produziert ein anderes Arsenal von Chemikalien.[28]

---

27 Heinz Hug, Die Angsttrompeter, 2. Auflage, München 2008, S. 125

28 "Of all dietary pesticides that humans eat, 99,99 % are natural: they are chemicals produced by plants to defend themselves against fungi, insects, and other animal predators. Each plant produces a different array of chemicals." Bruce N. Ames. Lois Swirsky Gold., Paracelsus to parascience: the environmental cancer distraction, Mutation research 447 (2000), S. 5
Es erscheint angebracht, einige erläuternde Bemerkungen zu Bruce N. Ames, einem der Verfasser des hier zitierten Aufsatzes zu machen. Das ist deshalb notwendig, weil Wissenschaftler, die Erkenntnisse veröffentlichen, die geeignet sind, wichtige von der grünen Panikmafia gehütete Glaubenssätze zu erschüttern, meistens diffamiert, an den grünen Pranger gestellt und herabgewürdigt werden. Denn nach grünem Selbstverständnis muss es sich bei solchen Menschen um Scharlatane oder im Dienste des Großkapitals korrumpierte Charakterschweine handeln.

Der Biochemiker Ames schätzt, dass ein Amerikaner im Durchschnitt 5.000 bis 10.000 verschiedene natürliche Pestizide und ihrer Abbauprodukte zu sich nimmt. Ein Amerikaner nimmt im Durchschnitt jeden Tag etwa 1500 mg natürlicher Pestizide zu sich. Das ist 10.000-mal so viel wie die 0,09 mg, die er an synthetischen Pestiziden konsumiert.[29]

Etwa 50 Prozent aller Pestizide erzeugen im Tierversuch bei Nagetieren Krebs. Das gilt in gleicher Weise für synthetische wie für natürliche Pestizide. Obgleich nur ein kleiner Teil der natürlichen Pestizide auf Karzinogenität getestet worden ist, erzeugen 37 von 71 getesteten natürlichen Pestiziden bei Nagetieren Krebs. Natürliche Pestizide, die bei Nagetierern im Tierversuch Krebs verursachen, finden sich überall: im Obst, im Gemüse, in Kräutern und Gewürzen. Es gibt sie im Kohl, Rosenkohl, in Möhren, Brokkoli, in Bananen, Äpfeln, Birnen, in Petersilie, Salbei, Thymian.[30]

....

Ames erhielt mehr als 25 wissenschaftliche Auszeichnungen. 1983 wurde er mit dem Charles S. Mott Prize und einem Gairdner Foundation International Award, 1997 mit dem Japan-Preis, 1998 mit der National Medal of Science, 2001 mit dem American Society for Microbiology Lifetime Achievement Award und 2004 mit der Thomas Hunt Morgan Medal geehrt. Er gehörte unter anderem dem „National Cancer Advisory Board" (auf Vorschlag des damaligen US-Präsidenten Jimmy Carter) und dem „American Heart Association Nutrition Committee" an

29 Bruce N. Ames. Lois Swirsky Gold. Paracelsus to parascience: the environmental cancer distraction, Mutation research 447 (2000) S.5 und Bruce N. Ames, Margie Profet, Lois Swirsky Gold, Dietary pesticides (99 % all natural), Proc. Natl. Sci. Vol 87, 1990, S.7777.

30 Bruce N. Ames. Lois Swirsky Gold., Paracelsus to parascience: the environmental cancer distraction, Mutation research 447 (2000) S.5 Bruce N. Ames, Margie Profet, Lois Swirsky Gold, Dietary pesticides (99 % all natural), Proc. Natl. Sci. Vol 87, 1990, S.7778.
Hier die Liste der krebserzeugenden Nahrungsmittel: Absinth, Piment, Anis, Ananas, Apfel, Aprikose, Aubergine, Banane, Basilikum, Beinwell-

Die Menge an karzinogenen Stoffen in diesen Pflanzen ist im allgemeinen tausend mal größer als die Mengen an synthetischen Pestiziden, die wir zu uns nehmen.[31].Bei synthetischen Pflanzenschutzmitteln hat man die Grenzwerte in „parts per billion"(ppb) festgelegt. Äpfel, Aprikosen, Brokkoli, Kohl und Birnen, um nur einige zu nennen, enthalten dagegen 50.000 bis 500.000 ppb an karzinogenen Stoffen.[32]

In einer einzigen Tasse Röstkaffee haben die natürlichen Chemikalien, von denen man weiß, dass sie krebserzeugend sind, das gleiche Gewicht wie die synthetischen Pestizide, die man in einem Jahr zu sich nimmt, obwohl erst drei Prozent der natürlichen Chemikalien im Kaffee auf Karzinogenität getestet worden sind.[33]

In dem sehr empfehlenswerten Buch „Die Panikmacher" schreiben Walter Krämer und Gerald Mackenthun: „Die vom Menschen beigetragenen Pflanzengifte und Krebserreger machen etwa ein Zehntausendstel der natürlich her-

----

tee, Birne, Blumenkohl, Bohnenkraut, Brokkoli, Endivien, Erbse, Estragon, Fenchel, Guave, Grünkohl, Himbeeren, Honig, Honigmelone, Johannisbeeren, Kaffee, Kartoffel, Kirschen, Knoblauch, Kohlblätter, Koriander, Rosenkohl, Kohl, Melone, Kümmel, Kardamon, Kurkuma, Limone, Linsen, Macisblüte, Mais, Majoran, Mango, Meerrettich, Minze, Möhre, Muskat, Nelken, Orange, Pampelmuse, Paprika, Pastinake, Petersilie, Pfefferschote, Pfirsich, Pflaume, Pilze, Radieschen, Rhabarber, Rote Bete, Rosmarien, Rüben, Salbei, Schokolade, Schwarzer Pfeffer, Salat, Sellerie, Senf, Sesamsaat, Sojabohnen, Steckrübe, Sternanis, Süßholz, Tee, Thymian, Tomate, Weintrauben, Zimt, Zitrone, Zwiebel

31 Bruce N. Ames, Margie Profet, Lois Swirsky Gold, Dietary pesticides (99 % all natural), Proc. Natl. Sci. Vol 87, 1990, S. 7778

32 Bruce N. Ames, Margie Profet, Lois Swirsky Gold, Dietary pesticides (99 % all natural), Proc. Natl. Sci. Vol 87, 1990, S. 7779

33 Bruce N. Ames. Lois Swirsky Gold.. Paracelsus to parascience: the environmental cancer distraction, Mutation research 447 (2000), S. 5f.

gestellten aus. Eine Portion biologisch angebauter Brokkoli enthält die 15.000 fache Referenzdosis des in der Öffentlichkeit gern als Krebsgift Nr. 1 angesehenen Tetrachlordibenzodioxins, kurz auch TCDD oder Dioxin, denn das in Brokkoli wie auch in Kohl und Blumenkohl enthaltene Indolcarbinol wird im Magen in Moleküle umgewandelt, die im Körper die gleichen Enzymreaktionen ablaufen lassen wie TCDD. Aber dieses ‚natürliche' Dioxin scheint anders als das künstliche, von dem man glaubt, dass es über die Verpackungsmaterialien unser Obst oder unser Gemüse verunreinigen könnte, niemand um den Schlaf zu bringen."[34] Heinz Hug schreibt, dass im Brokkoli pro Kilogramm 500 Milligramm Indolcarbinol enthalten sind, ein Erwachsener am Tag deshalb nicht mehr als ein Milligramm Brokkoli zu sich nehmen dürfte, wenn man den „Grenzwert" für Brokkoli so wie bei synthetischen Pestiziden festsetzt.[35] Und Ames et al. wissen: Vergleicht man das kanzerogene Potential von TCDD mit dem von Alkohol, so entspricht die für TCDD festgesetzte Referenzdosis einem Bier in 345 Jahren.[36] „Würde man die gleichen Maßstäbe für Gemüse wie für Pflanzenschutzmittel anlegen, so dürften einige Gemüse wie Broccoli oder Soja nicht einmal als Pestizid auf dem Acker verteilt werden;" meint der Lebensmittelchemiker Udo Pollmer in einem Interview

34 Walter Krämer, Gerald Mackenthun, Die Panikmacher, München 2001, S. 62. Siehe auch: Bruce N. Ames, Margie Profet, Lois Swirsky Gold, Nature's chemicals and synthetic chemicals: Comparative toxicology, Proc. Natl. Sci. Vol 87, 1990, S. 7783

35 Heinz Hug, Die Angsttrompeter, 2. Auflage, München 2008, S. 162

36 Bruce N. Ames, Margie Profet, Lois Swirsky Gold, Nature's chemicals and synthetic chemicals: Comparative toxicology, Proc. Natl. Sci. Vol. 87, 1990, S. 7784

mit Maxeiner – Miersch[37] Und Krämer-Mackenthum weisen auf die große Zahl von Chemikalien hin, die in Himbeeren nachgewiesen wurden, darunter das für die Leber gefährliche Cumarin. Sie schreiben: "Würden Himbeeren, statt in der Natur zu wachsen, künstlich hergestellt, müssten sie laut deutschem Lebensmittelrecht verboten werden.[38]

Professor Ames, der auf die große Zahl der natürlichen Pestizide, die Krebs verursachen, hingewiesen hat, will damit keineswegs behaupten, dass der Konsum dieser Gifte mit unserer Nahrung besonders gefährlich ist. Die kanzerogene Wirkung im Tierversuch beruhe nicht auf dem Pestizid an sich, sondern auf der hohen Dosis. Die Dosisabhängigkeit toxischer Wirkungen ist keine neue Einsicht, sondern wurde bereits von Paracelsus formuliert: „Alle Ding sind Gift und nicht's ohne Gift: allein die Dosis macht, das ein Ding kein Gift ist" Ob ein Ding ein Gift ist, hängt allein von der Dosis ab. Die Abhängigkeit aller toxischen Wirkungen von der Dosis hat man auch als Grundgesetz der Toxikologie bezeichnet. Unterhalb einer bestimmten Schwellendosis gibt es keine toxischen Wirkungen mehr.

Wenn aber die Mengen an kanzerogenen Pestiziden, die in Pflanzen vorkommen, ungefährlich sind, dann gilt das für die synthetischen Pestizide, deren Mengen im Durchschnitt weniger als ein zehntausendstel der Mengen an natürlichen Pestiziden betragen, erst recht. Wenn in der Öffentlichkeit geringste Überschreitungen der festgesetzten Grenzwerte für synthetische Pestizide skandalisiert werden, lenkt das die Aufmerksamkeit nur von den wirklichen mit der Nahrungsaufnahme verbundenen Gefahren ab. Es blüht lediglich das

---

37 Maxeiner-Miersch, a. a. O., S. 121

38 Krämer- Mackenthum, Die Panik-Macher, S. 81

Geschäft mit der Angst, die Greenpeace und Gesinnungs-
freunde im esoterisch industriellen Komplex schüren, um
Werbung für sich zu machen und höhere Spendeneinnah-
men zu erzielen.

Die wirklichen Gefahren gehen von den durch Bakterien,
Viren, Parasiten kontaminierten Nahrungsmitteln aus. Man
schätzt, dass in den USA 2011 48 Millionen Krankheitsfälle
durch kontaminierte Nahrungsmittel verursacht wurden.[39]
Es wird geschätzt, dass 1.4 Millionen Krankheiten und 400
Todesfälle jährlich durch Salmonellen verursacht werden![40]
Die Listeriose ist eine durch Bakterien der Gattung Liste-
ria verursachte Infektionskrankheit. Der wichtigste Erreger
ist Listeria monocytogenes. In Deutschland ist die Zahl der
Listeriosefälle von 2001 bis 2005 nach Angaben des Robert-
Koch-Instituts von etwas über 200 auf über 500 gestiegen.
In den USA kam es 2011 durch Listeriosebakterien zu den
seit 90 Jahren schlimmsten tödlichen durch Nahrungsmittel
verursachten Krankheitsfällen. Als Folge der Infektion durch
Melonen aus Colorado wurden 146 Krankheitsfälle gemeldet, 30 Menschen starben und es kam zu einer Fehlgeburt[41].
Eine weitere wichtige Ursache nahrungsbedingter Krankheiten sind EHEC-Bakterien. Vergiftungen mit EHEC-Bakterien gehen zumeist auf die fäkale Verunreinigung von Nahrungsmitteln tierischen oder pflanzlichen Ursprungs zurück,
die vor Verzehr nicht ausreichend erhitzt oder gewohnheits-
mäßig roh verzehrt werden. Die Vergiftung mit EHEC Bakterien beginnt damit, dass irgendwo Fäkalkeime aufgenommen

---

39 The Major Foodborne Illness Outbreaks of 2011; http://www.medscape.
    com/features/slideshow/food-illness

40 http://www.cdc.gov/salmonella/general/technical.htm

41 http://www.medscape.com/features/slideshow/food-illness

werden. Der in der neueren Geschichte tödlichste globale Krankheitsausbruch, der durch Nahrungsmittel übertragen wurde, ereignete sich bei uns von Mai bis Juli 2011 mit fast 4000 Erkrankungen und 53 Todesfällen. Ursache war ein krankheitsauslösender Stamm des Darmbakteriums Escherichia coli, die mit Sprossen aufgenommen wurden, die von einem Biobauernhof in Niedersachsen stammten.[42]

Wenn tierischer Dünger verwendet wird, ist die Gefahr, dass die erzeugten Produkte durch Fäkalien kontaminiert sind, besonders groß. Der tierische Dünger spielt im Biolandbau eine größere Rolle als im konventionellen Landbau, weil im Biolandbau auf Kunstdünger verzichtet wird. Zwar soll der Mist lange kompostiert werden, doch schließt das, wie die Erfahrung lehrt, Kontamination durch Fäkalkeime nicht aus. In einer Studie von Francisco Diez-Gonzalez von der Universität Minnesota wurde ermittelt, dass 9,7 Prozent der Bioprodukte, aber nur 1,6 Prozent der konventionell erzeugten Nahrungsmittel E. coli-Bakterien aufwiesen. In der Studie fand man darüber hinaus pathogene Salmonellenkeime nur in Erzeugnissen der Biolandwirtschaft. Man führte das darauf zurück, dass fäkale Kontamination im Biolandbau wahrscheinlicher ist, weil in größerem Maße tierischer Dünger eingesetzt wird und der konventionelle Landbau zwar nicht auf tierischen Dünger verzichtet, aber im wesentlichen Kunstdünger verwendet.[43]

2006 starben in den USA drei Menschen und Hunderte erkrankten, weil sie verpackten Spinat von einem kalifor-

42 http://www.rki.de/cln_109/nn_205760/DE/Content/InfAZ/E/EHEC/ EHEC-Abschlussbericht.html?__nnn=true und http://www.medscape. com/features/slideshow/food-illness

43 http://www.organicconsumers.org/Organic/fecal-contamination.cfm

nischen landwirtschaftlichem Betrieb gegessen hatten, der EHEC-Bakterien enthielt. Der Spinat stammte von einem Erzeuger, der im dritten Jahr der Zertifizierung als Biobetrieb war. Im Jahr 2009 starben in den USA neun Menschen an Salmonellenvergiftung von Erdnussbutter und Produkten aus gemahlenen Erdnüssen, die aus Biobetrieben in Texas und Georgia stammten.[44] Und schließlich sollten die 4.000 Erkrankungen und 53 Todesfälle durch Sprossen von einem Biobauernhof bei uns in der Aufzählung nicht fehlen.

Nur wer wie die Grünen, der BUND und seine Anhänger im Ökomilieu alles durch eine grüne Brille sieht, wird Bioprodukte generell für sicherer halten. Grüne Ideologen haben ihren festen Standpunkt. Schon David Hilbert wusste: Bei manchen Menschen schrumpft der Horizont zu einem Punkt. Diesen Punkt nennen sie ihren Standpunkt.

4. Ist Bio-Landwirtschaft umweltfreundlicher?

In der Biolandwirtschaft darf kein Kunstdünger verwendet werden. Es wird Naturdünger eingesetzt, der außer aus Mist und Gülle auch aus Gründüngung besteht. Ist der Biolandbau unter diesem Gesichtspunkt umweltfreundlicher?

Während früher durch die Ernte den Böden mehr Nährstoffe entzogen wurden als sie durch Tierdung zurückbekamen und neu bilden konnten, überstieg seit den siebziger Jahren die mit Kunstdünger betriebene Stickstoffdüngung bei weitem das, was die Pflanzen aufnehmen konnten. Die Böden wurden immer nährstoffreicher. Das hatte negative Auswirkungen auf

---

44   Robert Paarlberg, a. a. O., S. 147f.

die Artenvielfalt. Stickstoffauswaschungen in großem Maße waren die Folge. Dadurch kann es zur Eutrophierung von Flüssen und Seen kommen. Damit meint man, dass es durch Ausschwemmungen aus landwirtschaftlichen Böden zu einer Steigerung des Nährstoffangebotes kommt. Das Wachstum der Algen und anderer Wasserpflanzen nimmt zu. Die Fähigkeit zur biologischen Selbstreinigung geht verloren. Gewässer kippen um und können sich in eine stinkende Jauche verwandeln.

Heute hat der konventionelle Landwirt gelernt, den Mineraldünger genau dosiert zu verwenden. Er kann den Mineraldünger sehr präzise einsetzen und zwar vor allem zur richtigen Zeit, so dass die Pflanzen die Nährstoffe optimal aufnehmen können. Wenn im späten Frühling sich das Pflanzenwachstum schnell erhöht, benötigt die Pflanze größere Mengen schnell verfügbaren Stickstoffs. Größere Mengen leicht löslichen Stickstoffs werden dann genau dem Bedarf entsprechend eingesetzt. Wegen der dem Bedarf entsprechenden richtig dosierten Düngung bleibt weniger Stickstoff im Boden und es kommt zu geringeren Auswaschungen.

Auch die Biobauern müssen düngen, um einen befriedigenden Ertrag zu haben. Sie düngen in erster Linie mit Tierdung, der auch als Gülle anfällt. „Die Ausbringung der Gülle erfolgt aus praktischen Gründen ausgerechnet zu den Zeiten, wo die Pflanzen am wenigsten damit anfangen können. Es sind hauptsächlich drei Termine: zum Winterende, also vor Beginn des Pflanzenwachstum, weil da die Tanks voll sind. Im Sommer nach der Ernte, weil man auf den abgeernteten Flächen die Gülle besser ausbringen kann. Und im Spätherbst, um die Depots vor dem Winter zu leeren."[45]

---

45   Professor Reichholf im Interview mit Maxeiner-Miersch, in Maxeiner-Miersch, a. a. O., S. 84

Stickstoffauswaschungen sind deshalb gerade im Bio-landbau ein Problem, weil Tierfäkalien nicht so präzise und dem Bedarf entsprechend eingesetzt werden können. In einer großen britischen Studie wurde die Ökobilanz von ökologischer und konventioneller Produktion für England und Wales verglichen.[46] Setzt man das Eutrophierungspo-tential in der konventionellen Landwirtschaft gleich 100, so betrug es nach dieser Studie im ökologischen Landbau bei Weizen 300, bei Raps 176 und bei Kartoffeln 109!

Eine neue Studie von vier Agrarökonomen der Univer-sitäten Oxford und Cambridge, über die die „Frankfurter Allgemeine Zeitung" berichtete, kommt zu dem Ergebnis, dass die energetische und CO_2-Gesamtbilanz der konven-tionellen Landwirtschaft viel besser ist als die der Bio-Bau-ernhöfe, wenn man den größeren Flächenbedarf der Bio-landwirtschaft berücksichtige. Der Einsatz synthetischer Düngemittel sei auch ökologisch vorteilhaft, weil so weniger Treibhausgase entstehen, als wenn die Stickstoffzufuhr wie im Biolandbau durch den Anbau von Zwischenfrüchten er-folge[47]

Biobauern verzichten auf den Einsatz von synthetischen Herbiziden, Insektiziden, und auf den Einsatz synthetischer Fungizide. Sie verwenden sogenannte natürliche Pestizide, also Stoffe, die nicht aus dem Chemielabor stammen sollen. Sie sind deshalb aber keineswegs umweltfreundlicher.

---

46 Environmental Burdens of Agricultural and Horticultural Commodity Production – LCA (IS0205),
Cranfield University, Williams, A., Audsley, E. and Sandars, D. (2006) De-termining the environmental burdens and resource use in the production of agricultural and horticultural commodities. Main Report

47 Wissenschaftler zweifeln am Sinn der Bio-Landwirtschaft, „Frankfurter Allgemeine Zeitung" vom 26. März 2012, S. 12

So wird beim Kartoffelanbau von den Biobauern zur Bekämpfung der Knollenfäule Kupfersulfat eingesetzt. Traurige Berühmtheit erlangte der kleine Pilz (*Phytophthora infestans*), der die Knollenfäule verursacht, durch die Ereignisse in Irland in der Mitte des 19. Jahrhunderts. Der Pilz vernichtete mehrere Jahre hintereinander nahezu die gesamte Kartoffelernte des Landes und löste damit eine Hungerkatastrophe aus, in deren Folge etwa eine Million Menschen starben und weitere zwei Millionen nach Australien und Nordamerika auswanderten. Zur Bekämpfung der Knollenfäule werden im konventionellen Landbau synthetische Fungizide eingesetzt, im ökologischen Landbau verwendet man umweltschädliche Kupferverbindungen. Kupfer ist im Biolandbau zugelassen, weil es „natürlich" ist! Es ist aber toxisch für Fische, Vögel und andere Lebewesen.[48]

Im Weinbau kann der sogenannte Falsche Mehltau beachtliche Schäden verursachen. Im konventionellen Weinbau werden sogenannte „systemische Fungizide" eingesetzt. Das sind synthetische Fungizide, die über das Blatt oder die Wurzeln aufgenommen und vom Transport*system* der

---

48 Das Kompetenzzentrum Ökolandbau Niedersachsen (KÖN) teilte mit, dass die Anbaufläche für Biokartoffeln schrumpft und zwar vor allem, weil sich der Drahtwurm ausbreitet, ein Schädling, der sich in die Kartoffeln bohrt und ein tiefes Loch in der Knolle hinterlässt. Ein Drittel der Ernte muss weggeworfen werden. Der Schädling kann im Biolandbau nicht wirksam bekämpft werden, weil keine synthetischen Pestizide eingesetzt werden dürfen. Professor Hans-Jörg Jacobsen: „Weil die Biobauern einen Kartoffelschädling nicht bekämpfen können, breitet sich dieser aus. Vermutlich müssen die konventionellen Landwirte wegen dieser aus den schrägen Ideologien des Öko-Landbaus resultierenden Kalamitäten demnächst mehr Pflanzenschutzmittel einsetzen."
Hans-Jörg Jacobsen, Die armen Biokartoffeln, Die Achse des Guten vom 11. Juni 2014

Pflanze verlagert werden. Moderne Wirkstoffgruppen sind voll wasserlöslich und legen kein Depot an. Sie werden mit dem Wasserstrom im Xylem nach oben systemisch verteilt. Im organischen Weinbau werden wieder Kupferverbindungen eingesetzt. Das Schwermetall wird biologisch nicht abgebaut und ist ökologisch schädlich. Es kann sich im Boden anreichern und wirkt sich negativ auf das Bodenleben, vor allem auf Regenwürmer aus. Kupfer ist giftig für Wasserorganismen und kann in Gewässern schädlich sein. Kupfersulfat hat die Wassergefährdungsklasse 2.[49]

Aber auch die anderen im Biolandbau eingesetzten Pflanzenschutzmittel wie die pflanzlichen Gifte Bt-Toxin und die Pyrethrine sind problematisch, weil diese Gifte nicht selektiv wirken. Wenn sie eingesetzt werden, sind auch die harmlosen Insekten betroffen. Diese werden sogar stärker bekämpft, weil sie häufiger vorkommen als die Insekten, gegen die sich der Einsatz richtet.

Die Biobauern setzen als biologische Schädlingsbekämpfungsmittel auch „nützliche Insekten" und Spinnentiere ein, die Pflanzen von den Schädlingen befreien sollen. Das kann dramatische Folgen haben wie Maxeiner-Miersch berichten. Dort heißt es:

„Eine Schweizer Studie brachte an den Tag, dass eine häufig eingesetzte, aus Moldawien stammende Schlupfwespenart unerwünschte Nebenwirkungen zeigt. Sie verdrängt heimische Schlupfwespen und fällt harmlose Schmetterlinge an. Eigentlich sollten die räuberischen Tierchen den Maiszünsler in Schach halten, ein im Maisanbau gefürchtetes Schadinsekt. Die importierten Schlupfwespen parasitieren die Eier des

---

49   Siehe: Wikipedia, Artikel: Ökologische Landwirtschaft, http://de.wikipedia.org/wiki/Ökologische_Landwirtschaft

Schädlings. Zu diesem Zweck werden pro Hektar circa 10.000 moldawische Schlupfwespen ausgesetzt. Doch wenn sie diesen Job erledigt haben, lösen sie sich nicht in Luft auf. Sie breiten sich aus und zerstören die Eier von Schwalbenschwanz, Schachbrettfalter und anderen Schmetterlingen. In der Umgebung des Einsatzgebiets schrumpft der Bestand heimischer Schlupfwespenarten. Würden auf Feldern mit gentechnisch veränderten Pflanzen ähnliche ökologische Folgen entstehen wären Gentechnikgegner und Medien in Aufruhr."[50]

In der konventionellen Landwirtschaft sind die Erträge pro Hektar in den letzten 50 Jahren dramatisch gestiegen. Nur so war es möglich, die wachsende Weltbevölkerung zu ernähren. Die von Ehrlicher in den sechziger Jahren des vorigen Jahrhunderts in seinem Buch „Die Bevölkerungsbombe" erstellte Prognose, dass schon in den siebziger Jahren viele hundert Millionen Menschen verhungern werden, wurde dank der steigenden Erträge in der Landwirtschaft nicht wahr. Tatsächlich verdoppelte sich die Weltbevölkerung von drei Milliarden im Jahre 1960 auf sechs Milliarden 1999. Beim Jahreswechsel 2013/14 lebten 7,02 Milliarden Menschen auf unserer Erde. Man rechnet für die nächsten Jahre mit einem Bevölkerungswachstum von rund 78 Millionen Menschen pro Jahr.

Doch die Erträge pro Hektar in der von den Grünen so verachteten konventionellen Landwirtschaft sind so gestiegen, dass die antizipierten schrecklichen Hungersnöte ausblieben. Die Hektarerträge haben sich von 1961 bis 1998 mehr als verdoppelt. Wäre die globale landwirtschaftliche Produktivität auf dem Niveau von 1961 konstant geblieben, so hätte die landwirtschaftliche genutzte Fläche rechnerisch von 5 Mrd. Hektar auf mindestens10,5 Mrd. Hektar erhöht

---

50   Maxeiner-Miersch, a. a. O., S. 75

werden müssen, um so viel Nahrung zu produzieren wie 1998 erzeugt wurde. Die für den Ackerbau benötigte Fläche hätte von 1,5 Mrd. ha auf 3,2 Mrd. Hektar steigen müssen. Das ist eine zusätzliche Fläche, die der von Südamerika ohne Chile entspricht. Die Ertragssteigerung ist der größte denkbare Beitrag zur Bewahrung der Biodiversität![51]

Dass es wegen der gestiegenen Landproduktivität nicht zu der vorhergesagten Katastrophe kam, ist das Verdienst eines Mannes, der der größte Wohltäter im letzten Jahrhundert war:

Norman E. Borlaug. Borlaug wurde 1914 als Sohn eines Farmers geboren und starb 2009 in Dallas. Während seiner Forschertätigkeit in Mexiko entwickelte er verschiedene kleinwüchsige krankheitsresistente Hochertragsweizensorten. Dem sogenannten Mexikoweizen war durch Züchtung ein Gen einer japanischen Sorte für den Zwergwuchs eingefügt worden. Der Weizen kann wegen seines kurzen Halms schwere Ähren tragen, ohne abzuknicken. Borlaug führte diese Hochertragssorten, kombiniert mit Kunstdünger, modernen landwirtschaftlichen Produktionstechniken, in Mexiko, Indien und Pakistan ein. Mexiko wurde als Folge seiner Tätigkeit schon 1963 ein Nettoexportland bei Weizen. In Pakistan und Indien blieben die erwarteten Hungersnöte dank der Erfolge der durch die neuen Weizensorten bewirkten „grünen Revolution" aus. Borlaug ist der Vater dieser grünen Revolution.

In Pakistan haben sich die Erträge an Weizen von 4,6 Millionen Tonnen im Jahr 1965 auf 7,3 Millionen Tonnen im

---

51 Indur M. Goklany, Comparing 20th Century Trends in U. S. and Global Agricultural Water and Land Use. Water International. Volume 27, Nummer 3, S. 326

Jahr 1970 nahezu verdoppelt. Schon 1968 konnte Pakistan den inländischen Bedarf aus eigener Produktion decken. Bis zum Jahr 2000 stieg die Weizenernte auf 21 Millionen Tonnen. In Indien erhöhten sich die Erträge von 1965 bis 1970 von 12,3 auf 21 Millionen Tonnen. 1974 konnte sich Indien bei allen Getreidearten selbst versorgen." Im Jahr 2000 belief sich die Weizenernte in Indien auf 76,4 Millionen Tonnen. Seit den sechziger Jahren war das Wachstum der Nahrungsmittelproduktion in beiden Ländern größer als das Bevölkerungswachstum.[52] Paul Waggoner vom Connecticut Agricultural Experiment Station hat errechnet, dass die Verwendung der Hochertragssorten in Indien 400.000 km² unberührten Landes davor bewahrt hat, in Ackerland konvertiert zu werden. Das ist eine Fläche, die größer ist als die Fläche der Bundesrepublik Deutschland und gleich 13,6 Prozent der gesamten Landfläche Indiens.[53] Die Verwendung dieser Weizensorten hat sich auch segensreich in sechs lateinamerikanischen Staaten, in sechs Ländern im Nahen und Mittleren Osten und einigen afrikanischen Ländern ausgewirkt.

Norman E. Borlaug erhielt 1970 den Friedensnobelpreis in Anerkennung seiner Verdienste für den Weltfrieden durch Erhöhung des Nahrungsangebots. Die Regierung Indiens, wo er als Vater der indischen grünen Revolution bekannt ist, verlieh ihm 2006 den Padma Vibushan, die zweithöchste zivile indische Auszeichnung. In den USA erhielt er 1977 die Presidential Medal of Freedom. Er erhielt 49 Ehren-

---

52 Siehe dazu den Artikel Norman Borlaug in der englischen Ausgabe von Wikipedia, http://en.wikipedia.org/wiki/Norman_Borlaug

53 Siehe: Gregg Easterbrook, Forgotten Benefactor of Humanity, The Atlantic, Januar 1997

titel von 49 Universitäten aus 18 verschiedenen Ländern und 2006 durch einstimmigen Beschluss des amerikanischen Senats und nach Zustimmung durch das Repräsentantenhaus Amerikas höchste zivile Auszeichnung, die Congressional Gold Medal. In der Begründung des Gesetzes, durch das die Verleihung Rechtskraft erhielt, heißt es, dass er mehr als einer Milliarde Menschen das Leben gerettet hat.[54]

Doch nicht alle sind bereit, Borlaugs Verdienste anzuerkennen. Die Grünen meinen, man solle in den Entwicklungsländern auf Kunstdünger und Pestizide verzichten. Die moderne „industrielle Landwirtschaft schützt nicht vor Hunger, sondern sie ist einer seiner Mitverursacher", schreibt Jürgen Trittin.[55] Nur ökologische Landwirtschaft könne, so Trittin, den Hunger nachhaltig aus der Welt schaffen. Das ist ignorant und – um eines seiner Lieblingsworte zu gebrauchen – „menschenverachtend".[56] Borlaug sagte über die Umweltlobbyisten vom Schlage Trittin: „They've never experienced the physical sensation of hunger. They do their

---

54 Siehe Artikel: Norman Borlaug in der englischen Ausgabe von Wikipedia, http://en.wikipedia.org/wiki/Norman_Borlaug

55 Jürgen Trittin, Welt Um Welt, Gerechtigkeit und Globalisierung, 2. Auflage, Berlin 2002, S. 148

56 Gentechnisch veränderter Reis (der sogenannte Goldene Reis) enthält zusätzliches Beta-Karotin, das im Körper in Vitamin A verwandelt wird. In den Entwicklungsländern werden nach Schätzung der Weltgesundheitsorganisation 250.000 bis 500.000 Kinder wegen Mangel an Vitamin A blind und die Hälfte dieser Kinder stirbt innerhalb eines Jahres. Durch die Anreicherung von Reis mit Vitamin A soll dem entgegengewirkt werden. Herr Trittin aber hält das in seinem unsäglichen Schmarren „Welt Um Welt" für „menschenverachtend" weil hier Nahrungsmittel speziell für Arme entwickelt werden. (Trittin, a. a. O., S.149). Man fragt sich, in welchem Land wir leben, wenn ein gewissenloser Zyniker wie Trittin in höchste Staatsämter berufen werden kann.

lobbying from comfortable office suites in Washington or Brussels. If they lived just one month amid the misery of the developing world, as I have for fifty years, they'd be crying out for tractors and fertilizer and irrigation canals and be outraged that fashionable elitists back home were trying to deny them these things."[57]

In der ökologischen Landwirtschaft geht man im Kern zurück zu einer Landwirtschaft, wie man sie zu Beginn der sechziger Jahre kannte. Die Erträge sind dementsprechend niedrig. In Europa, so schreibt Robert Paarlberg, belaufen sich die Erträge im biologischen Landbau auf nur 60 bis 70 Prozent der Erträge in der konventionellen Landwirtschaft.[58] Zu der gleichen Einschätzung kommt der renommierte Göttinger Agrarwissenschaftler Matin Quaim, der erklärt, daß im Biolandbau die Erträge um 30 bis 40 Prozent geringer sind als in der konventionellen Landwirtschaft.[59] In einer Studie, die von Witzke und Noleppa von der Humboldt Universität in Berlin erstellten, ermitteln die Autoren, daß im ökologischen Landbau der Ertrag bei Weizen um 54 Prozent, bei Körnermais um 51 Prozent, bei anderem Getreide um 48 Prozent, bei Raps um 34 Prozent, bei Kartoffeln um 44 Prozent und bei Zuckerrüben um 17 Prozent geringer ist als im konventionellen Landbau.[60] In einem Aufsatz wertet Joachim Volz die sogenannten „Faustzahlen" und das Testbetriebsnetz landwirtschaftlicher Betriebe (TBN) aus und

---

57   Zitiert nach: Wikipedia, Artikel Norman Borlaug

58   Robert Paarlberg, a. a. O., S. 146

59   Im Interview mit „Die Welt" vom 13. Mai 2008

60   Von Witzke, Harald und S. Noleppa (2011): Der gesamtgesellschaftliche Nutzen von Pflanzenschutz in Deutschland, S23. http://www.agrar.hu-berlin.de/struktur/institute/wisola/fg/ihe/Veroef.

ermittelt daraus die Durchschnittserträge des konventionellen und des ökologischen Landbaus in Dezitonnen pro Hektar. Für das Jahr 2009 ergeben sich für Weizen 71,8 im konventionellen, aber nur 34,3 Dezitonnen im ökologischen Landbau. Für Roggen und Kartoffeln sind es 57,0 und 443,0 im konventionellen und nur 25,4 und 217,3 Dezitonnen im ökologischen Landbau.[61] In einer schon zitierten Studie, in der die ökologische Landwirtschaft mit der konventionellen in England und Wales verglichen wird, stellte man fest, dass die Landnutzung im ökologischen Landbau bei Weizen 314Prozent, bei Raps 273 Prozent und bei Kartoffeln 264Prozent beträgt wenn man die Landnutzung im konventionellen Landbau gleich 100 Prozent setzt.[62] Man übertreibt also nicht, wenn man mit Robert Paarlberg die Erträge im biologischen Landbau auf nur 60 bis 70 Prozent der Erträge des konventionellen Landbaus setzt.

Paarlberg resümiert:

Wenn Europa sich allein durch ökologische Landwirtschaft ernähren wollte, so brauchte man 28 Millionen Hektar zusätzliches Ackerland. Das ist gleich der Fläche aller Wälder in Frankreich, Großbritannien, Dänemark und Deutschland![63]

Wenn Kunstdünger durch Naturdung ersetzt werden sollte, müssten allein in den USA nahezu eine Milliarde zusätzliche Tiere gehalten werden. Um sie zu füttern, brauchte man 8,1 Millionen km^2 zusätzliche landwirtschaftliche

---

61 Joachim Volz, Landwirtschaft: Größeres „Glück" durch Ökolandbau? Novo Argumente, Dezember 2011, http://www.novo-argumente.com/ magazin.php/novo_notizen/artikel/000994

62 Siehe dazu die Tabelle in dem Artikel: Ökologische Landwirtschaft in: Wikipedia

63 Robert Paarlberg, a. a. O., S.146

Nutzfläche. Das entspricht der gesamten Landfläche der USA ohne Alaska![64]

Wenn die ökologische Landwirtschaft weltweit ausgeweitet wird, wie es den Grünen bei uns und in den andern Ländern vorschwebt, und man nicht bereit ist, unsere Wälder abzuholzen, wird es wegen des deutlich geringeren Angebots und der Inelastizität der Nachfrage nach Nahrungsmitteln zu einem dramatischen Preisanstieg kommen. Millionen Menschen in den ärmsten Ländern dieser Welt werden verhungern. Nur die von den Grünen verteufelte „industrialisierte" Landwirtschaft ist in der Lage, die jährlich um fast achtzig Millionen Menschenwachsende Weltbevölkerung zu ernähren.

Man kann sich fragen, wie es möglich ist, dass die angesichts der geschilderten Konsequenzen als kriminell anzusehende Forderung nach möglichst großer Ausweitung der Biolandwirtschaft ungerügt vertreten werden kann. Wie kann es sein, dass der unbescholtene Staatsbürger zur Mitwirkung an diesem desaströsen Projekt gezwungen wird, weil er Steuern zahlen muss, damit der Ökolandbau subventioniert werden kann.[65] Natürlich ist es nicht kriminelle Gesinnung, sondern „der angespannte Politmoralismus ideologisch formierter gemeinsinntransdenter Gesinnung" (Hermann Lübbe), der dies möglich macht. Den ideologisch Gläubigen sind Zweifel an der eigenen moralischen Integrität fremd.

Auch der Käufer von Bioprodukten sollte erkennen, dass er ein moralisches Problem hat. Im Ergebnis handelt er so wie ein Käufer konventioneller Nahrungsmittel, bei dem täglich ein Drittel der gekauften Lebensmittel auf dem Müll landet.

---

64   Robert Paarlberg, a. a. O., S.147

65   Vor allem die grünen Landwirtschaftsminister in Niedersachsen und Hessen wollen die Subventionen für Ökobauern noch erhöhen

Natürlich muss keiner verhungern, weil jemand Bioprodukte kauft. Aber auch wer weit über das unvermeidliche Maß für CO_2-Emissionen verantwortlich ist, trägt nicht dazu bei, dass sich in irgendeinem noch messbaren Maße der Klimawandel beschleunigt. Dennoch halten es gerade die Ökos für unmoralisch, CO_2 ohne Rücksicht auf die Umwelt zu emittieren. Es gibt keinen Grund, den Kauf von Biolebensmitteln anders zu beurteilen.[66]

Wahrscheinlich muss unter der Klientel der Biomärkte jener Kunde noch gefunden werden, der wegen seiner Einkäufe Schuldgefühle hat. Die Käufer der Bioprodukte blicken ganz im Gegenteil herablassend und indigniert auf alle herab, die ihrem Beispiel nicht folgen. Denn diese Ungläubigen unterlassen es, sich und ihre Familien gesund und sicher zu ernähren. Sie nehmen mit der Nahrung Pestizide auf, die, wie die Ökos glauben, in ihrem Obst und Gemüse nicht enthalten sind. Die Ungläubigen begehen Frevel an der Umwelt.

Empfehlenswerte Literatur

Dirk Maxeiner, Michael Miersch, Biokost und Ökokult, München 2008

---

[66] Es gibt eine gewichtige Ausnahme. Man kann aus gutem Grund Biofleisch kaufen, obwohl Biofleisch teurer ist und nicht besser schmeckt. Bioproduzenten garantieren artgerechte Tierhaltung und das kann man als besonderes Qualitätsmerkmal ansehen. Aber auch Neuland garantiert artgerechte Tierhaltung, ohne wie die Biobauern die oft absurden esoterischen Vorschriften beachten zu müssen, die mit artgerechter Tierhaltung nichts zu tun haben. Vor Betrügereien ist man hier wie auch bei den Produzenten von Biofleisch natürlich nicht geschützt

Robert Paarlberg, Food Politics, Oxford University Press, New York 2010

Walter Krämer, Gerald Mackenthum, Die Panikmacher. 2.Auflage, München 2001

Viertes Kapitel

Der „Dioxin-Skandal" und die EHEC-Katastrophe

Die Wutbürger rasteten aus. Mit Hasstiraden, Drohungen und wüsten Beschimpfungen legten sie los. Die grüne Volksseele machte mobil. Der von den Medien gewissenlos geschürte Volkszorn kochte hoch, „der nackte Affe reagiert, wie er es aus dem Urwald kennt". (Walter Krämer).

Gegen den Geschäftsführer Sievert der Firma Harles und Jentzsch und drei seiner Mitarbeiter gab es Morddrohungen, die Mitarbeiter wurden als Mörder beschimpft und unter anderem mit den Worten „wir machen Euch fertig" bedroht.[1] Im Internet ließen die Wutbürger die Sau raus. Walter Krämer zitiert einige der Stimmen der kochenden Volksseele aus den Netzseiten von Bayern Radio: „Exempel starten!: Panscher im Schnellverfahren einsperren." „Firmeninhaber in die JVA. Komplettes Vermögen einziehen und an die Geschädigten verteilen." „Einfach Knast!!... 50 Jahre Haft, und nach 49 Jahren wird über Bewährung gesprochen!! Ganz einfach! Oder?" „Wann werden solche schmutzigen Verbrechen endlich mal auf das Härteste bestraft? Das sind die Fol-

---

1 Süddeutsche Zeitung vom 6. Januar 2011 http://www.sueddeutsche.de/panorama/dioxin-skandal-morddrohungen-gegen-futtermittelhersteller-1.1043301

gen einer neoliberalen irrsinnigen Politik." „Wir werden betrogen, abgezockt und unsere Regierung macht Gesetze nur für die Konzerne."[2]

Als der Volkszorn kochte, war das für viele Politiker die Gelegenheit, auch ihr Süppchen zu kochen, dem nackten Affen Zucker zu geben und sich als Verbraucherschützer zu profilieren. Man forderte härteste Bestrafung der Verbrecher, hartes Durchgreifen der Justiz und meinte, wie der bayrische Umweltminister Markus Söder: „Lebensmittelvergifter gehören ins Gefängnis."[3]

Jürgen Trittin verlangte, Ministerin Ilse Aigner zu entlassen. Eine Ministerin, die das bestehende strukturelle Problem der deutschen Landwirtschaft nicht erkenne, sei fehl am Platz. Auch Bärbel Höhn verlangte den Rücktritt Aigners, weil sie nur eine Ankündigungsministerin sei. Natürlich wusste auch Renate Künast, daß Frau Aigner ein „Totalausfall" ist und verlangte Konsequenzen. „Ich fordere die Bundeskanzlerin auf, Frau Aigner zu entlassen."[4] SPD-Chef Sigmar Gabriel verlangte, schwere Geschütze gegen die gemeingefährliche Kriminalitätsform einzusetzen und forderte den damaligen Innenminister Thomas de Maiziere auf, das Bundeskriminalamt gegen die Futtermittelmafia einzuschalten![5]

---

2   Walter Krämer, Die Angst der Woche, München 2011, S. 199

3   Walter Krämer, a. a. O., S. 200 und http://www.infranken.de/nachrichten/
     bayern/Gesundheit-Lebensmittel-Essen-Nahrung-Politik-Lebensmittel-
     vergifter-ins-Gefaengnis;art179,122045

4   http://www.manager-magazin.de/politik/deutschland/0,2828,739305,00.
     html und http://www.merkur-online.de/nachrichten/politik/kuenast-aig-
     ner-ein-totalausfall-1078416.html

5   http://www.tagesspiegel.de/politik/dioxin-skandal-gabriel-will-bka-auf-
     futtermittelmafia-ansetzen/3700204.htm

Die Grünen forderten eine Abkehr von der konventionellen Landwirtschaft. Ihre Anhänger und 120 Organisationen hatten in Berlin für den 22. Januar 2011 zur Demonstration für einen „Systemwechsel" (sic) aufgerufen.

Die Staatsanwaltschaft Oldenburg erhob Anklage gegen den Staatssekretär im niedersächsischen Landwirtschaftsministerium Friedrich-Otto Ripke und den früheren Ministeriumssprecher Gerd Hahne. Sie dehnte die Ermittlungen auf Mitarbeiter des Bundeslandwirtschaftsministeriums aus. Es werde geprüft, ob Dienstgeheimnisse verletzt worden seien.[6]

Ein Arzt aus Havixbeck bei Münster (der wohl seine Approbation bei einer Karnevalssitzung erworben hat) zeigte die Firma Harles und Jentzsch an und warf ihr schwere Körperverletzung und versuchten Mord aus Habgier vor![7]

China und Südkorea stoppten die Einfuhr von Eiern und Schweinefleisch aus Deutschland.

Was war geschehen?

Die Firma Harles und Jentzsch GmbH stellt Futterfette als Mischfutterbestandteil für die Landwirtschaft her. Die Futterfette werden direkt oder über spezielle Weiterverarbeiter an die Mischfutterindustrie geliefert und dort Futtermitteln beigemischt. Ende 2010 wurde bekannt, dass Harles und Jentzsch nach Behördenangaben 2010 mindestens 3.000 Tonnen dioxinbelastetes Futterfett aus angeliefertem, belastetem Industriefett hergestellt und zur Weiterverarbeitung an einige Dutzend Mischfutterhersteller in ganz Deutschland vertrieben hat. Das belastete Fett kam von

---

6   http://www.ndr.de/regional/niedersachsen/dioxin509.html

7   http://www.focus.de/politik/deutschland/futtermittel-skandal-anzeige-wegen-versuchten-mordes_aid_587930.html

einem niederländischen Händler, der es von einem Produzenten von Biodiesel bezogen haben will.

Über das Futter gelangte das Dioxin in einige Produkte, vor allem in Eier und Schweinefleisch. Die toxikologisch nicht begründeten Höchstwerte wurden bei Eiern und Schweinefleisch in einigen Fällen überschritten. In Niedersachsen registrierten die Behörden bei einem Schwein einen leicht überhöhten Grenzwert. Von 89 untersuchten Eiern von Höfen, die das dioxinbelastete Futter bezogen hatten, wiesen acht einen erhöhten Dioxingehalt auf, der den gesetzlichen Höchstwert um das 1,1 bis zum vierfachen übertraf.[8] In Nordrhein-Westfalen wurden vom Untersuchungsamt Münster 163 Proben untersucht. Überschreitungen der Grenzwerte fanden sich bei drei Eier- und zwei Hühnerfleischproben.[9]

Es wurden bundesweit in fünf Bundesländern zeitweise 5.000 landwirtschaftliche Betriebe gesperrt. Bauernpräsident Gerd Sonnleitner rechnete mit einem Schaden von mehr als 100 Millionen Euro wegen der Sperrung von Höfen. Ein Mehrfaches an Schaden gebe es aber durch Umsatzeinbrüche bei Schweinefleisch und Eiern. Der Schweinepreis ging in wenigen Wochen um 20 Prozent zurück. Für viele Familienbetriebe war das existenzgefährdend.

Die Medien machten mit diesem „Skandal" wochenlang auf. Das grüne Panikorchester, dirigiert von den Anhängern der Grünen in Funk und Fernsehen, spielte in maximaler Lautstärke. Die Produkte, bei denen die Grenzwerte

---

8   Jan Grossarth, Lebensmittel: Wer hat Angst vorm Dioxin, in: „Frankfurter Allgemeine Zeitung" vom 22. Januar 2011

9   http://www.proplanta.de/Agrar-Nachrichten/Agrarpolitik/Nordrhein-Westfalen-Dioxin-Aktionsplan-noch-nicht-in-allen-Punkten-umgesetzt_article1298388422.html

nur knapp überschritten waren, wurden als „verseucht" und wegen des Dioxingehalts als „krebserregend" bezeichnet.[10]

Wahr ist: Die Gesundheit der Verbraucher war durch die Eier und das Schweinefleisch, bei denen die Grenzwerte überschritten wurden, zu keinem Zeitpunkt auch nur im Geringsten gefährdet. Selbst wenn die Verbraucher sich mit den belasteten Eiern wochenlang vollgestopft hätten, hätte es auch nicht den Hauch eines gesundheitlichen Risikos gegeben. Was uns von den Medien und Grünen wie Künast, Trittin und Höhn vorgeführt wurde, war ein Stück aus dem Tollhaus! Der „Dioxin-Skandal" war nichts anderes als ein Medienskandal.

Dioxine, Furane und PCB

Dioxin, das hat sich im Januar 2011 wieder bestätigt, ist in den meisten Medien und auch bei Politikern ein Garant für Panikreflexe. Eine auch nur im Ansatz objektive Berichterstattung und Beurteilung kann man vor allem von den Komplizen der grünen Panikmafia im öffentlich-rechtlichen Fernsehen nicht erwarten.

Was sind Dioxine? Man unterscheidet zwei Gruppen von Verbindungen: Erstens, die unter der Abkürzung PCDD[11] zusammengefassten 75 verschiedenen Stoffe, zu denen auch das besonders giftige Seveso-Dioxin gehört, und zweitens

---

10 Auch einige überregionale Tageszeitungen wie die „Süddeutsche Zeitung" spielten in diesem Panikorchester mit. In der „Süddeutschen Zeitung" vom 6. Januar 2011 war auch die Rede von den verseuchten Produkten und dem „krebserregenden Gift"

11 PCDD steht für polychlorierte Dibenzo-p-dioxine

eine Gruppe von 135 Furanen, abgekürzt PCDF[12]. Weil beide Gruppen ähnliche chemische und physikalische Eigenschaften haben, fasst man sie unter der Bezeichnung PCDD/F zusammen.

Die verschiedenen Dioxine sind in unterschiedlichem Maße giftig. Um sie zu bewerten, werden die verschiedenen Dioxine mit der am stärksten toxischen Verbindung, dem Seveso-Dioxin verglichen. Man geht davon aus, dass die verschiedenen Dioxine die gleichen toxischen Wirkungsmechanismen haben und sich nur in der Stärke ihrer Wirkung unterscheiden. Diese unterschiedliche Wirkungsstärke wird mit einem Faktor, dem Toxizitätsäquivalenzfaktor berücksichtigt.[13]

Meist wird zusammen mit den Dioxinen und Furanen (PCDD/F) eine weitere Stoffgruppe ausgewiesen, die Polychlorierten Biphenyle (PCB), die etwa 200 Substanzen umfassen. Diese haben unterschiedliche toxische Eigenschaften. Einige haben einen den Dioxinen vergleichbaren Aufbau und ähnliche biologische Wirkungen. Man nennt sie deshalb dioxinähnliche PCB. Auch für die Polychlorierten Biphenyle (PCB) werden wie für die Dioxine Toxizitätsäquvivalente ermittelt.

Dioxine entstehen als Nebenprodukte bei Verbrennungsprozessen, sie können auch bei Waldbränden und Vulkan-

---

12   PCDF steht für polychlorierte Dibenzofurane

13   Da man nicht alle Stoffe bewerten kann, wird also nur eine relativ kleine Gruppe analysiert, darunter natürlich auch das Seveso-Dioxin. Udo Pollmer schreibt: „Wie giftig die übrigen Stoffe sind, liegt noch im Dunkeln, auch wenn die meisten weit harmloser sind als TCDD. Zudem ist ‚Giftigkeit' kein verbindlicher mathematischer Wert, sie hängt davon ab, was man untersucht. Ist ein Dioxin, das Diabetes verursacht, gefährlicher als eines, das zu Leberschäden führt?". Udo Pollmer, Andrea Fock, Monika Niehaus, Jutta Muth, Wer hat das Rind zur Sau gemacht, Hamburg 2012, S. 31

ausbrüchen entstehen. Bei jeder Verbrennung in Anwesenheit von Chlor werden Dioxine und Furane, wenn auch oft nur in kleinen Mengen, erzeugt. Da Chlor ein natürlicher Bestandteil der Erde ist, gilt dies auch für die Verbrennung von Kohle und unbehandeltem Holz. Dioxine haften an Staubpartikeln und verbreiten sich so in der Umwelt. Nicht zuletzt wegen der großen Altlasten sind Dioxine überall vorkommende Stoffgruppen.

Polychlorierte Biphenyle (PCB) sind giftige, chemische Chlorverbindungen. Sie haben sich überall auf der Erde ausgebreitet, sie sind in der Atmosphäre, den Gewässern und im Boden allgegenwärtig nachweisbar.

Dioxine gelangen über die Luft, über Produkte wie Chemikalien und Papier, über Rückstände wie Asche, Schlacke, Klärschlamm und über das Abwasser in die Umwelt. Obwohl Dioxine nie im industriellen Maßstab produziert wurden, sind sie in der Umwelt verbreitet und haben sich im Boden angereichert. Da Dioxine und PCB überall in der Umwelt vorkommen, ist es nicht zu vermeiden, dass sie in die Nahrung gelangen. Hühner, Rinder, Schweine und Schafe nehmen diese Gifte vor allem mit Bodenpartikeln auf, zum Beispiel beim Picken oder wenn Bodenpartikel am Futter haften. Eine Aufnahme kann auch direkt über die Futtermittel erfolgen. Über Abwasser und Flüsse gelangten Dioxine und PCB jahrzehntelang in hohen Konzentrationen in die Meere. Dioxine reichern sich hier über die Nahrungskette besonders im Fett von Fischen, an. Menschen nehmen Dioxine und PCB vor allem über Lebensmittel wie Fleisch, Milch, Eier und Fisch auf. Welchen Anteil die einzelnen Produkte haben, über die wir Dioxine und PCB aufnehmen, zeigt die folgend Tabelle, die angibt, wie hoch die tägliche Aufnahme von Dioxin und PCB eines Erwachsenen in Deutschland ist.

Tägliche Aufnahme von Dioxin und PCB eines
Erwachsenen über die Nahrung

	Dioxine und Furane Pikogramm pro Person und Tag	Dioxin-ähnliche PCB	Summe	Anteile %
Schwein	4,8	2,4	7,2	5,2
Rind	4,9	12,2	17,1	12,4
Geflügel	2,2	2,2	4,4	3,2
Milch	17	40,7	57,7	40,8
Eier	4,5	6	10,5	7,6
Pfl. Fette	5,2	5,2	10,4	7,5
Fisch	6	17,9	23,9	17,3
Obst/Gemüse	3,9	3,9	7,8	5,6
Lebensmittel pro Tag	48	90	138	
Lebensmittel pro Kg Körpergew. u. Tag	0,7	1,3	2	

Quelle: http://www.umweltbundesamt.de/chemikalien/dioxine.htm

Die Belastung durch Dioxine und PCB wird in Pikogramm (pg) gemessen. Ein Pikogramm ist ein Billionstel Gramm.

Die Angaben in der Tabelle wurden mit den Daten aus 2000 bis 2003 ermittelt. Da die Belastung inzwischen geringer geworden ist, ist sie heute in Deutschland niedriger. Bei der Schätzung der Dioxinaufnahme wurde angenommen, dass die Lebensmittel durchschnittlich belastet sind und es wurden durchschnittliche Verzehrsgewohnheiten unterstellt. Bei der Berechnung der Belastung je Kilogramm Körpergewicht wird ein Gewicht von 60 Kilogramm. angenommen. Man ersieht aus der Tabelle, dass die Belastung durch Eier, die ja im Mittelpunkt unseres Dioxinskandals standen, relativ gering ist. Die tägliche Belastung durch Milch ist mehr als fünfmal, die durch Fische mehr als zweimal so hoch!

Sind Dioxine eine Gefahr für unsere Gesundheit?

Eine akute Gefährdung der Gesundheit durch die normale Aufnahme von Dioxin (hier und im folgenden als Sammelbegriff für Dioxine Furane und PCB) über die Nahrung gibt es nicht und hat es nie gegeben. Sie sind bei Menschen noch nie beobachtet worden! Sie wurden auch nicht beobachtet, wenn Nahrungsmittel gegessen wurden, deren Dioxingehalt weit oberhalb der heute von der EU festgesetzten Grenzwerte liegen. Es gibt allerdings einen berühmt gewordenen Fall, als nach einem Abendessen eine extrem schwere und gefährliche Dioxinvergiftung festgestellt wurde. Das ist der Fall des ehemaligen Präsidenten der Ukraine, Viktor Juschtschenko, bei dem in der Nacht nach dem Abendessen mit dem Chef des Ukrainischen Geheimdienstes und dessen Stellvertreter die Symptome einer Vergiftung festgestellt wurden, als deren Folge seine Organe lebensgefährlich angegriffen und sein Gesicht durch entzündliche Hautveränderungen, die man Chlorakne nennt, entstellt wurde.

Erst die behandelnden Ärzte in einem Wiener Krankenhaus ermittelten, daß es sich um eine Dioxinvergiftung handelte. Nach einer in Lancet veröffentlichte Studie hatte die
Dioxinkonzentration bei Juschtschenko den 50.000-fachen
Normalwert betragen.[14]

Im Juli 1976 ereignete sich 20 Kilometer nördlich von
Mailand ein Chemieunfall, bei dem etwa 2 Kilogramm des
besonders giftigen Dioxins TCDD nach Überhitzung eines
Kessels bei der Herstellung von Trichlorphenol freigesetzt
wurden.[15] Da sich dieser Unfall in der Nähe des Ortes Seveso ereignete, spricht man auch vom Sevesounglück und
nennt oft das Dioxin TCDD Seveso-Dioxin. Seveso wurde
durch dieses Unglück zum Symbol für lebensbedrohende
Gefahren, die mit der chemischen Produktion verbunden
sein können. Eine Chemiewolke war durch Seveso gezogen,
Menschen erkrankten, Tiere starben und Pflanzen verdorr-
ten. Seit Seveso löst der Begriff Dioxin von den Medien allzeit geschürte Panikreaktionen aus.

Was waren die Folgen dieses schweren Chemieunfalls
für die betroffenen Menschen? Insgesamt 200 Menschen erkrankten an schwerer Chlorakne, einer das Gesicht entstel-
lenden, lange anhaltenden entzündlichen Hautveränderung.
Es kam bei den Betroffenen zu einem Anstieg der Triglyze-
ride, des Cholesterins und der Transaminasen. Langfristig
war die Gesamtzahl der Krebserkrankungen nicht erhöht,
wohl aber wurde eine erhöhte Inzidenz bei einzelnen Krebs-

14   2,3,7,8-tetrachlorodibenzo-p-dioxin (TCDD) poisoning in Victor Yush-
      chenko: identification and measurement of TCDD metabolites The Lan-
      cet, Volume 374, S.1179 – 1185, 3 October 2009

15   Klaus Abraham, Toxikologie und Risikobewertung von Dioxinen, http://
      www.bfr.bund.de/cm/343/toxikologie_und_risikobewertung_von_dioxi-
      nen.pdf

arten registriert. Fehlbildungen bei Neugeborenen wurden nicht bekannt. Es gab auch später keine erhöhten Frühgeburten oder Geburtsschäden. In Abhängigkeit von der Dioxinbelastung des Vaters wurden mehr Mädchen als Jungen geboren. Es fanden sich keine Hinweise auf eine Beeinträchtigung des Immunsystems. Niemand ist an der Dioxinvergiftung gestorben.[16]Die Dioxinbelastung, der die betroffenen Personen ausgesetzt waren, liegt um das Hunderttausendfache über der Dioxinbelastung durch Aufnahme mit der Nahrung.

Alle toxischen Wirkungen sind abhängig von der Dosis. Das ist das Grundgesetz der Toxikologie. Unterhalb einer bestimmten Schwellendosis werden keine toxischen Wirkungen mehr beobachtet. Jeder giftige Stoff ist unschädlich, wenn die Menge unter seiner toxischen Schwellendosis liegt! Auf der anderen Seite ist jeder Stoff gefährlich, wenn er in zu hoher Dosis zugeführt wird. Fünfzehn Liter Wasser in kurzer Zeit getrunken sind tödlich! Die Aufnahme einer Menge an Kochsalz, die nur zehnmal höher ist als die tägliche Normalaufnahme, bewirkt eine tödliche Vergiftung. Das Einatmen einer Sauerstoffkonzentration, die dreimal höher ist als der Sauerstoffgehalt der Atmosphäre, führte zu schweren Lungenschädigungen.[17]

Bei dem Dioxinskandal im Januar des Jahres 2011 lagen in wenigen Fällen die Dioxingehalte bei Eiern, Schweinefleisch, Fleisch von Legehennen über den gesetzlichen Grenzwerten.

---

16   Siehe dazu: Artikel Sevesounglück in: Wikipedia http://de.wikipedia.org/wiki/Sevesoungl%C3%BCck und Klaus Abraham, Toxikologie und Risikobewertung von Dioxinen, http://www.bfr.bund.de/cm/343/toxikologie_und_risikobewertung_von_dioxinen.pdf

17   Alle Beispiele aus: Otfried Strubelt, Gifte in Natur und Umwelt, Heidelberg 1996, S. 14

Die folgende Tabelle gibt einen Überblick über die Grenzwerte, die nicht überschritten werden dürfen.

Erzeugnis	Summe aus Dioxinen	Summe aus Dioxinen und PCB
Fleisch von Rin-dern und Schafen	3,0 pg/g Fett	4,5 pg/g Fett
Geflügelfleisch	2,0 pg/g Fett	4,0 pg/g Fett
Schweinefleisch	1,0 pg/g Fett	1,5 pg/g Fett
Fische (ohne Aal)	4,0 pg/g Frischge-wicht	8,0 pg/g Frischge-wicht
Europäischer Flussaal	4,0 pg/g Frischge-wicht	12.0 pg/g Frischge-wicht
Rohmilch	3,0 pg/g Fett	6,0 pg/g Fett
Hühnereier	3,0 pg/g Fett	6,0 pg/g Fett

Quelle: Amtsblatt der Europäischen Union vom 20. 12. 2006 L 364/22

Im Mittelpunkt der Aufmerksamkeit stand die Grenzwert-
überschreitung bei Eiern. Man hatte in wenigen Einzelfäl-
len eine Dioxinbelastung bis zum Vierfachen des Grenz-
werts von drei pg/g Fett gefunden. Bei einem Konsum von
zwei Eiern mit der höchsten ermittelten Dioxinbelastung
von 12 pg/g Fett kommt es, wie das Bundesinstitut für Risikobewertung ermittelt, zu einer Aufnahme von 210 Pikogramm Dioxin.(Es wurde also angenommen, dass ein Ei
8,75 Gramm Fett enthält.) Wird eine Portion Fisch von 200
Gramm mit der zulässigen Grenzwertbelastung von 4 pg/g
Frischgewicht gegessen, nimmt man 800 pg Dioxin auf, also
erheblich mehr als die 210 Pikogramm beim Konsum von
zwei sogenannten „verseuchten" Eiern! Und selbst Greenpeace fand im Rhein bisher nicht die Leichen jener Sport-
angler, die Fische aus dem Rhein verspeist haben, bei denen
in Proben bis zu 45 pg Dioxin je Gramm Frischgewicht ge-

funden worden sind.[18] Eine Mahlzeit, bei der 200 Gramm dieser Fische verspeist werden, führt zu einer Aufnahme von 9000 Pikogramm Dioxin! Die Staatsanwaltschaft hat auch nicht Anklage wegen Körperverletzung gegen Mütter erhoben, die stillen, obwohl die Dioxinaufnahme bei einem Säugling, der gestillt wird, 1998 bei täglich 57 Pikogramm pro Kilogramm Körpergewicht lag.[19] Die täglich tolerierbare Aufnahme an Dioxinen und PCB wurde von der Europäischen Union auf 2 Pikogramm pro Kilogramm Körpergewicht festgesetzt. Noch im Alter von elf Jahren hatten gestillte Kinder etwa 20 Prozent mehr Dioxin im Blut als nicht gestillte Kinder! Das Stillen wird dennoch von der Weltgesundheitsorganisation und der Nationalen Stillkommission empfohlen! Es gibt bei gestillten Kindern keinen Hinweis auf messbare Veränderungen von biologischen Parametern. Gestillte Kinder entwickeln sich besser als nicht gestillte Kinder.[20]

Auch jenen Redakteuren, die Horrorbilder wegen der Überschreitung der Grenzwerte bei Dioxin malten, hätte es klar sein können, dass die Grenzwerte nicht toxikologisch begründet sind. Eine Überschreitung der Grenzwerte sagt deshalb nichts über die gesundheitliche Gefährdung aus. Die Bestimmung der Grenzwerte orientiert sich an der nicht vermeidbaren Belastung der einzelnen Lebensmittel durch Dioxine aus der Umwelt. Die stärker als notwendig belasteten Lebensmitte sollen so vom Markt ferngehalten werden.

---

18 Bundesinstitut für Risikobewertung, Belastung von wildlebenden Flussfischen mit Dioxinen und PCB, Seite 8

19 http://www.umweltbundesamt.de/chemikalien/dioxine.htm#8

20 Klaus Abraham, Toxikologie und Risikobewertung von Dioxinen

Dioxine und die dioxinähnlichen PCB sind langlebige Verbindungen. Sie sind fettlöslich, reichern sich im Fettgewebe an und werden nur langsam abgebaut. Sie haben beim Menschen eine sehr lange Halbwertszeit von etwa sieben Jahren. Im Tierversuch sind eine Reihe von Störungen des Immunsystems, des Nervensystems und des Hormonhaushalts als chronische Wirkungen festgestellt worden. Allerdings ist völlig unklar, ob diese Ergebnisse auf den Menschen übertragen werden können, zumal die Versuchstiere extrem unterschiedlich reagieren.[21] Mögliche Risiken der Aufnahme von Dioxin ergeben sich nur durch die im Körper akkumulierte Menge, die etwa dreitausend mal höher ist als die täglich aufgenommenen Menge. Bedeutsam ist also allein die sogenannte Körperlast oder der Body-Burden, das ist die Menge an Dioxinen, die ein Mensch durch die tägliche Aufnahme von Dioxinen in seinem Körper angesammelt hat.

Die toxikologisch im Einzelnen nicht begründeten Grenzwerte sollen dafür sorgen, daß die tägliche Aufnahmemenge so gering ist, dass bei lebenslanger Aufnahme keine nachteiligen Auswirkungen auf die Gesundheit zu erwarten sind. Als tolerierbare tägliche Aufnahmemenge wurde von der Weltgesundheitsorganisation WHO eine tägliche Aufnahmemenge von ein bis vier Pikogramm Dioxine und PCB vorgeschlagen. Die zuständige Kommission der EU hat eine tägliche Aufnahmemenge von nicht mehr als zwei Pikogramm empfohlen. Die tägliche Aufnahmemenge in Deutschland betrug etwa zwei Pikogramm, wenn man

---

21 So beträgt die Dosis, bei der 50 Prozent der Tiere sterben, bei der Ratte 10 – 340 µg/kg Körpergewicht, beim Hamster dagegen 1160 – 5050 µg/kg Körpergewicht. http://www.umweltbundesamt.de/chemikalien/dioxine.htm#8

die Ergebnisse der Analyse aus den Jahren 2000 bis 2003 zugrunde legt. Da die Belastung mit Dioxinen weiter abgenommen hat, geht das „Institut für Risikobewertung" davon aus, dass heute täglich ein bis zwei Pikogramm über die Nahrung aufgenommen werden.[22] Eine kurz oder mittelfristig moderate Überschreitung der Werte für die tägliche Aufnahme ist unbedenklich. Heute beträgt die sogenannte Körperlast eines jungen Erwachsenen zehn Pikogramm je Gramm Körpergewicht, vor 20 Jahren hatten junge Erwachsene noch eine Körperlast von 30 Pikogramm je Gramm Körpergewicht. Aber auch bei diesen Werten, die dreimal so hoch waren wie die heutigen, wurden keine gesundheitlichen Beeinträchtigungen festgestellt.[23] Das Bundesinstitut für Risikobewertung stellte daher fest: Selbst wenn jemand ein Jahr lang täglich zwei Eier isst, die die höchsten gemessenen Dioxingehalte aufweisen, stiege die Körperlast nur mäßig an und wäre immer noch weniger als halb so hoch wie vor 20 Jahren. Klaus Abraham weist darauf hin, dass nicht klar ist, ab welcher Dosis unter 1000 pg/g Fett überhaupt mit Effekten beim Menschen gerechnet werden muss.[24] In einer amerikanischen Studie wurden Männer untersucht, die beruflich einer extrem hohen Dioxinbelastung ausgesetzt worden waren und bei denen mindestens 20 Jahre nach der Dioxinbelastung verstrichen waren. Es wurde ermittelt, dass

---

22   Bundesinstitut für Risikobewertung, Fragen und Antworten zu Dioxinen und PCB in Lebensmitteln, April 2012, Seite 4. http://www.bfr.bund.de/ cm/343/fragen-und-antworten-zu-dioxinen-und-pcb-in-lebensmitteln.pdf

23   Bundesinstitut für Risikobewertung, Aktuelle Dioxinproblematik: Verbraucher müssen sich keine Sorgen machen http://www.bfr.bund.de/de/ presseinformation/2011/04/aktuelle_dioxinproblematik__verbraucher_ muessen_sich_keine_sorgen_machen-59383.htm

24   Klaus Abraham, Toxikologie und Risikobewertung von Dioxinen

bei Dosen, die bis zu 90 mal größer waren als jene, denen die allgemeine Bevölkerung ausgesetzt war, keine negativen gesundheitlichen Effekte beobachtet wurden.[25] [26]

Es war also weder akut noch chronisch bei dem von den Medien inszenierten Dioxinskandal mit irgendwelchen gesundheitlichen Beeinträchtigungen zu rechnen. Aber 46 Prozent der Deutschen bekundeten im Januar 2011 laut Politbarometer, sie sähen ihre Gesundheit durch Dioxin gefährdet. Sie hatten ja auch täglich Horrorgeschichten von verseuchten Eiern, vergiftetem Fleisch, etc. gehört. Wenn den Verbrauchern in den Medien mitgeteilt wird, dass die Eier verseucht sind und Dioxin krebserregend ist, hört sich das gruselig an, muss Ängste auslösen und die Verbraucher das Schlimmste befürchten lassen. Dioxin gilt in der Tat als kanzerogen, es ist aber, wie auch das Bundesinstitut für Risikobewertung schreibt, nicht genotoxisch. Die kanzerogene Wirkung besteht darin. dass es ein Krebspromotor ist. Das bedeutet: es gilt das Grundgesetz der Toxikologie: Die Dosis macht das Gift. Unterhalb einer bestimmten Schwellendosis lassen sich keine kanzerogenen Wirkungen feststellen. Und es ist völlig unstreitig, dass die Schwelle, von der an mit toxischen Wirkungen zu rechnen ist, durch die normale Nahrungsaufnahme nicht erreicht wird. Übrigens: Auch Arsen, König der Gifte, tausendfaches Mordmittel in

---

25 Brendon Swedlow, Dioxin, Agent Orange and Times Beach, in: Aaron Wildawsky. But is it true? Cambridge 1997, S. 124

26 Man hat auch versucht die langfristigen gesundheitlichen Gefahren einer hohen Dioxinbelastung durch Tierversuche zu ermitteln. Der Aussagekraft sind aber enge Grenzen gesetzt, weil die Tiere völlig unterschiedlich auf Dioxin reagieren. So ist die Dosis, bei der 50 Prozent der Tiere sterben, bei der Ratte 10-340, beim Hamster 1160 – 5050 Mikrogramm pro Kilogramm Körpergewicht

der Geschichte der Menschheit, ist kanzerogen. Wir nehmen es unter anderem mit dem Trinkwasser auf. Aber wie Dioxin ist es kein genotoxisches Karzinogen. Es gibt einen karzinogenen Schwellenwert. Unterhalb des Schwellenwerts gibt es keine Gesundheitsschädigung und keine karzinogene Wirkung.[27] Wenn wir mit dem Trinkwasser Arsen zu uns nehmen (bis zu 10 Mikrogramm), dann enthält auch unser Bier Arsen. Die „Süddeutsche Zeitung", die schrieb, die dioxinbelasteten Produkte seien verseucht und Dioxin sei kanzerogen, müsste eigentlich die Leser vor dem Genuss von Bier warnen, denn es ist durch Arsen verseucht und Arsen ist krebserregend! Natürlich können wir ohne Sorge vor gesundheitsschädlichen Wirkungen Bier trinken. Erst oberhalb einer Arsentrinkwasserkonzentration von 200 Mikrogramm pro Liter wurde eine kanzerogene Wirkung beobachtet.[28]

Aber auch wenn man annimmt, dass es bei Dioxin keine Schwellendosis gibt, unterhalb der es keine kanzerogenen Wirkungen gibt, kann das Krebsrisiko vernachlässigt werden. Wir hatten schon im Kapitel Biolandwirtschaft erfahren, dass das kanzerogene Potential von Dioxin in Höhe der in den USA festgesetzten Grenzwerte dem von einem Glas Bier in 345 Jahren entspricht.

Die Moderatoren im Fernsehen gaben politisch korrekt an, dass sie natürlich jetzt Bio-Hähnchen und nichts anderes kaufen. Wie kommt es zu einer derart grotesken Fehlinformation der Bevölkerung? Sollte die Bevölkerung einfach im Dienst der vermeintlich guten Sache – des Biolandbaus – verarscht werden oder waren die verantwortlichen Redak-

---

27   Otfried Strubelt, Gifte in Natur und Umwelt, Heidelberg 1996, S. 59 f.

28   Otfried Strubelt, Gifte in Natur und Umwelt, Heidelberg 1996, S. 59

teure wirklich so ignorant wie sie zu sein schienen? Warum haben die Redakteure sich nicht informiert und zum Beispiel das kompetente Bundesinstitut für Risikobewertung um Auskunft gebeten? Sie haben stattdessen Thilo Bode von der Nichtregierungsorganisation „Foodwatch" (Geschäftsmotto: „Angst macht Reibach") um eine Stellungnahme gebeten, der dann auch erwartungsgemäß erklärt, Dioxin in der Nahrung sei eine „Verletzung des Rechtes auf körperliche Unversehrtheit".[29] Wer Thilo Bode über Gifte in der Nahrung befragt, könnte auch Herrn McDonald als Restaurantkritiker zu Rate ziehen oder Herodes zur Organisation des Müttergenesungswerks konsultieren. Tatsächlich spielen Nichtregierungsorganisationen und Fernsehredaktionen gut zusammen. Sie können sich zu gegenseitigem Vorteil die Bälle zuspielen: „Angst macht Reibach" und „Skandal macht Quote", beide sind die Gewinner in diesem Spiel. Mit seriöser Informationspolitik hat das natürlich nichts zu tun.[30]

---

29 Zitiert nach: Jan Grossarth, Lebensmittel: Wer hat Angst vorm Dioxin? „Frankfurter Allgemeine Zeitung" vom 21. Januar 2011. Dieser Artikel wie auch der Artikel von Winand von Petersdorf, Die industrielle Landwirtschaft ist schuld, zählten zu den wenigen Lichtblicken in den Medien. Einige Leser bedauerten allerdings zu Recht, dass diese informativen und aufklärenden Artikel nicht schon früher erschienen waren

30 An diesem Spiel nimmt natürlich nicht nur „Foodwatch", sondern es nehmen auch andere Nichtregierungsorganisationen wie „Greenpeace" teil. In einem Greenpeace-Video von 2008 heißt es:
„Joshua braucht genau zwei Minuten, um sich 30 Trauben in den Mund zu stopfen. Dieses Spiel ist gerade der Renner unter seinen Schulkameraden. Aber Vorsicht: Allein sechs Trauben können genügen, um Joschuas Gesundheit zu gefährden:"
dazu Gaby Böl, Toxikologin, Bundesinstitut für Risikobewertung:
„Es ist nicht nachvollziehbar, wie man bei dieser Berechnung auf sechs Tafeltrauben gekommen ist. Wir haben das als Bundesinstitut für Risikobewertung noch einmal gegengerechnet, und wir kommen zum Ergebnis

Es war daher nicht verwunderlich, dass Renate Künast, Jürgen Trittin, Bärbel Höhn und andere die Steilvorlage nutzten, um gegen die konventionelle, von ihnen industriell genannte Landwirtschaft zu geifern und einen Systemwandel zu verlangen Auch der nordrhein-westfälische Agrarminister Johannes Remmel, der den vermeintlichen Skandal nutzte, um sich großmäulig als Verbraucherschützer zu pro-

....

nach den international wissenschaftlichen Kriterien, dass man mehr als eineinhalb Kilogramm Weintrauben pro Tag hätte essen müssen, um überhaupt nur in die Nähe einer gesundheitlichen Gefährdung zu kommen." Greenpeace warnt vor Currypulver und titelt in der eigenen Pressemitteilung: „Mit Gift gewürzt".

Gaby Böl, Toxikologin, Bundesinstitut für Risikobewertung:

„Bei dem angesprochenen Currypulver müsste man etwa 200g pro Tag aufnehmen, um überhaupt in die Nähe einer gesundheitlichen Gefährdung zu kommen. Und das kann man auch mit ganz, ganz vielen Currywürsten nicht schaffen."

Greenpeace: „Ja, da stimmen wir zu. Wir haben nicht gesagt, dass die Nutzung von Currypulver zu gesundheitlichen Problemen führt."

Titel von Ökotest: „Unser täglich Gift". Die Botschaft: In unserer Tagesration Obst und Gemüse lauert offenbar der Tod."

Man kann heute mit den modernen Analysemethoden ein Stück Würfelzucker im Bodensee nachweisen und alle Gifte dieser Welt in Nahrungsmitteln finden.. Über eine Gesundheitsgefährdung sagt das nichts. In keinem einzigen der auf dem Titelbild abgebildeten Lebensmittel hat Ökotest erhöhte Pestizid-Werte entdeckt!

Auch der BUND steht nicht zurück. Mit dem Titel „Vergiftete Liebesgrüße" warnt er, dass Pestizide auf Importrosen den Kunden erheblich schaden können.

Gaby Böl:

„Das Bundesinstitut für Risikobewertung hat genau diese Untersuchung sich noch mal sehr genau angeschaut, nachberechnet, auch viele Studien durchgeführt. Und es bestehen noch nicht einmal Gefährdungen gesundheitlicher Art für die Floristinnen und Floristen, die diese Blumen verkaufen."

Alle Angaben und Zitate aus der bemerkenswerten Sendung „Panorama" (ARD) vom 10. Mai 2012

filieren, erklärte, man müsse „über eine andere Produktion von Nahrungsmitteln reden".[31] Hinter diesen Erklärungen steht oft die romantische Vorstellung, dass es bei der angestrebten „anderen Produktion" nicht passieren kann, dass durch zugekauftes Mischfutter Dioxin in die Nahrung gelangt. Doch auch Biobetriebe müssen Mischfutter zukaufen, weil nur so die Tiere die notwendigen Mineralien, Vitamine und pflanzlichen Fette bekommen. Und sie verwenden dann auch, wie noch beschrieben wird, gelegentlich dioxinbelastetes Futter und verkaufen Eier, bei denen der Dioxingehalt die Höchstwerte übersteigt.

Wie zu erwarten, kam es wegen der Berichterstattung über den medienverursachten Dioxinskandal bei den Verbrauchern zu einem Ansturm auf Bio-Eier und Schweinefleisch aus ökologischer Produktion. „Bio-Eier ausverkauft", hieß es bei den Biohändlern damals. Für Eier und Schweinefleisch aus konventioneller Tierhaltung brachen die Preise ein. Der Ratschlag, Bio-Eier statt Eier aus konventioneller Produktion zu kaufen, ist töricht, denn Bio-Eier enthalten im allgemeinen mehr Dioxin als konventionell hergestellte Eier, sofern diese nicht durch dioxinhaltiges Futter belastet sind. Hühner aus Freilandhaltung nehmen Dioxine beim Picken aus dem Boden auf. Diese Dioxine finden sich dann in den Eiern und hier besonders im Eifett. Wie hoch die Dioxinbelastung ist, hängt von der regionalen Belastung des Bodens ab. Weil Bio-Eier im Allgemeinen stärker belastet sind, galt für Bio-Eier bis 2005 ein anderer Höchstgehalt. Bio-Eier konnten mehr Dioxin enthalten als andere Eier ohne dass gegen die Bestimmungen verstoßen wurde! Erst 2005 wurde

---

31   Zitiert nach: Jan Grossarth, Lebensmittel Wer hat Angst vorm Dioxin in: „Frankfurter Allgemeine Zeitung" vom 21. Januar 2011

für alle Eier der einheitliche Höchstsatz von drei Pikogramm Dioxin in einem Gramm Eifett eingeführt, der, wie das Bundesinstitut für Risikobewertung damals erklärte, zuvor zum Teil überschritten wurde. Es gab Eier, so das Bundesinstitut für Risikobewertung, in denen deutlich höhere Belastungen mit Dioxinen nachgewiesen wurden. „Spitzenwerte lagen bei 20 und mehr Pikogramm pro Gramm Eifett."[32]

Nach einer Untersuchung aus dem Jahre 2004 lieferten 26 Prozent der in den Niederlanden nach den Prinzipien des Ökolandbaus wirtschaftenden Legehennenbetriebe Eier, die den Dioxin-Grenzwert von 3 pg/Gramm Fett überschreiten. Auch Untersuchungen aus Belgien zeigen eine deutlich höhere Dioxinbelastung bei Freilandeiern. Wissenschaftler berichten im Fachjournal "Talanta", dass Freilandeier mit bedenklich hohen Mengen an Dioxinen belastet sind. Sie hatten Dioxinbelastungen von durchschnittlich 9,9 pg pro Gramm Fett nachgewiesen.[33] [34]

Auch Rind – und Kalbfleisch aus Ökoproduktion trägt meist eine höhere Dioxin- und PCB-Last als konventionell produziertes Fleisch. Dies ist eines der Ergebnisse, die dem vom „Chemischen und Veterinäruntersuchungsamt Stuttgart" durchgeführten „Ökomonitoring 2007" zu entnehmen sind. Auch bei einer Untersuchung auf Dioxin-ähnliche PCBs schnitt die Öko-Ware schlechter ab. Die untersuchten Rind- und Kalbfleischproben aus ökologischer Herstel-

---

32 Bundesinstitut für Risikobewertung, Keine akute Gesundheitsgefahr durch Dioxin-belastete Eier, Pressemitteilung vom 17. Januar 2005 http://www.bfr.bund.de/de/presseinformation/2005/03/keine_akute_gesundheitsgefahr_durch_dioxin_belastete_eier-5965.html

33 http://www.animal-health-online.de/gross/2004/10/08/niederlande-bio-eier-ueberschreiten-haeufig-dioxing/6881/

34 http://ticker-grosstiere.animal-health-online.de/20040828-00000/

lung waren mit durchschnittlich 2,08 pg/g Fett; belastet. Bei konventionell produziertem Fleisch waren es 0,83 pg/g Fett Insgesamt überschritten ca. 79 Prozent der Proben aus ökologischer Erzeugung und 32 Prozent der Proben aus konventioneller Produktion den Auslösewert für dioxinähnliche PCB von 1 pg/g Fett. Die Autoren erinnern in diesem Zusammenhang an eine Mitteilung des Schweizer Bundesamts für Gesundheit (BAG), in der über besonders hohe Werte des Dioxin-verwandten Giftes PCB bei Schweizer Rind- und Kalbfleisch berichtet wurde. Beim sogenannten „Kalbfleisch extensiv" (Freilandhaltung) lagen 44 Prozent der Proben über dem EU-Grenzwert für Dioxin und PCB.[35]

Auch in den Monaten unmittelbar vor dem von den Medien inszenierten Dioxin-Skandal wurden bei uns bei Bio-Eiern und Bio-Fleisch die Grenzwerte häufig überschritten. Im Mai 2010 wiesen Eier aus einer großen Zahl von Biobetrieben erhöhte Dioxinwerte auf. Grund für die Dioxinbelastung waren dioxinbelastete Futtermittel, die von einem niederländischen Futterhersteller europaweit an Biobetriebe verkauft worden waren. Ursache der Futterverschmutzung war dioxinbelasteter Mais aus der Ukraine, der zwischen Dezember 2009 und Februar 2010 an einen niederländischen Futterhersteller geliefert wurde.[36]

Über alle Höchstwertüberschreitungen bei Bioprodukten wurde allenfalls am Rande berichtet. Niemand forderte, alle Biobetriebe, die das dioxinbelastete Futter bezogen hatten, vorsorglich zu schließen!

---

35 http://www.animal-health-online.de/gross/2008/08/27/monitoring-bio-fleisch-hoher-mit-dioxinen-und-pcds-befrachtet/10278/.

36 Siehe :http://www.animal-health-online.de/lme/2011/01/05/dioxin-skandal-bio-keine-garantie-fur-mehr-verbraucherschutz/5583/.

Ein Jahr nach den Dioxin-Grenzwertüberschreitungen bei wenigen Eiern und Schweinefleisch im Januar 2011, die die Medien in verantwortungsloser Panikmache zu einem Dioxinskandal stilisiert hatten, wurden erneut die Dioxinhöchstwerte bei Eiern in Nordrhein-Westfalen deutlich überschritten. Der Dioxingehalt der Eier war bis zu sechsmal höher als erlaubt. Die Dioxinbelastung war also wesentlich höher als bei dem sogenannten Dioxinskandal ein Jahr zuvor.[37] Es waren, wie ein Sprecher des Agrarministeriums in Düsseldorf sagte, „schlimmstenfalls", genaue Zahlen waren nicht zu ermitteln, mehrere hunderttausend Eier in den Handel geraten.[38] Rund 20 000 Eier waren an einen Händler im Regierungsbezirk Tübingen geliefert worden. Was diesen Fall aber zu einem Skandal macht, war die Tatsache, dass schon am 15. Februar 2012 Proben mit den PCB-belasteten Eiern getestet worden waren. Am 15. März schickte der Eierhof Hennes 108.000 Eier wegen der viel zu hohen Dioxinbelastung an den Erzeuger, einen Betrieb in Stemwede-Westrup (Kreis Minden-Lübbeke) zurück. Erst am 2. April! erhielt angeblich das Ministerium in Düsseldorf Kenntnis von den um das sechsfache überhöhten Werten[39]. Das war also in jedem Fall ein Kommunikationsskandal, wie Jan Grossarth zutreffend in der „Frankfurter Allgemeinen Zeitung" schrieb. Ein Jahr zuvor noch hatte der für diesen

---

37 http://www.animal-health-online.de/lme/2012/04/11/westfalen-blatt-staatsanwaltschaft-ermittelt-gegen-bio-hof-25-000-bio-hennen-sollen-getotet-werden/7284/

38 Jan Grossarth, Dioxin: Ein Eier- und Kommunikationsskandal, „Frankfurter Allgemeine Zeitung vom 10. April 2012

39 http://www.proplanta.de/Agrar-Nachrichten/Agrarpolitik/Nordrhein-Westfalen-Dioxin-Aktionsplan-noch-nicht-in-allen-Punkten-umge-setzt_article1298388422.html

Fall zuständige Agrarminister Johannes Remmel sich als der wahre Verbraucherschützer aufgespielt und großmotzig getönt: „Mit offensivem und konkretem Handeln haben Kommunen, Kreise und die Landesbehörden gezeigt, was vorsorgender Verbraucherschutz bedeutet und im aktuellen Dioxin-Fall schnell dafür gesorgt, dass die permanente Belastung mit Giften aus dieser Quelle geschlossen werden konnte".[40] Wenn also, wie in unserem Fall, die Verbraucher auffallend spät und erst nachdem sie die dioxinbelasteten Eier schon verzehrt hatten, von den völlig versagenden Behörden informiert wurden, so muss man schon ein grüner Landwirtschaftsminister sein, um dieses Versagen als vorsorgenden Verbraucherschutz zu bezeichnen.

Dieser in jeder Hinsicht weit bedenklichere „Skandal" fand in den Medien, die mit dem Dioxinskandal im Januar 2011 wochenlang die Öffentlichkeit geängstigt hatten, kaum Beachtung. Niemand forderte auch nur den Rücktritt von Herrn Remmel. Keiner verlangte eine neue Art von Landwirtschaft. Es gibt wohl nur einen Grund für diese frappante Zurückhaltung: Die dioxinbelasteten Eier stammten von einem Biohof. Der Betrieb ist mit einer Tagesproduktion von 23.000 Eiern einer der größten Erzeuger von Bioeiern. Und Bioprodukte, das meinen wohl die verantwortlichen Redakteure in den Medien, sind immer gut und ein grüner Agrarminister ist niemals zu kritisieren. Dioxin in Bioeiern, so scheinen die Redakteure in den Massenmedien zu glauben, ist gutes Dioxin und darf nicht mit dem schlechten Dioxin in konventionell erzeugten Eiern in einen Topf geworfen wer-

---

40 http://www.proplanta.de/Agrar-Nachrichten/Agrarpolitik/Nordrhein-Westfalen-Dioxin-Aktionsplan-noch-nicht-in-allen-Punkten-umgesetzt_article1298388422.html

den. Anders gesagt: im guten Kampf für ein vermeintlich besseres Agrarsystem ist es erlaubt, die Hörer und Leser für dumm zu verkaufen.[41]

Aber es gibt einen Trost. Auch die wesentlich stärker belasteten Eier von unserem Biohof in Stemwede-Westrup können ohne Gefahr für Leib und Leben gegessen werden. Denn wie schon Wilhelm Busch sagte:

Das weiß ein jeder, wer's auch sei,
gesund und stärkend ist das Ei

Die EHEC-Katastrophe

Tatsächlich stellen die durch Nahrungsmittel übertragenen Krankheiten eine große Gefahr für Gesundheit und Leben der Menschen dar. In den USA wurden 2011 achtundvierzig Millionen Menschen krank, weil sie mit den Nahrungsmitteln Krankheitserreger aufgenommen haben. 128.000 Amerikaner mussten im Krankenhaus behandelt werden, 3.000 Menschen starben.[42] Geht man bei den durch Lebensmittel aufgenommenen Krankheitserregern von der Zahl der in Krankenhäusern behandelten Patienten aus, so lagen Salmonellen, Norovirus, Campylobacter, Toxoplasma gondii und

---

41   Natürlich gilt das Verdikt nicht für alle Medien. Besonders hervorzuheben sind zwei vorzügliche Artikel von Jan Grossarth in der „Frankfurter Allgemeinen Zeitung" vom 5. und 11. April 2012, in denen auch bemerkt wurde, dass sich, anders als vor gut einem Jahr, kaum jemand empörte und die meisten Medien nur in kurzen Meldungen berichteten

42   Die amerikanischen Zahlen sind leichter zu finden. Siehe http://www.cdc.gov/foodborneburden/2011-foodborne-estimates.html

EHEC an der Spitze.[43] Angesichts der großen realen Gefahren, dass durch Bakterien, Viren oder Parasiten Krankheiten mit der Nahrung übertragen werden, ist es unverantwortlich, wenn die Panikmafia die Bevölkerung in Angst und Schrecken versetzt, indem sie mit Horrorgeschichten vor Nahrung warnt, mit deren Verzehr nicht das kleinste gesundheitliche Risiko verbunden ist. Politiker, die wie Renate Künast, Jürgen Trittin oder Bärbel Höhn im Dioxin-Panikorchester spielten, haben ihre Glaubwürdigkeit als Verbraucherschützer verspielt.

Nur wenige Monate nach dem Medienskandal über dioxinbelastete Eier erschütterte eine durch Ehec-Bakterien verursachte epidemieähnliche Krankheitswelle unser Land. 3.842 Menschen erkrankten, zum großen Teil schwer, 53 starben. Viele Patienten entwickelten das hämolytisch-urämische Syndrom (Abkürzung HUS). Durch HUS wird die Nierenfunktion geschädigt, es kommt häufig zum Nierenversagen. An HUS erkrankten 855 Menschen, 35 starben. Von den EHEC-Patienten mit Magen-Darm-Entzündung und blutigen Durchfällen starben 18. Es war nach Angaben des „Robert-Koch-Instituts" der bisher größte Krankheitsausbruch durch EHEC-Infektionen in Deutschland und bezogen auf die Anzahl der HUS Fälle der größte weltweit beschriebene derartige Ausbruch.[44]

Es handelt sich bei EHEC um eine bestimmte Sorte des im Allgemeinen harmlosen Bakteriums Echerichia coli (E°. coli), das im Darm von Menschen und Tieren vorkommt. EHEC ist die Abkürzung für enterohämorrhaghische Eche-

---

43 http://www.cdc.gov/foodborneburden/2011-foodborne-estimates.html

44 Robert-Koch-Institut, Abschlussbericht EHEC O104:H4 Ausbruch. Deutschland 2011, S. 2f.

richia coli[45]. Charakteristisch für EHEC ist die Eigenschaft, blutige Durchfallerkrankungen zu verursachen, indem ein Gift gebildet wird, das Shiga Toxin genannt wird. Da EHEC-Bakterien im Darm von Wiederkäuern vorkommen und mit dem Kot ausgeschieden werden, können sie unmittelbar durch Kontakt mit Tieren oder über Lebensmittel vom Tier auf den Menschen übertragen werden. Der Ausbruchsstamm der EHEC-Epidemie im Mai und Juni 2011 hatte allerdings, wie durch Analysen festgestellt wurde, mehr Gemeinsamkeiten mit dem sogenannten Enteroaggregativen Echerichia coli als mit den herkömmlichen EHEC-Bakterien. Der Erreger des EHEC-Ausbruchs wurde deshalb EAggEC O 104: H4 oder auch kurz EHEC O104:H4 genannt. Der sehr seltene Ausbruchstamm konnte zuerst von den Wissenschaftlern um Prof. Dr. Helge Karch am Institut für Hygiene des Universitätsklinikums Münster (UKM) entschlüsselt werden. Sie betonten, daß der sich ausbreitende Erreger bislang nur beim Menschen nachgewiesen worden sei, der jetzige Ausbruchsstamm bis heute noch nie bei Tieren gefunden wurde. Angesichts des Ausbreitungsmusters der Erkrankungsfälle in Deutschland ist es jedoch nahezu auszuschließen, dass die Infektionen nur über Kontakt von Mensch zu Mensch über Schmierinfektionen erfolgen. Karch: „Es muss vielmehr davon ausgegangen werden, dass auch andere Infektionsträger, die zum Beispiel über menschliche Fäkalien kontaminiert wurden, eine Bedeutung haben."[46] Auch das „Bundesinstitut für Risikobewertung" kommt zu dem

---

45 Das Präfix leitet sich ab von enteron griechisch für Darm und hämorrhaghisch für Blutung

46 Pressemitteilung des Universitätsklinikums Münster, EHEC-Ausbruchsstamm: Prof. Karch vermutet den Mensch als Reservoir

Schluss: „Insgesamt muss nach dem heutigen Kenntnisstand davon ausgegangen werden, dass der Ausbruchstamm mit seiner detailliert beschriebenen genetischen Ausstattung sein Reservoir im Menschen hat, da dieser *E. coli*-Typ bis heute noch nie bei Tieren gefunden wurde. Bisher gibt es keinerlei Anhaltspunkte, dass der Ausbruchsstamm die Speziesbarriere Mensch-Tier überwunden hat. Allerdings kann nicht ausgeschlossen werden, dass der Ausbruchsstamm sekundär auch Tiere kolonisieren könnte, beispielsweise durch Aufnahme von kontaminiertem Wasser oder Futtermitteln. Es scheint derzeit so zu sein, dass sich der Erreger im Menschen vermehrt und nach Freisetzung über Fäkalien in die Umwelt gelangt, zum Beispiel in das Abwasser. Es ist davon auszugehen, dass der Erreger für eine effektive Vermehrung wieder den Menschen kolonisieren muss."[47]

Die fünf nördlichsten Bundesländer waren durch die EHEC-Krankheitswelle am stärksten betroffen. Der Anteil der Frauen an den Erkrankten überwog deutlich. Bei denjenigen, die das hämolytisch-urämische Syndrom entwickelten (HUS-Fälle), waren 68 Prozent weiblich, unter den an EHEC-Gastroenterits (Darmgrippe) Erkrankten waren 58 Prozent Frauen. Bei den Erkrankten handelte es sich überwiegend um Erwachsene. In früheren Fällen waren dagegen vor allem Kleinkinder betroffen[48]. Die Altersgruppen der 20-29 und der 30-39-Jährigen waren besonders stark vertreten. Der Altersmedian lag bei den HUS-Fällen bei 41 Jahren.

---

47 Bundesinstitut für Risikobewertung, EHEC-Ausbruch 2011: Aktualisierte Analyse und abgeleitete Handlungsempfehlungen, Stellungnahme vom 23. November 2011, S. 9

48 Robert-Koch-Institut, Abschlussbericht EHECO104:H4 Ausbruch. Deutschland 2011, S. 2 und S. 5

An der Krankheit litten auffallend viele Patienten, die sich durch „besonders bewusste und aufmerksame Ernährung" auszeichneten. Viele Patienten aßen wenig Fleisch oder waren Vegetarier. „Im vorliegenden Fall sind vor allem gesundheitsbewusste Menschen betroffen, die wenig Fleisch essen", sagt der Epidemiologe Dirk Werber vom „Robert-Koch-Institut".[49] Professor Reinhard Brunkhorst, Präsident des Verbandes der Nierenärzte erklärte, dass von den ersten zehn Patienten drei Patientinnen Vegetarierinnen waren.[50] Und Patienten, die die Krankheit überstanden hatten, berichteten wie die Bankkauffrau Ina Schlecht, dass sie schon lange auf gesunde und vorwiegend vegetarische Ernährung achte und deshalb als einzige bei einem Betriebsausflug als Vorspeise Salat mit Sprossen gewählt habe. Auch Jonathan Winkler hat die EHEC-Erkrankung überlebt. Er weiß: „Wir kriegen regelmäßig eine Gemüsekiste nach Hause geliefert.[51] Da waren leider infizierte Sprossen von dem Hof in Bienenbüttel bei." Auch der „Stern" und das „Hamburger Abendblatt" ließen Erkrankte zu Wort kommen, die angaben, nur im Bioladen eingekauft zu haben.[52] Wie Georg Keckl berichtet, wurde in der Ärzteschaft der „Medizinischen Hochschule Hannover" schon früh vermutet, dass auf einem

---

49   Eine Epidemie erfasst gesundheitsbewusste Esser, „Frankfurter Allgemeine Zeitung" vom 25. Mai 2011

50   Zitiert nach: Georg Keckl, Ehec & Bio: Eine politisch unkorrekte Verbindung! http://www.novo-argumente.com/magazin.php/novo_notizen/artikel/000919

51   ww.bild.de/ratgeber/gesund-fit/nierenversagen/durch-Ehec-versagten-meine-nieren-19472932.bild.html und http://www.bild.de/regional/hamburg/ehec/ich-ueberlebte-den-killer-keim-19555314.bild.html.

52   Darüber berichtet Georg Keckl in seinem schon zitierten ausgezeichneten Aufsatz Ehec & Bio: Eine politisch unkorrekte Verbindung!

Biobetrieb ein „Scheiß" passiert sein müsse.[53] Das „Robert-Koch-Institut" allerdings erwähnt politisch korrekt das Wort Bio im Zusammenhang mit der EHEC-Katastrophe nicht!!

Bei einer derart dramatisch verlaufenden Krankheitswelle muss natürlich alles daran gesetzt werden, schnell herauszufinden, durch welche Nahrungsmittel die Krankheit übertragen wird. Da Menschen, die kein Fleisch aßen, erkrankt waren, konnte man Fleisch als Quelle der Vergiftungen ausschließen. (Das „Robert-Koch-Institut" hat das allerdings, aus welchem Grund auch immer, so nicht gesagt.)

Gewarnt wurde vor Gurken Tomaten und Blattsalat, weil die Erkrankten nach Angaben des „Robert-Koch-Instituts" diese Nahrungsmittel signifikant häufiger gegessen hatten als gesunde Studienteilnehmer. Umfragen zufolge stellten etwa die Hälfte der Deutschen wegen der Warnung ihre Ernährung um und verzichteten auf diese Produkte: Schon bald richtete sich der Verdacht gegen spanische Gurken. Das Hamburger Hygieneinstitut hatte am 26. Mai in drei Gurken EHEC-Bakterien nachgewiesen. Später stellte sich heraus, dass es sich bei den auf den Gurken nachgewiesenen EHEC-Bakterien um einen anderen EHEC-Stamm handelte. Dennoch war die Warnung vor spanischen Gurken gerechtfertigt, denn EHEC-Bakterien stellen allemal eine Gesundheitsgefährdung dar.

Es ist jedoch absolut rätselhaft und erklärungsbedürftig, warum nicht von Anfang an Sprossen als wahrscheinliches Vehikel der Krankheitserreger angesehen wurden. Das amerikanische „Centers for Disease Control and Prevention" CDC warnt im Abschnitt Food Safety seit langem auf der Titelseite vor zwei Produkten, die wegen ihrer Ge-

---

53   Georg Keckl, Ehec & Bio: Eine politisch unkorrekte Verbindung!

fährlichkeit besonders herausgehoben werden: Rohe Milch und Sprossen.[54] Auch das „Bundesinstitut für Risikobewertung" hatte erst am 9. Mai 2011 mit einer Stellungnahme unter dem Titel „Hohe Keimbelastung in Sprossen und küchenfertigen Salatmischnungen" auf die EHEC-Gefahr hingewiesen.[55] Das „Robert- Koch-Institut" hat jedoch auf den ersten Fragebogen, bei denen die Patienten angeben sollten, was sie gegessen hatten, Sprossen nicht einmal erwähnt.[56] Und selbst als bei einer intensiven Befragung von zwölf Patienten am 20. und 21. Mai immerhin drei angaben, Sprossen verzehrt zu haben, entschied man sich am „Robert-Koch-Institut", der Spur nicht nachzugehen. Begründet wurde dies in einer gemeinsam mit dem Bundesinstitut für Risikobewertung und dem Bundesinstitut für Verbraucherschutz und Lebensmittelsicherheit herausgegebenen Presseerklärung wie folgt: „Die befragten Patienten fielen durch eine besonders bewusste und aufmerksame Ernährungsgewohnheit auf, so dass eine relevante Untererfassung von Sprossen unwahrscheinlich schien. Es ist eine methodische Forderung und Standardvorgehensweise, möglichst nur solche Expositionen einzuschließen, die potenziell in der Lage sind, epidemiologisch einen großen Teil des Ausbruchsgeschehens zu erklären. Andernfalls erhöht sich bei Einschluss einer zu großen Anzahl von Expositionen die Gefahr fälschlich positiver Zusammenhänge. Daher wurden die Sprossen

---

54 http://www.cdc.gov/foodsafety

55 http://www.bfr.bund.de/cm/343/hohe_keimbelastung_in_sprossen_und_
kuechenfertigen_salatmischungen.pdf

56 Das wurde durch die ARD-Sendung Beckmann am 7. Juni 2011 bekannt,
als Beckmann dem Leiter des Robert-Koch-Instituts, Professor Reinhard
Burger, den entsprechenden Fragebogen präsentierte

zunächst nicht weiterverfolgt."[57] Es ist nicht klar, was mit der sybillinischen Aussage, dass eine Untererfassung von Sprossen wegen der bewussten Ernährung unwahrscheinlich sei, gemeint war. Soll damit im Ernst behauptet werden, dass Menschen die „sich bewusst ernähren" sich noch genau daran erinnern, ob sie vor einigen Wochen Sprossen gegessen haben, auch wenn Sprossen nur eine Zutat zum Salat waren? Dieser Unsinn wurde dann ja auch im Fortgang der Untersuchung eindrucksvoll widerlegt.

Es ist aufschlussreich und für das „Robert-Koch-Institut" beschämend, was in einem an die breite Öffentlichkeit gerichteten Artikel über Sprossen vom schon zitierten „Centers of Disease Control and Prevention" zu lesen ist. Dort heißt es unter anderem:

„Krankheitsausbrüche durch Sprossen (sproutbreaks!) gab es in den USA mindestens seit 1995 in jedem Jahr. Die Ausbrüche haben uns gezeigt, dass es gefährlich ist, Sprossen zu essen. Manche mögen fragen, warum Sprossen risikoreiche Nahrungsmittel sind. Einige halten sie für den Inbegriff gesunder Kost – frisch und natürlich. Die Krankheitsausbrüche haben uns gelehrt, dass Menschen ihr Risiko, an Nahrungsmitteln zu erkranken, vermindern können, wenn Sprossen gekocht werden oder wenn man es vermeidet, sie roh zu essen."

Samen von Sprossen sind für Salmonellen und EHEC-Bakterien so einladend und nahrhaft wie diese es nur wünschen können, und die warmen, feuchten Bedingungen, unter denen Sprossen erzeugt werden, machen die Sache

---

57 Neue Erkenntnisse zum EHEC-Ausbruch, Gemeinsame Pressemitteilung von BfR, VBL und RKI, http://www.bfr.bund.de/de/presseinformation/2011/16/neue_erkenntnisse_zum_ehec_ausbruch-70894.html

nur noch schlimmer. Ein einziger Salmonellenorganismus am Äußeren eines Samens kann leicht zu einer infektiösen Dosis werden, wenn sich Sprossen bilden. Die Bakterien in oder auf den Sprossen können nicht abgewaschen werden. Da die infektiöse Dosis bei Shiga Toxin bildenden E coli niedrig ist, sind Sprossen ein vorzügliches Vehikel. Sprossen sind auch das Vehikel gewesen, über das Listerien übertragen wurden, die eine gefährliche Infektion für Schwangere und Ältere erzeugen.

Seitdem Sprossen in der Mitte der neunziger Jahre zum ersten Mal als Quelle von Krankheiten, die durch Nahrung übertragen werden, erkannt wurden, sind sie, wenn es um einen EHEC- oder Salmonellen-Ausbruch geht, einer der „üblichen Verdächtigen" (usual suspects), nach denen Epidemiologen Ausschau halten, die sich mit Krankheiten beschäftigen, die durch Nahrung übertragen werden. Seit 1998 sind dem CDC mehr als 30 Ausbrüche gemeldet worden, die durch verschieden Arten von Sprossen verursacht wurden – Alfalfa, Bohnen, Klee und andere.

Eine der wichtigsten Lektionen, die man von dem Ausbruch in Europa 2011 und von unseren eigenen Erfahrungen lernen kann, ist es, dass Sprossen auch junge und gesunde Menschen krank machen können. Bei Sprossenausbrüchen in den USA erkrankten vor allem gesunde Personen im Alter von 20 bis 49 Jahren. Ein typisches Opfer ist eine besonders gesundheitsbewusst lebende Person im besten Alter.

Wir haben bei unseren Nachforschungen über Ausbrüche, die durch Sprossen verursacht wurden, erfahren, dass die Menschen sich nicht daran erinnern, sie gegessen zu haben, weil sie oft nur eine Verzierung oder eine von mehreren Beilagen zu einem Gericht sind. Es ist nicht nötig, größere Mengen an Sprossen zu essen, damit man krank wird.

Die Unfähigkeit einer kranken Person, sich genau an das zu erinnern, macht es manchmal schwierig, einen Sprossenausbruch zu erkennen.[58]

Man konnte also aufgrund der amerikanischen Erfahrungen wissen, dass bei einem EHEC-Ausbruch Sprossen einer der Hauptverdächtigen sind, auch gesundheitsbewusste Menschen sich nicht mehr daran erinnern, sie gegessen zu haben und die bei einem Sprossenausbruch Erkrankten vor allem gesundheitsbewusst lebende Personen im besten Alter sind, wie das ja auch bei der EHEC-Katastrophe 2011 bei uns beobachtet wurde. Sprossen mussten also für jeden, der unvoreingenommen prüft, welche Erzeugnisse Träger der EHEC-Bakterien waren, nicht irgendeine, sondern die heißeste aller Spuren sein. Wenn das „Robert Koch-Institut" dennoch besorgt war, eine falsche Spur zu legen, kann das eigentlich nur mit der außerordentlichen Angst vor dem grünen Zeitgeist erklärt werden. Sprossen sind ja der Inbegriff gesundheitsbewusster Ernährung und sie sind zu fast 100 Prozent Bio. Und einen Bioproduzenten zu Unrecht zu beschuldigen, wäre auch für das „Robert-Koch-Institut" eine Katastrophe. Der grüne Zeitgeist würde ein Exempel statuieren. Hat die Angst vor der der Macht der Bio-Szene und ihrer die Medien beherrschenden grünen Propagandisten dazu geführt, dass Menschen auf dem Altar des Biokults geopfert wurden?

Das „Robert Koch-Institut" hat schließlich doch noch Sprossen als Träger des todbringenden EHEC O104:H4 Bakteriums identifiziert. Weil 19 Patienten nach einem gemeinschaftlichen Besuch in einem Restaurant erkrankt waren, wurde eine sogenannte „Rezeptbasierte-Restaurant-Kohor-

---

58   http://www.medscape.com/viewarticle/748566

tenstudie" gemacht. Es wurden zahlreiche weitere Restaurantbesucher gefunden. Diesmal wurden allerdings nicht nur die Gäste des Restaurants danach gefragt, was sie gegessen hatten. Es wurde ermittelt, was die Gäste bestellt hatten und der Koch wurde detailliert nach allen Zutaten gefragt, die die Besucher des Restaurants mit ihren Menüs zu sich genommen hatten. Man erkannte jetzt, dass alle Gäste, die nach dem Restaurantbesuch erkrankt waren, Sprossen gegessen hatten.[59]

Die Sprossen stammten, wie es in den offiziellen Veröffentlichungen hieß, von einem Gartenbauberieb A in Niedersachsen, der aus Ägypten importierte Bockshornkleesamen für die Sprossenproduktion verwendete. Man konnte dann für 41 Orte, in denen die Krankheit häufiger aufgetreten war (sogenannte Cluster), über die Analyse der Vertriebswege jeweils den Gartenbaubetrieb A als Lieferanten der Sprossen ausmachen. Dieser in offiziellen Stellungnahmen des „Robert-Koch-Instituts" und des „Bundesinstituts für Risikobewertung" Gartenbaubetrieb A genannte Erzeuger war ein Biopionier der ersten Stunde, bei dem auf „gesundem Boden" in der Biogärtnerei in Bienenbüttel Feldfrüchte ohne Kunstdünger und ohne tierische Düngemittel wie Gülle, Mist oder Horn wachsen. Kurzum; ein Bio-Muster-Betrieb. Das Wort Bio wurde aber in allen deutschen offiziellen Stellungnahmen, auch im Abschlußbericht des Robert-Koch-Instituts, konsequent vermieden, anders als im amerikanischen „Centers of Disease Control and Prevention", wo man erfährt, dass es sich um eine „organic farm" handelte.

---

59   Siehe dazu Deutsches Ärzteblatt, EHEC: Rezeptbasierte Restaurant-Kohortenstudie lieferte entscheidende Hinweise, Juni 2011, http://www.aerzteblatt.de/nachrichten/46216

Erst am 10. Juni! 2011 wurde der Bevölkerung vorsorglich empfohlen, bis auf weiteres Sprossen und Keimlinge nicht roh zu verzehren.

Auch in Frankreich wurde am 24. Juni über mehrere HUS EHEC-Fälle berichtet. In der Nähe von Bordeaux erkrankten 15 Personen, die Sprossen verzehrt hatten. In der dort verzehrten Sprossenmischung waren ebenfalls Bockshornklee-Sprossen enthalten. Man fand heraus, dass die Sprossensamen über den gleichen Importeur aus Nordrhein-Westfalen bezogen worden waren, der auch den sogenannten Gartenbaubetrieb A in Niedersachsen beliefert hatte. Bei den Sprossensamen handelte es sich jeweils um aus Ägypten importierte Bockshornkleesamen, die, so fasst es das Bundesinstitut für Risikobewertung zusammen, „nach Abschluss der Ausbruchsuntersuchungen als Ursache des Erkrankungsgeschehens angesehen" werden. In den untersuchten Samenchargen konnte der Ausbruchserreger jedoch nicht nachgewiesen werden.[60]

---

60 Das „Bundesinstitut für Risikobewertung" meint, dass dies nicht dagegen
    spreche, in den aus Ägypten importierten Bockshornkleesamen die Ursache der schweren Erkrankungen zu sehen. Es seien dem Institut keine
    Sprossen-assoziierten EHEC-Ausbrüche bekannt, bei denen der Erreger
    in den Samenchargen festgestellt wurde. Bundesinstitut für Risikobewertung, EHEC-Ausbruch 2011: Aktualisierte Analyse und abgeleitete Handlungsempfehlungen, Stellungnahme vom 23. November 2011, S. 12

Dioxin und EHEC

Beim Dioxin-Medienskandal kochte die grüne Volksseele. Die Medien machten wochenlang mit dem angeblichen Skandal auf. Man schoss aus allen Rohren, verlangte exemplarische und härteste Bestrafung. Man forderte Abkehr von der konventionellen Landwirtschaft. 120 Organisationen demonstrierten für einen Systemwechsel. Die Staatsanwaltschaft ermittelte gegen hohe Beamte der verschiedenen Ministerien. Trittin, Künast und Co. geiferten. Sigmar Gabriel, der Mann mit dem Schwefelgeruch, (Alexander Neubacher) verlangte vom Innenminister, das Bundeskriminalamt einzuschalten. Es wurden zeitweise 5.000 Betriebe gesperrt. Ein gesundheitliches Risiko bestand nicht. Niemand bekam Bauchschmerzen oder auch nur einen Pickel auf der Haut

Bei der EHEC-Katastrophe, bei der nahezu 4.000 Menschen zum großen Teil schwer erkrankten und 53 Patienten starben, blieben die Medien erstaunlich ruhig. Man hielt den Ball flach. Trittin, Künast und Co. verlangten keinen Systemwechsel in der Landwirtschaft. Von dem Arzt aus Havixbeck, der seine medizinische Kompetenz demonstriert hatte, als er beim Dioxin-Medien-Skandal Anzeige wegen schwerer Köperverletzung und Mord aus Habgier erstattet hatte, hörte man nichts. Keine Anzeige wegen versuchten Massenmordes aus Habgier von ihm. Und Sigmar Gabriel verlangte nicht den Einsatz der GSG 9. Es wurden keine Betriebe vorsorglich gesperrt. Georg Keckl schreibt: „Die Häufung von EHEC-Infektionen bei Vegetarierinnen, bei Veganern, bei Kunden, die nur im Bio-Laden eingekauft haben, bei Kunden, die angaben, Abonnenten von Bio-Gemüsekisten zu sein, hätte die Sperrung sämtlicher Bio-Produkte in Deutschland zur Folge haben müssen, hätte man die gleichen Sperrungs-Maßstäbe wie beim Dioxinskandal im Januar 2011 angewendet. ... Und nun waren bei EHEC die Hinweise überdeutlich, dass ein Gemüseerzeuger, genauer ein Bio-Gemüseerzeuger aus Norddeutschland der Verursacher sein muss, aber nicht einmal die paar Bio-Gemüseerzeuger (keine 500 Betriebe) aus Norddeutschland, zu denen auch der Sprossenbetrieb bei Uelzen zählt, wurden vorsorglich gesperrt!"[61] Bei Bio gelten radikal andere Maßstäbe! Da kann es dann schon einmal ein paar Dutzend Tote mehr geben.

Die Biofreunde und die Grünen blieben lange ruhig. Doch dann erholten sie sich von dem Schock und fanden den wahren Schuldigen. Nicht der Gärtnerhof in Bienenbüttel war schuld, nicht den Sprossensamen aus Ägypten traf ihr Verdikt: Schuld war – wie konnte es anders sein -, die konventionelle Landwirtschaft! Jedenfalls wusste das das Fernsehmagazin „Frontal 21" und wie immer an der Spitze der Demagogen der BUND. In einer Presseerklärung des BUND Sachsen von Hans-Udo Weiland brachte dieser es auf den Punkt: „Verbraucherministerin Aigner muss endlich verhindern, dass aus der konventionellen Landwirtschaft ein Privileg zum Töten wird."[62] Es wird behauptet, dass erst das Kraftfutter in der modernen Viehwirtschaft die Kühe zu einem Träger der EHEC-Keime gemacht habe. Als die Kühe nur Gras fraßen, habe es keine EHEC-Keime in ihren Mägen gegeben. Man berief sich auf eine Studie aus dem Jahr 1998, in der gesagt wurde, dass Rinder, die mit

---

61   Georg Keckl, Ehec & Bio: Eine politisch unkorrekte Verbindung! http://
     www.novo-argumente.com/magazin.php/novo_notizen/artikel/000919

62   Zitiert nach: Georg Keckl, Ehec & Bio: Eine politisch unkorrekte Verbin-
     dung

einer getreidelastigen Ration gefüttert wurden, um ein Vielfaches mehr an Keimen ausschieden als Rinder die drei Wochen nur mit Heu gefüttert worden waren. Der Direktor des Instituts für Hygiene und Infektionskrankheiten der Tiere in Gießen, Georg Baljer, der in einem mehrjährigen Forschungsprojekt Rinderherden auf EHEC-Keime untersucht hatte, ist anderer Meinung: „Egal, wie die Tiere gefüttert und gehalten werden, wir finden die Erreger bei hundert Prozent eines Bestandes. Auch Ziegen, Schafe und Wildwiederkäuer weisen die Keime auf, obwohl sie seltener mit Kraftfutter gefüttert werden."[63] Udo Pollmer verweist auf zwei neuere Studien, wonach Bio-Mastrinder und Bio-Milchkühe sich „weder im Hinblick auf die Häufigkeit von EHEC noch auf die Resistenzmuster von konventionellen Tieren unterscheiden." [64] Und natürlich sollte bei der Suche nach den Schuldigen nicht ganz unbeachtet bleiben, dass der todbringende Erreger EHEC O104:H4 noch nie bei Tieren gefunden wurde und bislang nur beim Menschen nachgewiesen werden konnte.

War es nur der Bockshornkleesamen aus Ägypten?

Nach der offiziellen Darstellung waren es die Bockshornkleesamen aus Ägypten, die als „Ursache des Krankheitsgeschehens" anzusehen sind. Diese Erklärung lässt allerdings einige wichtige Fragen offen. Es war die sogenannte Charge

---

63   Zitiert nach: „Frankfurter Allgemeine Zeitung" vom 1. Juni 2011

64   Udo Pollmer, Andrea Fock, Monika Niehaus, Jutta Muth, Wer hat das Rind zur Sau gemacht, Hamburg 2012, S. 143

48088 mit Bockshornkleesamen aus Ägypten, die von einem deutschen Importeur aus Nordrhein-Westfalen 2009 eingeführt worden ist, und die über einen Großhändler an den Biohof in Bienenbüttel geliefert wurde. Aber auch die Bockshornkleesamen, die in Frankreich in der Nähe von Bordeaux zu einem Krankheitsausbruch führten, bei der insgesamt 15 Personen an EHEC-Symptomen erkrankten, stammten aus dieser Charge. Die Charge 48088, die von dem deutschen Importeur eingeführt wurde, umfasste 15 Tonnen, aber nur 75 Kilogramm hat der Biohof in Bienenbüttel erhalten. Man muss sich fragen, warum von den anderen Kunden, die mit Bockshornkleesamen aus der gleichen Charge beliefert wurden, keine EHEC-Infektionen gemeldet wurden. Das „Bundesinstitut für Risikobewertung" gibt als Erklärung an: „Es ist jedoch davon auszugehen, dass nur eine Teilmenge dieser Charge mit dem Ausbruchserreger kontaminiert war bzw. die Kontamination sehr ungleichmäßig (heterogen) verteilt war. Zwar wurden die Samen der verdächtigen Chargen überwiegend innerhalb Deutschlands vertrieben; doch angesichts des weiten Vertriebs der Samen, meist in Kleinstverpackungen für Endverbraucher zur eigenen Anzucht, hätten andernfalls bei einer homogenen Verteilung des Erregers in der Samencharge auch aus andern Regionen Deutschlands und der EU mehr Erkrankungsfälle gemeldet werden müssen." Das ist eine erstaunliche und nicht besonders plausible Hypothese. Es wäre viel naheliegender gewesen, zu vermuten, dass beim Bioproduzenten in Bienenbüttel und in geringerem Maße bei dem Sprossenproduzenten in Frankreich irgendwie „Mist gebaut" wurde.

Der Direktor des „Instituts für Hygiene" am Uniklinikum in Bonn, Professor Martin Exner, ein renommierter Experte in Fragen der Hygiene, glaubt nicht an die offiziellen Hypothesen des „Robert-Koch-Instituts" und des „Bundesinstituts für Risikobewertung". [65] Er hält Hygienemängel in Bienenbüttel für die Ursache der EHEC-Katastrophe. Er vermutet, daß die Keime sozusagen im „Winterschlaf" (dormant) zu uns kamen und durch Hygienemängel in Bienenbüttel zu vollem Leben erwachten. Man nennt diesen Zustand das VBNC-Stadium, viable but not culturable. In diesem Zustand sind die chemischen Reaktionen, die das Leben in jedem Organismus aufrechterhalten (metabolische Aktivität) extrem reduziert. Die Bakterien teilen sich nicht. Die Zellen sind kleiner. Bakterien in diesem Zustand können kaum nachgewiesen werden. Für verschiedene Keime wurde gezeigt, dass sie den VBNC-Zustand annehmen können. Dieser Nachweis wurde erbracht für Campylobacter, Salmonellen, aber auch für EHEC-Bakterien. Professor Exner und seine Mitarbeiter haben VBNC bei Heliobacter pylori nachgewiesen. Inzwischen wurde auch für den EHEC O104:H4 gezeigt, dass er den VBNC- Zustand annehmen kann.

Professor Exner vermutet, dass die Bakterien auf dem Gärtnerhof in Bienenbütttel wegen Hygienemängel in der

---

65   Professor Exner hatte seine Analysen auf einem Kongress in München mit dem Thema „Gesunde Umwelt, gesunde Bevölkerung" am 11. November 2011 dargestellt. Dem Nachrichtenmagazin „Focus" lag sein Memorandum, das nicht zur Weitergabe bestimmt war, in Kopie vor. Diese Memorandum war Grundlage eines Artikels mit dem Titel „Verdacht gegen Biobetrieb. Experte zweifelt offizielle Ursache für Ehec an. Siehe http://www.focus.de/gesundheit/ratgeber/verdauung/ehec/verdacht-gegen-biobetrieb-experte-zweifelt-offizielle-ursache-fuer-ehec-an_aid_710733.html
. Die „Ärztezeitung" veröffentlichte zu diesem Thema, offenbar nach einem Gespräch mit Professor Exner, einen Artikel: EHEC, der Föderalismus und die Hygiene, http://www.aerztezeitung.de/medizin/med_specials/ehec-2011/article/679153/ehec-foederalismus-hygiene.html
Die folgenden Ausführungen stützen sich auf diese beiden Artikel.

Sprossenproduktion wieder reanimiert worden sind. Exner war vom niedersächsischen Landesgesundheitsamt im Juni 2011 zu einer Ortsbegehung nach Bienenbüttel gerufen worden. Er fand bei der Begehung einen Brunnen, der den Gesundheitsbehörden nicht bekannt war. Im Brunnenhaus waren zwei Personaltoiletten und ein kleines Waschbecken. Für einen Betrieb, der Lebensmittel zum Rohverzehr produziert, sei das nicht ausreichend. Es sei ein „gravierender nicht zu akzeptierender Risikofaktor". Die Angestellten hatten selbst regelmäßig von den im Gärtnerhof produzierten Sprossen gegessen. Bei fünf Mitarbeitern konnte der EHEC-Keim im Stuhl nachgewiesen werden. Drei Angestellte bekamen Durchfall, zwei zeigten Krankheitssymptome. Die Keime auf den Sprossen, so meint Exner, waren beim ersten Verzehr noch im VBNC-Zustand und wurden bei der Magen-Darm-Passage zum vollen Leben erweckt. Die Mitarbeiter wurden zu Ausscheidern der vitalisierten Bakterien.

Die Existenz der Toiletten im Brunnenhaus stelle ein schwerwiegendes Risiko dar. Durch eine undichte Abwasserkanalisation könnte das Brunnenwasser mit den animierten Bakterien kontaminiert worden sein. Da die Sprossen mit dem Wasser dauerhaft besprüht wurden, habe es ideale Bedingungen für die Übertragung der Keime gegeben. Außerdem habe es nach dem Toilettengang nur begrenzte Hygienemöglichkeiten gegeben. Auch nach dem Händewaschen hätten die Mitarbeiter immer noch genügend ausgeschiedene Keime auf die Keimlinge übertragen. Um das zu vermeiden, hätte schon eine sehr genaue Handhygiene eingehalten werden müssen, vergleichbar mit der Hygiene in Krankenhäusern.

Es bleibt festzuhalten: Exners Hypothese vermag, anders als die offizielle Darstellung, zu erklären, warum es fast nur in Bienenbüttel und nicht auch bei den vielen anderen Sprossenherstellern zum EHEC-Ausbruch gekommen ist. Die Annahme, der Bockshornkleesamen sei in unterschiedlichem Maße kontaminiert gewesen, ist demgegenüber eine nicht besonders glaubhafte ad hoc-Argumentation. Exner kann weiter erklären, warum von allen bisher genommenen Samenproben keine positiv war. Auch die in Ägypten genommenen Proben waren negativ.

Man muss sich fragen, warum die offiziellen Stellen nur ihre nicht überzeugende und wenig plausible Hypothese vorlegten und nicht ernsthaft in der Richtung ermittelten, die Exner einschlug. Gingen sie davon aus, dass ein Biomusterbetrieb über jeden Verdacht erhaben ist? Sind ihnen das Brunnenhaus mit den Personaltoiletten nicht aufgefallen? Meinten sie, dass ein Biopionier der ersten Stunde niemals Schuld an dem Ausbruch haben kann. War es die Achtung vor dem grünen Zeitgeist, die verhinderte, dass sie selbst zu einer plausiblen Hypothese kamen? Haben sie es mit Palmströms „weil nicht sein kann, was nicht sein darf" gehalten?

Wie reagierten die Medien auf die brisante Analyse des renommierten Hygieneexperten, der die Ursache für eine der furchtbarsten durch Lebensmittel übertragenen Katastrophen, die es je gab, in Hygienemängeln des Biohofs in Bienenbüttel gesehen hat? Sie reagierten so gut wie gar nicht. Die Artikel im „Focus" und in der „Ärztezeitung" wurden mit Schweigen übergangen! Man kann sich vorstellen, welche wochenlangen Mediengewitter auf uns alle heruntergeprasselt wären, wenn zum Beispiel eine Analyse eines Experten aufgedeckt hätte, dass der Tod eines Menschen auf gentechnisch veränderte Lebensmittel zurückzuführen war. Und was machte Sigmar Gabriel? Forderte er jetzt den Bundesverteidigungsminister auf, eine Elitedivision des Heeres nach Bienenbüttel zu schicken? Nein, der „Mann mit dem Schwefelgeruch" hat nicht einmal mit den Hufen gescharrt!

Literaturhinweise:

Georg Keckl, Ehec & Bio: Eine politisch unkorrekte Verbindung! http://www.novo-argumente.com/magazin.php/novo_notizen/artikel/000919

Udo Pollmer, Andrea Fock, Monika Niehaus, Jutta Muth, Wer hat das Rind zur Sau gemacht, Hamburg 2012, Kapitel 2, Dioxin im Ei: Ultraschwindel mit Ultragift, S. 26 – 40 und Kapitel 8, EHEC die angekündigte Krise, S. 140 – 151

Robert-Koch-Institut, Abschlussbericht EHECO104:H4 Ausbruch. Deutschland 2011

Bundesinstitut für Risikobewertung, EHEC-Ausbruch 2011: Aktualisierte Analyse und abgeleitete Handlungsempfehlungen, Stellungnahme vom 23. 11. 2011.

Walter Krämer, Die Angst der Woche, München 2011, Kapitel 8: Wer vergiftet unsere Nahrungsmittel?, S. 178 – 207.

Bundesinstitut für Risikobewertung, Aktuelle Dioxinproblematik: Verbraucher müssen sich keine Sorgen machen, 04/2011, http://www.bfr.bund.de/de/presseinformation/2011/04/aktuelle dioxinproblematik verbraucher muessen sich keine sorgen machen-59383.htm.

Fünftes Kapitel

Die Opfer der Ökohysterie

Vom Wundermittel zum Teufelszeug

Im Jahre 1948 erhielt der Schweizer Chemiker Paul Hermann Müller als erster Nichtmediziner den Nobelpreis für Medizin. Er synthetisierte Dichloro-diphenyl-trichloroethane, das schon 1874 von dem deutschen Doktoranden Othmar Zeidler im Rahmen seiner Doktorarbeit synthetisiert worden war, dann jedoch 65 Jahre nicht beachtet wurde. Müller, der für die Schweizer Firma J. R. Geigy arbeitete, erkannte die insektizide Wirkung dieser Chemikalie. Er beobachtete, wie Fliegen, die er in einem Glasbehälter hielt, starben, wenn er das von ihm entwickelte Pestizid einsetzte. Er machte eine weitere wichtige Beobachtung. Nachdem er den Glasbehälter gründlich gereinigt hatte und neue Fliegen in den Glasbehälter sperrte, starben diese auch. Tatsächlich war die große Persistenz eine wichtige Eigenschaft der von Müller synthetisierten Chemikalie.

Im Zweiten Weltkrieg brachte die Schweizer Firma Geigy Dichloro-diphenyl-trichloroethane unter den Namen Gesarol und Neocid auf den Markt. Die Schweizer hatten das Mittel sorgfältig getestet und herausgefunden, dass es gegen alle möglichen schädlichen Insekten mit außerordentlichem Erfolg eingesetzt werden konnte. Sie stellten es wegen der von ihnen erkannten großen Bedeutung sowohl dem Deutschen Reich wie den Alliierten gegen minimale Lizenzgebühren zur Verfügung.

Ein hochwirksames Insektizid einsetzen zu können, war und ist von kaum zu überschätzender Bedeutung. Hunderte von Millionen Menschen sind an Krankheiten gestorben, die durch Insekten wie Läuse, Flöhe, Stechmücken übertragen worden sind. Sie starben neben anderem an Malaria, Gelbfieber, Denguefieber, Typhus, Pest und Leishmaniose[1].

Im 14. Jahrhundert starben etwa ein Drittel aller Bewohner Europas und zwei Drittel der Bewohner der Britischen Inseln an der durch Flöhe übertragenen „Schwarzen Pest": Das Gelbfieber tötete Millionen Menschen, bevor man herausfand, dass es durch eine bestimmte Stechmückenart übertragen wurde. Es infizierte 1741 die Britischen Truppen in Lousiana und tötete 20.000 von 27.000 Soldaten. Die französischen Truppen, die dort 1802 ankamen, verließen Louisiana, nachdem 29.000 von 33.000 Soldaten an Gelbfieber gestorben waren.[2]

Mehr als hundert Typhusepidemien haben in Europa und Asien gewütet. Als die Spanier 1489 das maurische Ma-

---

1   Leishmaniose ist eine durch Sandmücken übertragene, weltweit vorkommende Krankheit. Das Verbreitungsgebiet sind die Tropen, aber auch der Mittelmeerraum und Asien. Die Krankheitsbilder reichen von lokal begrenzten spontan ausheilenden Infektionen bis zur tödlich endenden Allgemeinerkrankung.

2   Gordon Edwards, DDT: A Case Study in Scientific Fraud, Journal of American Physicians and Surgeons, Band 9, Nummer 3, 2004, S. 83.

laga belagerten, starben 3.000 Spanier durch feindliche Aktionen, aber 17. 000 an Typhus. Typhusepidemien wüteten während des englischen Bürgerkrieges, des Dreißigjährigen Krieges und der Napoleonischen Kriege. Man hat geschätzt, dass während des Dreißigjährigen Krieges mehr als zehn Prozent der deutschen Bevölkerung an Typhus gestorben ist. Während des Rückzugs Napoleons aus Russland starben mehr seiner Soldaten durch Typhus als durch Angriffe der Russen. In Russland starben während des Bürgerkrieges nach dem Ersten Weltkrieg drei Millionen Menschen an Typhus, die meisten waren Zivilpersonen. Unzählige Deutsche starben in russischer Kriegsgefangenschaft an Typhus.[3]

Es war eine Typhusepidemie, bei deren Bekämpfung mit dem neuen, von Paul Hermann Müller synthetisierten Insektizid der erst große, spektakuläre Erfolg erzielt wurde. Die Amerikaner hatten das von den Schweizern erhaltene Insektizid zunächst gründlich getestet und es dann in großem Maße hergestellt, nachdem durch ihre Tests die Schweizer Ergebnisse bestätigt worden waren. Während man das Insektizid in der Schweiz und in Deutschland vor allem gegen die Kartoffelkäferplage verwandte, wurde es von den Amerikanern zur Verhinderung von Krankheiten eingesetzt, die durch Insekten übertragen werden. Zu dem ersten großen Einsatz kam das neue Insektizid in Neapel, wo nach dem Rückzug der deutschen Truppen in der durch Flüchtlinge übervölkerten Stadt eine Typhusepidemie ausgebrochen war. Die Amerikaner, die die Stadt erobert hatten, waren bei ihren Bemühungen, die Epidemie zu bekämpfen, erst erfolgreich, als sie das von Müller entwickelte Neocid einsetzten.

---

3   Alle Angaben aus dem Artikel: Typhus (englisch) in: Wikipedia, http://en.wikipedia.org/wiki/Typhus

In seiner Nobelpreisrede zu Ehren von Paul Hermann Müller erwähnte Professor G. Fischer diesen großen Erfolg:

„In einer Periode von drei Wochen wurde die Typhusepidemie vollkommen beherrscht. So wurde zum ersten Mal in der Geschichte ein Typhusausbruch in einem Winter unter Kontrolle gebracht."[4]

Als die Engländer das Konzentrationslager Bergen-Belsen befreit hatten, konnten sich die ehemaligen Häftlinge zunächst nicht vorstellen, dass ein unscheinbares weißes Pulver sie von ihren Leiden befreien konnte, nachdem alle, auch die radikalsten Entlausungsversuche, bisher gescheitert waren. Doch ein Überlebender erinnert sich:

"Yet right in front of our eyes, something close to a miracle starts to happen! Slowly the incessant itching, so painful on our puss infected, ulcerated skin, starts to vanish, and this great relief finally convinces us that we have really been liberated. O Great Powerful Benefactor, Inventor of this White Powder".[5]

Die Amerikaner setzten die Chemikalie während des Zweiten Weltkrieges zum Schutze ihrer Truppen vor allem gegen Malaria im Pazifik ein. General Mc Arthur hatte geklagt, dass ein Drittel seiner Truppen an Malaria erkrankt sei, ein Drittel rekonvaleszent und nur ein Drittel einsatzfähig wäre. Müllers Pestizid wirkte Wunder.[6]

Tatsächlich war es bei der Bekämpfung der Malaria, der schlimmsten aller von Insekten übertragenen Krankheiten,

---

4   Fischer, G., Presentation Speech fort he Nobel Prize in Physiology and Medicine, 1948, http://www.nobelprize.org/nobel_prizes/medicine/laureates/1948/press.html

5   Zitiert nach: Donald Roberts, Richard Tren mit Roger Bate and Jennifer Zambone, The Excellent White Powder, Indianapolis 2010, S. 5

6   Spielman. Andrew and D´Antonio, Michael, Mosquito, The Story of Man´s Deadliest Foe, New York 2001, S. 142

dass das von Paul Müller entdeckte Pestizid bisher nicht für möglich gehaltene Wunder bewirkte.

In Griechenland, wo Malaria endemisch war, sank dank der Wunderchemikalie die Zahl der Malariafälle von 1- 2 Millionen auf fast null! Auch das bisher von Malaria geplagte Italien wurde mit Hilfe von Müllers Pestizid in relativ kurzer Zeit malariafrei. Schon 1948 gab es in Italien keinen einzigen durch Malaria verursachten Tod mehr.[7]

In den USA war Malaria vor allem im Süden endemisch. Schätzungen über Malariafälle im Jahr 1946 schwanken zwischen einer und sechs Millionen. Es gab damals noch etwa 5.000 Todesfälle pro Jahr. Wie in Europa, konnte mit Hilfe des neuen Insektizids die Malaria ausgerottet werden.[8]

Vor allem in vielen armen Ländern waren die Erfolge, die mit dem von Müller synthetisierten Pestizid erzielt wurden, spektakulär. Wann immer die Hauswände mit dem Pestizid besprüht wurden, sank die Zahl der Malariafälle.[9]

Bevor Müllers Insektizid eingesetzt wurde, gab es in Indien 75 Millionen Malariafälle pro Jahr. Im Jahr 1951 wurde in Indien mit dem Programm zur Bekämpfung der Malaria mit spektakulärem Erfolg begonnen. Die Zahl der Malariafälle sank bis 1969 auf 270.000.

In Nepal gab es in den fünfziger Jahren mehr als zwei Millionen Malariafälle bei einer Mortalitätsrate von zehn Prozent Vor allem Kinder waren betroffen. Mit Hilfe der Wunderche-

---

7   DISCOVERTHENETWORKS:ORG, Malaria Victims: How Environmentalist Ban on DDT Caused 50 Million Deaths. http://www.discovertheenetworks.org/viewSubCategory.asp?id=1259

8   Donald Roberts, Richard Tren mit Roger Bate and Jennifer Zambone, a. a. O., S. 348

9   Die folgenden Angaben sind entnommen aus Donald Roberts, Richard Tren mit Roger Bate and Jennifer Zambone, a. a. O., S. 34 ff.

mikalie von Hermann Paul Müller sank die Zahl der Malariafälle von zwei Millionen auf nur noch 2.468 Fälle im Jahr 1968. Die Lebenserwartung stieg von 28 Jahren bis 1970 auf 42 Jahre.

In Taiwan gab es 1945 noch eine Million Malariafälle. Mit Hilfe von Müllers Pestizid sank die Zahl bis 1969 auf neun Fälle und wenig später war Taiwan malariafrei und blieb es bis heute.

Ein spektakulärer Erfolg wurde mit dem Pestizid auch in Sri Lanka (damals Ceylon) erzielt. Die Zahl der Malariafälle fiel von 2,8 Millionen im Jahr 1946 auf 110 im Jahr 1961 und auf nur noch 18 1963, Die Zahl der durch Malaria verursachten Todesfälle fiel in der gleichen Periode von 12.587 auf Null! Aber Sri Lanka ist eine Geschichte des Triumphes und der Tragödie. Nachdem man die Bekämpfung der Malaria eingestellt hatte, stieg die Zahl der Malariafälle wieder dramatisch an und 1969 gab es wieder 2,5 Millionen Malariafälle.

Auch im Süden Afrikas wurden nach dem Einsatz der „Wunderchemikalie" erste Erfolge erzielt. Man kann die Geschichte der ans Wunderbare grenzenden Erfolge fortsetzen. Es möge genügen, eine Würdigung der National Academy of Sciences aus dem Jahre 1970 zu zitieren:

„To only a few chemicals does man owe as great a debt as to DDT. It has contributed to the great increase in agricultural productivity, while sparing countless humanity from a host of diseases, most notably, perhaps, scrub typhus and malaria. Indeed, it is estimated that, in little more than two decades, DDT has prevented 500 million deaths due to malaria that would otherwise have been inevitable."[10]

---

10   National Academy of Sciences, USA, The Life Sciences: Recent Progress and Application to Human Affairs, the World of Biological Research, Re-

Mit diesem Zitat ist der Name gefallen, unter dem das von Müller synthetisierte Pestizid bekannt und leider berüchtigt wurde: DDT. Das ist nichts anderes als die Abkürzung für **Di**chloro-**d**iphenyl-**t**richloroethane. DDT wurde zum Inbegriff der unser Leben gefährdenden Chemie, der Zerstörung der Umwelt, der Vernichtung der Welt der Vögel und vieler Tiere, zur Chiffre für ein reines Teufelszeug, welches das Leben der Menschen durch Krebs tötet.

Der stumme Frühling

Vor fünfzig Jahren erschien das Buch, durch das DDT zum Inbegriff des Schreckens wurde: „Der stumme Frühling" (Silent Spring) von Rachel Carson. Das Buch wurde sofort ein Bestseller. Es war 31 Wochen auf der Bestsellerliste der „New York Times". Rachel Carson steht im „Time Magazine" auf der Liste der 100 einflussreichsten Persönlichkeiten des vorigen Jahrhunderts. Ihr Buch war ein scheinbar wissenschaftlich fundiertes, leidenschaftliches Plädoyer gegen chemische Insektizide im Allgemeinen und gegen DDT im Besonderen und gab den Startschuss für die Umweltbewegung in den USA. Carson wird von ihren Anhängern als Umweltikone verehrt.

Der Beginn der sechziger Jahre, als Carsons Buch erschien, war eine Zeit der beginnenden Studentenproteste, es war aber vor allem die Zeit des Conterganskandals, der das Vertrauen in chemische Produkte erschütterte. Inso-

---

quirement of the Future, Committee on Research in The Life Sciences, Washington, DC, 1970, S. 432

fern fiel ihre Anklage gegen die unser Leben bedrohende Chemie damals auf fruchtbaren Boden.

Was uns droht, wenn wir fortfahren, chemische Insektizide wie DDT einzusetzen, macht Carson uns gleich auf den ersten Seiten ihres Buches klar. Nachdem sie zuerst eine Stadt im Herzen Amerikas, „in der alle Geschöpfe in Harmonie mit ihrer Umwelt lebten", mit „blühenden Farmen" und einer an „Zahl und Arten reichen Vogelwelt", liebevoll geschildert hat, fährt sie fort:

„Dann tauchte überall in der Gegend eine seltsame schleichende Seuche auf, und unter ihrem Pesthauch begann sich alles zu verwandeln. Irgendein böser Zauberbann war über die Siedlung verhängt worden: rätselhafte Krankheiten rafften die Kükenscharen dahin; Rinder und Schafe wurden siech und verendeten. Über allem lag der Schatten des Todes. Die Farmer erzählten von vielen Krankheitsfällen in ihren Familien. In der Stadt standen die Ärzte immer ratloser den neuartigen Leiden gegenüber, die unter ihren Patienten auftraten. Einige Menschen waren plötzlich und unerklärlicherweise gestorben, nicht nur Erwachsene, sondern sogar Kinder, die mitten im Spiel jäh von Übelkeit befallen wurden und binnen weniger Stunden starben.

Es herrschte eine ungewöhnliche Stille. Wohin waren die Vögel verschwunden? Viele Menschen fragten es sich, sie sprachen darüber und waren beunruhigt. Die Futterstellen im Garten hinter dem Haus blieben leer. Die wenigen Vögel, die sich noch irgendwo blicken ließen, waren dem Tode nah; sie zitterten heftig und konnten nicht mehr fliegen. Es war ein Frühling ohne Stimmen."[11]

---

11   Rachel Carson, Der stumme Frühling, Neuauflage München 2007, S. 15 f.

Carson räumt dann einige Abschnitte später ein, dass es diese Stadt in Wirklichkeit nicht gibt, doch:

„ihr Ebenbild könnte sich an tausend Orten in Amerika oder anderswo in der Welt finden. Ich kenne keine Gemeinde, der all das Missgeschick, das ich beschrieben habe, widerfahren ist. Doch jedes einzelne dieser unheilvollen Geschehnisse hat sich tatsächlich irgendwo zugetragen, und viele wirklich bestehende Gemeinden haben bereits eine Reihe solcher Unglücksfälle erlitten."[12]

Der stumme Frühling wurde zum Motor der Umweltbewegung. Die schauerlichen Prognosen von Rachel Carson wurden von einer hysterisch reagierenden Umweltbewegung noch übertroffen. Der bekannte Untergangsprophet Paul Ehrlich berichtete, Studien zeigten, dass immer mehr Menschen an Hochdruck, Leberzirrhose, Leberkrebs und vielen anderen Krankheiten als Folge des Einsatzes von DDT sterben. Die Amerikaner, die seit 1946 geboren wurden, hätten nur noch eine Lebenserwartung von 49 Jahren; wenn man so fortfahre wie bisher, würde die Lebenserwartung bis 1982 auf 42 Jahre gesunken sein.[13] Vor allem die gestiegene Rate an Brustkrebs wurde dem DDT angelastet.

Es soll geprüft werden, inwieweit die Behauptungen Carsons und ihrer Panikgemeinde zutreffen. Sind viele Vogelarten durch DDT zum Aussterben verurteilt? Bringt DDT den Menschen Krankheit und Tod?

---

12   Rachel Carson, a. a. O. S. 16

13   , DISCOVERTHE NETWORKS, Malaria Victims: How Environmentalist Ban on DDT Caused 50 Million Deaths a. a. O.

Über das Aussterben der Vögel

„Wenn der Frühling naht, wird er nun in den Vereinigten Staaten in immer größeren Gebieten nicht mehr von seinen Vorboten, den zurückkehrenden Vögeln, angekündigt. Wo einst am frühen Morgen der herrliche Gesang der Vögel erschallte, ist es merkwürdig still geworden. Die gefiederten Sänger sind jetzt verstummt, Schönheit, Farbe und der eigene Reiz, die sie unserer Welt verleihen, sind ausgelöscht".[14]

Das war Rachel Carsons Diagnose in ihrem Buch „Der stumme Frühling". Wegen des Einsatzes chemischer Insektizide, vor allem DDT, seien viele Vogelarten vom Aussterben bedroht.

Die Wanderdrossel und andere Vögel

Ein Vogel, dem Rachel Carson besondere Aufmerksamkeit schenkte, war die amerikanische Wanderdrossel, von der Carson behauptet, sie sei dem Aussterben nahe.[15] Aber nach Angaben der amerikanischen Audubon Gesellschaft, die jährlich zur Weihnachtszeit Vogelzählungen durchführt, ist die Menge der pro Beobachter gezählten Wanderdrosseln in der Zeit von 1941 bis 1961 um das Zwölffache gestiegen. Der genannte Zeitraum war die Periode, in der DDT besonders intensiv in der amerikanischen Landwirtschaft eingesetzt wurde. Roger Tory Peterson, ein Gegner von DDT, schreibt, dass die Wanderdrossel während der Zeit, in der

---

14   Rachel Carson, a. a. O., S. 110

15   Rachel Carson, a. a. O., S. 125

DDT eingesetzt wurde, zum häufigsten Vogel in den USA wurde.[16] Bei den Anhörungen vor der Environmental Protection Agency (EPA) gab der Forscher Joseph Hickey an, dass er keine Wanderdrosseln töten konnte, indem er diesen eine Überdosis DDT gab, weil diese das Insektizid über ihren Verdauungstrakt ausschieden.[17]

Aber auch bei vielen anderen Vogelarten kam es nach den Zählungen der Audubon Gesellschaft von 1941 bis 1961 zu beträchtlichen Zunahmen. Es gab 21 mal so viele Stärlinge, acht mal so viele Amseln und die Zahl der Heringsmöwen nahm so stark zu, dass 1971 erlaubt wurde, 30.000 zu töten.[18] Nach Zählungen der Audubon Gesellschaft wurden in der Zeit von 1941 bis 1960 mindestens 26 Vogelarten zahlreicher.[19] Das Virginia Department Agriculture Bulletin vom Mai 1968 begründete die Zunahme der Vogelpopulationen. Infolge des Einsatzes von DDT sei es zu einer Abnahme der blutsaugenden Insekten gekommen und die Vogelkrankheiten seien zurückgegangen, mehr Saaten und Früchte seien für die Vögel verfügbar geworden, nachdem die pflanzenfressenden Insekten reduziert wurden und schließlich produziere DDT Leberenzyme, die Karzinogene entgiften.

---

16 Aaron Wildavsky, But is it True? Abschnitt: Is DDT a Chemical of Ill Repute? Mit Jesse Malkin, Harvard University Press 1997, S. 65. Siehe auch die ausführliche Diskussion in Donald Roberts, Richard Tren mit Roger Bate and Jennifer Zambone, a. a. O. S. 107ff.

17 Gordon Edwards, The Lies of Rachel Carson, 21st Century & Technology Magazine, http://www.21stcenturysciencetech.com/articles/summ02/Carson.htm.

18 Aaron Wildavsky, a. a. O., S. 65

19 Gordon Edwards and Steven Milloy, 100 things you should know about DDT, http://www.tysknews.com/Depts/Environment/ddt_100.htm

Raubvögel waren nach Ansicht von Carson und anderen besonders gefährdet. Das sei deshalb so, weil wegen eines Prozesses, den man biologische Magnifikation nennt, die Konzentration einer toxischen Chemikalie wie zum Beispiel DDT in den Geweben zunimmt, je weiter man sich in der Nahrungskette zum „Endkonsumenten" bewegt. Bei DDT geschieht das, weil die Chemikalie persistent und fettlöslich ist, die fettlöslichen Stoffe aber im Wesentlichen im fressenden Organismus verbleiben und angereichert (akkumuliert) werden. Die Würmer nehmen zum Beispiel DDT aus dem Boden oder den Blättern auf, kleine Vögel fressen die Würmer, Raubvögel die kleinen Vögel. Bei den Raubvögeln als Endkonsumenten ist dann die höchste Konzentration des Schadstoffs zu erwarten.

Der Weißkopfseeadler

„Gleich der Wanderdrossel scheint auch ein anderer amerikanischer Vogel dem Aussterben nahe zu sein. Es ist der Weißkopfseeadler, das nationale Symbol der Vereinigten Staaten. Seine Bestände sind innerhalb des letzten Jahrzehnts in erschreckenden Maße dahingeschwunden."[20] Rachel Carson, die dies behauptet, fügt hinzu, dass diese Entwicklung die Amerikaner wohl zwingen könnte, bald ein neues nationales Wappentier zu finden.[21]

Tatsächlich war der Weißkopfseeadler vom Aussterben bedroht – im Jahr 1921, 25 Jahre bevor DDT eingesetzt

---

20   Carson, Der stumme Frühling, a. a. O., S. 125
21   Carson, Der stumme Frühling, a. a. O., S. 127

worden ist. Der Weißkopfseeadler war in Neuengland bereits 1937 verschwunden. In Hornaday´s American Natural History heißt es 1935 über den Weißkopfseeadler: Heute ist der Amerikanische Adler überall in den USA ein seltener Vogel und er wird von Tag zu Tag seltener. Man kann heute quer durch Florida reisen ohne auch nur einen einzigen zu sehen. „Old Baldy is passing out…" (Der Weißkopfseeadler heißt im englischen bald eagle).[22] Anders als die Wanderdrossel waren die Weißkopfadler also tatsächlich bedroht, aber schon lange bevor DDT jemals verwendet worden war. Sie waren erbarmungslos gejagt und vergiftet worden, auch zum Schutze des Viehs.[23] Seit 1960 wurde in den USA bei toten Adlern eine Autopsie vorgenommen. Bei 475 toten Adlern war ein Drittel aller Todesfälle darauf zurückzuführen, dass sie abgeschossen oder in Fallen getötet wurden. Nur zwei Todesfälle wurden durch eine Vergiftung durch DDE, einem Abbauprodukt von DDT, verursacht.[24] Nachdem DDT mehr als 15 Jahre intensiv eingesetzt wurde, zählten die Ornithologen der Audubon Gesellschaft 1960 25 Prozent mehr Adler als 1940.[25]

---

22   Zitiert nach: Donald Roberts, Richard Tren mit Roger Bate and Jennifer Zambone, a. a. O., S. 122

23   Donald Roberts, Richard Tren mit Roger Bate and Jennifer Zambone, a. a. O., S. 103 und S. 120ff.

24   Aaron Wildavsky, S. 68

25   .Gordon Edwards and Steven Milloy, 100 things you should know about DDT, http://www.tysknews.com/Depts/Environment/ddt_100.htm

Der Wanderfalke

Auch beim Wanderfalken wurde behauptet, dass es in der Zeit des DDT-Einsatzes zu einer dramatischen Bestandsabnahme kam. Man hat das zunächst in Großbritannien und danach in den USA beobachtet. Aber einige Beobachter wiesen darauf hin, dass die Bestandsabnahme beim Wanderfalken schon begann, bevor DDT eingesetzt wurde. So hatte der Ornithloge Joseph Hickey bereits 1942 in der amerikanischen Zeitschrift für Ornithologie „AUK" geschrieben, dass die Zahl der Wanderfalken bereits seit 1890 abnahm und 1940 nur noch 170 Paare im Osten der USA gezählt werden konnten.[26] Das wurde auch von anderen bestätigt.[27] In Kanada vermehrten sich die Wanderfalken normal, obwohl ihr Gewebe 30 mal mehr DDT enthielt als die Gewebe der Falken aus dem Mittleren Westen der USA, wo die Wanderfalken angeblich durch DDT ausgelöscht worden waren. Man hat vermutet, dass der Wanderfalke deshalb dezimiert wurde, weil seine wichtigste Nahrung, die Wandertaube, nicht mehr existierte.[28] Auch für Großbritannien stellte eine Studie im Auftrag der Regierung fest, dass es keine enge Korrelation zwischen dem Einsatz von DDT und der Abnahme der Zahl der Raubvögel, speziell dem Wanderfalken und dem Sperber gibt. Die Abnahme der

---

26   Zitiert nach: Aaron Wildavsky, a. a. O., S. 67

27   Beebe FL. The Myth of vanishing Peregrine, North Surrey, BC, Canada 1971 und Rice JN. Peregrine Falcon Populations, Madison 1969 S. 155 – 164. zitiert nach: Facts versus Fears: DDT, Extract from the American Council on Science and Health publication "Facts Versus Fears", http://dwb.unl.edu/Teacher/NSF/C06/C06Links/www.altgreen.com.au/Chemicals/ddt.html

28   Enderson JH, Berger DD. Clorinated hydrocarbons in peregrines from northern Canada., Condor1968, S. 149 153, zitiert nach: Facts versus Fears

Wanderfalken war schon 1966 zum Abschluss gekommen, obwohl DDT damals so häufig war wie zuvor.[29] Es erscheint nach allem zweifelhaft, ob die Abnahme der Zahl der Wanderfalken auf den Einsatz von DDT zurückzuführen ist.

Bedroht DDT die Fortpflanzungsfähigkeit der Vögel?

Carson schreibt: „Selbst wenn DDT oder verwandte chemische Verbindungen den Vogeleltern, die ihnen ausgesetzt werden, keinen feststellbaren Schaden zufügen, können sie die Fortpflanzung äußerst ungünstig beeinflussen." Sie beruft sich auf Dr. DeWitts Untersuchung über Zahnwachteln und Jagdfasane und schreibt. „Zahnwachteln, deren Futter man DDT zugesetzt hatte, blieben die Brutzeit über am Leben und legten sogar eine normale Anzahl von befruchteten Eiern. Doch nur wenige der Jungen schlüpften aus."[30] Doch bei DeWitt, den Carson als Quelle nennt, heißt es, dass von den Wachteln, die die 3.000 fache Menge DDT erhielten, die der Amerikaner im Durchschnitt zu sich nahm, 75 bis 80 Prozent ausschlüpften, in der Kontrollgruppe, die kein DDT erhielt, 83 Prozent. Es ist schon erstaunlich, dass 75 oder 80 Prozent „wenige" sein sollen. Bei den Fasanen war es gar so, dass bei den mit DDT gefütterten 80,6 Prozent ausschlüpften, in der Kontrollgruppe nur 57,4 Prozent. Es hat in der Folgezeit eine kaum noch übersehbare Flut von Aufsätzen gegeben, in denen geprüft wurde, ob DDT zu einer Verdünnung der Eierschalen führte und deshalb die Fortpflanzungsfähigkeit der Vögel behindert wurde.[31]

---

29 Wilson Report. Review of organochlorine pesticides in Britain. Report by Advisory Committee on Toxic Chemicals, 1969, zitiert nach: Facts versus Fears

30 Carson, Der stumme Frühling, a,a,O., S. 128.

31 Zitiert nach Gordon Edwards, The Lies of Rachel Carson, a. a. O.

Gordon Edwards kommt nach Sichtung der Literatur zu folgendem Ergebnis: Bei den Experimenten, in denen Vögel mit DDT gefüttert wurden, konnte, wenn überhaupt, nur eine schwache Korrelation zwischen der Menge an DDT und der Dicke der Eierschalen nachgewiesen werden. Dünne Eierschalen können sich ergeben, wenn die Vögel durch Lärm Stress erleiden, wenn sie sich fürchten oder sich aufregen. Eierschalen werden auch dünner, wenn die Vögel Quecksilber, Blei, Parathion oder andere Dinge aufnehmen. Dünnere Eierschalen sind auch die Folge eines Mangels an Calcium, Phosphor, Vitamin D, Licht, Kalorien oder Wasser. Dicke Eierschalen ergaben sich, wenn die Nahrung zwei Prozent Calcium enthielt; belief sich der Calciumgehalt auf nur ein Prozent, waren die Eierschalen neun Prozent dünner als normal. Bei Anwesenheit von Blei waren die Eierschalen 14 Prozent dünner, bei Quecksilber waren es acht Prozent.[32]

Krankheit und Tod für die Menschen durch DDT?

Es war und ist einer der großen Vorzüge von DDT, dass es bei vorzüglicher insektizider Wirkung nur von geringer Toxizität für Menschen und Säugetiere ist. Dennoch wurde DDT im Anschluss an Rachel Carsons Buch mit allen möglichen Krankheiten, vor allem mit Krebs in Verbindung gebracht.

Während des Zweiten Weltkrieges wurden unzählige Soldaten im Pazifik mit DDT besprüht, ihre Kleidung

---

32 Gordon Edwards, DDT: A Case Study in Scientific Fraud, Journal of American Physicians and Surgeons, Volume 9, Number 3, Herbst 2004, S. 84.

wurde mit DDT bespritzt, während sie getragen wurde. Gesundheitliche Schäden wurden nicht bekannt. Das gilt auch für die Menschen, die aus deutschen Konzentrationslagern befreit wurden. Sie wurden entlaust, indem sie mit dem „erstaunlichen weißen Pulver" besprüht wurden. Als während des Krieges die Amerikaner versuchten, große Massen DDT vor allem für ihre Truppen im Pazifik herzustellen, wurde diese Aufgabe einem Spitzenchemiker der Firma Merck, Jacobs, übertragen. Leider geschah ein Missgeschick. Das Ventil eines großen Kessels mit DDT wurde versehentlich geöffnet und Jacobs, der unter dem Kessel stand, wurde mit heißem DDT „übergossen". Er erinnert sich, dass er überall fingerdick mit DDT bedeckt war, in den Haaren, in den Ohren. im Mund. Nach allem, was man bei Carson und Ihren Anhängern über DDT gelesen hatte, musste diese Dosis tödlich sein. Und in der Tat starb Jacobs – nach mehr als sechzig Jahren im Alter von 88 Jahren.[33] Im Grunde sind sich Anhänger und Gegner von DDT einig, dass das Insektizid in erstaunlich geringem Maße für Menschen akut toxisch ist. Das hat sich, wie die Weltgesundheitsorganisation 1971 schrieb, in Millionen von Fällen bestätigt, in denen Menschen dem Insektizid intensiv ausgesetzt waren.[34]

DDT, das fettlöslich ist und im Körperfett gespeichert wird, soll Krebs verursachen. Das hatte schon Rachel Carson behauptet und schien durch einige Studien belegt zu sein. Aber in keinem Fall konnten die Ergebnisse durch Kontrollstudien bestätigt werden. Der These, dass DDT Brustkrebs verursacht, wurde besondere Aufmerksamkeit gewidmet. Auf eine erste Studie von Wolff und anderen, in

33   John Berlau, Eco-Freaks. Nashville 2006, S. 21f.

34   Zitiert nach: Aaron Wildavsky, a. a. O., S. 58.

der eine Korrelation von DDT und Brustkrebs behauptet
wurde, folgten acht Studien, in denen kein Zusammenhang
von DDT und Brustkrebs gefunden wurde.[35] In zwei der Studien stellte man fest, daß das Krebsrisiko erheblich reduziert
wurde, wenn die Menschen in stärkerem Maße DDT ausgesetzt worden waren. Zu dem gleichen Ergebnis kam man,

---

35   Amir Attaran, Donald R. Roberts, Chris F. Curtis & Wenceslaus L. Kilama,
      Balancing Risks on the Back of the Poor, http://www.malaria.org/attaran-
      naturemed.html
      ‚Original – Nature Medicine, Juli 2000, Band 6, Nummer7, S. 729-731. Die
      Studie von Wolff u. a. und die erwähnten acht Studien, die hier aus dem
      Literaturverzeichnis von Attaran u. a. übernommen werden, sind:

- Wolff, M. S. *et al*. Blood levels of organochlorine residues and risk of breast
  cancer. *J. Natl. Cancer Inst.* **85**, S. 648- 652 (1993)

- Krieger, N. *et al*. Breast cancer and serum organochlorines: a prospective
  study among white, black, and Asian women. *J. Natl. Cancer Inst.* **86**,
  S. 589-599 (1994)

- Schecter A. *et al*. Blood levels of DDT and breast cancer risk among
  women living in the north of Vietnam. *Arch. Environ. Contam. Toxi-
  col.* **33**, S. 453–456 (1997)

- Hunter D. J. *et al*. Plasma organochlorine levels and the risk of breast cancer *N. Engl. J. Med.* **337**, S. 1253– 1258 (1997)

- Lopez-Carillo L. *et al*. Dichlorodiphenyltrichloroethane serum levels and
  breast cancer risk: a case control study from Mexico. *Caner Res.* **57**,
  S. 3728-3732 (1997)

- Moysich K. B. *et al*. Environmental organochlorine exposure and postmenopausal breast cancer risk. *Cancer Epidemiol. Biomarkers Prev.* **7**,
  S. 181-188 (1998)

- Zheng T. *et al*. DDE and DDT in breast adipose tissue and risk of female
  breast cancer. *Am. J. Epidemiol.* **150**, S. 453- 458 (1999)

- van't Veer P. *et al*. DDE and DDT (dicophane) and postmenopausal breast
  cancer in Europe: case-control study. *Brit Med. J.* **315**, 81-85 (1997)

- Helzlsouer K. J. *et al*. Serum concentrations of organochlorine compounds
  and the subsequent development of breast cancer. *Cancer Epidemiol.
  Biomarkers Prev.* **8**, S. 525-532 (1999)

wenn man den Zusammenhang zwischen DDT und anderen Krebsarten untersuchte.[36]

Von 1956 bis 1958 erhielten in einem Gefängnis Freiwillige 21 Monate lang mit der Nahrung DDT, einige in einer Menge, die etwa 1.000 mal so groß war, wie die Mengen, die der durchschnittliche Amerikaner zu sich nahm. Die Betroffenen äußerten keine Klagen und auch fünf Jahre später wurden keine negativen Effekte beobachtet.[37]

In einer Studie, in der 40 Arbeiter überprüft wurden, die in Unternehmen beschäftigt waren, die DDT herstellten, und die sechseinhalb Jahre lang 200 mal so viel DDT aufnahmen wie die allgemeine Bevölkerung, wurden keine Symptome festgestellt, die auf eine chronische DDT-Vergiftung hinweisen.[38]

In einer anderen Studie wurden Arbeiter beobachtet, die bei der Montrose Chemical Corporation beschäftigt waren, die von 1947 bis 1982 nichts anderes als DDT herstellte. Analysen zeigten, daß das DDT im Körperfett bis zum achtzigfachen die Menge überstieg, die im Körperfett der allgemeinen Bevölkerung nachgewiesen wurde. Die Arbeiter nahmen fast 300 mal mehr DDT auf als die übrigen Bewohner der USA. Negative Auswirkungen, die auf DDT zurückzuführen waren, wurden nicht beobachtet.[39]

Wir konstatieren: Die Schreckensbilder, die Rachel Carson und ihre Panikgemeinde an die Wand malten, finden in der Realität keine Entsprechung. Die Vögel sangen nach

36 Attaran u. a., a. a. O. Siehe dazu auch die Ausführungen in Gordon Edwards and Steven Milloy, 100 things you should know about DDT

37 Aaron Wildawsky, a. a. O., S. 60f.

38 Aaron Wildawsky, a. a. O., S. 61

39 Aaron Wildawsky, a. a. O., S 61.

zwanzig Jahren intensiven Einsatzes von DDT in der Landwirtschaft wie immer. Die Menschen erlitten keine Einbußen an ihrer Gesundheit. Wohlgemerkt: Selbst nach dem exzessiven Einsatz von DDT als Pflanzenschutzmittel in der Landwirtschaft waren keine oder allenfalls sehr geringe schädliche Auswirkungen festzustellen. Es geht aber seit langem nicht darum, den Einsatz von DDT in der Landwirtschaft zuzulassen. Dort gibt es kostengünstige Alternativen. Es geht darum, DDT als das zur Bekämpfung der Malaria in den Tropen wirksamste und billigste Mittel einsetzen zu können, um den Tod von Millionen von der Malaria Betroffenen, vor allem den Tod von Millionen von Kindern zu verhindern.

Bei dem Einsatz von DDT zur Malariabekämpfung werden die Innenwände und die Decken der Häuser einmal oder zweimal pro Jahr mit DDT besprüht. Dabei werden pro Quadratmeter zwei Gramm DDT verwendet. Die gesamte Bevölkerung Guyanas, bei der das Risiko an Malaria zu erkranken, extrem hoch ist, kann mit einer Menge an DDT geschützt werden, die bei landwirtschaftlicher Nutzung auf einem einzigen Baumwollfeld von 0,4 km^2 in einer Saison ausgebracht wird.[40] Es ist natürlich wahr, dass von dem auf den Hauswänden versprühtem DDT ein kleiner Teil auch nach außen dringen kann. Aber wenn schon bei dem exorbitanten Einsatz von DDT in der Landwirtschaft so gut wie keine negativen Folgen beobachtet werden konnten, ist es lächerlich, bei den in der Malariabekämpfung eingesetzten minimalen Mengen eine Gefährdung der Umwelt zu befürchten, wie das die internationale Panikmafia tut.

---

40   Amir Attaran u. a., a. a. O.

Die „National Academy of Sciences" fasste 1986 das Ergebnis der wissenschaftlichen Studien zusammen: Es gibt bisher keine klinischen oder epidemiologischen Hinweise, daß bei bestimmungsgemäßen Gebrauch von DDT gesundheitliche Schäden bei Menschen auftreten.[41]

Entwicklung von Resistenz

Gegen die Verwendung von DDT zur Malariabekämpfung wird eingewendet, dass sich eine Resistenz der Überträger entwickeln könnte oder schon entwickelt hat. Das häufig auch schon von Rachel Carson vorgebrachte Argument, der Einsatz von DDT könnte zur Resistenzbildung führen, ist eigentlich eher kurios. Es ist ja auch noch niemand auf die Idee gekommen, etwa bei einer Lungenentzündung Antibiotika erst gar nicht einzusetzen, weil sich Resistenz entwickeln könnte. Wohl wird davor gewarnt, Antibiotika unkritisch etwa bei jeder Bronchitis einzusetzen, weil das die Gefahr der Resistenzbildung erhöht. Die akute Bronchitis ist meist viral bedingt und kann dann nicht durch eine Behandlung mit Antibiotika beeinflusst werden.

Es ist aus diesem Grunde sinnvoll, auf den Einsatz von DDT in der Landwirtschaft zu verzichten, weil sich dadurch die Gefahr der Resistenzbildung erhöht. Es gibt jedoch kaum Hinweise darauf, dass sich durch das Besprühen der Hauswände mit DDT eine Resistenz der Überträger

---

41 Committee on the Application of Ecological Theory to Environmental Problems, Ecological Knowledgeand Environmental Problem Solving: Concepts and Case Studies. Washington DC: National Academies of Science Press 1986, S. 364.

entwickelt hat.[42] Es wird allerdings auch vorgebracht, dass sich Resistenz der Überträger gegen DDT in vielen Ländern bereits entwickelt hat und deshalb der Einsatz nutzlos ist. Dieser These liegt eine irrige Vorstellung von der Wirkungsweise von DDT in der Malariabekämpfung zugrunde. Malaria wird durch Stechmücken übertragen, die am frühen Abend in ein Haus kommen, dort bleiben und irgendwann die Menschen stechen. Durch den Stich können die Stechmücken Malariaparasiten aufnehmen und infiziert werden. Wenn sie schon infiziert sind, können sie durch den Stich die Malaria übertragen. Wenn DDT auf die Hausinnenwände gesprüht wird, ergeben sich drei unterschiedliche Wirkungen. Moskitos werden durch DDT *abgestoßen* und dringen nicht in das Haus ein. Stechmücken, die dennoch in das Haus gelangen, werden durch Kontakt mit der besprühten Fläche *irritiert* und verlassen das Haus, bevor sie stechen. Und schließlich gibt es die *toxische* Wirkung, die zum Tod der Stechmücke führt, wenn sie sich länger auf einer der besprühten Flächen aufgehalten hat.

Von diesen drei Wirkungsmechanismen ist die abstoßende Wirkung am bedeutendsten. In Feldstudien wurde gezeigt, dass in Nord-, Mittel- und Südamerika 95 bis 97 Prozent der wichtigsten Malariaüberträger durch DDT abgestoßen werden und gar nicht in die besprühten Häuser eindringen. Die abstoßende Wirkung war so groß, dass in den Studien die prozentuale Bestimmung der irritierenden und der toxischen Wirkung gar nicht mehr möglich war[43]. Die Resistenz wird aber nur dadurch geprüft, indem ermit-

---

42 Donald R. Roberts, To Control Malaria, we Need DDT, http://www.21stcenturysciencetech.com/articles/Fall02/DDT.html

43 Attaran u. a. http://www.malaria.org/attarannaturemed.html

telt wird, ob die Stechmücken eine normale toxische Dosis überleben. Bei diesen Tests wird aber übersehen, daß DDT vor allem durch die nicht toxischen, die abstoßenden und die irritierenden Aktivitäten wirkt. Das bedeutet: Auch wenn festgestellt wird, dass die Stechmücken gegen DDT resistent sind, bleibt DDT ein außerordentlich wirksames Mittel in der Malariabekämpfung. Tatsächlich hat sich gezeigt, dass auch in Ländern, in denen sich Resistenz gegen DDT entwickelt hat, das Insektizid mit großem Erfolg eingesetzt werden kann.[44] So führt der Einsatz in Indien, wo sich Resistenz der Überträger entwickelt hat, zu einer wünschenswerten Eindämmung der Malaria, obwohl aus Kostengründen in Indien statt der empfohlenen zwei Gramm nur ein Gramm DDT pro Quadratmeter auf die Hausinnenwände gesprüht wird. Auch in Mexiko führte der Einsastz von DDT trotz Resistenz zu befriedigenden Ergebnissen.[45]

Die Ächtung von DDT

Doch die Anti-DDT-Bewegung, die sich nach der Veröffentlichung des „Stummen Frühlings" zunächst in den USA bildete, war nicht geneigt, wissenschaftlichen Einsichten Beachtung zu schenken. Man suchte, DDT zu verbannen, zum Schaden der Ärmsten in der Welt. Die amerikanische Umweltorganisation „Environmental Defense Fund" startete eine nationale Kampagne und zog wegen des Einsatzes von

---

44 Attaran u. a. http://www.malaria.org/attarannaturemed.html

45 Donald Roberts, Richard Tren mit Roger Bate and Jennifer Zambone, a. a. O., S. 332

DDT vor Gericht. Die nichtstaatliche Organisation kämpfte für ein Verbot von DDT. Auf Druck der Umweltschützer wurden von der neu gegründeten „Environmental Protection Agency", einer Behörde der Regierung der Vereinigten Staaten zum Schutze der Umwelt und der menschlichen Gesundheit, in den Jahren 1971 und 1972 umfassende Anhörungen abgehalten, in denen 125 Autoren zu Wort kamen, die Manuskripte von insgesamt mehr als 9.300 Seiten verfasst hatten.

Der Vorsitzende Richter Sweeney nannte als Ergebnis der Anhörungen: DDT ist keine karzinogene Gefahr für den Menschen. Es ist nicht erbschädigend und erzeugt keine Missbildungen. Es hat keine schädlichen Auswirkungen auf Fische, Vögel oder andere wild lebende Tiere. Er empfahl, kein Verbot gegen DDT auszusprechen.[46]

Doch William Ruckelshaus, der Leiter der Environmental Protection Agency, der nicht einen einzigen Tag während der siebenmonatigen Anhörungen anwesend war, und dessen Mitarbeiter berichteten, er habe die Manuskripte auch nicht gelesen, erließ für die USA ein Verbot von DDT.[47] Er machte die Anhörungen, bei denen die Gegner von DDT schlecht aussahen, zu einer sinnlosen Farce. Ruckelshaus gebührt wohl ein besonderer Rang auf der langen Liste grüner Gesinnungstäter.

Mit welchen Mitteln die Umweltaktivisten arbeiteten, zeigt folgender Vorgang. Einige renommierte Wissenschaftler, unter ihnen Friedensnobelpreisträger Norman Borlaugh, die sich für DDT einsetzten, wurden diffamiert

---

46 Siehe den genauen Wortlaut in: Roberts, Tren mit Roger Bate and Jennifer Zambone, a. a. O., S. 204

47 Ebenda, S. 207

und in der „New York Times" als „bezahlte Lügner" ("paid liars) bezeichnet. Es stellte sich heraus, dass man sich zuvor bei Treffen des „Environmental Defense Funds" verabredet hatte, gegen alle, die sich für DDT einsetzten, eine Verleumdungskampagne zu führen.

Nach der Berufungsverhandlung, (in erster Instanz wurden die Verleumder verurteilt), erklärte der Richter, dass es ohne Zweifel eine Verleumdung sei, die Kläger bezahlte Lügner zu nennen. Keine Behauptung sei besser geeignet, die akademische Reputation der Beleidigten zu ruinieren. Jemand einen bezahlten Lügner zu nennen, bedeute, dass man ihm vorwerfe, er sei korrupt. Ein solcher Vorwurf müsse durch Tatsachen gedeckt sein. Es sei unstreitig, dass es eine solche durch Fakten gedeckte Basis für die Behauptungen nicht gebe[48].

Der Vorgang ist ein trauriges Beispiel für die Selbstermächtigung zur moralischen Entwürdigung Andersdenkender, zum Verstoß gegen moralische Mindeststandards und Persönlichkeitsrechte unter Berufung auf das vermeintlich höhere Recht einer moralisch guten Sache – nämlich der Erhaltung der Umwelt, der Bewahrung der Schöpfung etc. Wer derart hehre Ziele verfolgt, darf nicht zimperlich sein. Grüne Gesinnungstäter kennen keine moralischen Skrupel. „Uns ist alles erlaubt" war nicht nur das Motto der Tscheka.

Das Verbot von DDT in den USA war der Beginn einer weltweiten Ächtung von DDT. Umweltschutzorganisationen in vielen Ländern starteten Kampagnen gegen das angeblich schädliche Insektizid. Die internationalen Hilfsorganisationen und die meisten nationalen Hilfsor-

---

48   Siehe dazu den genauen Text in: Donald Roberts, Richard Tren mit Roger Bate und Jennifer Zambone, a. a. O. S. 116

ganisationen vergaben Mittel an Entwicklungsländer nur noch unter der Bedingung, dass kein DDT im Kampf gegen Malaria eingesetzt werde. Sie wurden so zu Agenturen im Dienste des Ökoimperialismus. Es gelang ihnen leider die Weltgesundheitsorganisation, die eigentlich das Leben der Menschen vor Krankheiten, die durch Insekten übertragen werden, schützen sollte, vor ihren tödlichen Karren zu spannen. Heute wird DDT nur noch in Indien und China hergestellt, zwei Länder, die sich dem Druck der USA und der EU widersetzen konnten.

Die Umweltaktivisten starteten im Jahr 2000 eine Kampagne, mit dem Ziel, alle persistenten organischen Stoffe zu verbieten. Es sollte weltweit der Einsatz von DDT für alle Belange, also auch der Einsatz zum Zweck der Malariabekämpfung, verboten werden. Vor allem die wohlhabenden Staaten des Westens, aber natürlich auch die üblichen Verdächtigen wie WWF und Greenpeace wollten das Verbot. Tatsächlich kam es zu der Konvention von Stockholm über persistente organische Schadstoffe. Doch in letzter Minute wurde für DDT eine Ausnahme zugelassen. Vierhundert Wissenschaftler aus der ganzen Welt, unter ihnen mehrere Nobelpreisträger der Medizin, hatten sich für die weitere Verwendung von DDT für Gesundheitszwecke eingesetzt. Auch die Tatsache, dass die letzte Sitzung in Südafrika stattfand, mag zu diesem Erfolg für die Ärmsten in der Welt beigetragen haben.[49]

---

49 Siehe dazu die ausführliche Darstellung bei: Donald Roberts, Richard Ten mit Roger Bate und Jennifer Zambone, a. a. O., S. 292 ff.

Die unheilvollen Konsequenzen des Drucks der Geberländer

Doch trotz dieses Sieges der Wissenschaft und der Vernunft setzten die Weltgesundheitsorganisation, das United Nations Environment Program (UNEP), UNICEF, die Weltbank und die meisten nationalen Hilfsorganisationen und natürlich auch die berüchtigten Nichtregierungsorganisationen wie Greenpeace und andere ihre Bemühungen fort, DDT zu verbannen. Es war und blieb üblich, Mittel an Entwicklungsländer nur unter der Bedingung zu vergeben, dass sie nicht für den Kauf von DDT eingesetzt werden.

Im Jahr 1997 vergab die Weltbank einen Kredit in Höhe von 165 Millionen Dollar an Indien. Die Mittel durften aber nicht für DDT ausgegeben werden, sondern nur für das doppelt so teure Insektizid Pyrethroid. [50] Es konnten also bestenfalls nur halb so viele Einwohner vor Malaria geschützt werden wie bei einem Einsatz von DDT.

Ein besonders scheußliches Beispiel ist der Druck auf Eritrea. 50 Prozent der Sterbefälle und 60 bis 80 Prozent der Krankheiten sind Folgen von Malaria. Es gab im ganzen Land nur 145 Ärzte und 391 Krankenschwestern. Die Weltbank, UNICEF, und USAID vergaben Kredite. Aber das Geld durfte nicht für das wirksamste und billigste Mittel, nämlich DDT ausgegeben werden, die Weltbank verlangte, dass am Ende des zweiten Jahres auf DDT in Eritrea völlig verzichtet wird.[51]

In Mosambik sind die Behörden dringend ermahnt worden, kein DDT in ihren Malariaprogrammen einzusetzen.

---

50   Donald R. Roberts, To Control Malaria, we Need DDT, http://www.21stcenturysciencetech.com/articles/Fall02/DDT.html

51   Donald R. Roberts, To Control Malaria, we Need DDT, a. a. O.

Mosambik ist eines der ärmsten Länder der Welt und für den Kampf gegen Malaria völlig von Hilfe abhängig. Der Einsatz von DDT wäre gerade in diesem Land sinnvoll gewesen, weil DDT billig, leicht zu verwenden und hocheffektiv ist. Der Einsatz von DDT war umso dringender, weil der dortige Malariaüberträger gegen das bis dahin eingesetzte synthetische Pyrethroid resistent geworden war und synthetisches Pyrethroid anders als DDT keine abstoßende Wirkung hat. Doch die in Mosambik tätigen norwegischen und schwedischen Hilfsorganisationen wie auch USAID lehnten den Einsatz von DDT ab.[52]

Aber Mosambik ist beileibe kein Einzelfall. In Bolivien übte USAID Druck auf die Regierung aus und zwang sie, auf den von ihr gewünschten Einsatz von DDT zu verzichten. Als Bolivien dem internationalen Druck nachgab und DDT absetzte und Bettnetze und andere Mittel einsetzte, stieg die Infektionsrate von 1993 bis 2005 um 80 Prozent.[53] In Madagaskar versuchte das United Nations Development Programme (UNDP) die Regierung zu veranlassen, nicht länger DDT einzusetzen, aber Madagaskar, wo mehr als 100.000 Menschen an Malaria gestorben waren, nachdem der Einsatz von DDT nach 1986 eingestellt worden war, weigerte sich glücklicherweise später, dem Druck nachzugeben.[54] Die Malariafälle sanken nach der Wiederaufnahme des DDT-Einsatzes um 90 Prozent.[55]

---

52 Richard Tren & Roger Bate, Malaria and the DDT Story, London 2001, S. 56

53 Discover the Networks, a. a. O.

54 Richard Tren & Roger Bate, a. a. O., S. 55 ff.

55 Roberts, S. Manguin, J.Mouchet, DDT house spraying and re-emerging Malaria, The Lancet, 2000.

Auch wenn es kein eindeutiges Verbot für den Einsatz von DDT gibt, ist oft ein de facto-Bann wirksam. Jorge Polanco vom Gesundheitsministerium in Belize berichtet, dass die Malaria so gut wie ausgerottet war, nachdem man in den sechziger Jahren die Hausinnenwände mit DDT besprüht hatte. Als sein Land in den achtziger Jahren auf den Einsatz von DDT verzichtet hatte, stiegen die Malariafälle sprunghaft an. Als man versuchte, wieder DDT einzusetzen, war man nicht mehr in der Lage, DDT zu beschaffen, nachdem das letzte Werk, in dem im Westen DDT hergestellt worden war, in Mexiko geschlossen worden war. Man war gezwungen, Deltmethrin einzusetzen, ein Pyrothreoid, das drei bis vier mal so teuer war als DDT.[56]

Als Südafrika, wohl auch wegen des internationalen Drucks, 1996 den Einsatz von DDT beendete, stellte man fest, dass der gefährlichste Überträger der Malaria schon bald gegen das Pyrethroid, das anstelle von DDT verwendet wurde, resistent wurde. Schon 1997 waren die Malariafälle in den am meisten gefährdeten Provinzen um fast das Fünffache gestiegen. Die Zahl der Malariatoten stieg bis 2001 um nahezu das Fünzehnfache. Nachdem man neben anderem DDT wieder eingesetzt hat, sank die Zahl der Malariafälle in der besonders gefährdeten Provinz KwaZulu um rund 80 Prozent.[57] Man hat mit Recht gefragt, wie die viel ärmeren Länder in Afrika südlich der Sahara die Malaria erfolgreich ohne DDT bekämpfen sollen, wenn nicht einmal das

Band 356. S 330 332, https://sakai.duke.edu/access/content/group/fbb2357c-2105-40b8-b14b-819295259e75/Documents/Malaria%20Module/Roberts_Manguin_Mouchet.pdf

56   J. Raloff, The case for DDT, Science News, 1. April 2000

57   Donald Roberts, Richard Ten mit Roger Bate und Jennifer Zambone, a. a. O., S. 286 ff.

reichere, wissenschaftlich fortgeschrittene Südafrika, in der Malaria weniger endemisch als in den ärmeren Ländern ist, den Kampf ohne DDT erfolgreich führen kann. Kann es verantwortet werden, diese Länder dazu zu zwingen?

Ein Land, das in besonderem Maße von Malaria geplagt wird, ist Uganda. Etwa 95 Prozent der Bevölkerung sind durch Malaria bedroht. Von sieben Kindern unter fünf Jahren stirbt ein Kind an Malaria. Im Jahr 2003 kündigte der Gesundheitsminister an, dass seine Regierung im Kampf gegen Malaria auch auf DDT zurückgreifen wolle. Die Ankündigung stieß sofort auf Widerspruch. Die Europäische Union drohte, Produkte der Landwirtschaft könnten von der EU zurückgewiesen werden, wenn DDT in Uganda zur Bekämpfung der Malaria eingesetzt würde. Die Bekämpfung der Malaria durch DDT begann dennoch Anfang 2008. Die Malariafälle und die Zahl der Malariatoten sanken schon nach kurzer Zeit. Doch schon wenig später klagten die Exporteure landwirtschaftlicher Produkte, weil ihre Absatzchancen auf dem europäischen Markt durch DDT vermindert wurden. Sie erhielten vor dem Obersten Gerichtshof Recht und das Programm musste beendet werden.[58] Die Europäische Union hatte das arme Land vor die Alternative gestellt: Tod durch Malaria oder noch mehr Armut!

---

58 Donald Roberts, Richard Ten mit Roger Bate und Jennifer Zambone, a. a. O., S. 306 ff. Siehe dazu auch den Artikel: Wie die Malariawunderwaffe Bauern in die Armut treibt, „Der Spiegel" vom 19. Juni 2011

Die Opfer der Panikmafia

„Im Jahre 2006 nach 25 Jahren und 50 Millionen vermeidbarer Todesfälle hat die Weltgesundheitsorganisation ihren Kurs geändert und den allgemeinen Einsatz von DDT zum Zwecke der Malariabekämpfung gebilligt" schrieb das „Wall Street Journal".[59]

Die Kursänderung fand statt, nachdem Dr. Arati Kochi von dem Generaldirektor der WHO beauftragt worden war, das Globale Malaria Programm der Weltgesundheitsorganisation zu leiten. Weil Kochi bisher nicht in der Malariabekämpfung der WHO tätig gewesen war, brauchte er sich bei seinen Entscheidungen nicht für frühere Positionen der Organisation zu rechtfertigen. Er erklärte, dass er seine Mitarbeiter und Malariaexperten in der ganzen Welt befragt habe und dabei erkennen musste, das bisher ein mächtiges Instrument im Kampf gegen Malaria und für die Rettung des Lebens von fast einer Million Kindern vor allem in Afrika nicht eingesetzt wurde: DDT.[60] Es war ein erfreuliches Zeichen, dass nun auch einige andere Organisationen wie USAID die Verwendung von DDT empfahlen, um die Innenwände von Häusern zu besprühen.

Die segensreichen Wirkungen der Kehrtwende der WHO hat Jürgen May, Mediziner am „Bernhard-Nocht-Institut für Tropenmedizin" in Hamburg, in Ghana aus nächster Nähe beobachten können. Die Wirkung von DDT, das in den Häusern auf die Wände versprüht wurde, war „durchschlagend". So sank die Anzahl der Malaria-Patienten in einem

---

59   Wall Street Journal vom 26. Mai 2009

60   Donald Roberts, Richard Ten mit Roger Bate und Jennifer Zambone, a. a. O., S. 316

Krankenhaus in Ghana von über 6.000 pro Monat auf unter 40, seit die Behörden regelmäßig Wohnhäuser mit DDT besprühen. „Zu meiner Überraschung war die Kinderstation praktisch leer." Vor fünf Jahren sei das noch anders gewesen. „Damals lagen die Kinder auf Matratzen auf dem Boden, weil das Krankenhaus so voll war", erinnert sich der Arzt.[61]

Die Entscheidung von Dr. Kochi stieß aber vor allem bei vielen Umweltorganisationen auf Ablehnung und erbitterten Widerstand. Die Gutmenschen setzten ihren todbringenden Kampf gegen DDT zu Lasten der Ärmsten in der Welt fort. Und leider musste Dr. Kochi, der sich durch seine brüske Art viele Feinde gemacht hatte, schon nach kurzer Amtszeit aus Gründen, die mit seiner Amtsführung nichts zu tun hatten, zurücktreten. Schon im Mai 2009 berichtete das „Wall Street Journal", dass die Weltgesundheitsorganisation WHO im Stillen wieder dazu übergegangen sei, weniger effektive Mittel im Kampf gegen Malaria einzusetzen. Das sei ein Sieg der Politik über die öffentliche Gesundheit, der zur Folge habe, dass Millionen der Armen dieser Welt leiden werden.[62]

Der Sieg über DDT ist vor allem ein Erfolg der Angstkampagnen der erstaunlich mächtigen Umweltschutzorganisationen. Sie haben die Tierwelt nicht gerettet, aber das Risiko an Malaria zu erkranken oder zu sterben für Milliarden von Menschen erhöht. Sie sind reich und leider ungewöhnlich einflussreich.[63] Sie sind keiner Regierung und auch nicht den Menschen irgendeines Landes verantwortlich. Sie

---

61 http://www.dw.de/mit-allen-mitteln-gegen-malaria/a-15907022

62 „Wall Street Journal" vom 26. Mai 2009

63 Das ist keineswegs nur in den USA so, sondern gerade auch bei uns. Der Spiegelredakteur Alexander Neubacher berichtet in seinem außerordentlich lesenswerten Buch, dass mehrere hundert Ökolobbyisten beim Bundestag akkreditiert sind und dass sie im Bundesumweltministerium ein

können für Ihre Taten nicht zur Rechenschaft gezogen werden. Da sie angetreten sind, unseren Planeten zu retten, wissen sie, dass sie immer nur Gutes tun. Als Gesinnungstäter haben sie allzeit ein gutes Gewissen.

Es kann kaum mit hinreichender Sicherheit geschätzt werden, wie viele Tote die unheilvollen Angstkampagnen der Anti-DDT-Lobby gefordert haben. Dennis Avery hat geschätzt, dass mindesten 30 Millionen Menschen unnötig an Malaria und Gelbfieber wegen des Nichteinsatzes von DDT gestorben sind, von denen die meisten hilflose Kinder waren.[64] Robert W. Dwadz von den National Institutes of Health hat gemeint, dass der Bann auf DDT 20 Millionen Kinder getötet haben mag.[65] Solche Schätzungen sind mit Unsicherheiten behaftet. Man wird aber mit hinreichender Sicherheit davon ausgehen können, dass viele Millionen Menschen in den armen Ländern die Opfer der von den entwickelten Ländern des Westens gesteuerten Kampagnen geworden sind. Die Umweltorganisationen, die das zu verantworten haben, sollten verdammt werden, schreiben Donald Robert und Richard Tren am Ende ihres Buches. Doch leider sind sie niemandem verantwortlich und werden bei uns wie in den USA bei allem, was sie auch tun, von den zahlreichen Anhängern in den Medien bedingungslos unterstützt.

....

und aus gehen, juristische und fachliche Unterstützung bei Gesetzesentwürfen leisten und sogar über dienstliche E-Mail-Adressen verfügten. Siehe: Alexander Neubacher, Ökofimmel, München 2012, S. 125 ff.

64 Dennis Avery, Rachel Carson and the malaria tragedy, *AFM News*, 16. April 2007

65 Zitiert nach: Steward Brand, Whole Earth Discipline, Viking Press, 2009, S. 219.

Literatur

Als Standardwerk sei empfohlen:
Donald Roberts, Richard Tren with Roger Bate and Jennifer Zambone. The Excellent Powder. DDT´s Political and Scientific History, Indianapolis 2010.

Sechstes Kapitel

Ökoimperialisten gegen grüne Gentechnik

Bis vor etwa 10.000 Jahren lebten die Menschen als Jäger und Sammler. Ungefähr 20 Quadratkilometer Land benötigte ein Jäger und Sammler, um die für sein Überleben notwendigen Nahrungsmittel zu erhalten. Das ist die Fläche, die heute ausreicht, um 6.000 Menschen zu ernähren.[1]

Dann lernten die Menschen, die Eigenschaften der Pflanzen zu ändern und sie für ihre Zwecke zu nutzen. Sie machten dies, indem sie natürliche, genetische Variationen der Pflanzen nutzten und die für sie beste Auswahl trafen. Über Jahrtausende von Jahren haben die Menschen die Pflanzen ausgewählt, die als Nahrungspflanzen am besten geeignet waren. Die Pflanzenzüchtung basierte lange allein auf Selektion. Im Ergebnis erzeugten die Menschen Pflanzen, die nur noch wenig mit den wilden Vorfahren gemein hatten. Die Pflanzenzüchtung war immer mit einer Veränderung des Erbgutes verbunden. Um eine Wildpflanze in eine Nah-

---

[1]   Die Zahl ist entnommen aus dem von der Max-Planck-Gesellschaft veröffentlichten Artikel „Pflanzenzüchtung und Landwirtschaft". http://www.max-wissen.de/Fachwissen/show/4049.html
In der von der Deutschen Forschungsgemeinschaft DFG herausgegeben Broschüre „Grüne Gentechnik" wird angegeben, dass eine Fläche von 20 Quadratkilometern heute ausreicht, um 9.000 Menschen zu ernähren.

rungspflanze zu verwandeln, müssen die Gene der Pflanzen verändert werden.[2]

Die Domestikation des Weizens wurde schon für die Zeit um 7.000 vor Christus im Gebiet des Nahen Ostens nachgewiesen. Aus den Wildformen mit brüchigen Ähren, die die Vermehrung in der Umwelt begünstigten, wurden festspindelige Getreidearten selektiert, bei denen die reifen Ähren nicht zerbrechen und die sich deshalb ernten lassen. Mais ist ebenfalls eine alte Kulturpflanze, die vor 5.000 bis 10.000 Jahren in Mexiko entstand. Der kolbentragende Mais entstand durch Mutationen aus der Ursprungspflanze Teosinte, einem meterhohem Gras. bei dem die Körner wie an einer Schnur aneinanderkleben und zu Boden fallen, wenn sie reif sind.

Seit vielen Jahrtausenden hat der Mensch also Pflanzenzüchtung allein dadurch betrieben, dass er aus den natürlich vorkommenden Pflanzen die für ihn besten ausgelesen hat. Gezielte Pflanzenzüchtung wurde erst nach der Wiederentdeckung der Mendelschen Gesetze zu Beginn des 20. Jahrhunderts möglich. Jetzt begannen die Pflanzenzüchter, durch Kreuzung verschiedener Linien von Nutzpflanzen, Pflanzen mit erwünschten Eigenschaften zu gewinnen. Es werden dabei immer alle Gene der Eltern vermischt und neu kombiniert. Aus den durch Kreuzung entstandenen Pflan-

---

2   Viele Menschen bei uns glauben, dass Pflanzen keine Gene haben. So ergab vor einiger Zeit eine Meinungsumfrage in Deutschland, daß 44 Prozent der Befragten der Ansicht sind, naturbelassene Tomaten hätten keine Gene. In Österreich gab es Pläne für ein Volksbegehren für „genfreie Nahrung". In Deutschland verkündete eine überregionale Tageszeitung: „Wir sagen ihnen, in welchen Nahrungsmitteln Gene sind. Zitiert nach der Einleitung zu F. Kempken und R. Kempken, Gentechnik bei Pflanzen, dritte Auflage, Berlin u. a. 2006

zen wurden jene mit erwünschten Eigenschaften ausgelesen und für weitere Kreuzungen eingesetzt. Das war und ist ein äußerst langwieriger Prozess. Betrachten wir als Beispiel die Tomatenpflanze. Sie stammt ursprünglich aus Südamerika und hatte einen bitteren Geschmack. Bei der Sortenzüchtung durch Kreuzung und Selektion wurde über viele Generationen der bittere Geschmack beseitigt und die Tomate zu einer schmackhaften Frucht. Dabei gingen aber wichtige Eigenschaften der Wildtomatenpflanze verloren. Anders als die Wildtomate, kommt sie mit Trockenheit und Nährstoffmangel nicht gut zurecht und bedarf deshalb der Pflege durch den Menschen. Wichtig ist: Man kann bei der klassischen Art der Pflanzenzüchtung das Auftreten unerwünschter Eigenschaften nicht gezielt ausschließen.

Einer der Wiederentdecker der Mendelschen Gesetze dachte bereits an die Möglichkeit, Mutationen bei Kulturpflanzen künstlich auszulösen. Aber erst 1927 gelang dem Nobelpreisträger Hermann Joseph Muller an der Fruchtfliege der experimentelle Beweis. Später wurde die Methode dann in der Pflanzenzüchtung angewendet. Das bedeutet auch, dass man bei den Kulturpflanzen nicht mehr auf den Genbestand der Wildpflanzen angewiesen war. Neue Gene, die es bei der betreffenden Kulturpflanze nicht gab, traten hinzu. Viele Erscheinungsformen unserer heutigen Kulturpflanzen hätten sich aus dem Genbestand der Wildpflanzen nicht züchten lassen.

Alle Genveränderungen starten mit Mutationen, also mit Veränderungen in der DNA, die sich letztendlich durch Veränderungen der Funktion eines Gens bemerkbar machen können. Bei der Mutationszüchtung, die Grundlage für den erstaunlichen Fortschritt in der Pflanzenzüchtung wurde, lässt man Pflanzensamen in mutanten Chemikalien quellen oder setzt die Samen radioaktiven Strahlungen aus, um Mutationen zu erzeugen. Es kommt zu zufälligen Veränderungen der DNA, die zu neuen genetischen Variationen führen. Nur ein sehr kleiner Teil der Mutationen ist für die Weiterzucht Erfolg versprechend, die meisten sind schädlich und unbrauchbar. Die mutierten Pflanzen müssen mit leistungsfähigen Zuchtlinien zurückgekreuzt werden, um die neue, positive Eigenschaft in diese zu überführen. Die Mutationszüchtung besteht also erstens aus der Schaffung von genetischer Varianz durch Chemikalien und Strahlen und danach der züchterischen Bearbeitung der Varianten.

Die Erbinformation wird in der Mutationszüchtung unkontrolliert verändert.. Die neuen Züchtungslinien werden nicht auf ihre Sicherheit oder auf ihren Einfluss auf die Umwelt getestet. Sie unterliegen keiner gesetzlichen Regulierung. Die Pflanzen sind für den Bioanbau in der EU zugelassen.

Die Gentechnik ist nichts anderes als ein neues Verfahren, um das Erbgut einer Pflanze zu verändern. Mit Hilfe der Gentechnik lassen sich gezielt genetische Veränderungen erzeugen, ohne dass alle möglichen unerwünschten Nebeneffekte auftreten. Neu ist, dass auch Erbgut von nicht verwandten Organismen in Pflanzen übertragen werden kann. Während bei der traditionellen Pflanzenzüchtung nicht einzelne Gene, sondern nur vollständige Genome mit Zehntausenden von Genen übertragen werden, werden bei der Gentechnik nur einzelne oder wenige Gene übertragen. Die Pflanzen, in die die neuen Gene eingebracht werden, nennt man transgene Pflanzen oder auch genetisch veränderte Pflanzen oder genetisch veränderte Organismen (GVO). Durch das Einbringen eines oder weniger Gene in Pflanzenzellen und ihre Integration in das pflanzliche Genom können gezielt erwünschte, neue Eigenschaften hervorgebracht werden. Art und Gattungsgrenzen spielen keine Rolle. Gene können nicht nur aus anderen Pflanzen, sondern auch aus Bakterien, Pilzen und vielen anderen Organismen in die Pflanzen übertragen werden.[3]

Vergleicht man die Gentechnik mit der Mutationszüchtung, so vermeidet man bei der Gentechnik die vielen zufälligen schädlichen Mutationen, die bei der Mutationszüchtung entstehen. Das neue Gen entsteht nicht mehr zufällig, wobei die Eigenschaften zunächst unbekannt sind, vielmehr sind bei der Gentechnik die Eigenschaften des Gens, das eingefügt wird, bekannt. Man hat gesagt, dass bei der Mutationszüchtung sozusagen mit der Schrotflinte blindlings auf das Genom geschossen wird, während bei der Gentechnik wie mit dem Skalpell operiert wird. Die Mutationszüchtung ist zufälliger, unvorhersehbarer und ungenauer als die Gentechnik. Während die durch Mutationszüchtung entwickelten Pflanzen keiner gesetzlichen Regulierung unterworfen sind, gibt es für gentechnisch veränderte Pflanzen sehr rigide Zulassungsbestimmungen, die ähnlich restriktiv sind

---

3   In der Gentechnik hat man aus der Natur gelernt. Das Bodenbakterium Agrobacterium tumefaciens überträgt einen Teil ihrer DNA in Pflanzenzellen und induziert dort die Bildung von Nährstoffen, die von diesen Bakterien genutzt werden können. Die Bakterien betreiben sozusagen Gentechnik. Sie erzeugen genetisch veränderte Pflanzen mit Eigenschaften, die den Bakterien nützlich sind. In der Gentechnik wird die Fähigkeit dieser Bakterien zur Übertragung von Genen genutzt. Das erwünschte Gen wird in das Bodenbakterium eingefügt, das dann als Überträger des Gens fungiert. Eine andere Methode, erwünschte Gene zu übertragen, besteht darin, mit DNA beschichtete Gold- oder Wolframpartikel in Zellen zu schießen. Da die Partikel sehr klein sind, können sie in die Zellen eindringen, ohne dauerhaften Schaden zu verursachen

wie Bestimmungen, die bei der Zulassung von Arzneimitteln angewandt werden.[4]

In einer außergewöhnlich umfassenden Studie hat die amerikanische „National Academy of Sciences" (NAS) untersucht, bei welchen Arten der Pflanzenzüchtung die Gefahr nicht intendierter Effekte am größten ist. Sie kam zu dem Schluss, dass das Auftreten solcher nicht erwünschter, schädlicher Wirkungen keineswegs bei der Gentechnik, sondern bei der künstliche Mutationen erzeugenden Technik am ehesten zu befürchten ist. Aber selbst bei der konventionellen Pflanzenzüchtung können solche nicht intendierten und schädlichen Effekte, wie zum Beispiel starke Belastungen mit natürlichen Toxinen, auftreten. Das wurde etwa bei Tomaten, Kartoffeln und Sellerie beobachtet.[5]

Mit der traditionellen Pflanzenzüchtung wurden in der Vergangenheit große Erfolge erzielt. Um 1800 konnte in Deutschland rund eine Tonne Weizen pro Hektar geerntet werden. Der Ertrag stieg dann in 130 Jahren auf 1,84 Tonnen an. Im Durchschnitt der Jahre 2000 bis 2007 lag der Ertrag an Winterweizen bei 7,34 Tonnen je Hektar und in der Spitze wurden auf einem Hektar zwölf Tonnen Weizen und mehr geerntet. Man schätzt, dass 25 bis 35 Prozent der Ertragssteigerung auf die Entwicklung neuer Sorten zu-

---

4   Union der Deutschen Akademien der Wissenschaften, Kommission Grüne Gentechnik. Gibt es Risiken für den Verbraucher beim Verzehr von Nahrungsprodukten aus gentechnisch veränderten Pflanzen? http://www. akademienunion.de/_files/memorandum_gentechnik/MemorandumGG. pdf

5   National Academy of Sciences, Safety of Genetically Engineered Foods: Approaches to Assessing Unintended Health Effects, Washington 2004. http://www.nap.edu/catalog.php?record_id=10977

rückzuführen sind. Auch die Qualität des Weizens konnte in dieser Zeit deutlich verbessert werden.[6]

1950 lebten drei Milliarden Menschen auf der Erde. Die Zahl der Menschen stieg in wenig mehr als einer Generation auf sechs Milliarden. Aber nicht zuletzt durch Fortschritte in der Pflanzenzüchtung blieb die prognostizierte Hungersnot aus. Die Ernährung konnte durch neue Getreidearten und verstärkten Gebrauch von Düngemitteln sichergestellt werden. Im Jahre 1950 wurden auf 690 Millionen Hektar 692.000.000 Tonnen Getreide erzeugt. 1990 produzierten die Bauern ohne nennenswerte Steigerung der bewirtschafteten Fläche 1,9 Milliarden Tonnen, eine Steigerung um 170 Prozent.[7] Dies war vor allem ein Ergebnis der grünen Revolution. Wenn auch nur Indien die neuen Getreidearten nicht akzeptiert hätte, hätten 40 Millionen Hektar zusätzlich bearbeitet werden müssen.

Doch gegen Ende des 20. Jahrhunderts hatte die grüne Revolution ihren Beitrag geleistet. Die Produktivitätssteigerungen in der Weltlandwirtschaft nehmen ab. Sie sanken von vier Prozent zwischen 1960 und 1989 auf heute etwa ein Prozent jährlich.[8] Nach Angaben des Welternährungsprogramms der Vereinten Nationen leiden rund 870 Millionen Menschen weltweit an Hunger. An den Folgen von Hunger und Unterernährung sterben jedes Jahr etwa 8,8 Millionen Menschen, es sterben an Unterernährung mehr Menschen als an AIDS, Malaria und Tuberkulose zusammen. Jedes

---

6   Deutsche Forschungsgemeinschaft, Grüne Gentechnik, korrigierte Auflage 2010, S. 14

7   Nina Fedoroff and Nancy Marie Brown, Mendel in the Kitchen, Washington 2001, Einleitung

8   Harald von Witzke, Die dritte Grüne Revolution, Landwirtschaft als Schlüsselindustrie des 21. Jahrhunderts, 1. Auflage 2010, S. 13

vierte Kind in den Entwicklungsländern hat Untergewicht.[9] Die Weltbevölkerung wächst um jährlich 80 Millionen Menschen. Eine bedrückende Aufgabe ist zu bewältigen. Ohne grüne Gentechnik wird die Aufgabe, den Hunger in der Welt wirksam zu bekämpfen, nicht gelöst werden können. Mit Opas Landwirtschaft geht das nicht.

Erfolge und Potenziale der grünen Gentechnik

Wohl kaum je hat eine neue landwirtschaftliche Technik in so kurzer Zeit einen solchen Siegeszug angetreten wie der Anbau gentechnisch veränderter Pflanzen. Die gesamte Anbaufläche gentechnisch veränderter Pflanzen stieg von 1,7 Millionen Hektar im Jahr 1996 auf 90 Millionen Hektar 2005 und auf 170 Millionen Hektar 2012. Das ist eine Verhundertfachung in nur 16 Jahren. Zum ersten Mal war 2012 die Anbaufläche in den Entwicklungsländern größer als in Industriestaaten. Von den 28 Ländern, die gentechnisch veränderte Pflanzen anbauten, waren 20 Entwicklungs- und acht Industriestaaten. 2012 bauten weltweit 17,3 Mio. Bauern biotechnologische Nutzpflanzen an. Mehr als 90 Prozent waren kleine, ressourcenarme Bauern in Entwicklungsländern. Die nach Flächen führenden Länder bei der landwirtschaftlichen Nutzung von GV-Pflanzen sind die USA (69,5 Mio. Hektar), Brasilien (36,6), Argentinien (23,9), Kanada (11,6) und Indien (10,8). Der Anteil der gentechnisch veränderten Pflanzen an der Gesamtproduktion lag bei Soja

---

9   Angaben nach: Artikel „Welthunger" in: Wikipedia

und Baumwolle bei 81 Prozent, bei Mais bei 35 Prozent und bei Raps bei 30 Prozent.[10]

Die ISAAA (Internationale Dienst zur Einführung bio-technologischer Anwendungen in der Landwirtschaft) zieht das folgende Fazit:

„Von 1996 bis 2011 wirkte sich der biotechnologische Anbau in folgender Weise positiv auf Nahrungsmittelsicherheit, Nachhaltigkeit und den Klimawandel aus: durch einen Anstieg von Ernteerträgen im Wert von 98,2 Mrd. US-Dollar, eine gesündere Umwelt durch Einsparungen von 473 Mio. Kilogramm an pestiziden Wirkstoffen, eine Verringerung von CO_2-Emissionen um 23 Mrd. Kilogramm allein 2011, dem Äquivalent von 10,2 Mio. weniger Autos auf der Straße, den Schutz der Artenvielfalt durch Erhaltung von 108,7 Mio. Hektar Land sowie die Linderung von Armut durch Unterstützung von mehr als 15 Mio. Kleinbauern und ihren Familien – eine Gesamtzahl von mehr als 50 Mio. Menschen, welche zu den ärmsten der Erde gehören."[11]

Toleranz gegen Herbizide

In jedem Jahr kommt es allein durch Wildkrautwuchs, also durch Unkräuter, zu erheblichen Ernteverlusten. Man schätzt die Ernteverluste weltweit auf zehn bis 15 Prozent.[12] Unsere Nutzpflanzen brauchen Unterstützung, um sich

---

10 ISAAA, Weltweiter Anbau von biotechnologischen/GVO-Nutzpflanzen seit 1996 verhundertfacht, http://www.isaaa.org/resources/publications/ briefs/44/pressrelease/pdf/Brief%2044 %20-%20Press%20Release%20 -%20German.pdf

11 Ebenda

12 Kempken und Kempken, a. a. O., S. 126

gegen die unliebsame Konkurrenz der Wildkräuter wehren zu können. Wenn Herbizide eingesetzt werden, besteht die Gefahr, dass diese auch die Kulturpflanzen schädigen. Das gilt vor allem für Totalherbizide, die für alle Pflanzen giftig sind, die aber wie Glyphosat (Round up) den Vorteil haben, schnell abbaubar und von geringer Toxizität für Menschen und Tiere zu sein. Deshalb lag es nahe, Pflanzen gezielt tolerant gegen solche Herbizide zu machen, ihnen also die Fähigkeit zu vermitteln, sich trotz des Einsatzes von Total-herbiziden normal zu entwickeln. Bei herbizidtoleranten Pflanzen müssen also erstens durch Einführen eines neuen Gens Pflanzen tolerant gegen ein bestimmtes Herbizid ge-macht werden, und es muss zweitens komplementär eben jenes Herbizid zur Unkrautbekämpfung verwendet werden. Um Pflanzen tolerant gegen das Totalherbizid Glyphosat zu machen, wurde ein Gen aus dem Bakterium Agrobacterium tumefaciens in die Pflanzen eingebracht. Die auf diese Art gentechnisch modifizierten Pflanzen können eine Behand-lung mit Glyphosat (Round up) unbeschadet überstehen. Herbizidtolerante Pflanzen haben einen Siegeszug angetre-ten. Weit mehr als die Hälfte aller gentechnisch veränder-ten Pflanzen, die weltweit angebaut werden, sind herbizid-tolerant. Gene mit Herbizidtoleranz wurden in Baumwolle, Mais, Sojabohnen und Weizen eingebracht.

Herbizidtolerante Pflanzen wachsen mit weniger Einsatz von Herbiziden auf, die außerdem noch in geringerem Maße toxisch und persistent sind. Vor allem aber kann auf Pflügen ganz oder zum Teil verzichtet werden. Dadurch wird die Bo-denerosion vermindert. Weltweit gingen in den vergangenen 40 Jahren etwa ein Drittel des Ackerlands durch Erosion ver-loren. Durch tiefes Pflügen wird darüber hinaus kostbarer Humus abgebaut. Durch Verzicht auf Pflügen gewinnt der

Boden an natürlicher Fruchtbarkeit. Die Bodenfauna wird weniger gestört.[13] Durch Pflügen wird vor allem auch Kohlendioxid freigesetzt. Der Boden enthält mehr Kohlendioxid als alle Pflanzen und die Atmosphäre zusammen![14] Verzicht auf tiefes Pflügen ist ein wichtiger Beitrag zum Klimaschutz. Herbizidtolerante Pflanzen helfen auch CO_2- Emissionen zu reduzieren, weil weniger Diesel für Pflügen und das Ausbringen von Herbiziden verbraucht wird. Für die Zeit von 1996 bis 2004 hat man errechnet, dass allein in Nord- und Südamerika wegen des geringeren Treibstoffverbrauchs der Umstieg auf GV-Pflanzen zu einer Reduktion von Kohlendioxid um 4,9 Milliarden Kilogramm führte.[15]

Insektenresistenz

Insektenresistenz ist nach der Herbizidresistenz das am häufigsten anzutreffende Merkmal gentechnisch veränderter Pflanzen. Im Kampf gegen Schadinsekten versucht man im allgemeinen, die erheblichen Verluste, die durch Insekten entstehen, durch chemische Pflanzenschutzmittel zu verhindern. Eine umweltfreundliche Alternative zum chemischen Pflanzenschutz ist die Züchtung von Pflanzen, die resistent gegen Schadinsekten sind. Für die Abwehr gefräßiger Insekten nutzt

---

13   Bioland Blickpunkt, Pflugloser Ackerbau, http://www.bodenfruchtbarkeit.org/fileadmin/bfbk/documents/GLB/pfluglos_bioland.pdf

14   Stewart Brand, Whole Earth Discipline, Revidierte Auflage, London 2010, S. 135

15   Robert Paarlberg, Starved for Science, How Biotechnology is Being Kept out of Africa. Mit einem Vorwort von Norman E. Borlaug und Jimmy Carter, Harvard University Press 2008, S. 30

man die toxische Wirkung von Bacillus thuringiensis. Seit langem ist bekannt, dass diese Bakterien, die überall im Boden vorkommen, giftig für Insekten sind und diese abtöten. Die Bakterien bilden ein Eiweiß, das Bt-Toxin, das die Darmwand der Insekten zerstört, wenn diese es mit der Nahrung aufnehmen. Bt-Toxin ist für einige Insektenlarven giftig, schädigt andere Lebewesen jedoch nicht. Wegen dieser besonderen Wirkung wird es seit langem im biologischen Landbau eingesetzt. Es werden im ökologischen Landbau Felder direkt mit dem Bt-Bakterium besprüht. Dabei hat man allerdings, wie die deutsche Forschungsgemeinschaft in ihrer Broschüre schreibt, das Problem, den richtigen Zeitpunkt für die Behandlung abzupassen, gerade weil es rasch abgebaut wird und dann unwirksam wird.[16] Es lag deshalb nahe, das aus Bakterien isolierte Bt-Toxin-Gen in das Erbgut einer Pflanze einzubringen, so dass deren Zellen den Befehl des Bt-Toxins ausführen. Die so modifizierten Pflanzen produzieren nun also selbst das Gift, das die Fraßinsekten tötet, wenn diese mit Pflanzenteilen das Bt-Toxin aufnehmen. Im Idealfall führt das dazu, dass gegen Fraßinsekten keine zusätzlichen Pestizide mehr eingesetzt werden.

Seit einer Reihe von Jahren werden vor allem Bt-Mais und Bt-Baumwolle in vielen Ländern der Welt angebaut. Der Anteil der gentechnisch veränderten Baumwolle an der Gesamtanbaufläche belief sich 2012 in den USA auf 94 Prozent, in Indien 2011 auf 88 Prozent, in China 2011 auf 72 Prozent und in Argentinien 2010 auf 99 Prozent.[17] In Indien wird Baumwolle überwiegend von Kleinbauern angebaut, die eine Fläche bis zu drei Hektar bewirtschaften. Wie eine von dem Göttinger

---

16　Deutsche Forschungsgemeinschaft, a. a. O., S. 41

17　Transparenz Gentechnik, http://www.transgen.de/datenbank/pflanzen/21.baumwolle.html

Agrarökonom Matin Qaim zwischen 2002 und 2009 in Indien durchgeführte Studie ergab, können gerade die Kleinbauern ihre wirtschaftliche Situation deutlich verbessern. Trotz des teuren Saatgutes konnten die Kleinbauern durch Bt-Baumwolle pro Hektar einen Mehrgewinn von durchschnittlich 135 Dollar erzielen, weil der Erntertrag um 37 Prozent höher war und die Kosten für die chemische Schädlingsbekämpfung um 40 Prozent sanken. Der Gebrauch von Insektiziden ist nach Quaim um 50 Prozent gesunken, der Gebrauch der besonders giftigen um 70 Prozent.[18]

Andere Potenziale

Trockentoleranz: In vielen Regionen der Erde erschwert Trockenheit den Anbau von Pflanzen oder verhindert ihn. Die Entwicklung von trockentoleranten Pflanzen soll helfen, Trockenperioden zu überstehen oder den Anbau dort möglich zu machen, wo Trockenheit das bisher verhinderte. An der Entwicklung trockenresistenter Pflanzen wird weltweit intensiv geforscht. Erste Erfolge konnten in jüngster Zeit gemeldet werden. Trockenresistenter Mais wurde 2012 in den USA auf 4000 Hektar in besonders von Trockenheit betroffenen Gebieten in Freilandversuchen angebaut. Für 2013 war eine allgemeine Markteinführung der von der BASF und Monsanto entwickelten Maissorte vorgesehen.[19]

18   Zitiert nach: Transparenz Gentechnik, http://www.transgen.de/aktuell/1632.doku.html

19   Transparenz Gentechnik, http://www.transgen.de/pflanzenforschung/klimawandel/1600.doku.html

Salztoleranz: Weltweit sind etwa 60 Millionen Hektar Ackerland von der Bodenversalzung betroffen. Die Erträge auf diesen Böden sind gering. Durch Übertragung eines einzigen Gens konnten salztolerante transgene Rapspflanzen entwickelt werden. Ein australisches Institut berichtet, dass es mit Hilfe der Gentechnik gelungen ist, die Salztoleranz von Reis zu erhöhen.[20]

Verbesserte Stickstoffverwertung: Durch eine bessere Verwertung von Stickstoff soll erreicht werden, dass ohne Düngung bei Böden mit mäßigem Stickstoffgehalt höhere Erträge und bei Böden mit geringem Stickstoffgehalt keine Ertragseinbußen in Kauf genommen werden müssen. Bei verschiedenen Pflanzen, zum Beispiel bei Mais, Weizen und Reis wird an einer besseren Stickstoffverwertung gearbeitet.[21]

Entfernung von Allergenen: Allergien sind heute ein bedeutsames Problem. Häufig treten Allergien nach dem Verzehr von Nüssen, Kiwi oder Soja auf. Nüsse und Soja sind in einer Vielzahl von Nahrungsmitteln enthalten. Die Vermeidung solcher Lebensmittel durch Allergiker ist oft kaum möglich. Lebensbedrohende Allergien können die Folge sein. Die Gentechnik bietet die Chance, Pflanzen mit geringerem allergenem Potential zu entwickeln.

Biofortifikation: In der ganzen Welt wird daran gearbeitet, Pflanzen mit Vitaminen, vor allem Vitamin A, und Mineralstoffen wie Zink und Eisen anzureichern. Dadurch soll die Mangelernährung in vielen Entwicklungsländern be-

---

20   Artikel: „Grüne Gentechnik" in: Wikipedia, http://de.wikipedia.org/wiki/Gr%C3%BCne_Gentechnik

21   Transparenz Gentechnik, http://www.transgen.de/datenbank/pflanzen/52.doku.html

kämpft werden. Forschungsvorhaben gibt es bei Reis, Kartoffeln, Hirse und anderen Pflanzen.[22]

Goldener Reis

Mehr als zwei Milliarden Menschen ernähren sich hauptsächlich von Reis. Doch der Reis enthält wenig Vitamin A. Deshalb ist Mangel an Vitamin A eines der weltweit am meisten verbreiteten Ernährungsprobleme. Die Weltgesundheitsorganisation WHO schätzt, dass 250 Millionen Kinder im Vorschulalter an Vitamin A-Mangel leiden. Die WHO meint, dass in jedem Jahr 250.000 bis 500.000 Kinder, die an Vitamin A-Mangel leiden, blind werden. Die Hälfte dieser Kinder stirbt ein Jahr nachdem sie blind geworden sind. Die Gefahr, an Kinderkrankheiten zu sterben, ist erhöht. Bei schwangeren Frauen verursacht der Mangel an Vitamin A Nachtblindheit und erhöht das Risiko der Müttersterblichkeit.[23]

Vom Jahr 1992 an arbeiteten Ingo Potrykus und Peter Beyer zusammen, um Reis genetisch anzureichern und damit dazu beizutragen, die todbringende Vitamin A-Lücke in den armen Ländern zu schließen.[24] Mit den Mitteln

---

22 Transparenz Gentechnik, http://www.transgen.de/pflanzenforschung/produkteigenschaften/173.doku.html

23 http://www.who.int/nutrition/topics/vad/en

24 Ingo Potrykus wurde 1933 in Hirschberg in Schlesien geboren. Er ist Professor emeritus am Institut für Pflanzenwissenschaften der ETH Zürich. Er hat etwa 340 wissenschaftliche Publikationen veröffentlicht und 30 internationale Patente erhalten. Im Juli 2000 zierte er das Titelbild von „Time Magazine" mit der Schlagzeile „Dieser Reis kann einer Million Kin-

der grünen Gentechnik entwickelten die beiden Forscher den so genannten Goldenen Reis. Um den Gehalt an Betacarotin, einer Vorstufe von Vitamin A, zu erhöhen, fügten sie in den Reis Gene der Narzisse ein. Der Gehalt an Betacarotin, der den Reis gelb färbt, führte zu dem Namen „Goldener Reis". In weiteren Arbeiten konnte der Gehalt an Betacarotin um mehr als das Zwanzigfache erhöht werden, indem ein aus der Narzisse stammendes Gen durch eines aus dem Mais ersetzt wurde. Bereits der Verzehr von 70 Gramm pro Tag würde damit den Bedarf eines Menschen decken können. Dieser Reis wird auch als „Golden Rice 2" bezeichnet. Er wurde 2005 in den USA im Freiland getestet. Seit 2005 wird intensiv daran gearbeitet, den Goldenen Reis mit weiteren Nährstoffen wie zum Beispiel Eisen anzureichern. Die Entwickler der neuern Reissorte gaben ihre Forschungsergebnisse an das Reisforschungsinstitut IRRI weiter. Die an der Weiterentwicklung beteiligten Konzerne verzichteten auf Drängen von Potrykus auf Lizenzgebühren, so dass der Reis an Kleinbauern preiswert verkauft werden kann.[25]

Wenn so durch den „Goldenen Reis" Millionen von Kindern vor Blindheit und Tod gerettet werden können,

....

dern jährlich das Leben retten." Peter Beyer wurde 1952 in Hannover geboren. Er ist seit 2002 Professor für Zellbiologie an der Albert-Ludwigs-Universität Freiburg. Zusammen mit Ingo Potrykus wurde er 2006 von den Lesern der Zeitschrift „Nature Biotechnology" zu einer der weltweit angesehensten Persönlichkeiten auf den Gebieten der landwirtschaftlichen, Umwelt- und industriellen Biotechnologie gewählt.

25 Siehe dazu: Stewart Brand, a. a. O., S. 152 ff.
    Golden Rice: Mehr Vitamin A, weniger Augenerkrankungen, http://www.transgen.de/pflanzenforschung/produkteigenschaften/173.doku.html,
    Goldener Reis und andere Gentechnik-Produkte, http://www.max-wissen.de/Fachwissen/show/4312.html

hätte man hoffen können, dass dies auch bei den Grünen Zustimmung findet. Der folgende Kommentar zeigt, wie vollkommen trügerisch eine solche Hoffnung wäre.

„Goldener Reis und andere Versuche, Hunger mittels Gentechnik zu beseitigen, sind Sackgassen. Sie könnten die lokale Bevölkerung nie ernähren, schaffen aber – völlig unnötig – unkalkulierbare ökologische Gefahren. Zudem ist es menschenverachtend, ein spezielles Nahrungsmittel für Arme zu entwickeln, angereichert wie optimales Viehfutter. Goldener Reis oder Frolic im 10-Kilo-Sack – wo ist da der Unterschied?"

Diese ungeheuerlichen Sätze stehen auf Seite 149 des Buches „Welt um Welt" von Jürgen Trittin.

In den USA wurde Ingo Potrykus gefragt, welches die Motive waren, die ihn veranlassten, mit großer Hartnäckigkeit und Ausdauer sein Projekt zu verfolgen. Er sagte, dass sein Vater, ein Arzt, in den letzten Tagen des Krieges gefallen sei (den Amerikanern wurde erläutert, dass, wenn er vom Krieg spricht, der Zweite Weltkrieg gemeint ist) und seine Mutter mit vier Kindern aus Schlesien vertrieben wurde und dann völlig mittellos war. Er habe im Alter von zehn bis zwölf Jahren erfahren müssen, was Hunger ist und immer auf der Suche nach Nahrungsmitteln geerntet, wo er nicht gesät habe. Wenn jemand wie Potrykus, der Hunger erfahren hat, versucht, das schreckliche Los der Armen in der Welt zu lindern, ist das nach Trittin menschenverachtend!

Einige Einwände

Besonders häufig weisen Gentechnikgegner darauf hin, es sei zu erwarten, dass die Schädlinge, also beim Mais etwa der Maiszünsler und der Maiswurzelbohrer, resistent werden und die gentechnisch veränderten Pflanzen keinen Schutz mehr gegen die Schädlinge vermitteln. Das ist jedoch wie die „Deutsche Forschungsgemeinschaft" in ihrer Broschüre schreibt, keineswegs ein spezielles Problem gentechnisch veränderter Pflanzen, sondern allgemein ein Problem des modernern chemischen Pflanzenschutzes. Bei transgenen Pflanzen sei das nicht anders als bei konventionell erzeugten Sorten. Wie beim konventionellen Pflanzenanbau sei ein sorgfältiges Resistenzmanagement notwendig So sind zum Beispiel beim Anbau von Bt-Mais die Anlage von großen Refugienflächen und Fruchtwechsel wichtig, um dem Selektionsdruck auf die Schädlingspopulation entgegenzuwirken.[26],[27]

Auch wenn immer wieder von Gentechnikgegnern beklagt wird, dass auch Unkräuter resistent werden, ist das mitnichten nur bei GV-Pflanzen so, sondern ist generell beim Einsatz von Herbiziden zu beobachten. Tatsächlich ist beim Einsatz des Totalherbizids Glyphosat beim gentechnischen Pflanzenanbau die Zahl der Unkrautarten, die resistent geworden sind, deutlich geringer als beim konventionellen Anbau.[28]

---

26   Deutsche Forschungsgemeinschaft, a. a. O., S. 66

27   Auch am Oberrhein dürfen die Landwirte in vielen Gebieten nicht mehr Mais auf Mais anbauen, um die Vermehrung des dort aufgetretenen Maiswurzelbohrers zu verhindern

28   Deutsche Forschungsgemeinschaft, a. a. O., S. 68

Häufig wird auch befürchtet, dass durch Auskreuzen gentechnisch veränderter Pflanzen die Biodiversität gefährdet wird. Der Mais ist allerdings (wie übrigens auch die Kartoffel) keine heimische Kulturpflanze und es gibt also bei uns keine kreuzbaren Wildformen. Das ist in Mexiko, wo der Mais herkommt, anders. Aber auch dort sind Wissenschaftler der Meinung, dass es keine wissenschaftliche Basis für die These gibt, GV-Pflanzen gefährdeten die Biodivesität.[29] Man weist auch darauf hin, dass es Gentransfer zwischen konventionellen Sorten und Wildpflanzen seit Beginn der Landwirtschaft gegeben hat, ohne dass damit irgendwelche Befürchtungen verbunden waren oder jemand auf die Idee gekommen ist, von „Kontamination" zu sprechen.

Insektenresistente Pflanzen sollen nach Möglichkeit nur die Schädlinge treffen, andere Nichtzielorganismen aber so weit wie möglich unbehelligt lassen. Sie sollen dazu beitragen, dass weniger Insektizide eingesetzt werden. So soll der gentechnisch veränderte Mais nach Möglichkeit nur die Raupen des Maiszünslers, eines Kleinschmetterlings, schädigen. Umfangreiche Sicherheitsprüfungen bei uns kamen zu dem Ergebnis, dass die transgenen Maissorten keinen negativen Einfluss auf die Lebensgemeinschaften im Maisfeld haben und sich positiv von konventionellen Sorten unterscheiden, bei denen relativ breit wirksame Insektizide gespritzt werden.[30] Dennoch konnte die angeblich schreckliche Wirkung von Bt-Mais auf einen besonderen Schmetterling von Greenpeace und anderen zu einem weltweiten Skandal aufgebauscht werden.

---

29   Ronald Bailey, Liberation Biology, The Scientific and Moral Case for the Biotech Revolution, New York 2005, S. 206

30   Deutsche Forschungsgemeinschaft, a. a. O., S. 65

Im letzten Jahr wurde im Fernsehen wiederholt darauf hingewiesen, dass nach einer Untersuchung des Bundes für Umwelt und Naturschutz (BUND) Glyphosat im Urin nachgewiesen wurde. Glyphosat wird bei herbizidtolerantem Mais und anderen genetisch modifizierten Pflanzen eingesetzt. Im Kampf gegen die grüne Gentechnik sollte auf die gesundheitliche Gefährdung hingewiesen werden, die mit dem Konsum gentechnisch veränderter Erzeugnisse verbunden ist. Das „Bundesinstitut für Riskobewertung" hat zu der behaupteten Gesundheitsgefährdung Stellung genommen. Es schreibt: „Sofern die gemessenen Konzentrationen auf den Verzehr belasteter Lebensmittel zurückgingen, lag die Glyphosat-Aufnahme über diese Lebensmittel um mehr als den Faktor 1.000 unter gesundheitlich bedenklichen Konzentrationen."[31] Das Bundesinstitut weist auch darauf hin, dass Glyphosat als Wirkstoff in einer Reihe von in Deutschland und auch weltweit zugelassenen Pflanzenschutzmitteln enthalten ist.

Die Geschichte vom Monarchfalter

In der Maiausgabe 1999 von „Science" erschien auf einer Seite eine Notiz, in der die Autoren der Welt mitteilten, daß transgener Mais die Larven des Monarchfalters langsamer wachsen und in größerem Umfang sterben ließ. Nach einem Laborexperiment, bei dem Larven des Monarchfalter mit

---

31 Bundesinstitut für Risikobewertung, Glyphosat im Urin – Werte liegen weit unterhalb eines gesundheitlich bedenklichen Bereichs, http://www.bfr.bund.de/cm/343/glyphosat-im-urin-werte-liegen-unterhalb-eines-gesundheitlich-bedenklichen-bereichs.pdf

nicht spezifizierten Mengen von Pollen von Bt-Mais gefüttert wurden, starben 44 Prozent.

Der *Monarchfalter* oder Amerikanische Monarch ist ein auffällig orange und schwarz gezeichneter Schmetterling. Er ist ein berühmter Wanderfalter. Einzelne Tiere legen bei Wanderungen im Herbst bis zu 3600 km zurück. Ein Teil der Population überwintert mit mehreren 100 Millionen Tieren auf wenigen Hektar in der mexikanischen Sierra Nevada. Man hat den Falter als den wunderbaren flatternden Pandabär aus der Welt der Insekten bezeichnet.

Der Monarchfalter ernährt sich in den USA von den Blättern von Seidenpflanzen, die als Unkraut in und an den Rändern von Maisfeldern wachsen. Es ist möglich, dass Pollen von gentechnisch verändertem Mais auf die Seidenpflanzen gelangen.

Die Nachricht, dass ausgerechnet dieser besondere Schmetterling durch gentechnisch modifizierten Mais gefährdet sei, führte zu einem Aufschrei, der durch die gesamte Presse ging. Die „New York Times" berichtete darüber auf der ersten Seite. Die Meldung war natürlich ein gefundenes Fressen für Greenpeace und alle anderen fanatisierten Gegner gentechnisch modifizierter Pflanzen. Greenpeace veranstaltete Happenings, bei denen Mitglieder als Schmetterlinge gekleidet auftraten und zeigten, wie sie durch den Killermais zu Boden gestreckt wurden. Die Umweltorganisation Friends of the Earth schrieb:„Wenn tödliche Gifte, die Schmetterlinge töten, in unsere Nahrung eingeführt werden, welche Wirkung haben diese Gifte für Sie und Ihre Familie?"[32] In

---

32   Nina V. Fedoroff and Nancy Marie Brown, a. a. O., S. 204. Die Beispiele zeigen, auf welchem Niveau von Greenpeace und anderen Stimmung gegen die Gentechnik gemacht wird

der Europäischen Union wurde auch unter dem Eindruck dieser Meldung ein Moratorium für die Zulassung gentechnisch veränderter Pflanzen beschlossen.

In der Studie wurde den Monarchlarven keine Wahl gelassen, einfache Seidenpflanzenblätter oder solche mit den Pollen von Bt-Mais zu fressen. In der Folge erschienen eine Reihe außergewöhnlich umfassender und gründlicher Studien, in denen in Laborversuchen, vor allem aber in umfassenden Feldversuchen geprüft wurde, wie sich Bt-Mais auf den Monarchfalter auswirkt.[33] Das Ergebnis: Bei den gebräuchlichen transgenen Maissorten stirbt im schlimmsten Fall eine von 2.000 Larven. Geht man davon aus, dass bei normalen Maissorten mehr Insektizide eingesetzt werden, so hat Bt-Mais für die Schmetterlinge und andere Insekten mehr Vor- als Nachteile. Dieses eindeutige und wissenschaftlich unstrittige Ergebnis erhielt aber in den Medien nicht annähernd die gleiche Aufmerksamkeit wie die falsche Schreckensmeldung, der Monarchfalter sei durch den Killermais zum Aussterben verdammt.

Sind genetisch veränderte Pflanzen sicher?

Sowohl in den USA wie in Europa haben alle sachkundigen Wissenschaftler und die großen wissenschaftlichen Gesellschaften immer wieder erklärt, daß die gentechnisch veränderten Pflanzen keinerlei neue Risiken für die Gesundheit der Menschen oder für die Umwelt mit sich bringen.

---

33   Nina V. Fedoroff and Nancy Marie Brown, a. a. O., S. 205-209

Die übereinstimmende wissenschaftliche Meinung wurde in Europa zum ersten Mal klar in dem Bericht wiedergegeben, der vom „Britain's Nuffield Council on Bioethics" herausgegeben wurde. [34] Dort kommt man zu dem eindeutigen Schluss dass es nicht möglich war, irgendeinen Beweis für schädliche Wirkungen gentechnisch veränderter Pflanzen zu finden.

Im Jahre 2001 veröffentlichte das Forschungsdirektorat der EU-Kommission einen Überblick über 81 von der EU finanzierte Projekte, an denen 400 Gruppen aus allen Ländern Europas beteiligt waren. Die Forscher erklärten, dass genetisch modifizierte Pflanzen und die daraus hergestellten Produkte keine neuen Risiken für die menschliche Gesundheit und die Umwelt mit sich brachten, die über die allgemeinen Risiken hinausgingen, die mit der konventionellen Pflanzenzüchtung verbunden sind. Tatsächlich mache die genauere Technologie und das größere Ausmaß an Kontrolle die genetisch modifizierten Produkte wahrscheinlich sicherer. Die Vorteile dieser Pflanzen und Produkte für die menschliche Gesundheit und die Umwelt würden zunehmend deutlicher.[35]

Dieses Urteil wurde 2010 bestätigt, als das Forschungsdirektorat der EU einen umfassenden Bericht über Biotechnologie herausgab.[36]

---

34 Nuffield Council on Bioethics, 1999, Genetically Modified Crops: The Ethical and Social Issues, London, S. 199

35 European Commission Research Directorate-General, Presseerklärung vom 9. Oktober 2001, http://ec.europa.eu/research/biosociety/pdf/gmo_press_release.pdf

36 European Commission, Directorate-General for Research and Innovation, 2010 Biotechnologies, Agriculture, Food A decade of EU-funded GMO Research 2001-2010, S. 16

Großbritaniens „Royal Society" veröffentlichte 2002 und 2003 mehrere Berichte über gentechnisch modifizierte Pflanzen und wies die gesundheitlichen Bedenken, die geltend gemacht wurden, zurück.[37]

Auch die Französiche „Akademie der Wissenschaften" und die Französische „Akademie für Medizin" stellten 2002 fest, dass alle Kritik an GMO's gegenstandslos ist und dass es keine gesundheitlichen Probleme in den Ländern gegeben habe, in denen transgene Produkte seit mehreren Jahren in großem Umfang gegessen worden sind.[38]

Die Frage der Sicherheit genetisch modifizierter Nahrungsmittel wurde auch vom „Internationalen Wissenschaftsrat" (International Council of Science, ICSU) geprüft, der seine Meinung auf 50 autoritative unabhängige wissenschaftliche Stellungnahmen aus allen Ländern der Welt gründete. Er stellte fest, dass die gegenwärtig verfügbaren Nahrungsmittel von genetisch modifizierten Erzeugnissen sicher sind und dass die Methoden, ihre Sicherheit zu überprüfen, angemessen sind. Millionen von Menschen in der ganzen Welt hätten die genetisch modifizierten Pflanzen (in erster Linie Mais, Sojabohnen und Ölsaat) konsumiert, ohne dass irgendwo negative Effekte beobachtet werden konnten.[39]

---

37 Siehe zum Beispiel: The Royal Society, Genetically modified plants for food use and human health – an update, policy document 4/02, Februar 2004

38 Zitiert nach: Robert Paarlberg, Starved for Science, How Biotechnology is Being Kept out of Africa, Harvard University Press 2009, S. 27

39 FAO, The State of Food and Agriculture 2003-2004, Kapitel 5, Health and environmental impacts of transgenic crops, zitiert nach: Green Facts, Genetically Modified Crops, http://www.greenfacts.org/en/gmo/2-genetically-modified-crops/4-food-safety-labelling.htm#1

Das ist der wissenschaftlichen Konsens wie ihn der „Internationale Wissenschaftsrat" (ICSU) darstellt, dessen Auffassungen mit den Einsichten der Weltgesundheitsorganisation WHO übereinstimmen. Die Risiken seien auch von den nationalen Behörden unter anderem von Argentinien, Brasilien, Kanada, China und dem Vereinigten Königreich überprüft worden. Nirgendwo in der Welt seien negative Effekte beim Konsum der genetisch modifizierten Pflanzen aufgetreten.

In einem Artikel der englischen Zeitschrift „Prospect magazine" vom 25. November 2007 mit dem Titel „The real GM food scandal" heißt es: „Tatsache ist, dass es nicht den Hauch eines Beweises dafür gibt, dass genetisch modifizierte Pflanzen ein Risiko für die menschliche Gesundheit sind. Alle Wissenschaftsakademien, die die Ansichten der führenden Sachverständigen in der Welt wiedergeben, die Indischen, Chinesischen, Mexikanischen, Brasilianischen, Französischen und Amerikanischen Akademien wie auch die englische „Royal Society", die vier Berichte publiziert hat, haben das bestätigt.[40]

Auch die „Union der Deutschen Akademien der Wissenschaften" hat durch die Kommission „Grüne Gentechnik" ein Memorandum erarbeiten lassen, in dem die Frage „Gibt es Risiken für den Verbraucher beim Verzehr von Nahrungsprodukten aus gentechnisch veränderten Pflanzen?" behandelt wurde. Die Kommission kommt zu dem Schluss, dass beim Verzehr von Lebensmitteln aus in der EU zugelassenen GVO kein erhöhtes Gesundheitsrisiko gegenüber dem Verzehr von Produkten aus konventionellem Anbau besteht. Im Gegenteil seien in einzelnen Fällen Lebensmit-

---

40   http://www.prospectmagazine.co.uk/magazine/therealgmfoodscandal/

tel aus GVO gegenüber den konventionellen Lebensmitteln in Bezug auf die Gesundheit sogar vorteilhafter. In dem Bericht wird darauf hingewiesen, dass für gentechnisch veränderte Pflanzen sehr strenge Zulassungsbedingungen gelten, die weit über jene hinausgehen, die für klassische Produkte gelten und ähnlich restriktiv sind wie die Bedingungen, die für die Zulassung von Arzneimitteln angewandt werden. Die Gefahren durch unbeabsichtigte Mutationen seien bei herkömmlichen Züchtungen unter Verwendung von Chemikalien oder energiereicher Strahlung erheblich höher als bei der Erzeugung transgener Pflanzen. Die Kommission macht darauf aufmerksam, dass die in Europa zugelassenen GVO in den USA und in anderen Ländern schon seit neun Jahren angebaut werden und von Hunderten von Millionen Menschen verzehrt wurden und es keinen einzigen wissenschaftlich begründeten Bericht gebe, der besage, dass Menschen durch diese Nahrungsmittel zu Schaden gekommen sind.

Die Kommission weist darauf hin, dass bei Maiskolben der Befall mit dem Pilz fusarium moniliforme häufig zu einer Kontamination mit dem Toxin Fumonisin führt. Bei Pferden und Schweinen sei es nach Verfütterung mit Mais, der von Fusarien befallen war, zu einem Sterben ganzer Herden gekommen. Bei Ratten werde durch Fumonisin Leberkrebs ausgelöst. Auch nach Verarbeitung von Mais könne Fumonisin zum Beispiel noch in Cornflakes vorhanden sein. In dem Bericht der Kommission heißt es weiter: „Im September 2003 wurden in Großbritannien nach einer Analyse von 30 im Handel befindlichen Maisprodukten zehn Produkte wegen zu hoher Fumonisingehalte aus dem Verkehr gezogen. Dabei waren die am höchsten belasteten Produkte als "organic", d. h. aus ökologischem Anbau, ausgezeichnet.

Mehrere Untersuchungen zeigten, dass in insektenresisten-tem (Bt)-GV-Mais die Kontamination durch Fumonisin sehr stark vermindert ist. Dies hängt damit zusammen, dass sich die Fusarien-Pilze an Verletzungsstellen der Maiskolben, (die bei GV-Mais wegen der geringeren Fraßschäden durch den Maiszünsler vermindert sind), ansiedeln.[41] In einem Artikel „Engineering Food for All" in der "New York Times" vom 19. August 2011 (Seite A 23) weist Nina V. Fedoroff darauf hin, dass die Kontamination von transgenem Mais durch karzinogene Pilzgifte um 90 Prozent geringer ist als bei konventionell angebautem Mais.[42] „Nach diesen Befunden ist der Verzehr von GV-Maisprodukten grundsätzlich risikoärmer als der Verzehr von herkömmlichen Maisprodukten."[43]

Es spricht alles dafür, dass gentechnisch erzeugte Produkte sicherer sind als konventionelle Erzeugnisse, weil sie umfassend und sehr genau auf ihre gesundheitliche Unbedenklichkeit geprüft werden.[44] Hunderte Millionen Menschen haben sie konsumiert und niemand hat auch nur einen Pickel auf der Haut oder Magengrimmen bekommen. Der Leiter der amerikanischen „Food and Drug Administration" berichtet auf einer Konferenz 2003, dass es in seiner Amtszeit nicht eine einzige negative Reaktion auf transgene Produkte gegeben hat, wohl aber zehntausende

---

41 Union der Deutschen Akademien der Wissenschaften, a. a. O., S. 2

42 Nina V. Fedoroff war von 2007 bis 2010 Wissenschaftsberaterin der amerikanischen Außenministerin Condoleeza Rice und 2011-2012 Präsidentin der „American Association for the Advancement of Science", der größten Wissenschaftsgesellschaft der USA.

43 Union der Deutschen Akademien der Wissenschaften, a. a. O., S. 2

44 Ebenda

Beschwerden über konventionell hergestellte Nahrungsmittel.[45]

Man hat oft den Verdacht geäußert, dass bei gentechnisch veränderten Organismen ein erhöhtes Risiko besteht, dass sie Allergien auslösen können. In der Tat wurde bei dem Versuch, die Qualität von Soja durch ein Gen aus der Paranuss zu verbessern, entdeckt, dass die entwickelte Sojabohne Allergien auslösen konnte. Das war nicht völlig überraschend, weil die Paranuss allergisches Potenzial hat und dieses auf die transgene Sojabohne übertragen wurde. Die Weiterentwicklung wurde eingestellt, lange bevor das Produkt hätte in Verkehr gebracht werden können. In dem einzigen zweiten Fall wurde festgestellt, dass die Übertragung eines Gens aus einer Bohne in eine Erbse bei Mäusen zu allergischen Symptomen führte. Das war deshalb überraschend, weil die Bohne keine allergischen Reaktionen ausgelöst hatte. Aber auch in diesem Fall wurde die Allergenität bei den normalen Kontrollprüfungen rechtzeitig erkannt. Beide Fälle sind ein Beleg dafür, dass die Sicherheitskontrollen effektiv sind. Die „Deutsche Forschungsgemeinschaft" weist darauf hin, dass die im letzten Fall beobachteten Veränderungen an Proteinen auch dann vorkommen können, wenn bei der konventionellen Pflanzenzüchtung Bastarde aus verwandten Pflanzenarten erzeugt werden.[46] Bei herkömmlichen Züchtungen, bei denen durch künstlich induzierte Mutationen genetische Veränderungen herbeigeführt werden oder durch Kreuzungen neue Genkombinationen entstehen, sind keinerlei Kontrollprüfungen vorgesehen. Das Allergenitätsrisiko ist des-

---

45 Siehe Ronald Bailey, Liberation Biology, The Scientific and Moral Case for the Biotech Revolution, New York 2005, S. 190

46 Deutsche Forschungsgemeinschaft, a. a. O., S. 69.

halb bei konventioneller Pflanzenzüchtung deutlich größer als bei gentechnisch veränderten Produkten.[47]

Dass bei konventioneller Züchtung allergieauslösende Produkte entstehen können, ist durchaus nicht nur eine abstrakte Möglichkeit. Die in der ganzen Welt verbreitete Kiwi ist durch konventionelle Züchtung aus der Chinesischen Stachelbeere entstanden. Wir können sie nur deshalb im nächsten Supermarkt kaufen, weil sie kein transgenes Erzeugnis ist. Ein sehr kleiner Teil der Bevölkerung reagiert nämlich allergisch auf den Verzehr von Kiwis. Die Symptome können sehr unterschiedlich sein: von unbedeutenden lokalen Symptomen bis zum lebensbedrohenden, anaphylaktischen Schock, der innerhalb von Minuten eintreten kann, nachdem die Kiwi gegessen wurde.[48] Erdnüsse, Krustentiere, Weizen, Milchprodukte und andere Nahrungsmittel können Allergien verursachen. Die grüne Gentechnik lässt hoffen, dass sie eines Tages nicht mehr allergieauslösend sein werden.

Doch ein Gesundheitsrisiko? Genmais verursacht Krebs bei Ratten!

Mit einem großangelegten Mediencoup gelang es dem französischen Gentechnikkritiker Seralini, internationale Aufmerksamkeit zu erregen und Angst und Schrecken zu verbreiten. „Genmais und Rattenkrebs", "Tod durch mani-

---

47 Union der Deutschen Akademien der Wissenschaften, a. a. O., S. 3

48 Man mag sich kaum vorstellen, welcher Entrüstungssturm in Rundfunk und Fernsehen und in vielen Zeitungen losgebrochen wäre, wenn ein transgenes Produkt allergische Reaktionen ausgelöst hätte, die zum Tode führen können

puliertes Futter", „In Europa zum Verkehr freigegeben: Genmais verursacht Tumore" sind nur einige der Schlagzeilen, durch die die Öffentlichkeit auch bei uns aufgeschreckt wurde.[49]

Seralini hatte den Mediencoup sorgfältig organisiert. Auserwählte Journalisten erhielten die Studie und mussten sich verpflichten, ihre Artikel erst nach Veröffentlichung der Studie zu publizieren. Sie mussten sich aber auch zur Geheimhaltung verpflichten, durften also keine anderen Wissenschaftler um ihre Meinung fragen. So wurde verhindert, dass kritische Artikel schon unmittelbar nach Erscheinen der Studie publiziert werden konnten. Der Plan ging auf. Nachdem am 19. September 2012 die Studie bekannt gemacht wurde, erschien sogleich ein erster alarmierender Artikel eines von Seralini auserlesenen Journalisten im „Nouvel Observateur".[50] Seralini gab noch am gleichen Tag, an dem die Studie erschien, in London eine Pressekonferenz und am folgenden Tag eine Pressekonferenz im Europäischen Parlament.

Greenpeace forderte ein Moratorium für die Zulassung von Genmais. Drei Mitglieder des französischen Kabinetts verlangten die Aussetzung der Importzulassung. Im ZDF berichtete im Heute-Journal Petra Gerster mit Betroffenheitsmiene über die bedrohlichen Ergebnisse der Studie und das ZDF schockierte auch, indem es Bilder von den durch grässliche Tumore verunstalteten Ratten zeigte. Die

---

49 Diese und andere Horrormeldungen finden sich in dem Artikel von Ludger Weiß, Rattenstudie: Kalkulierter Mediencoup der Antigenlobby, NovoArgumente Online, 2. Oktober 2012.

50 EXCLUSIF. Oui, les OGM sont des poisons! http://tempsreel.nouvelobs.com/ogm-le-scandale/20120918.OBS2686/exclusif-oui-les-ogm-sont-des-poisons.html

Hilfstruppen der grünen Panikmafia waren also zur Stelle. „Es ist unverantwortlich, diese wissenschaftlich fragwürdigen Aussagen ohne gründliche Recherche im öffentlich-rechtlichen Fernsehen zu kolportieren", sagt der Leiter des „Julius Kühn-Instituts für die Sicherheit biotechnologischer Verfahren bei Pflanzen", Joachim Schiemann.[51]

Seralini hatte Langzeitstudien an Ratten durchgeführt, die er mit unterschiedlichen Dosen von Gentechnik-Mais sowie mit und ohne das Unkrautbekämpfungsmittel Roundup bis zu zwei Jahre lang fütterte. Er hatte für seine Versuche eine spezielle Rattenart ausgewählt, von der man weiß, dass etwa 80 Prozent nach zwei Jahren Lebensdauer spontan, ohne besondere Reize, Tumore entwickeln. Er hatte Gruppen von jeweils zehn Tieren gebildet, obwohl jedem Statistiker klar ist, dass aus dieser kleinen Anzahl keine statistisch signifikanten Aussagen abgeleitet werden können. Es fehlen Angaben zur Futtermenge. Das ist deshalb von Bedeutung, weil bekannt ist, dass die Rattenart zur Bildung von Brusttumoren neigt, wenn die Nahrungsaufnahme nicht begrenzt ist.[52] Wenn Seralini nur zehn Tiere in der Kontrollgruppe der Tiere, die nicht mit Genmais gefüttert sind, untersucht, kann aus den Ergebnissen keine Aussage abgeleitet werden, die einen kausalen Zusammenhang belegt. Walter Krämer erläutert das an einem einfachen Beispiel. „Drei von zehn Bundesbürger

---

51 Zitiert nach: Sonja Kastilan, Die Macht des Zufalls, „Frankfurter Allgemeine Sonntagszeitung" vom 23. September 2012. Der ausgezeichnete Artikel zeigt, dass es auch schon kurz nach der Veröffentlichung der Seralini-Studie möglich war, sachkundig und detailliert zu dem skandalösen Vorgang Stellung zu nehmen

52 Aussage des Toxikologen Alan Bobis vom Imperial College in London, zitiert bei: Sonja Kastilini, a. a. O.

sterben derzeit an Krebs. Greift man beliebig zehn Bundesbürger heraus, sterben aber nur selten genau drei davon an Krebs. Die tatsächliche Zahl der Krebsfälle schwankt dabei zwischen null und zehn. Wenn man wissen möchte, ob das Essen von Bonbons die Krebssterblichkeit erhöht, aber nur zehn Bürger untersucht, die keine Bonbons essen, dann kann es leicht sein, dass von diesen zehn nur zwei an Krebs sterben. Daraus kann man aber nicht schließen, dass Bonbons die Sterblichkeit um 50 Prozent erhöhen. Genau dieser Fehler wurde aber bei der Gen-Mais Studie gemacht."[53]

Die Studie wurde von zahlreichen Wissenschaftlern in aller Welt als Machwerk entlarvt. In einer sehr ungewöhnlichen gemeinsamen Stellungnahme von sechs französischen Akademien, den nationalen Akademien für Landwirtschaft, Medizin, Pharmazie, Naturwissenschaft, Technologie und Veterinärmedizin, wurde die Studie vernichtend kritisiert. Aus der Arbeit mit den zahlreichen methodologischen Mängeln und der mangelhaften Interpretation der Ergebnisse könnten keine verlässlichen Schlüsse gezogen werden (…"ce travail ne permet aucune conclusion fiable"). Die Akademien fragen sich, wie eine solche dürftige Arbeit in einer angesehenen Zeitschrift erscheinen konnte. (Der Artikel wurde inzwischen von der Zeitschrift zurückgezogen.) Es komme in Frankreich nicht oft vor, dass ein wissenschaftliches Nullum (non-évènement scientifique) ein solches Aufsehen errege. Einen Medienrummel zu inszenieren, durch

---

53 Walter Krämer, Unstatistik des Monats: Gen-Mais tötet, Die Achse des Guten vom 28. September 2012, http://www.achgut.com/dadgdx/index. php/dadgd/article/unstatistik_des_monats_gen_mais_toetet/

den die Öffentlichkeit ohne Grund geängstigt werde, stelle ein schweres Fehlverhalten dar.[54]

Die Zuschauer des ZDF wurden allerdings in dem Glauben gelassen, dass Genmais Krebs verursacht. Sie erfuhren nicht, dass die vom ZDF als Aufmacher in den Nachrichten herausgestellte schockierende Meldung auf einer Studie beruhte, die nichts anderes als ein schlimmes Machwerk war. Offensichtlich fühlt sich der Sender, der uns suggeriert, er sei seriös, nicht verpflichtet, eine üble Desinformation der Hörer zu korrigieren. Allerdings hat sich der Sender, wie auch andere, schon häufig als Komplize der Panikmafia gezeigt.[55]

---

54 Avis des Académies nationales d'Agriculture, de Médecine, de Pharmacie, des Sciences, des Technologies, et Vétérinaires sur la publication récente de G. E. Séralini et al. Sur la toxicité d'un OGM. (19. Oktober 2012). http://www.destinationsante.com/IMG/pdf/121019-Avis-Acad%C3 %A9mies-OGM-Seralini.pdf
Auch das Bundesinstitut für Risikobewertung kommt in seiner Stellungnahme vom 28. September 2012 zu dem Ergebnis, „dass die Hauptaussagen der Veröffentlichung experimentell nicht ausreichend belegt sind. Zudem sind aufgrund der Unzulänglichkeiten des Studiendesigns sowie der Art der Präsentation und Interpretation der Daten wesentliche Schlussfolgerungen der Autoren nicht nachvollziehbar. Kritisiert wird an der Studie insbesondere die zu kleine Anzahl an Tieren pro Gruppe, die nicht den international anerkannten Standards für Langzeitstudien entspricht. Der verwendete Rattenstamm weist eine relativ hohe Spontantumorrate auf, und die verwendete Tierzahl ist zur Bewertung der scheinbaren Unterschiede zwischen den Testgruppen und der Kontrollgruppe nicht ausreichend," http://www.bfr.bund.de/cm/343/veroeffentlichung-von-seralini-et-al-zu-einer-fuetterungsstudie-an-ratten-mit-gentechnischverandertem-mais-nk603-sowie-einer-glyphosathaltigen-formulierung.pdf

55 Als Greenpeace (Angst macht Reibach) Ostern 2011 die Meldung lancierte, „Ostereier sind gentechnisch verseucht", da zögerten die Fernsehsender und Rundfunkanstalten nicht, in den Nachrichten über diese „Schreckensmeldung" zu informieren. Schreckensmeldung, weil Verseuchung ein Begriff ist, der eine massenhafte Erkrankung durch Verbrei-

277

Der Triumph der Gentechnikfeinde

Die Gentechnikgegner haben es mit Unterstützung vieler Medien verstanden, die Gentechnik zu verteufeln, so dass eine große Mehrheit der Bevölkerung der Technik abweisend und oft feindlich gegenübersteht. Unternehmen nutzen diese Stimmung und stellen sich als Umweltschützer dar, indem sie sich mit dem Bekenntnis „keine Gentechnik" in das richtige Licht zu setzen bemüht sind. Man unterstützt Petitionen gegen Gentechnik oder spendet für Anti-Gentechnik-Gruppen und macht so deutlich, dass man Verantwortung für die Natur und die kommenden Generationen übernimmt.[56]

Das ist das Klima, in dem grüne Gesinnungstäter ihre Aktionen als Feldbefreier realisieren. „Feldbefreiung" nennen die Kriminellen beschönigend ihre Aktivitäten, durch die sie Felder mit gentechnisch hergestellten Pflanzen zerstören. Dass ihre Aktionen den Straftatbestand der Sachbeschädigung oder auch des Hausfriedensbruchs erfüllen, stört die grünen Gesinnungstäter nicht. Sie haben ein gutes Gewissen,

---

tung von Krankheitserregern beschreibt. Seuche ist eine hoch ansteckende, oft zum Siechtum führende Infektionskrankheit. Es handelte sich bei den Eiern um Eier von Hühnern, die mit gentechnisch verändertem Soja gefüttert wurden. Sie unterschieden sich überhaupt nicht von anderen Eiern. Der Verzehr der Eier war natürlich nicht mit dem geringsten Gesundheitsrisiko verbunden. Wenn im Zusammenhang mit diesen Eiern von Verseuchung gesprochen wird, ist das nichts anderes als eine gezielte Falschmeldung, die Horrorvorstellungen wecken soll. Verseucht ist eine der Lieblingsvokabeln von Greenpeace.

56 In dem Aufsatz von Gerd Spelberg, Gentechnik: Greenpeace bitte übernehmen! Greenwashing wird immer dreister, finden sich viele Beispiele für das von zahlreichen Unternehmen betriebene Greenwashing, http:// www.novo-argumente.com/magazin.php/novo_notizen/artikel/0001124

denn sie retten den Planeten. Schon Mitte der neunziger Jahre kam es in Hessen in der Wetterau und auf Versuchsfeldern der Universität Gießen unter dem Motto „Gendreck weg" zu Zerstörungsaktionen der sich „Feldbefreier" nennenden Vandalen. In den Jahren 2005 und 2006 nahm die Zahl der Zerstörungen zu. Es entstand oft beträchtlicher Sachschaden[57]. Das „Leibniz-Institut für Pflanzengenetik und Kulturpflanzenforschung" in Gatersleben, dessen Versuchsfelder mit gentechnisch verändertem Weizen im April 2008 zerstört worden waren, bezifferte den Schaden auf 245.000 Euro.[58] Die etablierten Umweltverbände nahmen nach anfänglichem Zögern oft eine unterstützende Haltung ein. Der sachsen-anhaltinische Landesgeschäftsführer des BUND lobte in einem Leserbrief an die „Volksstimme" sechs "Feldbefreier" in den höchsten Tönen, die ein Jahr zuvor das Genweizen-Forschungsfeld des Instituts für Pflanzengenetik und Kulturpflanzenforschung Gatersleben mit Hacken zerstört hatten.[59] Im Jahr 2008 haben angekündigte Feldbesetzungen die Hochschulrektorate in Gießen und Nürtingen-Geislingen veranlasst, Hochschullehrern den Abbruch ihrer wissenschaftlichen Untersuchungen zu empfehlen.

Seit einiger Zeit werden auf den Philippinen und in Bangladesch Feldversuche durchgeführt, mit der Hoffnung auf Markteinführung für den „Goldenen Reis" bis 2015. Seit Erfindung des „Goldenen Reises" im Jahr 1998 sind vier bis acht Millionen Kinder erblindet, von denen nahezu die

---

57 http://de.wikipedia.org/wiki/Feldbefreiung

58 http://de.wikipedia.org/wiki/Leibniz-Institut_f%C3%BCr_Pflanzengenetik_und_Kulturpflanzenforschung

59 scienceblogs.de/frischer-wind/2009/04/27/bundlandeschef-verteidigt-illegale-genweizenzerstorung/

Hälfte inzwischen gestorben ist. Greenpeace und seine Hilfstruppen blockieren seit einem Jahrzehnt die Einführung des „Goldenen Reises", weil es angeblich Risiken für die Gesundheit und die Umwelt gibt. Das steht im Widerspruch zu der völlig einhelligen Auffassung aller Wissenschaftler. Greenpeace hat auch nie verständlich machen können, worin diese Risiken bestehen. Man sammelt jährlich Millionen von Dollar für den Kampf gegen den „Goldenen Reis". Die von Greenpeace indoktrinierten Ökoaktivisten zerstören die Versuchsfelder auf den Philippinen. Dr. Patrick Moore, einer der Mitbegründer von Greenpeace, der Greenpeace verließ, als er sah, dass der humanitäre Anspruch von Greenpeace verschwand und die Umweltbewegung ein Hybrid zwischen Religion und politischer Ideologie wurde, die jeden Bezug zur Realität aufgegeben hat, sagt, die Fakten belegten eindeutig, dass Greenpeace und seine Verbündeten der Verbrechen gegen die Menschlichkeit nach der Definition des Internationalen Strafgerichtshofs schuldig sind.[60]

---

60   Siehe dazu Patrick Moore, Greenpeace handelt unmenschlich
      http://www.achgut.com/dadgdx/index.php/dadgd/article/greenpeace_
      handelt_unmenschlich.
      Patrick Moore, Greenpeace verübt Verbrechen gegen die Menschlichkeit
      http://www.achgut.com/dadgdx/index.php/dadgd/article/greenpeace_
      veruebt_verbrechen_gegen_die_menschlichkeit
      Patrik Moore, Interview mit Thilo Spahl, Das größte Umweltproblem
      ist die Armut, http://www.achgut.com/dadgdx/index.php/dadgd/article/
      das_groesste_umweltproblem_ist_armut

Einige erstaunliche Aussagen

Die einmütigen Aussagen der Wissenschaftler und Akademien aus aller Welt besagen, dass transgene Produkte mindestens so sicher, wahrscheinlich aber sicherer sind als solche, die auf konventioneller Pflanzenzüchtung beruhen. Man kann deshalb die folgenden Aussagen nur mit Erstaunen registrieren.

„Mit der Möglichkeit, gezielt Veränderungen des Erbgutes vorzunehmen, um erwünschte Eigenschaften von Organismen zu erzeugen, wie es mit Methoden der herkömmlichen Züchtung nicht möglich wäre, greift die Gentechnik in die elementaren Strukturen des Lebens ein."

„Neben den Chancen der Gentechnik sind die gesundheitlichen und ökologischen Risiken und insbesondere auch Nachteile für die gentechnikfreie Landwirtschaft zu bedenken."

Wenn es im ersten der beiden Abschnitte heißt, die Gentechnik greife in die elementaren Strukturen des Lebens ein, hört sich das bedrohlich an. Wird durch die Gentechnik in die elementaren Strukturen unseres Lebens eingegriffen? Ist durch diese Eingriffe unser Leben bedroht? Das kann im Ernst wohl kaum gemeint sein! Eingegriffen wird in das Leben der Pflanzen. Das aber geschieht im Rahmen der Pflanzenzüchtung seit zehntausend Jahren. Im Unterschied zu den herkömmlichen Züchtungsmethoden unter Verwendung von mutagenen Chemikalien oder radioaktiver Strahlung sind bei den gezielten Eingriffen mit Hilfe der Gentechnik die Gefahren unbeabsichtigter Mutationen erheblich geringer. Man fragt sich, was mit diesem Satz gesagt werden soll. Er kann kaum einem anderen Zweck dienen, als irrationale Befürchtungen vor der grünen Gentechnik zu wecken.

Bei dem zweiten Satz handelt es sich um eine Falschaussage. Denn irgendwelche speziellen gesundheitlichen Risiken, die mit der Anwendung gentechnischer Verfahren verbunden sind, gibt es nicht.

Man kann versuchen, zu erraten, von wem diese Passagen stammen. Hat hier irgendein durchgeknallter Greenpeaceaktivist versucht, etwas zu Papier zu bringen? Hat ein Ideologe vom BUND wieder einmal seine Feindschaft gegenüber der Gentechnik zum Ausdruck gebracht? Oder hat der „Verband Katholisches Landvolk" versucht, seinen Mitgliedern zu erklären, dass Gentechnik auf dem Acker und auf dem Teller nichts zu suchen hat?

Alle Genannten hätten sich so äußern können. Aber die zitierten Passagen stammen aus dem Urteil des Bundesverfassungsgerichts vom 24. November 2010 über die Verfassungsmäßigkeit des Gentechnikneuordnungsgesetzes der rot-grünen Koalition aus dem Jahre 2004 unter den Randnummern 135 und 136.[61] Mit der Entscheidung hat das höchste deutsche Gericht das von vielen Sachverständigen als Gentechnikverhinderungsgesetz bezeichnete Gesetz von 2004 als verfassungsgemäß anerkannt. Das Gericht hatte ausgerechnet einen auf Vorschlag der Grünen berufenen Richter zum Berichterstatter ernannt. Es ignoriert in erstaunlicher Weise den wissenschaftlichen Meinungsstand. Der grüne Zeitgeist hat hier auf eine unheilvolle Weise dominiert. Die Stellungnahme einer Laienspielschar wie dem „Verband Katholisches Landvolk" war den Karlsruher Richtern offenbar einleuchtender als die Aussagen der „Deutschen Forschungsgemeinschaft". Man fragt sich, ob die Herren in Karlsruhe überhaupt wissen, dass alle wissenschaftlichen Akademien und

---

61   http://www.bverfg.de/entscheidungen/fs20101124_1bvf000205.html

alle kompetenten Wissenschaftler der ganzen Welt die Aussagen des Gerichts für falsch halten. Wie ist ein solches groteskes Maß an Unkenntnis möglich?

Das Urteil ist in ungewöhnlich scharfer Form in dem sehr lesenswerten Rechtsgutachten mit dem Titel „Die Kapitulation des Rechts vor dem Zeitgeist" von Winfried Kluth kritisiert worden.[62] Kluth ist Inhaber des Lehrstuhls für Öffentliches Recht an der Universität Halle Wittenberg und Mitglied des Landesverfassungsgerichts Sachsen-Anhalt.

Auch die fortschrittsfeindlichen Imker siegen

Am 6. September 2011 entschieden die Richter des Europäischen Gerichtshofs in einem denkwürdigen Urteil, dass Europäischer Honig frei von Pollen mit Spuren nicht zugelassener gentechnisch veränderter Organismen zu sein hat. Geklagt hatte ein bayrischer Imker, der seine Bienenstöcke in die Nähe eines Versuchsfeldes mit gentechnisch verändertem Mais gestellt hatte. Da im Honig seiner Bienen Pollen von Mais MON810 nachgewiesen werden konnten, vernichtete der Imker mit Unterstützung von Gentechnikgegnern theatralisch den Honig und klagte.

Außer dem Nektar befördern die Bienen an ihren Hinterbeinen Blütenpollen, der zur Aufzucht von Larven dient. Deshalb enthält Honig in geringen Mengen auch Pollen. Wenn Bienen die Blüten gentechnisch veränderter Pflanzen anfliegen, gelangt der Pollen dieser Pflanzen in den Honig.

---

62   http://www.gruenevernunft.de/sites/default/files/meldungen/Broschuere_Kapitulation_des_Rechts.pdf

Beim Mais werden die Pollen durch den Wind verbreitet. Er ist nicht auf die Bestäubung durch Bienen angewiesen. Die männlichen Blüten sind kein lohnendes Objekt für Bienen, da in den Blüten kein Nektar gebildet wird. Dennoch kann es sein, dass Bienen Maispollen sammeln, weil er als Nahrung für die Larven benötigt wird. In einigen Feldversuchen wurden Bienenvölker untersucht, die an oder in einem Feld mit gentechnisch verändertem Mais aufgestellt worden waren. In „einigen Honigproben konnte zwar Mais nachgewiesen werden, doch die Mengen sind extrem gering und in der Regel nicht nachweisbar."[63]

Der Europäische Gerichtshof hat entschieden, dass Pollen eine Zutat zu einem Lebensmittel sind. Für Pollen gelten deshalb dieselben Bestimmungen wie für alle anderen Zutaten auch. Das bedeutet, dass Honig nur verkehrsfähig ist, wenn die gentechnisch veränderte Pflanze als Nahrungsmittel zugelassen ist. Für alle nicht zugelassenen Pflanzen gibt es keine Toleranz. Der Honig darf nicht vermarktet werden. Auch für Pollen aus Bt-Mais gilt die Nulltoleranz, solange die Neuzulassung nicht abgeschlossen ist. Ferner gilt: Da Pollen jetzt als Zutat aufgefasst wird, besteht für zugelassene GVO eine Kennzeichnungspflicht, wenn der Anteil der GV-Pollen an den insgesamt im Honig vorhandenen Pollen über dem Schwellenwert von 0,9 Prozent liegt.

Da in Deutschland und den meisten anderen Ländern der EU zurzeit keine gentechnisch veränderten Pflanzen angebaut werden, hat das Urteil insofern keine Bedeutung. Das ist bei importiertem Honig anders (80 Prozent des in Deutschland verzehren Honigs wird importiert), wenn die

---

63 Artikel „Honig", Transparenz Gentechnik, http://www.transgen.de/datenbank/lebensmittel/238.honig.html

entsprechenden Pflanzen in Europa nicht zugelassen sind. Das Urteil hat aber schwerwiegende Konsequenzen für Freilandversuche mit gentechnisch veränderten Pflanzen, die ja in aller Regel noch nicht zugelassen sind. Sie müssen so durchgeführt werden, dass auch nicht die geringste Menge in den Honig gelangt. Freilandversuche werden durch das Urteil beträchtlich erschwert.

Das alles ergibt sich aus der Tatsache, dass im Urteil des Europäischen Gerichtshofs Pollen als Zutat und nicht wie bisher als natürlicher Bestandteil des Honigs angesehen werden. Als Zutat wurde bisher etwas angesehen, was mit Bedacht einem Produkt zugefügt wird, etwa um die Qualität oder Haltbarkeit eines Produkts zu verbessern. So wird vielen Produkten Vitamin C zugesetzt, der Schokolade wird Zucker zugesetzt und so weiter. Es bleibt rätselhaft, warum das Gericht Pollen, die ja ein normaler Bestandteil des Honigs sind, mit Vitamin C, Zucker oder Lecithin auf eine Stufe stellt. Der international renommierte Leiter des Instituts für Pflanzengenetik an der Universität Hannover, Hans-Jörg Jacobsen, schreibt dazu: „Doch vorsorglich war ihnen (den Richtern) dieser feine Unterschied, was eine ‚Zutat' und was ein ‚Bestandteil' eines Lebensmittels ist, vorab in einem klar formulierten Papier des Lebensmittelexperten und einstigen Bereichsleiters der Bundesforschungsanstalt für Ernährung und Lebensmittel, Prof. Klaus-Dieter Jany, zur Kenntnis gebracht worden. Aber vielleicht haben die Richter den Inhalt nicht verstanden oder verstehen wollen?"[64]

---

64 Hans-Jörg Jacobsen, Gen-Honig-Urteil: Pyrrhussieg für fortschrittsfeindliche Imker, NovoArgumente, http://www.novo-argumente.com/magazin.php/novo_notizen/artikel/000913

Es ist vollkommen unstrittig, dass der Verzehr von Honig mit Pollen gentechnisch veränderter Pflanzen nicht mit dem geringsten Gesundheitsrisiko verbunden ist. In dreijährigen Freilandversuchen und im Labor haben Forscher der Universität Würzburg bei Bienen, die nur Pollen von Bt-Mais aufnehmen konnten, keinerlei Unterschiede zu den Bienen feststellen können, die Pollen von jeweils einer von drei verschiedenen konventionellen Maisorten sammelten. Bt-Mais war keine Gefahr für die Gesundheit der Bienen.[65]

Was hier mit dem Honig gespielt wird, ist ein Stück aus dem Tollhaus.

BASF gibt auf

Im Januar 2012 teilte der Chemiekonzern BASF mit, dass er die grüne Gentechnik in Europa aufgibt. Der Chemieriese verlagert die Zentrale seiner Pflanzenbiotechnologiesparte aus Deutschland nach North Carolina in den USA. Das landwirtschaftliche Forschungszentrum Limburgerhof in der Nähe des Konzernsitzes in Ludwigshafen wird aufgegeben. Auch die Versuchsstandorte in Gatersleben und im schwedischen Svalöv werden geschlossen, Europa sei kein guter Markt für die grüne Gentechnik. Man wolle sich auf die attraktiven Märkte in Nord- und Südamerika und die Wachstumsmärkte in Asien konzentrieren. BASF folgt dem Beispiel von Syngenta und Bayer, die schon im Jahr 2004 ihre Freilandversuche in Deutschland eingestellt haben.

---

65   http://www.transgen.de/datenbank/lebensmittel/238.honig.html

BASF erinnerte daran, dass das Bundesverfassungsgericht die Gentechnik als Hochrisikotechnologie einstufe, und dass der Europäische Gerichtshof mit dem Honigurteil Freilandversuche erheblich erschwert habe. Man sei überzeugt, dass die Pflanzenbiotechnologie eine der Schlüsseltechnologien des 21. Jahrhunderts sei und beklagte die mangelnde Akzeptanz in Deutschland und großen Teilen Europas. Tatsächlich wird die Technologie nicht nur von Umweltschützern und Verbrauchern abgelehnt, auch opportunistische Politiker marschieren auf der Linie der Gentechnikgegner oder ducken sich feige vor dem grünen Zeitgeist.

„Und so feiert die bunte Liste der Gen-Widerständler aus Antikapitalisten, Naturschützern, Imkern und Kirchengruppen ihre Erfolge auf ganz unterschiedlichen Ebenen: Sie siegen auf dem Versuchsfeld, wenn die Pflanzen in nächtlichen Überfällen ausgerupft werden, oder auf der Kanzel, wenn wackere Pastoren die Pflanzenzüchtungsmethode verteufeln. Sie siegen auch vor Gericht, wo Richter mehr Herz für Imker zeigen als für Forscher, und sie siegen in Berlin oder Brüssel, wo Bürokraten administrative Hürden erhöhen."

Mi diesen Worten kommentiert Winand von Petersdorf in einem ausgezeichneten Artikel in der Frankfurter Allgemeinen Zeitung die Lage bei uns.[66]

Die Entscheidung der BASF bedeutet: Die Forschung geht weiter, aber nicht bei uns. Wissenschaftler wandern ins angelsächsische Ausland ab. Wir verabschieden uns von einer der wichtigsten Zukunftstechnologien. Wissenschaftler und

---

66 Winand von Petersdorf, Das grüne Gewissen macht blind, „Frankfurter Allgemeine Zeitung" vom 29. Januar 2012

einige Verbände reagierten bestürzt auf die Entscheidung. Greenpeace und die Grünen jubelten.

Die „Deutsche Industrievereinigung Biotechnologie" schreibt, sie habe mehrfach darauf hingewiesen, „dass sich Forschung, Entwicklung und Märkte nicht voneinander trennen lassen. Da in Deutschland und Europa Freisetzungen und Anbau gentechnisch veränderter Pflanzen aus politischen oder ideologischen Gründen seit vielen Jahren verhindert werden, ziehen die Biotechnologie-Unternehmen früher oder später ihre Konsequenzen."[67] Weltweit werde aber der Siegeszug gentechnisch veränderter Pflanzen weitergehen und auch Deutschland werde sich diesem Trend letztlich nicht entziehen können.

Der „Verband Biologie, Biowissenschaften und Biomedizin" (VBIO) sieht in der Entscheidung der BASF ein bedenkliches Signal für den Forschungs- und Wissensschaftsstandort Deutschland, da die Entscheidung von einer Abwanderung hervorragender Wissenschaftler und Forschungsprojekte begleitet werde. Der Vorsitzende des Verbandes, Professor Nellen, bedauerte es, dass im Bildungsland Deutschland ein konstruktiver Dialog zur grünen Gentechnik nicht mehr möglich ist.[68] In einer späteren Pressemitteilung teilt der Verband mit, dass acht von 16 Bundesländern „Gentechnikfreiheit" anstreben und zwei Bundesländer die „Förderung von Agrogentech-

---

67 DIB Pressemeldungen, BASF wird Pflanzenbiotechnologie-Aktivitäten auf Nord- und Südamerika konzentrieren, https://www.vci.de/DIB/Presse-Infos/Pressemeldungen/Seiten/BASF-wird-Pflanzenbiotechnologie-Aktivitaeten-auf-Nord-und-Suedamerika-konzentrieren.aspx

68 Pressemitteilung des Verbandes VBIO vom 17. Januar 2011, http://www.vbio.de/der_vbio/presse__publikationen/presseerklaerungen

nik" bereits verboten haben. Man fragt sich, in welchem Land wir infolge des grünen Gesinnungsterrors inzwischen leben.[69]

Auch der „Bundesverband Deutscher Pflanzenzüchter" sieht in der Entscheidung der BASF die „ernüchternde Konsequenz des unangemessenen Umgangs mit neuen Technologien in Deutschland und Europa."[70] Seit Jahren würden Universitäten und Unternehmen in ihren Forschungsaktivitäten gehindert.

Greenpeace, der BUND und verschiedene Politiker der Grünen haben die Entscheidung der BASF begrüßt. Ein Vertreter des BUND erklärte, es sollten nun auch alle anderen gentechnischen Produkte aus den Regalen der Kaufhäuser entfernt werden. „Die Verbraucher müssen ganz und gar vor der grünen Gentechnik geschützt werden."[71] Und die Umweltministerin Ulrike Höfken (Grüne) aus Rheinland-Pfalz wusste: „Agrogentechnik ist keine Zukunftstechnologie, auf die es sich lohnt zu setzen."[72]

---

69 Pressemitteilung des Verbandes VBIO vom 19. Juni 2012. In dieser Erklärung weist der Verband auch darauf hin, dass es deutsche Pflanzenforscher ins Ausland zieht, wo sie willkommen seien. Allein die amerikanische Botschaft habe. „in den letzten Wochen drei bundesweite Veranstaltungen durchgeführt, in denen ganz offensiv der Wissenschaft und den Wissenschaftlern aus dem Bereich der grünen Gentechnik der Weg in die USA ‚beschrieben' wurde."

70 Verband Deutscher Pflanzenzüchter VDP, Schlechtes Zeugnis für den Wirtschaftsstandort Deutschland http://www.bdp-onli-ne.de/de/Presse/Archiv/2012/

71 Biotechnologie.de: BASF gibt Grüne Gentechnik in Europa auf. http://www.biotechnologie.de/BIO/Navigation/DE/

72 BASF gibt grüne Gentechnik in Europa auf, „Frankfurter Allgemeine Zeitung" vom 16. Januar 2012

Man fragt sich, welcher erstaunliche wissenschaftliche Weitblick Frau Höfken zu dieser Einsicht befähigt.[73] Die führenden Molekulargenetiker der ganzen Welt müssen wohl umlernen. Auch den großen deutschen Wissenschaftsorganisationen, darunter die „Deutsche Forschungsgemeinschaft" (DFG), die „Deutsche Akademie der Naturforscher Leopoldina", die „Max-Planck-Gesellschaft" und der „Wissenschaftsrat", die in einer gemeinsamen Erklärung davon sprachen, dass es sich bei der grünen Gentechnik um eine „aller Voraussicht nach wichtige Zukunftstechnologie" handelt, haben wohl nicht den wissenschaftlichen Weitblick, den die grüne Gesinnung der Ministerin verleiht. Liegt es an der mangelnden Qualifikation der Wissenschaftler der genannten Organisationen? Sind das alles Deppen? Oder sind sie alle Lakaien im Dienste von Monsanto? Vielleicht sollten

---

73 Ulrike Höfken zeichnet sich durch Stellungnahmen aus, die noch ignoranter sind als die der grünen Minister für Landwirtschaft in den anderen Bundesländern. Als im März 2013 mit dem Schimmelpilz Aflatoxin belasteter Mais gefunden wurde, tönte Frau Höfken, solche Kontaminierungen seien nicht hinnehmbar, diese Skandale seien Folge der Industrialisierung der Landwirtschaft. Wahr ist, dass es noch nie in der Geschichte der Landwirtschaft so wenig pilzbelastetes Getreide gegeben hat wie heute. In der modernen Landwirtschaft konnte durch bessere Trocknung und Lagerung die Schimmelpilzbelastung drastisch vermindert werden. Allerdings: Getreide ohne Schimmelpilzgifte gibt es nicht. „Die Welt ist voll von Mikroorganismen. Es gibt keine keimfreie Nahrung." Das sagte der Leiter des Bundesinstituts für Risikobewertung, Andreas Hensel, dem allerdings auf Antrag der Grünen Bundestagsfraktion durch Ministerin Aigner befohlen werden sollte, den Mund zu halten! Niemandem soll es in diesem Land erlaubt sein, die Grünen in ihren Angstkampagnen zu behindern. Es gibt jedoch, wie bereits an anderer Stelle ausgeführt wurde, gerade bei Mais eine Möglichkeit, den Befall durch karzinogene Pilzgifte drastisch zu reduzieren: durch Anbau von gentechnisch verändertem Mais. Das weiß Frau Höfken vermutlich nicht, sie will es wohl auch nicht wissen. Solche Kenntnisse sind mit ihrem grünen Weltbild nicht kompatibel.

sich auch führende Vertreter der Molekulargenetik nicht zu weit aus dem Fenster lehnen und an das Schicksal des seinerzeit weltberühmten Genetikers Wawilow denken.[74] Mit grünem Gesinnungsterror ist nicht zu spaßen.

Der renommierte Molekularbiologe Hans-Jörg Jacobsen meint sarkastisch: „Erst wenn die letzte Düngemittelfabrik geschlossen und der letzte landwirtschaftliche Betrieb auf „Bio" zwangsumgestellt wurde, werdet ihr merken, dass Hunger keinen Spaß macht. Aber dann lässt es sich Jürgen Trittin in der Toskana gut gehen und Claudia Roth ist auf ihren Heimatplaneten zurückgekehrt."[75]

Noch ein Sieg

In Hannover konnten Schüler seit 2008 an einigen Schulen im Rahmen des Modellprojekts „HannoverGEN" in speziellen Laboren unter professioneller Anleitung biotechnologische Experimente durchführen. Den Schülern sollte durch das eigene Experimentieren der Einstieg in die Molekularbiologie erleichtert und ihr Interesse an Naturwissenschaften geweckt werden. Es ging nicht nur um grüne Gentechnik, sondern auch um Krebsforschung, Insulinherstellung

---

74 Nikolai Iwanowitsch Wawilow war ein weltbekannter russischer Genetiker, der nach Auseinandersetzungen mit Trofim Denissowitsch Lyssenko aller Ämter enthoben und zum Tode verurteilt wurde. Das Urteil wurde in 20 Jahre Haft umgewandelt. Wawilow starb 1943 im Gefängnis, vermutlich an Hunger

75 Hans-Jörg Jacobsen, BASF und Gentechnik: Nix wie weg! NovoArgumente Online, http://www.novo-argumente.com/magazin.php/novo_notizen/artikel/0001048

und vieles andere. Mit anderen Worten: Die Schüler lernten die Grundlagen einer wichtigen Zukunftstechnologie kennen.

Das Projekt wurde im Jahre 2011 positiv evaluiert und im Rahmen des Programms „Deutschland – Land der Ideen" als „Besonderer Ort" ausgezeichnet. Das erfolgreiche Projekt sollte deshalb auf das ganze Bundesland ausgeweitet werden.[76]

Es ist wahr: Menschen, die auf diese Weise Wissen über die Gentechnik erworben haben, sind nicht so empfänglich für die Angstkampagnen und Horrorszenarien der Grünen und der ihnen verbundenen Vereine wie Greenpeace, BUND und ihren Hilfstruppen in der ARD und beim ZDF. Deshalb heißt es im Koalitionsvertrag der neuen rot-grünen Regierung lapidar: „Das Projekt „HannoverGEN" wird beendet."

Im Wahlkampf hatte die „Arbeitsgemeinschaft bäuerliche Landwirtschaft" (AbL) die Forderung, „HannoverGEN" zu beenden, zu einem ihrer Wahlprüfsteine gemacht. Alle Grünen und die Mehrheit der SPD-Kandidaten gelobten: „Ja, ich will mich dafür einsetzen, dass sich Niedersachsen zum agrogentechnikfreien Bundesland erklärt – auf dem Acker, in öffentlichen Einrichtungen und in den Schulen."[77] Finanziell unterstützt wurde die AbL von Bioverbänden wie „Demeter" und „Naturland".[78] Unter dem Markenzeichen

---

76 Siehe dazu zum Beispiel: Rudolf Kipp, Grün wirkt – Hannovers Schulen jetzt GENfrei, Science Skeptical Blog, 2. März 2013

77 Zitiert nach: Gerd Spelsberg, Seid nicht so neugierig. Niedersachsens Schulen sind jetzt gentechnik-frei. http://www.gute-gene-schlechte-gene.de/niedersachsen-gentechnik-frei-schulen/

78 „Naturland" war jene Organisation, die den Biobetrieb in Bienenbüttel zertifizierte, bei dem infolge mangelhafter Hygiene 2011 durch EHEC-verseuchte Sprossen 53 Menschen starben und Hunderte schwer erkrankten.

„Demeter" werden Produkte verkauft, die nach anthroposophischen Prinzipien biologisch-dynamisch erzeugt werden. Grundlage sind die Gedanken Rudolf Steiners. In der biologisch-dynamischen Landwirtschaft sollen auch übersinnliche, kosmische Kräfte gestaltend wirken. Bei der Pflanzenzüchtung soll der Mensch mit seinen Lebenskräften auf die Lebenskraft der Pflanzen einwirken, um die gewünschten Veränderungen herbeizuführen. Man bedient sich dabei auch der Eurythmie. Bei der Auswahl der Eurythmiegesten werden die Planeten- und Tierkreiszeichen berücksichtigt, *„um den Wirkungen des Kosmos auf die Pflanze näher zu kommen".*[79]

Man erkennt: Im Kampf gegen Wahrheit und Wissenschaft hat in Niedersachsen der Obskurantismus gesiegt.

Ökoimperialismus

In den Jahren 2001 und 2002 wurde der Süden Afrikas von einer außergewöhnlichen Trockenheit heimgesucht, die das Leben von 15 Millionen Menschen in sieben Ländern bedrohte. Eine Lieferung von 15.000 Tonnen Mais (darunter rund ein Drittel GV-Mais) aus den USA wurde von der Regierung von Simbabwe abgewiesen, weil es möglich sei, dass die Maiskörner gepflanzt werden könnten. Dies aber würde den Export des Landes nach Europa gefährden. Die Vereinigten Staaten boten an, den Mais zu mahlen, so dass er nicht gepflanzt werden könne. Ein Teil der Maisliefe-

---

[79] Biologisch dynamische Landwirtschaft, http://psiram.com/ge/index.php/
      Biologisch-dynamische_Landwirtschaft

rung war in das nördliche Sambia geliefert worden. Sambia hatte seit sechs Jahren den Mais akzeptiert, man hatte ihn gegessen. Doch dieses Mal war es anders. „Nur weil wir hungrig sind, so rechtfertigt das doch nicht, uns zu vergiften, uns Nahrung zu geben, die unsere Gesundheit gefährdet", sagte Präsident Levy Mwanawasa.[80] „Wir sterben lieber, als Gift zu uns zu nehmen." Und Emily Sikazwe, Präsidentin einer lokalen Nichtregierungsorganisation, die von westlichen Organisationen finanziert wurde, erklärte: „Ja, wir verhungern, aber wir sagen nein zu der Nahrung, die die Amerikaner in unsere Hälse stopfen wollen."[81]

Vor einem Lagergebäude in Shimbala, Sambia, wo der Mais gelagert wurde, so berichtet die „Los Angeles Times", bat ein blinder alter Mann, den Mais freizugeben. „Bitte gebt uns die Nahrungsmittel. Uns ist es egal, ob der Mais vergiftet ist. Wir sterben sowieso."[82] Die Einwohner Sambias auf dem Lande ernährten sich von Blättern, Zweigen und sogar giftigen Beeren und Nüssen, schrieb die „Los Angeles Times".[83] In Sizanongwe, einer Stadt 300 Kilometer nördlich der Hauptstadt, überwältigten die Einwohner die Wächter eines Lagerhauses und erbeuteten einige tausend Säcke mit Nahrungsmitteln, bevor diese entfernt werden konnten.[84] Die Weltgesundheitsorganisation schätzte, dass 2,3 Millionen Sambier vom Hungertod bedroht sei-

80   Zitiert nach: Stewart Brand, a. a. O., S. 154

81   Zitiert nach: Robert Paarlberg, a. a. O., S. 142

82   Zitiert nach: Stewart Brand, a. a. O., S. 155

83   Zitiert nach: Stewart Brand, a. a. O., S. 155

84   Robert Paarlberg, a. a. O., S. 15

en.[85] Lieferungen von identischem Mais aus den USA wurden in Lesotho, Malawi und Swasiland akzeptiert. Simbabwe akzeptierte den Mais, nachdem er gemahlen war.

Die tödliche Änderung der Politik in einigen afrikanischen Staaten war das Ergebnis einer konzertierten Aktion von Nichtregierungsorganisationen aus Europa, die die Afrikaner das Fürchten vor genverändertem Mais lehrten. Südafrika, das nicht in gleicher Weise von den europäischen Ländern abhängig ist wie andere afrikanische Staaten, und auch die wissenschaftliche Kapazität hat, sich ein eigenes Urteil über gentechnisch veränderte Pflanzen zu bilden, hatte 2002 schon gentechnisch modifizierte Baumwolle, Sojabohnen und den dort beliebten weißen Mais angebaut. Andere afrikanische Staaten haben dem tödlichen Druck der Europäer weniger entgegenzusetzen.

Die widerliche Kampagne wurde von Greenpeace International und Friends of the Earth International[86] geführt. Die Verantwortlichen in Sambia und in anderen Ländern waren nach den Belehrungen durch die genannten Organisationen der Meinung, dass GV-Produkte Allergien auslösen, Krebs verursachen, ihre Verdauung stören, Aids verbreiten und Gene von Schweinen enthalten. Afrikaner sollten als Versuchskaninchen benutzt werden. Die Akzeptanz der gentechnisch veränderten Produkte

---

85   „Wall Street Journal" vom 17. September 2002

86   Friends of the Earth International ist ein internationaler Zusammenschluss von Umweltschutzorganisationen, vertreten in 76 Ländern mit über 2 Millionen Mitgliedern und Unterstützern. Für Deutschland ist der Bund für Umwelt und Naturschutz (BUND) Mitglied. Von der Europäischen Kommission in Brüssel hat Friends of the Earth Europe laut Wikipedia 2006 europäische Fördergelder in Höhe von insgesamt 635.000 Euro erhalten – mehr als die Hälfte der Gesamteinnahmen.

werde ihren Ländern jegliche Chance nehmen, landwirt-schaftliche Erzeugnisse nach Europa zu exportieren.[87]

Die Kultfigur der amerikanischen Grünen, Stewart Brand, schreibt: „So wie es sich lohnt, zu wissen, wer geschäftsführendes Vorstandsmitglied von Exon Mobil war, als das Unternehmen Millionen ausgab, um den Klimawandel zu diskreditieren, so sollte man sich daran erinnern, wer Greenpeace International (Thilo Bode, danach Gerd Leipold) und Friends of the Earth International (Ricardo Navarra) führte, als diese Organisationen alles daran setzten, die Afrikaner davon zu überzeugen, dass im Dienste der Ideologie der Hungertod gut für sie sei." [88] Auf der langen Liste grüner Gesinnungstäter nehmen die Erwähnten einen Spitzenplatz ein.

Andrew Natsios, der damalige Direktor der amerikanischen Entwicklungshilfebehörde „US AID", beschuldigte die Nichtregierungsorganisationen das Leben von Millionen durch den Hunger bedrohter Afrikaner zu gefährden. Er meinte, sie sollten diese Spiele mit den Europäern spielen, die volle Mägen haben, doch sei es abstoßend und verabscheuungswürdig, das zu tun, wenn es um das Leben von Afrikanern geht.[89]

Robert Zoellick, der damals amerikanischer Handelsbeauftragter bei der Welthandelsorganisation war, schrieb in einem Leserbrief an das „Wall Street Journal", dass der europäische Nebel aus Desinformation und Protektionismus in Bezug auf Biotechnologiepolitik tödliche Konsequenzen

87   Robert Paarlberg, a. a. O., S. 141 ff. und Stewart Brand, a. a. O., S. 155

88   Stewart Brand, a. a. O., S. 156

89   „Washington Times" vom 30. August 2002, http://www.memestreams.net/users/decius/blogid1779843/

habe. Die Afrikaner, die sich weigerten, den Hungertod zu vermeiden, indem sie die gleichen Lebensmittel essen wie die Europäer, wenn sie in den USA sind, hätten ihm ihre Sorgen vor europäischen Vergeltungsmaßnahmen geschildert. Er fordert die Europäische Kommission auf, sich über das Treiben der Nichtregierungsorganisationen, die durch Brüssel finanziert werden, zu informieren.[90]

Die EU stellte radikalen Organisationen zur Unterstützung von Antibiotechnologie-Aktionen allein zwischen 1998 und 2002 etwa 250 Millionen Euro zur Verfügung![91]

Das „Wall Street Journal" meinte: Die grüne Brigade, die ihre politische Opposition gegen genetisch veränderte Nahrung auf Pseudowissenschaft stützt, bejubelt Sambias Intransigenz. Die Bereitschaft von Greenpeace, Friends of the Earth und anderen, Afrikaner im Namen einer fremden Ideologie hungern zu lassen, ist wirklich bemerkenswert.[92]

Stewart Brand kommentiert: "...the environmental movement went sociopathic in Africa."[93]

Soziopathie wird in Wikipedia definiert als „die neuropathologisch bedingte Unfähigkeit, soziale Kompetenzen wie Mitgefühl, Einfühlungsvermögen und Unrechtsbewusstsein zu entwickeln."

---

90 Leserbrief an das „Wall Street Journal" vom 24. Januar 2013, The Human Costs of Biotech Fear-Mongering, http://www.usembassy.it/file2003_01/ alia/A3012411.htm

91 Paul K. Driessen, Ökoimperialismus, Grüne Politik mit tödlichen Folgen, 1. Auflage 2006, S. 76

92 Why Africans are Starving, "Wall Street Journal" vom 17. September 2002

93 Steward Brand, a. a. O., S. 155

Literatur:

Deutsche Forschungsgemeinschaft, Grüne Gentechnik, korrigierte Auflage, Weinheim 2010

Robert Paarlberg, Starved for Science. How Biotechnology is being kept out of Africa, mit einem Vorwort von Norman E. Borlaug und Jimmy Carter, Harvard University Press, 2008

Nina V. Fedoroff and Nancy Marie Brown, Mendel in the Kitchen, Washington DC 2001

Siebtes Kapitel

Der Kampf der Grünen für Gerechtigkeit

Studiengebühren

Im März 1951 machten 21 Schüler in einer kleinen Arbeiterstadt im Ruhrgebiet Abitur. Ein großer Teil der Schüler kam aus Familien, in denen die alleinverdienenden Väter Arbeiter oder kleine Angestellte waren. Kaum einer der Väter oder Mütter der Schüler hatte Abitur. Von den 21 Schülern haben 20 studiert. Der einzige Schüler, der nicht studierte, gehörte zu den wenigen Privilegierten in der Klasse. Seine Eltern konnten es sich leisten, ihrem Sohn eine im Vergleich zum Studium teure Ausbildung zum Schauspieler zu finanzieren.

Man musste damals pro Semester ungefähr 180 DM als Einschreibgebühr und Hörergeld zahlen. Das sind umgerechnet rund 400 Euro, wenn die Preisentwicklung berücksichtigt wird. Allerdings musste man damals bei einem Stundenlohn von einer DM 180 Stunden arbeiten, um 180 DM zu verdienen. Man konnte die Zahl der Arbeitsstunden reduzieren, wenn man im Stahlwerk oder im Bergbau unter Tage arbeitete. Von den meisten Eltern war wenig Unterstützung zu erwarten. Die 180 DM, die zu finanzieren waren, entsprachen oft dem Monatslohn des alleinverdienenden Vaters. 180 DM machten vier Fünftel des Gehalts eines Volksschullehrers aus. Die Eltern hatten damals kurz nach der Währungsreform auch noch kaum die Chance, für das Studium ihrer Kinder zu sparen.

Die meisten Studenten mussten in den Semesterferien arbeiten, um den Lebensunterhalt während der Semester bestreiten zu können. Es gab kein Bafög und auch das Honnefer Modell, der Vorläufer des heutigen Bundesausbildungsförderungsgesetzes (BAföG), wurde erst zum Wintersemester 1957/58 offiziell eingeführt. Aber die in Relation zum Durchschnittseinkommen horrenden Kosten des Studiums haben nicht einigen einzigen der Abiturienten vom Studium abgehalten. Kaum einer hat die Mindeststudienzeit um mehr als ein Semester überschritten. Die Hälfte der Abiturienten hat promoviert. Vier wurden Universitätsprofessoren. Die Notwendigkeit, lange für den Lebensunterhalt und die Studienkosten zu arbeiten, hat nicht dazu geführt, dass länger studiert wurde.

Während des Semesters hatten nur sehr wenige Studenten im Monat mehr als 160 bis 180 DM zur Verfügung, die meisten weniger. 160 bis 180 DM im Jahre 1952 entsprechen etwa 360 bis 400 Euro heute[1]. Es war kein Zuckerschlecken, mit diesem Betrag auskommen zu müssen. Und natürlich konnten es sich die wenigsten leisten, während des Studiums einmal oder gar mehrmals in Urlaub zu fahren.

---

1   Statistisches Bundesamt, Verbraucherpreisindizes für Deutschland, Lange Reihen ab 1948, Wiesbaden 2013. https://www.destatis.de/DE/Publikationen/Thematisch/Preise/Verbraucherpreise/VerbraucherpreisindexLange-ReihenPDF_5611103.pdf?__blob=publicationFile

Heute können die Studenten Bafög erhalten. Der Höchstsatz beträgt 597 Euro im Monat.[2] Die Hälfte des Betrages ist ein Zuschuss, der Rest wird als unverzinsliches Darlehen gegeben. Bafög wird auch in den Semesterferien gezahlt. Zuletzt waren rund 23 Prozent der Studierenden Bafögempfänger. Drei Viertel der Eltern hatten also ein Einkommen, das höher war als ein Einkommen, das den Studierenden den Anspruch auf Bafög zusichert. In einer Familie mit nur einem Kind (also dem Kind, das studiert) ist das Bruttoeinkommen des alleinverdienenden als Angestellter beschäftigten Vaters höher als 50.000 Euro im Jahr, wenn kein Anspruch auf Bafög mehr besteht. Hat die Familie zwei Kinder, von denen ein Kind studiert, wird erst dann kein Bafög mehr gezahlt, wenn das Einkommen höher als 60.000 im Jahr ist. Drei Viertel der Studierenden kommen also aus Familien, die man zu den Bessergestellten zählen würde.[3] Das durchschnittliche Haushaltsbruttoeinkommen belief sich im Jahre 2010 auf monatlich 3.758 Euro (Jahresbruttoeinkommen 45.096 Euro), das durchschnittliche Haushaltsbruttoeinkommen aus unselbständiger Arbeit betrug im gleichen Jahr 2274 Euro (Jahresbruttoeinkommen 27.268 Euro).[4]

Im Januar 2005 erklärte das Bundesverfassungsgericht das von der rot-grünen Koalition 2002 im Hochschulrahmengesetz erlassene Verbot von Studiengebühren für verfassungswidrig, weil es in die Gesetzgebungskompetenz der Länder eingreife. Danach wurden Studiengebühren in

---

2   Das ist der Höchstbetrag, wenn der Student bei der Krankenversicherung der Eltern mitversichert ist. Muss er sich selbst versichern, beträgt der Höchstbetrag 659 Euro pro Monat

3   Die Angaben wurden ermittelt mit Hilfe des „Bafögrechners". http://www. bafoeg-rechner.de/Rechner/

4   Statistisches Bundesamt, Statistisches Jahrbuch 2012, S. 170

Bayern, Baden-Württemberg, Hamburg, Hessen, Niedersachsen, Nordrhein-Westfalen und im Saarland eingeführt. Hunderttausende von Studenten demonstrierten gegen Studiengebühren. Studiengebühren waren in allen Landtagswahlen ein wichtiges Streitthema. Die Grünen und die SPD versprachen, sie würden die Studiengebühren nach einem Wahlsieg abschaffen. Sie waren erfolgreich. Die bürgerlichen Parteien mussten eine Niederlage nach der anderen einstecken. Im Saarland 2009, in Nordrhein-Westfalen 2010, in Hamburg und in Baden-Württemberg 2011 und schließlich in Niedersachsen 2013.

Es war klar: Die Verteidigung von Studiengebühren kostet Stimmen und kann Landtagswahlen entscheiden. Das ist für Politiker das entscheidende Argument, das alle sachlichen Argumente widerlegt. Die „Zeit" wusste zu berichten „dass hochrangige SPD-Politiker hinter vorgehaltener Hand schon mal eingestehen, dass ja durchaus gute Gründe für die finanzielle Beteiligung der Studenten sprächen, ‚aber wir wären doch dumm, auf so ein Wahlkampfthema zu verzichten'.“[5] Da nimmt es nicht Wunder, dass der größte Populist unter allen deutschen Politikern, Horst Seehofer, vor den Wahlen in Bayern auch die Abschaffung der Studiengebühren versprach.

Die studentische Lobby war außergewöhnlich erfolgreich. In Hessen wurden die Studiengebühren schon nach einem Jahr wieder abgeschafft. Auch in Hamburg, dem Saarland, in Baden-Württemberg und Nordrhein-Westfalen wurde jeweils nach den Landtagswahlen auf die Erhebung von Studiengebühren verzichtet. Nachdem SPD und Grüne

---

5   Was ist uns Bildung wert? „Zeit online" vom 10. April 2011. http://www.
     zeit.de/2011/15/C-Studiengebuehren

bei den Landtagswahlen in Niedersachsen eine knappe Mehrheit erreicht hatten, haben sich die beiden Parteien in Koalitionsvereinbarungen darauf verständigt, die Studiengebühren spätestens bis zum Wintersemester 2014/2015 abzuschaffen. Auch in Bayern werden seit dem Wintersemester 2013/2014 keine Studiengebühren mehr erhoben. Die Hochschulen sollen voll für den Wegfall an Einnahmen kompensiert werden. Studiengebühren werden heute in keinem einzigen Bundesland mehr erhoben. Die studentische Lobby hat einen vollständigen Sieg errungen.

Die Studiengebühren, die erhoben wurden, betrugen im Allgemeinen 500 Euro pro Semester. In vielen Fällen wurde es den Universitäten freigestellt, zu entscheiden, wie hoch die von den Studenten zu zahlenden Beiträge waren. So konnten etwa in Bayern die Universitäten Studienbeiträge zwischen 300 und 500 Euro verlangen, die Fachhochschulen Beiträge zwischen 100 und 500 Euro. Aber fast alle Universitäten erhoben den Höchstbeitrag von 500 Euro. In Nordrhein-Westfalen konnten die Universitäten ebenfalls maximal 500 Euro Studienbeiträge verlangen. Sie konnten allerdings auch auf die Erhebung verzichten. Im Saarland kosteten die beiden ersten Semester 300 Euro, für die weiteren Semester mussten 500 Euro gezahlt werden. In Hamburg wurde zunächst eine Studiengebühr von 500 Euro zum Sommersemester 2007 eingeführt. Als die bis dahin allein regierende CDU eine Koalition mit der Grün-Alternativen Liste gebildet hatte, mussten die Studenten nur noch 375 Euro pro Semester zahlen. Die Zahlung musste erst nach dem Studium erfolgen, wenn ein Jahreseinkommen von 30.000 Euro erzielt wurde. In allen Bundesländern gab es zahlreiche Möglichkeiten, sich von der Gebührenzahlung befreien zu lassen. Auch bei besonders guten Leistungen im Studium (in

Bayern zum Beispiel für bis zu zehn Prozent der Studenten) erlosch die Zahlungspflicht.

Im internationalen Vergleich waren die Studienbeiträge sehr maßvoll. In England können die Universitäten Beiträge bis zu 11.500 Euro pro Jahr verlangen. Fast alle englischen Universitäten haben die Gebühren auf den Höchstsatz angehoben.

Auch die relativ geringen Studienbeiträge waren für die chronisch unterfinanzierten deutschen Universitäten eine wichtige Hilfe. Sie machten kleinere Gruppen, bessere Ausstattungen, längere Öffnungszeiten der Bibliotheken und intensivere Betreuung möglich. Obwohl nur in einigen Bundesländern eingeführt, wurden die Studienbeiträge eine durchaus bedeutende Einnahmequelle. Im Jahr 2008 trugen die Studierenden durch ihre Beiträge 1,2 Milliarden zur Finanzierung der Hochschulen bei. Das waren knapp sieben Prozent aller Hochschuleinnahmen. Die Studienbeiträge waren damit eine ebenso bedeutsame Einnahmequelle wie die Dritt- mittel der gewerblichen Wirtschaft (1,2 Mrd. Euro) und sie waren nicht viel geringer als der Beitrag der Deutschen Forschungsgemeinschaft (1,6 Mrd. Euro)[6]. Der Erlanger Finanzwissenschaftler Karl-Dieter Grüske weist darauf hin, das die Einnahmen aus Studiengebühren zwar im Vergleich zum Gesamtbudget einer Universität gering erscheinen, setze man sie aber in Relation zu den frei verfügbaren Mitteln einer Universität, stellten die Zuflüsse eine beachtliche Summe dar. In Erlangen würden die freien Mittel um 180 Prozent steigen, ergab eine frühere Modellrech-

6   Stifterverband für die Deutsche Wissenschaft, Ländercheck, Lehre und Forschung im föderalen Wettbewerb, Auswirkungen von Studiengebühren. September 2010, S. 2. http://www.laendercheck-wissenschaft.de/studiengebuehren/pdf/laendercheck_studiengebuehren.pdf

nung von Grüske. Es ließen sich etwa 260 wissenschaftliche Mitarbeiter mehr einstellen.[7] International haben Länder, die Studiengebühren verlangen, bessere Studienbedingungen. Nicht ohne Grund gibt es erschreckend wenige deutsche Universitäten, die bei den verschiedenen internationalen Rangordnungen unter die ersten Hundert kommen, obwohl Deutschland eine der führenden Industrienationen in der Welt ist. Professor Grüske findet das zu Recht „alarmierend".[8]

Die Studenten haben vehement gegen Studiengebühren agitiert. Sie hielten die Belastungen von 500 Euro pro Semester für unzumutbar. Das ist kaum nachzuvollziehen. Eine mir gut bekannte junge Studentin hat schon in den letzen beiden Jahren vor dem Abitur am Wochenende, am Samstag oder Sonntag regelmäßig in einer kleinen Bäckerei ausgeholfen. Sie wollte gern finanziell unabhängig sein. Sie erhielt achtzig Euro pro Tag. In den Ferien hat sie häufiger gearbeitet. In einem Jahr kam sie auf mehr als 4.000 Euro, die sie sparte. Sie hätte damit die Studiengebühren für acht Semester finanzieren können.

Zur Zeit gibt es rund sieben Millionen Minijobber in Deutschland. Studenten stellen die größte Gruppe der Minijobber. Der Stundenlohn beträgt im Durchschnitt 9,45 Euro.[9] Bei einem Stundenlohn von 9,45 Euro müsste ein

---

7   Studiengebühren. „Mehr Mittel für die Lehre", „Süddeutsche Zeitung" vom 17. Mai 2010 http://www.sueddeutsche.de/karriere/studiengebuehren-mehr-mittel-fuer-die-lehre-1.82503

8   Studieren heißt investieren, Interview mit Karl-Dieter Grüske, „Die Zeit" vom 14. September 2006 http://www.zeit.de/2006/38/C-Geb-hren

9   Das ist das Ergebnis einer Studie im Auftrag des Landes Nordrhein-Westfalen, über die die „Frankfurter Allgemeine Zeitung" berichtete. Siehe: „Frankfurter Allgemeine Zeitung" vom 30. März 2013, S. 13

Student in den Semesterferien sechs bis sieben Tage arbeiten, um die Studiengebühren zahlen zu können. Wenn Studentenfunktionäre behaupten, durch diese Arbeitsbelastung würde das Studium verlängert, ist das lächerlich. Ein mittelständischer Unternehmer meinte, er möchte eigentlich niemanden einstellen, der diese Arbeitsleistung für unzumutbar hält.

Doch die Studenten und ihre Eltern wurden mit dieser Zumutung nicht allein gelassen. Die Gesellschaft steht ihnen helfend zur Seite, um sie, wie es auch hieß, vor einem unwürdigen Leben zu schützen. Die Studenten konnten in allen Bundesländern, die Studiengebühren erhoben haben, Darlehen zur Finanzierung der Gebühren bei der jeweiligen Landesbank oder bei der bundeseigenen Kreditanstalt für Wiederaufbau erhalten. Die Darlehen wurden für eine Höchstzahl von Semestern gewährt. Diese ergab sich in den meisten Ländern, indem der Regelstudienzeit noch vier Semester zugeschlagen wurden. Die Rückzahlung des Darlehens begann meist erst nach einer Karenzzeit von eineinhalb oder zwei Jahren nach dem Ende des Studiums, und nur dann, wenn das monatliche Nettoeinkommen eine gewisse Grenze überschritten hatte. Die monatlichen Mindestraten lagen zwischen 20 Euro in Bayern und dem Saarland und 50 Euro in Nordrhein-Westfalen. Die Rückzahlung wurde ausgesetzt, wenn jemand krank oder arbeitslos war oder Kinder erzieht. Zahlungsausfälle, die den Banken dadurch entstehen, wurden durch die Studiengebühren selbst finanziert. Die Universitäten zahlten zehn Prozent der Gebühren in sogenannte Ausgleichsfonds. Aus all diesen Gründen sind die Darlehen praktisch risikolos.

Auch diese großzügige Regelung konnte die Studenten nicht umstimmen. Sie möchten, so hieß es, ihr Berufsleben nicht mit einer Schuldenlast beginnen. Sie weigern sich, anzuerkennen, dass ihr Studium eine hoch rentable Investition in ihr Humankapital ist. Der schon zitierte Erlanger Finanzwissenschaftler Grüske hat ermittelt, dass ein Studium die Traumrendite von 15 und 20 Prozent abwirft.[10] Friseure, Glaser, Dachdecker müssen wie viele andere investieren, wenn sie sich selbständig machen. Sie müssen in der Regel Kredite aufnehmen und später ihre Schulden zurückzahlen. Die Rendite ihrer Investitionen ist weitaus unsicherer als die Rendite eines Hochschulstudiums. Trotzdem hat noch niemand verlangt, der Staat möge für ihre Investitionen zahlen, dem Friseur, Glaser oder Dachdecker und vielen anderen also ein Geschenk in Höhe ihrer Investitionskosten machen.

Es ist wahr: Die Kosten des Studiums stellen für Eltern, die das zu finanzieren haben, eine nicht unbeträchtliche Belastung dar. Das war immer so und alle, die Kinder hatten, deren Studium sie finanzierten, haben diese Erfahrung gemacht. Es war allerdings auch eine gute bürgerliche Tradition, für die Ausbildung der Kinder zu sparen. Viele haben früher sogar eine Ausbildungsversicherung abgeschlossen. In den USA gehört es auch heute noch zum guten Ton, manchmal schon mit der Geburt der Kinder für ein späteres Studium zu sparen. Bei uns wird heute für ein größeres Auto, ein Haus, eine schönere Wohnung, teure Reisen etc. gespart. Für das Studium der Kinder zu sparen, ist kaum noch üblich. Auch die wohlhabenden Eltern meinen, der Staat, also der Steuerzahler, solle es richten. Sie protestieren mit ihren Kindern, wenn durch Studiengebühren ein bescheidener Beitrag zu den Kosten des Studiums geleistet werden soll.

---

10   Studieren heißt investieren, Interview mit Karl-Dieter Grüske, „Die Zeit" vom 14. September 2006 http://www.zeit.de/2006/38/C-Geb-hren

Aber auch dann, wenn die Eltern nicht bereit sind, einen angemessenen Beitrag für das Studium ihrer Kinder zu zahlen, können Studenten mit Hilfe von Darlehen der Kreditanstalt für Wiederaufbau KfW ihr Studium finanzieren. Nach der Einführung von Studiengebühren hat die KfW nicht nur Darlehen zur Finanzierung der Studiengebühren gewährt, sondern auch die Möglichkeit geschaffen, Darlehen zur Finanzierung des Lebensunterhalts während des Studiums zu erhalten. Es können Darlehen mit monatlichen Auszahlungen bis zu 650 Euro für in der Regel fünf Jahre vereinbart werden. Sicherheiten sind nicht nötig. Die Rückzahlungsphase soll in der Regel zehn Jahre dauern, kann aber auf bis zu 25 Jahre ausgedehnt werden. Die Bewilligung der Darlehen erfolgt unabhängig vom Einkommen und Vermögen der Studenten und deren Eltern.

Man argwöhnt, dass Studiengebühren die Angehörigen einkommensschwächerer Bevölkerungsschichten von einem Universitätsstudium abschrecken. Das wäre ein gewichtiges Argument gegen ihre Einführung. Die Untersuchungen, die vorliegen, stützen jedoch diese Befürchtung nicht. Man konnte zunächst bei empirischen Untersuchungen nicht auf Erfahrungen in Deutschland zurückgreifen. In den USA war allerdings die Frage, ob und in welchem Maße Studiengebühren die Studierneigung der Angehörigen der unteren Schichten mindern, gründlich überprüft worden. Wolfram Richter und Berthold Wigger ziehen aus den amerikanischen Untersuchungen den Schluss, dass die neuesten Studien Zweifel daran aufkommen ließen, dass Studiengebühren einen sozial selektierenden Effekt haben.[11]

---

11   Wolfram F. Richter und Berthold U. Wigger, Warum Studiengebühren? „Frankfurter Allgemeine Zeitung" vom 2. Juli 2010. http://www.faz.net/ aktuell/wirtschaft/bildung-warum-studiengebuehren-1575579.html

Auch in England, wo die Universitäten Beiträge bis zu 11.500 Euro pro Jahr erheben können und dies in der Regel auch tun, bewahrheitete sich die Befürchtung nicht, Studiengebühren würden vor allem die benachteiligten Gruppen vom Studium abschrecken. In einer Analyse von UCAS, der zentralen Behörde, bei der sich in England die Studenten um die Zulassung zum Studium bewerben müssen, wurde ermittelt, dass es tatsächlich zu einem Rückgang der Zahl der Studenten kam, der Rückgang aber bei den finanziell besser Gestellten mit 2,5 Prozent größer war als bei den finanziell schwachen Gruppen, bei denen er nur 0,2 Prozent betrug.[12]

In einer Untersuchung des „Wissenschaftszentrums Berlin für Sozialforschung" kamen die Forscher Tina Baier und Marcel Helbig zu dem Ergebnis, dass Studiengebühren bei uns Studierwillige nicht vom Gang an die Hochschule abhalten. Die Analysen von Baier und Helbig zeigen, dass sich in den Ländern, die Studienbeiträge verlangen, kein negativer Effekt der Studiengebühren auf die Studierneigung gezeigt hat. Die Studie zeigte auch, dass Studienberechtigte in Bundesländern, die Gebühren erheben, höhere Ertragserwartungen für den späteren beruflichen Werdegang mit dem Studium verbanden. Dieses Phänomen zeigte sich vor allem bei Studienberechtigten aus nichtakademischen Haushalten, also gerade bei jener Gruppe, bei der von manchen ein negativer Effekt von Studiengebühren auf die Studierneigung erwartet worden war.[13]

---

12 Siehe dazu den Artikel „Studieren nur für Reiche?" in der „Süddeutschen Zeitung" vom 2. Februar 2012, Siehe dazu auch: Christopher Metcalf, Hohe Studiengebühren scheinen keine abschreckende Wirkung zu haben, „Frankfurter Allgemeine Zeitung" vom 1. März 2013

13 Marcel Helbig und Tina Bauer, Gebühren mindern Studierneigung nicht, WZB rief Bildung vom 18. Oktober 2011. http://www.wzb.eu/sites/default/files/publikationen/wzbrief/wzbriefbildung182011_helbig_baier.pdf

Auch der Stifterverband für die Deutsche Wissenschaft kam in einem Gutachten vom September 2010 zu dem Ergebnis, dass sich bei einem Vergleich der Bundesländer mit und ohne Studiengebühren kaum Belege für eine abschreckende Wirkung der Studiengebühren finden lassen. Weder sei die Zahl der Studienberechtigten, die ein Studium aufnehmen, in Bundesländern mit Studiengebühren im Vergleich zu den Bundesländern, die keine Gebühren ergeben, zurückgegangen, noch habe sich die Einführung von Studiengebühren negativ auf die Studierneigung der sozial schwachen Gruppen ausgewirkt.[14]

Um Studiengebühren zu vermeiden, war es möglich, an eine Hochschule in ein gebührenfreies Land zu wechseln oder einen Wechsel in ein Gebührenland zu vermeiden. Tatsächlich hat sich jedoch der Wanderungssaldo in vier der sechs Gebührenländer erhöht. Es sind also dort mehr als zuvor Studenten aus gebührenfreien Ländern in Länder gewechselt, die Studiengebühren erheben, oder es haben weniger Studenten aus Gebührenländern in gebührenfreien Ländern studiert.[15]

Wenn es zuträfe, dass Studiengebühren vor allem Kinder aus einkommensschwachen Haushalten vom Studium abhalten, hätte man beobachten müssen, dass der Anteil der Empfänger von Bafögleistungen in den Gebührenländern in dem untersuchten Zeitraum sinkt. Das wurde jedoch nicht beobachtet. In vier der sechs untersuchten Gebührenländern blieb der Anteil der Bafögempfänger wie im Bun-

---

14 Stifterverband für die Deutsche Wissenschaft, Ländercheck, Lehre und Forschung im föderalen Wettbewerb, Auswirkungen von Studiengebühren

15 Für die Untersuchung wurde der Zeitraum 2005/06 bis 2008/09 untersucht. Hessen, das nur ein Jahr lang Gebühren erhoben hat, wurde nicht als Gebührenland gezählt

desdurchschnitt nahezu unverändert. Ausnahmen bei den Gebührenländern waren Hamburg, wo der Anteil der Bafög-empfänger um 15 Prozentpunkte stieg und das Saarland, wo der Anteil um sieben Prozentpunkte sank. In den Nichtge-bührenländern erhöhte sich der Anteil der Bafögempfänger in Schleswig Holstein um neun Prozentpunkte, in Mecklen-burg-Vorpommern sank er um sieben Prozentpunkte. Die Studienstiftung resümiert in ihren Gutachten: „Aus der Ent-wicklung der Bafög-Quote in den Bundesländern lässt sich daher keine abschreckende Wirkung von Studiengebüh-ren auf Kinder aus einkommensschwachen Elternhäusern ablesen."[16]

Man fragt sich, mit welchem Argument Studiengebüh-ren abgelehnt werden können. In der öffentlichen Diskussion wird vor allem von den Grünen, aber auch von der SPD vor-gebracht, die Erhebung von Studiengebühren sei Ausdruck neoliberaler Politik. Man meint allen Ernstes, mit diesem Schlagwort ein gewichtiges Argument vorgebracht zu haben. Der große Nationalökonom und Nobelpreisträger Friedrich August von Hayek hat gesagt, es sei Aufgabe der Wirtschafts-politik die nicht intendierten Konsequenzen wirtschaftspo-litischen Handelns aufzudecken. Wenn Handlungen oder Maßnahmen wegen der nicht intendierten oder bewusst ver-schwiegenen Folgen abgelehnt werden, nennt man das heute neoliberal. Die meist nicht erwähnte oder bewusst verschwie-gene Konsequenz der Nichterhebung von Studiengebühren besteht darin, dass der Steuerzahler die Kosten des Studiums zu tragen hat. Die Krankenschwester zahlt also Steuern, um

---

16 Stifterverband für die Deutsche Wissenschaft, Ländercheck, Lehre und Forschung im föderalen Wettbewerb, Auswirkungen von Studiengebüh-ren, S. 11

das Studium der Ärztin zu finanzieren, die später wegen ihres Studiums ein viel höheres Einkommen erzielen wird als sie selbst. Die Verkäuferin bei Karstadt finanziert das Studium des Ingenieurs, des Managers oder des Lehrers, die später alle deutlich mehr verdienen als sie. Die pharmazeutisch-technische Assistentin, die selbst für ihre Ausbildung Schulgeld zahlen musste, zahlt als Apothekenassistentin Steuern, so dass der Herr Apotheker gebührenfrei studieren kann. Die bewusst verschwiegene Konsequenz des Verzichts auf Studiengebühren ist eine Umverteilung von unten nach oben. SPD und Grüne erklären, sie wollten mehr soziale Gerechtigkeit in unserem Land. Da die beiden Parteien, wo immer sie die Möglichkeit hatten, Studiengebühren abgeschafft haben, muss man wohl folgern, dass sie die mit der Abschaffung von Studiengebühren verbundene Umverteilung von unten nach oben für einen Schritt zu mehr sozialer Gerechtigkeit halten.

Die Studenten, die verlangen, dass sie keine Studienbeiträge zahlen müssen, reklamieren für sich eine absurde Privilegierung. Physiotherapeuten, Logopäden, Masseure und andere müssen für ihre Ausbildung im Vergleich zu den gerade abgeschafften Studiengebühren horrende Summen an Schulgeld zahlen, das nicht erstattet wird. Wenn Physiotherapeuten nicht zu der Minderheit gehören, die einen Ausbildungsplatz an einer stattlichen Schule erhalten, an der der Unterricht kostenlos ist, zahlen sie im Durchschnitt ein Schulgeld von monatlich 300- 400 Euro. Pro Jahr sind das also 3.600 bis 4.800 Euro. Die Ausbildung dauert mindestens drei Jahre. Bei Logopäden kann das Schulgeld, das sie monatlich zahlen müssen, sogar doppelt so hoch sein wie das der Physiotherapeuten.[17]

---

17 Relativ niedrig scheinen die Ausgaben für das Schulgeld an den Döpferschulen in Hamburg zu sein, aber selbst dort beträgt das monatliche

Die Grünen und die SPD schaffen Studiengebühren ab, wann immer sie können. Dass angehende Physiotherapeuten und andere jährlich ein Mehrfaches an Schulgeld zahlen müssen, obwohl das Einkommen, das sie später erzielen, viel geringer ist, scheint ihren speziellen Vorstellungen von Gerechtigkeit zu entsprechen.

Auch Handwerker, die die Meisterprüfung absolvieren wollen, werden ganz anders belastet als Studenten. Sie scheinen nicht in gleicher Weise zur rotgrünen Klientel zu zählen wie unsere Jungakademiker. So muss zum Beispiel ein Dachdecker, der die Meistervorbereitungskurse an der Bildungsakademie Singen (Handwerkskammer Konstanz) besuchen will, Seminargebühren von 5.780 Euro zahlen. Dazu kommen Ausgaben für Lernmittel von 450 Euro, Prüfungsgebühren von 575 Euro und andere Ausgaben wie zum Beispiel die Materialkosten für die Anfertigung des Meisterstücks.[18] Von den Kosten für die Meistervorbereitungskurse werden maximal 30,5 Prozent durch das sogenannte Meisterbafög erstattet. Selbst ohne Prüfungsgebühren wird der angehende Dachdeckermeister mit einem Betrag belastet, der gleich der Summe der Studiengebühren war, die die Stundenten für acht Semester zahlen sollten. Und auch ein Friseur muss für die Meistervorbereitungskurse an der Handwerkskammer Leipzig (wo die Kosten besonders gering zu sein scheinen) 3.500 Euro zuzüglich Prüfungsgebühr zahlen.[19]

....

Schulgeld 590 Euro. An der DAA Gesundheit und Soziales in Bielefeld beträgt die monatliche Lehrgangsgebühr 795 Euro, die Gesamtkosten für die 3-jährige Ausbildung 28.600 Euro!

18 http://www.bildungsakademie.de/seminare/meisterkompetenz/bauausbau/303/dachdecker-meistervorbereitungslehrgang-teile-i-und-ii.html?modul=139&termin=11#tab_termine

19 http://www.hwk-leipzig.de/3,546,440.html

In Nordrhein-Westfalen gibt es 16 Schulen mit insgesamt 2.000 Plätzen, in denen pharmazeutisch-technische Assistenten ausgebildet werden. Eine dieser Schulen gibt es in Gelsenkirchen-Beckhausen.[20] 160 junge Frauen, werden dort ausgebildet. Die schulische Ausbildung dauert zwei Jahre. Gut 80 Prozent ihrer Schüler hätten einen Migrationshintergrund, manche Familien lebten von Hartz IV, sagt die Schulleiterin. Die Auszubildenden müssen Schulgeld von bis zu 220 Euro im Monat zahlen. Das sind immerhin 2.640 Euro im Jahr. Die Schülerinnen jobben am Wochenende, um das Schulgeld bezahlen zu können. Die Eltern vieler Schülerinnen können ihre Kinder nicht unterstützen. Für viele ist mit der Höhe des Schulgeldes die Schmerzgrenze erreicht. Bei der letzten Schulgelderhöhung seien die Bewerberzahlen um 30 Prozent eingebrochen, berichtet die Schulleiterin. Bisher hatte das Land Nordrhein-Westfalen einen Zuschuss von monatlich maximal 73 Euro gezahlt. Doch wegen der angespannten Haushaltslage könne dies nicht mehr gezahlt werden, sagt die zuständige grüne Gesundheitsministerin. Wenn das Schulgeld erhöht werden muss, weil der Zuschuss des Landes wegfällt, können sich viele die Ausbildung nicht mehr leisten, meint die Schulleiterin. Das sei umso bedauerlicher, da gerade für Jugendliche mit Migrationshintergrund die Ausbildung zur pharmazeutisch-technischen Assistentin die Chance biete, einen sicheren Arbeitsplatz zu bekommen und den Aufstieg ins bürgerliche Leben zu schaffen.

Rund 1,7 Millionen kostet die Ausbildungsförderung der pharmazeutisch-technischen Assistenten das Land. Die

---

20 Die Angaben in diesem Absatz sind entnommen aus: Reiner Burger, Auf dem Pfad des Widerspruchs, „Frankfurter Allgemeine Zeitung" vom 1. März 2013

Kompensationszahlungen an die Hochschulen wegen des Wegfalls der Studiengebühren betragen 249 Millionen.

In ihrem Verständnis hat die rot-grüne Landesregierung durch die Abschaffung der Studiengebühren und der damit verbundenen Umverteilung von unten nach oben und der Streichung des Zuschusses für die Ausbildung der pharmazeutisch-technischen Assistenten in ihrem Kampf für mehr Bildungsgerechtigkeit einen weiteren Sieg errungen. Sie weiß: Gerechtigkeit erhöhet ein Volk.

Grüne Gerechtigkeit: Das EEG

Mit dem Erneuerbare-Energien-Gesetz (EEG), das unter dem damaligen Umweltminister Jürgen Trittin im Jahr 2000 erlassen wurde, hat nicht nur der ökonomische Irrsinn einen Gipfel erreicht, das Gesetz lässt uns auch einen überraschenden Blick auf das werfen, was die Grünen unter Gerechtigkeit verstehen.

Das EEG bestimmt, dass die Ökostromproduzenten, also in erster Linie die Betreiber von Windanlagen, Solaranlagen und Biomasseanlagen, jede beliebige Menge vorrangig in das Stromnetz einspeisen können. Die Erzeuger von Ökostrom erhalten einen Preis, der in der Regel für 20 Jahre garantiert wird. Der Preis hängt von der Art der Stromerzeugung, dem Zeitpunkt, zu dem die Anlagen errichtet wurden, der Größe der Anlagen und einer Vielzahl von weiteren Faktoren ab. Die Vergütung, die die Ökostromerzeuger erhalten, liegt um ein Mehrfaches über den Kosten in der konventionellen Stromerzeugung und über dem Preis, der am Markt gezahlt wird. Wenn man von den Zahlungen an die Anlagenbetreiber den Markterlös abzieht, ergibt sich eine Differenz, die EEG-Umlage genannt wird, und von den Stromkunden gezahlt werden muss. [21]

Ökonomisch ist die über dem Marktpreis liegende Vergütung eine Subvention und die EEG-Umlage eine Steuer auf den Stromverbrauch. Es ist eine Steuer, die aber nicht so genannt wird und die nicht im Staatshaushalt erscheint. Sie wird von den Verbrauchern über die Stromrechnung eingezogen und kann von ihnen nicht vermieden werden.

---

21   Eine ausführliche Darstellung und Erörterung des EEG wird in dem Kapitel „Der grünen liebstes Kind: das EEG" gegeben

Mit der nach Meinung vieler verfassungswidrigen Finanzierung am Haushalt vorbei entfällt die jährliche Kontrolle durch das Parlament. Sie macht es möglich, dass Interessengruppen „elegant absahnen" und die Kosten durch eine Art Kopfsteuer aufgebracht werden. Es ist ein Skandal, dass sich in den etablierten Parteien kein Widerstand gegen diese Art der Finanzierung regt. Ganz analog wie die Förderung der erneuerbaren Energien durch die sogenannte Umlage wurde früher über den „Kohlepfennig" die Verstromung der Steinkohle gefördert. Das wurde vom Bundesverfassungsgericht für verfassungswidrig erklärt.[22]

Man hat die Förderung am Haushalt vorbei früher gerechtfertigt, indem man behauptete, es handele sich bei den Kosten, die auf die Stromkunden zukommen, um Bagatellbeträge. Man hat dabei nur an die privaten Haushalte gedacht. Die sich von Beginn an abzeichnenden Arbeitsplätze gefährdenden Belastungen der Industrie scheinen den damaligen Bundesumweltminister gar nicht interessiert zu haben. Für die privaten Haushalte jedenfalls gehe es nicht nur um geringfügige Beträge, man erwartete, dass sie infolge des technischen Fortschritts bei Wind- und Photovoltaikanlagen sinken. Der begnadete Wirtschaftsprognostiker Jürgen Trittin verkündete 2004 offiziell: „Es bleibt dabei, dass die Förderung erneuerbarer Energien einen durchschnittlichen Haushalt nur rund einen Euro im Monat kostet – so viel wie eine Kugel Eis."[23]

---

22   Dies wird ausführlicher im Kapitel „Der grünen liebstes Kind: das EEG" dargestellt

23   http://www.bmu.de/bmu/presse-reden/pressemitteilungen/pm/artikel/erneuerbare-energien-gesetz-tritt-in-kraft/

Tatsächlich sind die durchschnittlichen Vergütungen, die an die Ökostromerzeuger flossen, nicht gesunken, sondern kontinuierlich gestiegen! Wurden im Jahr 2004, als Trittin die Geschichte mit der Eiskugel in die Welt setzte, den Ökostromproduzenten im Durchschnitt pro Kilowattstunde noch 9,38 Cent vergütet, waren es 2013 bereits 23,86 Cent mit weiter steigender Tendenz. Aber auch die Stromerzeugung aus EEG-Anlagen ist kontinuierlich gestiegen. Die Auszahlungen an die Ökostromerzeuger sind deshalb noch weit stärker gewachsen als die Vergütung pro Kilowattstunde. Die folgende Tabelle zeigt für ausgewählte Jahre den ständigen Anstieg der durchschnittlichen Vergütungen und der Auszahlungen an die Erzeuger des Ökostroms.

Entwicklung der durchschnittlichen Vergütung und der Auszahlungen für Ökostrom

Jahr	Durchschnittliche Vergütung	EEG-Auszahlungen in Millionen Euro
2004	9,38 ct/kwh	2 604
2008	12,57 ct/kwh	9 016
2010	16.35 ct/kwh	13 182
2011	18,34 ct kwh	16 735
2013	23,86 ct/kwh	19 028

Quelle BDEW[24] S. 37f.

Die durchschnittliche Vergütung ist drastisch gestiegen, obwohl in der betrachteten Periode, wie erwartet, die Vergütungssätze für Windkraft und Photovoltaik gesunken sind.

---

24 Bundesverband der Energie- und Wasserwirtschaft (BDEW), Erneuerbare Energien und das EEG: Zahlen, Fakten, Grafiken (2013)

Aber während sich die Erzeugung durch Windkraft von 2004 bis 2014 nur etwas mehr als verdoppelt hat, ist die besonders hoch vergütete Stromerzeugung durch Photovoltaik auf mehr als das Sechzigfache gestiegen. Bei der Biomasse haben sich außerdem auch die durchschnittlichen Vergütungssätze von 9,71 ct/kwh 2004 auf 19,60 ct/kwh im Jahr 2013 erhöht.[25]

Die EEG-Umlage erreichte 2013 einschließlich eines Nachholbetrages aus dem Jahr 2012 die horrende Summe von 20,36 Milliarden Euro. Für 2014 wird die EEG Umlage auf 23,6 Milliarden Euro geschätzt.[26] Die Kilowattstunde Strom wird dann durch die Umlage mit 6,24 Cent belastet, nach 5,28 Cent 2013.

Bei einem durchschnittlichen Stromverbrauch eines Dreipersonenhaushalts von 4050 kwh pro Jahr wurde der Haushalt 2013 durch die EEG-Umlage allein mit 214 Euro pro Jahr belastet, einschließlich Mehrwertsteuer auf die Umlage war das ein Betrag von 278 Euro.[27]

Durch die EEG-Umlage werden die einkommensschwachen Haushalte überproportional belastet. Das Institut der deutschen Wirtschaft hat die Verteilungswirkungen der

---

25 Errechnet aus Bundesverband der Energie- und Wasserwirtschaft (BDEW), a. a. O., S. 37 f.

26 Prognosekonzept und Berechnung der Übertragungsnetzbetreiber, http://www.eeg-kwk.net/de/file/Konzept_zur_Prognose_und_Berechnung_der_EEG-Umlage_2014_nach_AusglMechV.PDF

27 Zum durchschnittlichen Stromverbrauch nach Haushaltsgröße siehe Stromverbrauch und Stromverwendung der privaten Haushalte in Deutschland, Ergebnisse einer Studie im Auftrag von HEA, BDEW und EnergieAgentur. NRW 2012, S. 8 http://www.hea.de/akademie/downloads/1301_Energieverbrauch_und_Energieverwendung_im_Haushalt.pdf

EEG-Umlage ermittelt.[28] Dabei wurde ein sogenanntes bedarfsgewichtetes Hauhaltsnettoeinkommen verwendet, wobei dem Haushaltsvorstand ein Gewicht von 1, jedem weiteren erwachsenem Haushaltsmitglied ein Gewicht von 0,5 und Kindern unter 14 Jahren ein Gewicht von 0,3 zugeordnet wird. Das so ermittelte Äquivalenzeinkommen wird den Haushaltsmitgliedern zugewiesen. Es lässt sich als dem Bedarf entsprechendes Pro-Kopf-Einkommen interpretieren.

Auch die EEG-Umlage wurde bedarfsgewichtet. Man hat so für die verschiedenen bedarfsgewichteten Einkommensklassen die pro Kopf und pro Monat zu zahlende EEG-Umlage berechnet. Da der Stromverbrauch mit steigendem Einkommen nur schwach steigt, erhöht sich auch die pro Kopf zu zahlende Umlage nur geringfügig. Das bedeutet, dass die prozentuale Belastung durch die EEG-Umlage mit steigendem Einkommen sinkt, wie aus der folgenden Tabelle zu ersehen ist, in der die Haushalte nach der Höhe ihrer bedarfsgewichteten Nettoeinkommen den Einkommensdezilen zugewiesen werden.

---

28 Siehe dazu: Holger Techert, Judith Niehues, Hubertus Bardt, Ungleiche Verteilungswirkungen durch die Energiewende: Vor allem einkommensstarke Haushalte profitieren, Wirtschaftsdienst, August 2012, S. 507 ff. und Holger Techert, Judith Niehues, Hubertus Bardt, Die Förderung erneuerbarer Energien in Deutschland, IW Positionen Nr. 56, Köln 2012, S. 31ff.

Verteilung der EEG-Umlage nach Einkommensdezilen
für das Jahr 2011
Einkommen und Umlage pro Person (bedarfsgewichtet) je Monat

Einkommens dezile	Durchschnittliche monatliche EEG-Umlage in Euro	Anteil der EEG-Umlage am Einkommen des Dezils in %
1	5,85	0,94
2	5,66	0,55
3	5,75	0,46
4	5,77	0,40
5	5,77	0,35
6	6,18	0,34
7	5,99	0,29
8	6,37	0,27
9	6,31	0,23
10	7,20	0,17

Tabelle entnommen aus Techert, Niehues, Bardt,
Wirtschaftsdienst, a. a. O. S.510

Während also die Haushalte mit dem geringsten Einkommen (erstes Einkommensdezil) fast ein Prozent pro Kopf für die EEG-Umlage ausgeben mussten, wurden die Haushalte im Dezil mit den höchsten Einkommen nur mit 0,17 Prozent belastet. Dies ist die Umkehrung des Gedankens einer gerechten Besteuerung, bei der die Einkommen prozentual umso stärker belastet werden, je höher sie sind. Die Belastung durch die EEG-Umlage weicht nur noch geringfügig von einer (bedarfsgewichteten) Kopfsteuer ab. Das ist offenbar nur deshalb möglich, weil die Umlage am Haushalt vorbei ohne Kontrolle durch das Parlament erhoben wird.

Seit 2011 ist die EEG-Umlage weiter beträchtlich gestiegen und die durchschnittliche monatliche EEG-Umlage pro Person (bedarfsgewichtet) lag 2013 für die unterste Einkommensgruppe bei 8,75 Euro, für die oberste Gruppe bei 10,76 Euro. Die Haushalte im untersten Einkommensdezil mussten jetzt bereits 1,3 Prozent ihres Einkommens für die EEG-Umlage zahlen. An der absurden Erscheinung, dass die prozentuale Belastung der Haushalte umso geringer ist, je höher das Einkommen ist, ändert sich nichts.[29]

Die Grünen sind vehement gegen jede Erhöhung der Mehrwertsteuer. Sie halten die Mehrwertsteuer wegen ihrer regressiven Wirkung für ungerecht.[30] In der Tat wurde früher von der Mehrwertsteuer wie auch von anderen indirekten Steuern gesagt, dass sie die ärmeren Schichten der Bevölkerung prozentual stärker belasten als die Bezieher hoher Einkommen, weil die Bezieher kleiner Einkommen den größten Teil ihres Einkommens für Konsumgüter ausgeben, die mit der Mehrwertsteuer belastet sind, während die Reichen einen größeren Teil ihres Einkommens sparen. Dies bewirkt, dass die Steuer regressiv ist, die hohen Einkommen also prozentual weniger belastet werden als die kleineren Einkommen. Diesem Effekt steht allerdings ein anderer Effekt gegenüber, der sich ergibt, weil auf einen Teil der Konsumausgaben wie Wohnungsmieten oder Dienstleistungen von Ärzten keine Mehrwertsteuer erhoben wird und ein anderer Teil wie Nahrungsmittel, Bücher, Zeitungen, Aus-

---

29 Siehe dazu: Holger Techert, Judith Niehues, Hubertus Bardt, Die Förderung erneuerbarer Energien in Deutschland, a. a. O., S. 32 f.

30 Bundestagsfraktion Bündnis 90 Die Grünen, Umsatzsteuer gerecht gestalten, Fraktionsbeschluss 6. Juli 2010. https://www.gruene-bundestag.de/fileadmin/media/gruenebundestag_de/fraktion/beschluesse/umsatzsteuer.pdf.

gaben im Personennahverkehr dem ermäßigten Steuersatz von sieben Prozent unterliegen. Da der Anteil der Ausgaben der einkommensstarken Haushalte für diese mehrwertsteuerfreien bzw. mehrwertsteuerermäßigten Konsumausgaben mit steigendem Einkommen abnimmt, ergibt sich aus diesem Effekt isoliert betrachtet eine progressive Wirkung der Mehrwertsteuer. Einkommensstarke Haushalte werden prozentual stärker belastet als einkommensschwache Haushalte. Dieser zweite Effekt wirkt dem ersten Effekt entgegen, sodass ohne Analyse der Haushaltsrechnungen der verschiedenen Einkommensgruppen nicht gesagt werden kann, ob die Mehrwertsteuer überhaupt regressiv wirkt. Das „Deutsche Institut für Wirtschaftsforschung" DIW kam bei einer solchen Analyse zu dem Ergebnis, dass „die traditionelle Annahme einer durchgängig stark ausgeprägten regressiven Wirkung der indirekten Steuern modifiziert werden" muss.[31] Es ist schon skurril, wenn die Grünen die geringe rezessive Wirkung der Mehrwertsteuer beklagen und eine Umlage genannte Steuer einführen und verteidigen, die an rezessiver Wirkung kaum noch zu überbieten ist. Würde man den auf die privaten Haushalte entfallenden Teil der EEG-Umlage durch eine Erhöhung der Mehrwertsteuer finanzieren, so wäre dies ein beachtlicher Beitrag zu mehr Verteilungsgerechtigkeit! Leider ist die AfD bisher die einzige Partei, die eine Steuerfinanzierung der EEG-Umlage fordert.

Unerwünschte Verteilungswirkungen der EEG-Umlage werden auch deutlich, wenn man zeigt, welche Wirkungen

---

31 Bedau, Klaus-Dietrich, Senkung des Solidaritätszuschlages und Erhöhung der Mehrwertsteuer: Verteilungswirkungen per Saldo gering, Diskussionspapiere, Deutsches Institut für Wirtschaftsforschung, No. 176

sich bei unterschiedlichen Haushaltstypen ergeben. In der folgenden Tabelle sind wieder alle Werte bedarfsgewichtet und geben Durchschnitte für die einzelnen Haushaltstypen an.

EEG-Umlage nach Haushaltstypen
Einkommen und Umlage pro Person
(bedarfsgewichtet) je Monat für 2013

	Durchschnittliche monatliche EEG-Umlage in Euro	Anteil der EEG-Umlage am Verfügbaren Einkommen in Prozent
Single	9,49	0,72
Paar ohne Kinder	9,69	0,44
Alleinerziehende	8,88	0,85
Paar mit Kindern	8,45	0,48

Quelle: Institut der deutschen Wirtschaft, Unerwünschte Verteilungswirkungen, http://www.iwkoeln.de/de/infodienste/umwelt-service/beitrag/erneuerbare-energien-gesetz-unerwuenschte-verteilungswirkungen-104967

Die negativen Verteilungswirkungen zeigen sich hier vor allem daran, dass Alleinerziehende besonders stark belastet werden. Ihre prozentuale Belastung ist nahezu doppelt so hoch wie die eines kinderlosen Paares.

Das Bild der Verteilungsgerechtigkeit wird nicht freundlicher, wenn man prüft, wer zu den Gewinnern zählt. Da sind zunächst Leute wie Aloys Wobben, Eigentümer des Windanlagenherstellers Enercon, dessen Vermögen 2013 auf 5,6 Milliarden Euro geschätzt wird. Zu den Gewinnern zählen auch unzählige Bauern die fürstlich entlohnt werden, wenn sie Windanlagen auf ihren Grundstücken dulden. Dort, wo der Wind besonders häufig und stark weht, wie in Schleswig-Holstein, werden ihnen schon mal 50.000

Euro und mehr pro Jahr und Windrad gezahlt, und das 20 Jahre lang. Wer einen ganzen Windpark duldet, hat ausgesorgt, selbst wenn er an weniger begünstigten Standorten nur 25.000 Euro pro Jahr und Windrad erhält.

Zu den Gewinnern zählen aber auch die Haushalte mit einer Solaranlage auf dem Dach. Hier gilt: Je wohlhabender ein Haushalt, umso größer der Anteil der Haushalte, die von den Subventionen profitieren. Von dem Überschuss von einer Milliarde Euro, den die Haushalte mit Solaranlagen erwirtschafteten, entfiel 2011 mehr als die Hälfte auf die Haushalte, die zu den höchsten drei von zehn Einkommensdezilen zählen. Jeder fünfte Solarhaushalt gehört zum reichsten Einkommensdezil..[32]

Fazit: Wenn es um die Umverteilung von unten nach oben geht, ist das EEG nicht zu toppen.

Empfohlene Literatur

Holger Techert, Judith Niehues, Hubertus Bardt, Die Förderung erneuerbarer Energien in Deutschland, IW Positionen Nr.56, Köln 2012.

---

[32]   Aus: Holger Techert, Judith Niehues, Hubertus Bardt, Ungleiche Verteilungswirkungen durch die Energiewende: Vor allem einkommensstarke Haushalte profitieren, Wirtschaftsdienst, August 2012, S. 510 ff. und: Holger Techert, Judith Niehues, Hubertus Bardt, Die Förderung erneuerbarer Energien in Deutschland, IW Positionen Nr. 56, Köln 2012, S. 34 ff. und Michael Hüther, Verteilungswirkungen des EEG, Pressekonferenz vom 17. Dezember 2012

Ehegattensplitting

Ein zentraler Bestandteil grüner Programmatik und Rhetorik ist die Forderung, gleiche Familieneinkommen ungleich zu besteuern. Die Forderung wird allerdings anders formuliert. Man fordert die Abschaffung des Ehegattensplittings oder eine solche Veränderung, dass von Splitting keine Rede mehr sein kann. Das Ehegattensplitting bedeutet, dass verheiratete Paare, die das gleiche Haushaltseinkommen haben, die gleiche Einkommensteuerlast zu tragen haben. Es ist Ausdruck steuerlicher Gerechtigkeit. Damit soll nach den Vorstellungen der Grünen möglichst bald Schluss sein!

Beim Ehegattensplitting werden die zu versteuernden Einkommen beider Partner zunächst addiert und die sich ergebende Summe halbiert. Für das halbierte Einkommen wird die Einkommensteuer nach dem Einkommensteuertarif berechnet. Die so ermittelte Einkommensteuer wird verdoppelt. Anders gesagt: Die von den Ehegatten zu zahlende Steuer ist das Doppelte des Steuerbetrages, der sich für die Hälfte des gemeinsamen zu versteuernden Einkommens ergibt. Die zu zahlende Einkommensteuer ist bei allen Haushalten gleich, die ein gleich großes Haushaltseinkommen haben, unabhängig davon, wie sich das Haushaltseinkommen zusammensetzt. Wenn also ein Ehepartner ein Einkommen von 40.000, der andere ein Einkommen von 20 000 Euro hat, ergibt sich ein Haushaltseinkommen von 60.000 Euro. Dieser Betrag wird halbiert. Für den halbierten Betrag von 30.000 Euro wird nach dem Einkommensteuertarif die Steuer bestimmt, in unserem Fall ist das ein Betrag von 5.601 Euro (ohne Solidaritätszuschlag). Dieser Betrag wird verdoppelt, so dass sich die zu zahlende Einkommensteuer für das Ehepaar auf 11.202 Euro beläuft. Der gleiche Betrag ergibt sich, wenn ein Ehepartner 60.000 Euro verdient, der andere gar nichts. Natürlich erhält man für die zu zahlende Einkommensteuer wieder den gleichen Betrag, wenn jeder ein Einkommen von 30.000 Euro hat. Das Splittingverfahren führt also dazu, dass bei gleichem Haushaltseinkommen die Steuerlast immer gleich hoch ist, unabhängig davon, wie sich das Einkommen zusammensetzt.

Wenn bei einem Haushaltseinkommen von 60.000 Euro jeder Ehepartner 30.000 Euro verdient, ist die insgesamt zu zahlende Steuer mit dem Betrag identisch, die sich bei einer Individualbesteuerung ergäbe. Jeder hätte dann für sein Einkommen von 30.000 eine Steuer von 5601 Euro zu zahlen, insgesamt müssten wieder 11.202 Euro gezahlt werden. Wenn allerdings bei einem Haushaltseinkommen von 60.000 Euro der eine Ehepartner 40.000 Euro, der andere 20.000 Euro verdient, beim Ehegattensplittingsplitting also wieder ein Steuerbetrag von 11.202 Euro zu zahlen wäre, führt die Individualbesteuerung zu einem andern Ergebnis. Für das zu versteuernde Einkommen von 40.000 Euro müsste eine Steuer von 8.983 Euro gezahlt werden, für das Einkommen von 20.000 Euro ein Betrag von 2.677 Euro. Insgesamt müssten 11.660 Euro entrichtet werden, also 458 Euro mehr als im Splittingfall. Wenn es in der Familie nur einen Alleinverdiener gibt, der 60.000 Euro im Jahr verdient, würde bei der Individualbesteuerung ein Steuerbetrag von 17.004 Euro zu zahlen sein, das sind 5.802 mehr als im Splittingfall, obwohl die steuerliche Leistungsfähigkeit nicht größer ist als in den Fällen, in denen das Haushaltseinkommen zwar gleich ist, sich aber anders zusammensetzt.[33]

---

33 Alle Angaben ermittelt aus: Einkommensteuerrechner 2013 online, http://www.zinsen-berechnen.de/einkommensteuerrechner.php

Es ist „ein Gebot der Steuergerechtigkeit, dass die Besteuerung nach der (wirtschaftlichen) Leistungsfähigkeit ausgerichtet wird."[34] Das gilt, wie das Bundesverfassungsgericht hervorhebt, vor allem bei der Einkommensteuer. Das Splittingverfahren, so das Bundesverfassungsgericht, „entspricht dem Grundsatz der Besteuerung nach der Leistungsfähigkeit. Es geht davon aus, dass zusammenlebende Eheleute eine Gemeinschaft des Erwerbs und Verbrauchs bilden, in der ein Ehegatte an den Einkünften und Lasten des anderen wirtschaftlich jeweils zur Hälfte teilhat."[35] Die Eheleute können so frei entscheiden, wie sie die Aufgaben in der Ehe verteilen.[36]

Nach ständiger Rechtsprechung des Verfassungsgerichts wird durch Artikel 6 Absatz 1 des Grundgesetzes den „Eheleuten eine Sphäre privater Lebensgestaltung garantiert, die staatlicher Einwirkung entzogen ist."[37] Der Gesetzgeber darf keine Regelungen erlassen, die geeignet sind, „in die freie Entscheidung der Ehegatten über ihre Aufgabenverteilung in der Ehe einzugreifen."[38] Es muss den Eheleuten überlassen werden, zu bestimmen, ob ein Ehepartner sich der Erziehung der Kinder und ausschließlich im Haushalt arbeitet oder ein eigenes Einkommen erwirbt. „Der besondere verfassungsrechtliche Schutz von Ehe und Familie erstreckt

---

34 Urteil des Ersten Senats des Bundesverfassungsgerichts vom 3. November 1982, Randziffer 78

35 Urteil des Ersten Senats des Bundesverfassungsgerichts vom 3. November 1982, Randziffer 83

36 So das Bundesverfassungsgericht in dem zitierten Urteil, Randziffer 84

37 Urteil des Zweiten Senats des Bundesverfassungsgerichts vom 7. Mai 2013, Randziffer 82

38 Urteil des Zweiten Senats des Bundesverfassungsgerichts vom 7. Mai 2013, Randziffer 82

sich auf die Alleinverdienerehe daher ebenso wie auf die Doppelverdienerehe."[39]

„In Übereinstimmung mit diesen Grundsätzen ermöglicht das Splitting den Ehegatten die freie Entscheidung, ob einer allein ein möglichst hohes Familieneinkommen erwirtschaften und sich deshalb in seinem Beruf vollständig engagieren soll, während der andere Partner den Haushalt führt, oder ob statt dessen beide Partner sowohl im Haushalt als auch im Beruf tätig sein wollen. Auf diese Weise wird sowohl die bei einer Zusammenveranlagung ohne Splitting gegebene verfassungswidrige Benachteiligung derjenigen Ehe vermieden, in der beide Partner berufstätig sind (vgl. BVerfGE 6, 55 [79]), als auch die bei einer getrennten Veranlagung drohende Gefahr der Benachteiligung der Hausfrauen- oder Hausmannehe ausgeschlossen."[40] „Damit ist das Ehegattensplitting keine beliebig veränderbare Steuer-,Vergünstigung', sondern -- unbeschadet der näheren Gestaltungsbefugnis des Gesetzgebers – eine an dem Schutzgebot des Art. 6 Abs. 1 GG und der wirtschaftlichen Leistungsfähigkeit der Ehepaare (Art. 3 Abs. 1 GG) orientierte sachgerechte Besteuerung."[41]

Das Verständnis der Ehe als Gemeinschaft des Erwerbs und Verbrauchs, in der ein Ehegatte an den Einkünften und Lasten des anderen jeweils zur Hälfte teilhat, ist im Familienrecht verankert. Durch den gesetzlichen Güterstand der Zugewinngemeinschaft wird bestimmt, dass das in der Ehe

---

39 Urteil des Zweiten Senats des Bundesverfassungsgerichts vom 7. Mai 2013, Randziffer 82

40 Urteil des Ersten Senats des Bundesverfassungsgerichts vom 3. November 1982, Randziffer 84

41 Urteil des Ersten Senats des Bundesverfassungsgerichts vom 3. November 1982, Randziffer 84

Erworbene gemeinsam erwirtschaftet ist. Auch der Ehepartner, der etwa wegen der Erziehung der Kinder nicht berufstätig ist und kein Einkommen am Markt erzielt, nimmt zur
Hälfte an dem Einkommen und allem in der Ehe Erworbe-
nen teil. Die Zugewinngemeinschaft schützt vor allem den
Ehepartner, der wegen der Kindererziehung Lücken in der
Erwerbsbiographie hat.

Allerdings findet das Splittingverfahren auch auf Ehen
Anwendung, die nicht im gesetzlichen Güterstand der Zugewinngemeinschaft leben, sondern Gütertrennung vereinbart
haben, doch ist Gütertrennung nur mit ausdrücklicher und
notariell zu beurkundender Zustimmung beider Ehepartner möglich. Im Minderheitenvotum zum Urteil des Verfassungsgerichts vom 7. Mai 2013 wird darauf hingewiesen,
dass gegen den Willen eines Ehepartners die Gütertrennung
nur durch gerichtliche Entscheidung herbeigeführt werden
kann, wenn der Ehepartner „durch sein wirtschaftliches
Verhalten den Fortbestand der Gemeinschaft von Erwerb
und Verbrauch gefährdet."[42] Gütertrennung kommt selten
vor. Zu beachten ist auch, dass Vereinbarungen zur Gütertrennung in aller Regel vorsehen, dass der nicht verdienende
Ehegatte in angemessenem Umfang am Einkommen des anderen Ehegatten partizipiert.[43]

Das Konzept der Ehe als Gemeinschaft des Erwerbs und
Verbrauchs, in der ein Ehegatte an den Einkünften und Lasten des anderen je zur Hälfte teilhat, ist auch die Grundlage für das Recht des Versorgungsausgleichs. Dadurch

---

42 Urteil des Zweiten Senats des Bundesverfassungsgerichts vom 7. Mai
    2013, Randziffer 121

43 So auch Wolfgang Scherf, Das Ehegattensplitting ist kein Steuervorteil,
    Wirtschaftsdienst 1999, S. 27-34

wird bestimmt, dass von den in der Zeit der Ehe erworbe-
nen Renten- und Versorgungsansprüchen bei einer Scheidung die Ehepartner jeweils die Hälfte erhalten. Damit wird
ausgedrückt, „dass die Ehe als auf Lebenszeit angelegte Gemeinschaft schon während der Phase der Erwerbstätigkeit
der Ehegatten auch eine Versorgungsgemeinschaft für das
Alter ist, in der beide Ehegatten einen Anspruch auf gleiche Teilhabe an dem in der Ehe erwirtschafteten Vermögen
haben."[44]

Bei der oft maßlosen Kritik am Ehegattensplitting wird
meist ignoriert, dass Ehepartner zu Unterhaltsleistungen
verpflichtet sind und insoweit keine staatlichen Sozialleis-
tungen wie etwa das Arbeitslosengeld II (Hartz IV) erbracht
werden müssen.

Aus dem durch die Zugewinngemeinschaft, den Versor-
gungsausgleich, den wechselseitigen Verpflichtungen zu Unterhaltsleistungen bestimmten Grundgedanken der Ehe als
Gemeinschaft des Erwerbs, an der jeder Ehegatte jeweils zur
Hälfte an Einkommen und Lasten des anderen teilhat, unabhängig davon, wie hoch der Beitrag ist, den der einzelne
Ehegatte zum gemeinsamen Familieneinkommen leistet,
ergibt sich das Ehegattensplitting als logische Konsequenz.
Eine Steuervergünstigung kann darin nicht gesehen werden.
Wenn jeder zur Hälfe am Einkommen teilhat, ist es folge-
richtig, dass die zu zahlende Steuer unabhängig davon sein
muss, wie sich das Einkommen zusammensetzt. Nur das
Splitting stellt sicher, dass bei gleichem Familieneinkommen
die Steuer gleich hoch ist. Die von der Rechtsprechung des
Bundesverfassungsgerichts geforderte „freie Entscheidung

---

44 Urteil des Zweiten Senats des Bundesverfassungsgerichts vom 7. Mai
    2013, Randziffer 122 (Minderheitenvotum)

der Ehegatten über ihre Aufgabenverteilung in der Ehe", in die der Gesetzgeber nicht eingreifen darf, wird durch das Splitting gewährleistet.

Die Abschaffung des Splittings und der Übergang zu einer reinen Individualbesteuerung wären verfassungswidrig.

Der Übergang zu einer reinen Individualbesteuerung würde aber auch unabhängig von allen verfassungsrechtlichen Einwänden in grotesker Weise dem Rechtsempfinden widersprechen. Es sei gestattet, dies am Beispiel von zwei dem Verfasser bekannten Familien zu illustrieren, die beide der gleichen Altersgruppe angehören wie der Verfasser. Beide Familien hatten vier Kinder, die alle studiert haben. In beiden Fällen hatte der Ehemann ein hohes Einkommen. Die Frauen hatten wegen der Kindererziehung kein eigenes Einkommen. Der Lebensstandard war im Vergleich zu einer kinderlosen Familie mit gleichem Familieneinkommen, in der beide Ehepartner arbeiteten, außerordentlich bescheiden. Das leuchtet ein, wenn man bedenkt, dass das bedarfsgewichtete Pro-Kopf-Einkommen der Familien mit vier Kindern nur etwa halb so groß war, wie das der kinderlosen Familie.[45] Das Ehegattensplitting verhinderte, dass die Einverdienerfamilien mit Kindern auch noch steuerlich erheblich stärker belastet wurden als die kinderlose Familie

---

45   Zu diesem Ergebnis kommt man, wenn man die Ehepartner jeweils mit 1, die Kinder mit 0,5 ansetzt und auch, wenn man das OECD-Schema zur Bestimmung des bedarfsgewichteten Pro-Kopf-Einkommens benutzt, und den einen Ehepartner mit 1, den anderen mit 0,5, die Kinder, die älter als 14 Jahre sind, mit 0,5 und die jüngeren Kinder mit 0,3 ansetzt. Wenn zwei Kinder älter als 14 Jahre sind, ergibt sich ein gewichtetes Pro-Kopf-Einkommen, das nur knapp halb so groß ist wie das der kinderlosen Familie, in der beide Ehepartner ein eigenes Einkommen haben

mit gleichem Haushaltseinkommen, in der beide Ehepartner ein eigenes Einkommen hatten und deren Pro-Kopf-
Einkommen doppelt so hoch war.[46] Als im Alter alle Kinder
außer Haus waren, war schließlich dass Pro-Kopf-Einkommen unserer beiden Einverdienerfamilien genauso groß wie
das unserer Vergleichsfamilie. Ohne Splitting hätten unsere
Einverdienerfamilien allerdings wiederum eine deutlich höhere Steuerlast zu tragen als die Familie, in der beide ein eigenes Einkommen oder ein eigenes Ruhegehalt hatten. Das
ist pervers, wenn man bedenkt, dass die Rente oder Pen-
sion der kinderlosen Familie ausschließlich durch die Kinder der Familien finanziert wird, die Kinder großgezogen
haben. Ein heute 13-Jähriger wird nach Berechnungen der
„Bertelsmann-Stiftung" im Laufe seines Lebens aus heutiger
Sicht 77.000 Euro mehr in die Rentenkasse einzahlen als er
später herausbekommt.[47] Man muss wohl schon ein ideologisch verblendeter grüner Fanatiker sein, um es als gerecht
anzusehen, wenn die Familie, die Kinder großgezogen hat,
mehr Steuern zahlen soll als die kinderlose Familie.

In der vor allem von den Grünen und ihrem Anhang in
den öffentlich-rechtlichen Rundfunkanstalten dominierten
Diskussion wird meist unterstellt, dass ein gewichtiger Teil
des Splittingvolumens als Vorteil denen zugute kommt, bei
denen bei einem kinderlosen Ehepaar ein reicher Ehemann
seine nur sein Haus hütende Ehefrau unterhält. Das ist Teil
einer gehässigen grünen Folklore. Tatsächlich sind bei Ehe-
paaren, die keine Kinder haben oder hatten, die Eheleute fast
immer beide berufstätig, der Splittingeffekt ist unbedeutend.

---

46 Kinderfreibeträge gab es in der Zeit, in der die Kinder unserer Familien
    aufwuchsen, nicht

47 „FAZ. NET", 16. Januar 2014

Der Splittingeffekt ist immer dann bedeutend, wenn nur ein Ehepartner am Markt ein Einkommen erzielt, es sich also um eine Einverdienerfamilie handelt. Das ist in der Regel dann so, wenn ein Ehepartner mit der Betreuung der Kinder beschäftigt ist und deshalb für eine gewisse Zeit nicht erwerbstätig ist. In einer Analyse des Deutschen Instituts für Wirtschaftsforschung wurde anhand steuerstatistischer Daten 2003 festgestellt, dass vom rechnerischen Splittingvolumen zwei Drittel auf Ehepaare mit unterhaltsberechtigten Kindern entfielen.[48] Von dem verbleibenden restlichen Drittel des gesamten rechnerischen Splittingeffekts entfällt nach Auswertung des sozioökonomischen Panels durch das DIW der größte Teil auf Familien die früher Kinder hatten, für die aber keine Unterhalspflicht mehr besteht.[49] Insgesamt kommt der Splittingeffekt zu 90 Prozent Familien mit Kindern oder Familien, die Kinder hatten, zugute.[50] Wie Gregor Schlick schreibt, zeigen steuerstatistische Untersuchungen, das von den verbleibenden zehn Prozent bei rund einem Drittel außergewöhnliche Belastungen und Pauschbeträge für behinderte Menschen geltend gemacht werden. Außerdem führt Arbeitslosigkeit dazu, dass Splittingeffekte bei dieser Gruppe realisiert werden.[51]

Aus Anlass des Verfahrens beim Bundesverfassungsgericht zu der Frage, ob eingetragenen Lebenspartnern das

---

48   Stefan Bach, Hermann Buslei, Dagmar Svindland, Hans J Baumgartner, Juliane Flach und Dieter Teichmann, Untersuchung zu den Wirkungen der gegenwärtigen Ehegattenbesteuerung, DIW Materialien Berlin 2003, S. 28. Siehe auch Gregor Schlick, Das Splittingverfahren bei der Einkommensteuerveranlagung von Ehegatten, Wirtschaftsdienst 2005, S. 316

49   Stefan Bach u. a., S. 23 ff. und Georg Schlick, a. a. O., S. 316

50   Gregor Schlick, S. 316

51   Ebenda

Ehegattensplitting gewährt werden müsse, hat das Bundes-finanzministerium die vorstehenden Angaben aktualisiert. Die neuen Berechnungen beziehen sich auf den Einkommensteuertarif des Jahres 2010 und die Datengrundlage der Steuerstatistik des Veranlagungsjahres 2004. Auf der Basis des sozio-ökonomischen Panels (SOEP) für das Jahr 2008 wurde geschätzt, dass von dem gesamten Volumen der Splittingwirkung im Jahr 2010 in Höhe von 18,9 Mrd. Euro etwa 11,8 Mrd. Euro oder 62 Prozent auf zusammen veranlagte Ehegatten mit Kindern entfielen, für die aktuell Kindergeld bezogen beziehungsweise der Kinderfreibetrag in Anspruch genommen werde. Von den restlichen 7,1 Milliarden Euro des Splittingvolumens entfielen 5,4 Milliarden Euro oder 76,1 Prozent auf Familien, die zu einem früheren Zeitpunkt berücksichtigungsfähige Kinder hatten. Rund 91 Prozent des gesamten Splittingvolumens entfielen also auf Familien mit aktuell berücksichtigungsfähigen Kindern oder auf Familien, die früher Kinder großgezogen haben. Lediglich neun Prozent des Splittingvolumens entfielen auf Ehepaare ohne Kinder.[52]

Man sollte festhalten, wen der grüne Furor treffen wird, wenn die Grünen Gelegenheit haben, ihre Vorstellungen über eine gerechte Familienbesteuerung umzusetzen.

Ob Abweichungen vom Ehegattensplitting verfassungsrechtlich möglich sind, ist umstritten. Bei allen sogenannten Reformen sollte folgendes bedacht werden.

Die Lebensplanung der heute bestehenden Familien gründet sich auf der bestehenden gesetzlichen Regelung. Jede gravierende rechtliche Änderung ist ein Eingriff in

---

52 Urteil des Zweiten Senats des Bundesverfassungsgerichts vom 7. Mai 2013, Randziffer 58

diese Lebensplanung. Eheleute die sich einig waren, Kinder zu haben und die geplant hatten, dass ein Ehepartner zumindest während der Zeit, in der die Kinder noch jung waren, sich ausschließlich der Erziehung der Kinder widmet, müssten unter Umständen feststellen, dass sie sich das bei einer Abschaffung des Ehegattensplittings nicht mehr leisten können.

Nach Artikel sechs des Grundgesetzes stehen Ehe und Familie unter dem besonderen Schutze der staatlichen Ordnung. Damit wäre es nicht vereinbar, dass sich Eheleute durch eine Scheidung besser stellen können. Nach einer Scheidung können Unterhaltsleistungen an den geschiedenen Ehegatten als Sonderausgaben bis zu einer Höhe von 13.806 Euro steuerlich geltend gemacht werden. Nur wenn bei einem Übergang zur Individualbesteuerung ein fiktiver Betrag in dieser Höhe auf den Ehepartner übertragen werden kann, würden insoweit die hier erwähnten verfassungsrechtlichen Bedenken entfallen. Die grundsätzlichen Einwände, dass bei diesem sogenannten Realsplitting gleiche Haushaltseinkommen ungleich besteuert werden, bleiben natürlich bestehen.

Das Bundesverfassungsgericht hat eindeutig klargestellt, dass bei der Einkommensbesteuerung ein Betrag in Höhe des Existenzminimums der Familie steuerfrei bleiben muss. Nur das darüber hinausgehende Einkommen darf der Besteuerung unterworfen werden.[53] Bei einer Reform des Ehegattensplittings dürfte also ein Betrag in Höhe des Existenzminimums des Ehepartners nicht der Besteuerung unterliegen. Der Grundfreibetrag, der für das Jahr 2014 auf 8.354 Euro

---

53   Im Leitsatz zum Beschluss des Zweiten Senats des Bundesverfassungsgerichts vom 10. November 1998 heißt es: „Art. 6 Abs. 1 GG gebietet, bei der Besteuerung einer Familie das Existenzminimum sämtlicher Familienmitglieder steuerfrei zu belassen."

festgesetzt wurde, stellt bei uns sicher, dass das zur Bestreitung des Existenzminimums nötige Einkommen nicht durch Steuern gemindert wird. Der Anteil des Splittingvolumens, der allenfalls durch Reformen gekappt werden könnte, ist damit bedeutend kleiner als das am Maßstab der Individualbesteuerung gemessene Splittingvolumen.

Das Bundesverfassungsgericht hat in seinem Urteil vom 3. November 1982 darauf hingewiesen, dass bei dem Ehegattensplitting vermieden wird, „dass Eheleute mit mittleren und kleineren Einkommen in der Progressionszone, vor allem Arbeitnehmer, gegenüber Eheleuten mit hohem Einkommen, vor allem Gewerbetreibenden und freiberuflich Tätigen, benachteiligt werden." Diese könnten nämlich in einem System ohne Splitting durch vertragliche Aufteilung ihres Gesamteinkommens die Steuerprogression mit dem gleichen Effekt wie beim Ehegattensplitting senken, was für die Masse der Arbeitnehmer nicht möglich ist."[54] Auch der Sachverständigenrat weist darauf hin, dass es bei Unternehmern durch die Übertragung von Anteilen an dem Unternehmen an den Ehegatten möglich ist, die Steuerlast zu reduzieren. Das gleiche gelte bei vermieteten Immobilien. Selbständige könnten den Ehegatten anstellen. ‚Das alles seien Gestaltungsmöglichkeiten, die vor allem von Beziehern hoher Einkommen genutzt werden könnten. Der Verwaltungsaufwand zur Erhebung der Steuern würde stark zunehmen. Strittige Fragen, welche Gestaltungen erlaubt sind, „würden dann wohl über Jahre von Gerichten geklärt werden müssen."[55] Der Rat weist

---

54 Urteil des Ersten Senats des Bundesverfassungsgerichts vom 3. November 1982, Randziffer 84

55 Sachverständigenrat zur Begutachtung der gesamtwirtschaftlichen Entwicklung, Jahresgutachten 2013/14, S. 342 f.

auch drauf hin, dass dadurch die errechneten Mehreinnahmen bei einem Übergang zum Realsplitting erheblich vermindert werden.[56]

Sowohl die SPD als auch das Bündnis 90/Die Grünen hatten in ihren Wahlprogrammen Vorschläge gemacht, die eine Annäherung an die Individualbesteuerung vorsehen. Die SPD will in ihrem zum Vergleich des Vorschlags der Grünen maßvollen Vorschlag bestehende Ehen nicht höher belasten als das heute der Fall ist. Das von ihr favorisierte Realsplitting, bei dem fiktive Unterhaltszahlungen von zurzeit 13.806 Euro auf einen Ehegatten übertragen werden, soll nur für neu geschlossenen Ehen gelten.

Bei dem radikalen Vorschlag der Grünen sollte nur der (ungenutzte) Grundfreibetrag übertragen werden, der für 2014 mit 8.354 Euro festgesetzt wurde. Das Konzept der Grünen unterscheidet sich (neben anderem) von dem der SPD darin, dass das maximale übertragbare Einkommen bei den Grünen um mehr als 5.000 Euro niedriger ist. Indem man (maximal) einen Betrag in Höhe des Existenzminimums überträgt, hofft man, keinen völlig eindeutig verfassungswidrigen Entwurf vorzulegen. Ob der Reformvorschlag mit unserer Verfassung vereinbar ist, scheint dennoch zweifelhaft zu sein.

Im Unterschied zum SPD-Vorschlag wird beim Konzept der Grünen nur die Differenz zwischen dem Grundfreibetrag und dem Einkommen des Zweitverdieners übertragen. Der gesamte Grundfreibetrag wird nur übertragen, wenn der Zweitverdiener gar kein eigenes Einkommen hat. In dem Maße, indem der Zweitverdiener eigenes Einkommen hat, verringert sich der Betrag, der übertragen wird!

---

56 Ebenda, S. 337

Wenn jeder Ehegatte ein Einkommen erzielt, das gleich oder größer ist als der Grundfreibetrag, unterscheidet sich bei dem Vorschlag der Grünen die steuerliche Belastung von der bei einer Individualbesteuerung nicht. Während die SPD nicht in die Lebensplanung bestehender Ehen eingreifen will und deshalb bestehende Ehen vom Realsplitting ausnimmt, haben die Grünen diese Hemmungen nicht. Zunächst sollen allerdings in einem ersten Schritt durch eine Deckelung des von ihnen so genannten „Splittingvorteils" nur Haushalte mit einem Einkommen von mindestens 60.000 Euro belastet werden. Diese Begrenzung soll dann sukzessiv verschärft werden.

Reformvorschläge werden auch mit dem Argument vorgebracht, das traditionelle Ehegattensplitting führe dazu, dass der Erwerbsanreiz für den Zweitverdiener gering sei, da die Grenzsteuerbelastung seines Einkommens genau so hoch ist wie die des Erstverdieners. Je höher das Einkommen des Erstverdieners, umso höher ist der Grenzsteuersatz des Zweitverdieners. Zu der hohen Grenzsteuerbelastung tritt auch noch die Belastung der Einkommen durch Sozialabgaben, die bis zur Beitragsbemessungsgrenzen proportional zum Einkommen erhoben werden. Die Höhe der Grenzsteuerbelastung ist natürlich auch von der allgemeinen Abgabenbelastung und dem Progressionsgrad des Steuersystems bestimmt. In unserem Zusammenhang ist aber in erster Linie zu prüfen, ob durch den Übergang zum System des übertragbaren Grundfreibetrags eine signifikante Absenkung der Grenzsteuerbelastung und eine ins Gewicht fallende Erhöhung des Arbeitsangebots des (potentiellen) Zweitverdieners zu erwarten ist.

Schon das DIW kam in einer Studie 2011 zu dem Ergebnis, dass nur eine reine Individualbesteuerung die Erwerbsanreize des Zweitverdieners deutlich erhöht.[57] Auch der Sachverständigenrat hat sich in seinem letzten Gutachten 2013/14 mit dieser Frage beschäftigt. Bei dem Konzept der Grünen – dem übertragbaren Grundfreibetrag – ist zunächst bis zum Grundfreibetrag von 8.352 Euro der Grenz- und Durchschnittssteuersatz höher als beim Ehegattensplitting. Das ist deshalb so, weil der Betrag, der übertragen werden kann, mit steigendem Einkommen des Zweitverdieners sinkt. In diesem Einkommensbereich ist der Grenzsteuersatz des Zweitverdieners ebenso wie beim Ehegattensplitting mit dem des Erstverdieners identisch. Er ist aber höher als beim Ehegattensplitting, weil der Grenzsteuersatz des Erstverdieners beim übertragbaren Grundfreibetrag höher ist, da der den Grenzsteuersatz reduzierende Effekt des Splittings hier entfällt! Erst wenn das Einkommen des Zweitverdieners höher ist als der Grundfreibetrag, sinkt der Grenzsteuersatz auf den Satz, der bei der Individualbesteuerung zu zahlen ist. Der Durchschnittssteuersatz bleibt jedoch erheblich höher als bei einem Alleinstehenden.[58] Es ist auch zu beachten, dass wegen des beim übertragbaren Grundfreibetrag höheren Grenzsteuersatzes des Erstverdieners dessen Arbeitsanreiz sinkt.

Die Auswirkungen auf das Arbeitsangebot sind beim Konzept des übertragbaren Grundfreibetrags gering. Während in einer Studie ein geringer positiver Effekt von 17.900 Vollzeitäquivalenten ermittelt wurde, kommt eine andere

---

57   Stefan Bach, Johannes Geyer, Peter Haan, Katharina Wrohlich, Nur eine reine Individualbesteuerung erhöht die Erwerbsanreize deutlich, DIW Wochenbericht 41/2011, S. 13-19

58   Sachverständigenrat zur Begutachtung der gesamtwirtschaftlichen Entwicklung, Jahresgutachten 2013/14, S. 357

Studie zu dem Ergebnis, dass das Arbeitsangebot sogar geringfügig sinkt.[59]

Die Mehrbelastungen sind hingegen beachtlich. Der Sachverständigenrat errechnet, das Mehrbelastungen für eine Familie mit zwei Kindern schon bei einem eher geringen Einkommen von 50.000 Euro für eine Einverdienerfamilie oder bei einer Einkommensrelation von 80 zu 20 hoch sind. Sie betragen knapp drei Prozent des Nettoeinkommens.[60]

Die Mehrbelastungen treffen zum allergrößten Teil Familien mit Kindern, denn 91 Prozent des Splittingvolumens entfallen auf Familien, die Kinder haben oder hatten. Es handelt sich bei dem Konzept des übertragbaren Grundfreibetrags um eine Strafsteuer für Familien mit Kindern, die umso höher ausfällt je mehr Kinder eine Familie hat oder hatte und je kürzer deshalb die Erwerbsbiographie der Zweitverdienenden ist. Natürlich kann man die Strafe reduzieren, wenn man schon möglichst bald nach der Geburt die Kinder in Krippen betreuen lässt. Für die Älteren, die früher Kinder großgezogen haben, gab es diese Möglichkeit nicht und auch der Kindergarten war damals meist nur von neun Uhr bis zwölf Uhr am Morgen geöffnet. Aber mildernde Umstände gibt es bei der von den grünen Ideologen verhängten Strafe nicht.

Der Kampf der Grünen richtet sich gegen die traditionelle Ehe, bei der sich die Ehefrau für eine mehr oder weniger lange Zeit der Betreuung der Kinder widmet und nicht erwerbstätig ist. Dieses „debile Auslaufmodell" wird von den

---

59   Siehe dazu: Sachverständigenrat zur Begutachtung der gesamtwirtschaftlichen Entwicklung, Jahresgutachten 2013/14, S. 358

60   Ebenda, S. 360

Grünen mit allen Mitteln bekämpft. Das wurde am Beispiel ihres widerwärtigen Kampfes gegen das Betreuungsgeld jedermann vor Augen geführt. Die Grünen verstanden sich wieder als die Avantgarde, die uns von alten gesellschaftlichen Zwängen befreien will. Ein Schelm, der dabei an die Pädophiliebelastung dieser Partei denkt. Wohl kaum je sind Mütter, die in den ersten Lebensjahren ihre Kinder versorgen und betreuen wollen und deshalb nicht erwerbstätig sind, in solcher Weise verspottet, beleidigt und diffamiert worden. Das Betreuungsgeld wurde Herdprämie genannt, die Frauen vom Berufsleben fernhalten soll. Das ist lächerlich, denn, wie Gerhard Kerksiek in einem Leserbrief an die „Frankfurter Allgemeine Zeitung" schrieb, könnte eine gut ausgebildete Frau „leicht das Zehnfache des Betreuungsgeldes in ihrem Job verdienen, selbst wenn sie Teilzeit arbeitet."[61] Oder man sah in dem Betreuungsgeld nichts anders als Beihilfe zum Kauf von Flachbildschirmen oder Schnaps! Man bezeichnete es als Verdummungsprämie, um klarzustellen, dass außer der Mutter auch ihre Kinder zu Hause verblöden. Dass das Betreuungsgeld es jenen Eltern, die aus guten Gründen ihre Kinder in den ersten Jahren selbst erziehen und betreuen wollen, dies erst möglich macht, weil ihr Einkommen gering ist, wird von den Grünen nicht einmal als Möglichkeit ernst genommen, denn das ist aus ihrer Sicht nichts anderes als eine zu verachtende antiemanzipatorische Motivation.

Ein so zurückhaltend formulierender Kommentator wie Peter Graf von Kielmansegg schrieb in einem Leserbrief an die „Frankfurter Allgemeine Zeitung":

---

61   „Frankfurter Allgemeine Zeitung" vom 21. November 2012

„Aber in der höhnenden Polemik gegen das Betreuungsgeld, wie sie in der Bundestagsdebatte zumal von den Herren
Steinbrück und Trittin zu hören war, ist jedes Maß und jeder
Anstand verloren gegangen. Diese Polemik war in ihrer Maß-
losigkeit skandalös, weil sie faktisch nicht nur die finanzielle
Förderung der häuslichen Erziehung, sondern auch die Eltern,
die ihre ein- und zweijährigen Kinder nicht einer Krippe überlassen wollen, mit Verachtung überschüttete." Und mit Recht
fügte Graf Kielmansegg hinzu, „dass die Redner mehr im Vi-
sier hatten als nur das Betreuungsgeld: eben die nicht berufs-
tätigen Mütter und dahinter die Familie in ihrer traditionellen
Gestalt."[62]

Genau dagegen richtet sich auch der Kampf der Grünen
gegen das Ehegattensplitting.

Das Wohl der Kinder spielt in dem Kampf der Grünen
gegen Betreuungsgeld und Ehegattensplitting keine Rolle, es
sei denn, man sehe in der Behauptung, die familiäre Erziehung sei der Weg zur Verblödung von Müttern und Kindern,
einen substantiellen Beitrag zu einer wichtigen Diskussion.
Es scheint den Grünen unbekannt zu sein, dass Frauen, die
ihre Kinder in den ersten drei Lebensjahren betreuen, „die
intensivsten Jahre ihrs Lebens" genießen, „in denen sie die
Chance haben, ihr Kind jeden Tag zu erleben, mit ihm Freud
und Leid eines Kinderalltags zu teilen…". Sie wissen nicht,
dass „die Elternzeit nicht nur Belastungen, sondern auch Le-
benserfahrungen vermitteln kann, die ihnen in den kommenden Jahren sogar berufliche Vorteile verschaffen…"[63].

---

62 Peter Graf Kielmansegg. Mütter am Pranger, Leserbrief an die „Frankfur-
    ter Allgemeine Zeitung" vom 15. November 2012

63 Maqrianne Leuzinger-Bohleben, Sicher gebundene Kinder haben beim
    Lernen Vorteile, „Frankfurter Allgemeine Zeitung" vom 21. Mai 2013.
    Frau Leuzinger-Bohleben leitet das Sigmund-Freud-Institut in Frankfurt

Zu der Frage, wie sich außerfamiliäre frühkindliche Betreuung auf das ‚Wohl der Kinder auswirkt, liegt eine umfangreiche Studie des angesehenen „National Institute of Child Health and Development" (NICHD) vor.[64] Mehr als 1.300 Kinder wurden im Alter von einem Monat in die Studie aufgenommen. Ihre Entwicklung wurde über einen Zeitraum von 15 Jahren beobachtet. Die sozialemotionale Kompetenz wurde in dramatischer Weise negativ beeinflusst, je länger die Kinder im Alter von 0-3 Jahren fremdbetreut wurden. Das unsoziale Verhalten als Folge langer Fremdbetreuung äußerte sich „in Streiten, Kämpfen, Sachbeschädigung, Prahlen, Lügen, Schikanieren, Gemeinheiten begehen, Grausamkeiten begehen, Ungehorsam oder häufigem Schreien. Unter den ganztags betreuten Kindern zeigte ein Viertel im Alter von vier Jahren ein Problemverhalten, das dem klinischen Risikobereich zugeordnet werden muss."[65] Und auch bei den 15 Jahre alten Jugendlichen zeigten sich erschreckende Verhaltensauffälligkeiten. Neurobiologische Untersuchungen zeigten, dass frühe Fremdbetreuung zu vermehrtem Stress für die Säuglinge und Kleinkinder führt. Das Stressregulationssystem wird beeinträchtigt, mit dauerhaften, negativen Folgen. Chronische Stressbelastung ist ein Phänomen, das sonst bei misshandelten und vernachlässigten Kindern auftritt.[66]

---

64 Siehe zum Folgenden: Rainer Böhm, Die dunkle Seite der Kinder, „Frankfurter Allgemeine Zeitung" vom 4. April 2012 und Maqrianne Leuzinger-Bohleben, Sicher gebundene Kinder haben beim Lernen Vorteile, „Frankfurter Allgemeine Zeitung" vom 21. Mai 2013

65 Rainer Böhm, a. a. O.

66 Siehe dazu auch: Hanne Kerstin Götze, Gestresste Kinder im der Krippe, „Frankfurter Allgemeine Zeitung" vom 3. Juli 2014

Die Grünen nehmen solche Einsichten nicht zur Kenntnis. Sie mögen das auch deshalb ignorieren, weil sie selbst über besonders geringe eigene Erfahrungen mit der Erziehung von Kindern verfügen. Der Anteil der Abgeordneten im letzten Bundestag, die kinderlos waren, war bei den Grünen mit 42,6 Prozent höher als bei allen andern Parteien.[67]

Übrigens: Auch die „Evangelische Kirche in Deutschland" EKD wendet sich in ihrer neuen Orientierungshilfe gegen das Ehegattensplitting. In einem Interview mit der „Frankfurter Allgemeinen Zeitung" begründete der damalige Ratsvorsitzende der EKD, Nicolaus Schneider, dies mit dem erstaunlichen Hinweis: „Vom Ehegattensplitting profitieren ja am meisten diejenigen Eheleute, die keine Kinder haben und von denen der eine sehr viel verdient und die andere wenig oder nichts."[68]

Laut einer repräsentativen Umfrage des „Forsa-Instituts" befürwortet die große Mehrheit (81 Prozent) von Eltern mit minderjährigen Kindern das Ehegattensplitting.[69]

Anders als Lesben und Schwule gehörten und gehören Eltern mit Kindern nicht zur grünen Klientel. Die grünen Streiter für eine emanzipatorische Lebensform möchten ihnen aber dennoch vorschreiben, wie sie ihr Leben zu führen haben. Die Eltern sollen nach grüner Ideologie ihre Kinder möglichst früh staatlicher Betreuung anvertrauen. Artikel 6 (2) des Grundgesetzes lautet nach grüner Lesart: Pflege und Erziehung der Kinder sind das natürliche Recht des Staates und die zuvörderst ihm obliegende Pflicht.

---

67 Rainer Weniger in einem Leserbrief an die „Frankfurter Allgemeine Zeitung" vom 30. November 2012

68 „Frankfurter Allgemeine Zeitung" vom 6. Juli 2013.

69 Siehe zum Beispiel: „Frankfurter Allgemeine Zeitung" vom 10. April 2013.

Die grünen Pläne zur Abschaffung des Ehegattensplittings haben wohl einem größeren Teil der Wähler bei der letzten Bundestagswahl missfallen. Doch wie sagte Katrin Göring-Eckhardt am Wahlabend der Bundestagswahl 2013: „Es geht um mehr als ein grünes Wahlergebnis. Es geht um die Bewahrung der Schöpfung."

Empfohlene Literatur

Gregor Schlick, Das Splittingverfahren bei der Einkommensteuerveranlagung von Ehegatten, Wirtschaftsdienst, Heft 5, 2005, S. 312ff.

Achtes Kapitel

Der Grünen liebstes Kind: das EEG

Das wichtigste Gesetz, mit dem bei uns die regenerativen Energien gefördert werden, ist das Erneuerbare-Energien-Gesetz (EEG), das von der rot-grünen Regierung unter Kanzler Gerhard Schröder mit dem Umweltminister Jürgen Trittin am 29. März 2000 erlassen wurde. Es wurde inzwischen mehrfach (2004, 2009, 2012 und 2014) novelliert. Es hatte einen Vorläufer in dem seit 1991 geltenden Stromeinspeisungsgesetz. Schon bei diesem Vorläufer spielte Klientelpolitik eine besondere Rolle. Der CSU-Bundestagsabgeordnete Engelsberger war als Besitzer eines kleinen Wasserkraftwerks mit den Preisen, die er für den von ihm produzierten Strom erzielte, unzufrieden. Er arbeitete zusammen mit dem Grünen-Abgeordneten Daniels ein Gesetz aus, das festlegte, dass der Staat die Preise für erneuerbare Energien fixiert, also auch den Preis bestimmte, den er für den aus seinem Wasserkraftwerk erzeugten Strom erhielt.[1] Für Wasserkraft wurde ein Preis von sieben Cent festgelegt, ein Preis der damals weit über den Durchschnittskosten der Stromerzeugung lag.[2] Das ist natürlich nichts im Vergleich

---

1   Hans-Werner Sinn, Das grüne Paradoxon, Berlin 2012, S. 149

2   Sinn, a. a. O., S. 150

zu den gigantischen Summen, die später an die Profiteure des EEG geflossen sind und die grüne Klientel reich machten.

Das Erneuerbare-Energien-Gesetz: Ein Stück aus dem Tollhaus.

Machen wir uns das zuvor an drei Parabeln klar.

Nehmen wir an, A. beauftrage B., zwei Flaschen Gin für ihn zu kaufen. A. übergibt B. die erste Flasche und verlangt einen Preis von 25 Euro. Für die zweite identische Flasche verlangt er einen Preis von 350 Euro. A. meint, das sei wohl ein absurder Scherz. B. aber erklärt, dass dies mitnichten ein Scherz sei, A. müsse den verlangten Preis zahlen. Dies sei die Rechtslage. In einem zweiten Schritt stellt sich heraus. dass die teure Flasche gar nicht geliefert wird. A. aber muss trotzdem zahlen. Was geht hier vor? Handelt es sich um eine Gesellschaft im Griff der sizilianischen Mafia? Hat es A. und B. in das Herrschaftsgebiet Lukaschenkos verschlagen? Die Wahrheit ist: Es handelt sich um die Bundesrepublik Deutschland im Griff des grünen Wahns. Natürlich geht es dabei nicht um Gin. Es geht um den Preis, der von der Gesellschaft für die Vermeidung einer Tonne CO_2 zu zahlen ist. Nicht ein einzelner, wie in unserem Beispiel, sondern alle werden hier zur Kasse gebeten. Nicht einmal, sondern Jahr für Jahr müssen Unsummen gezahlt werden. Und wie wir sehen werden: Für nichts und wieder nichts!

Oder nehmen wir an, man würde „Supermärkte zwingen, jede Menge an biologisch angebauten Äpfeln abzunehmen – zu Preisen die um hundert bis tausend Prozent über den handelsüblichen Preisen liegen – und ihnen gleichzeitig verbiete(n), die konventionell angebauten Früchte anzubieten, solange die Bioäpfel nicht ausverkauft sind."[3] Die Supermärkte müssen die Bioäpfel auch dann abnehmen, wenn sie diese gar nicht verkaufen können und für die Entsorgung zahlen müssen. Absurdes Theater? Keineswegs! Das EEG macht's möglich. Dabei geht es natürlich nicht um Bioäpfel und konventionelles Obst. Doch wenn man Bioäpfel durch Ökostrom und konventionelle Früchte durch Strom aus konventioneller Erzeugung ersetzt, haben wir die Lage, die durch das EEG geschaffen wurde.

Nehmen wir schließlich an, die großen Autos deutscher Premiumherstelller fänden keinen Absatz. Eine Agentur wird beauftragt, sie zum Listenpreis aufzukaufen und zu jedem beliebigen Preis zu verkaufen. Sie erzielt beim Verkauf nur einen geringen Bruchteil des Listenpreises, den sie zahlen musste. Der deutsche Steuerzahler muss die Differenz zahlen. Aberwitzig? Gewiss, doch entspricht es – wie wir sehen werden – der Realität, wenn wir Autos durch Ökostrom ersetzen.

Grundzüge des EEG

Durch das EEG wird die Erzeugung von Strom aus Windkraft, Sonnenlicht, Biomasse, Wasserkraft, Erdwärme, Deponiegas, Klärgas und Grubengas gefördert.

---

3   Charles B. Blankart, Christoph Böhringer, Friedrich Breyer. Wolfgang Buchholz, Christoph M. Schmidt, Carl Christian von Weizsäcker, Joachim Weimann, Die Energielüge, „Cicero online" vom 18. November 2008

Die wichtigsten Bestandteile des EEG sind[4]:

- Die Netzbetreiber sind verpflichtet, die Anlagen zur Erzeugung von Strom aus erneuerbaren Energien an das Netz anzuschließen und gegebenenfalls das Netz, soweit erforderlich, auszubauen.

- Die Netzbetreiber sind verpflichtet, jede beliebige Menge Strom aus erneuerbaren Energien vorrangig abzunehmen. Der Strom aus erneuerbaren Energien hat also absoluten Einspeisevorrang gegenüber Strom von konventionellen Energieträgern.

- Die Netzbetreiber müssen den Ökostromproduzenten einen staatlich festgesetzten Preis zahlen, der die Kosten der konventionellen Erzeugung von Strom um ein Vielfaches übersteigt. Der Preis, der gezahlt werden muss, wird den Ökostromproduzenten für 20 Jahre garantiert.

- Die Differenz zwischen den Einspeisevergütungen und dem an der Börse erzielten Preis müssen die Stromkunden zahlen.

---

4   Siehe dazu zum Beispiel: Bundesumweltministerium (BMU), Entwurf: Erfahrungsbericht 2011 zum Erneuerbaren-Energiengesetz, S. 4

Windkraft, Sonnenlicht und Bioenergie

2013 standen in Deutschland 23.400 Windkraftanlagen mit einer Kapazität von 32,4 Gigawatt. Nur 1,2 Prozent dieser Leistung kommt von Windrädern, die sich vor den Küsten auf dem Meer drehen.[5] Die Zahl der Volllaststunden liegt bei Windkrafträdern im Jahr zwischen 1.000 in Bayern und 2.200 in Schleswig Holstein. Das Jahr hat 8.760 Stunden. Die Anlagen sind durchschnittlich nur zu 15 bis 25 Prozent ausgelastet.[6] Bei Windkrafträdern auf offener See wird eine Zahl von 3.800 Volllaststunden erreicht, weil der Wind stärker und gleichmäßiger weht.

Der Wind weht nicht nur, wo er will (Joh. 3,8), sondern auch wann er will. Die Windräder produzieren keinen Strom, wenn der Wind nicht weht. Aber auch bei Starkwind produzieren sie nichts, weil sie abgeschaltet werden müssen. Die Erzeugung von Strom durch Windkraftanlagen weist extreme Schwankungen auf, sowohl im Tages- als auch im Jahresverlauf. So können die Windkraftanlagen oft bei einer Hochdruck-Wetterlage Strom nur zu einem Bruchteil ihrer installierten Windstrom-Leistung erzeugen.

So lieferten etwa im November 2011 die Windräder an fünf Tagen 7-8 Prozent, an zwei Tagen 4-5 Prozent, und

---

5   „Handelsblatt", 10. September 2013

6   Deutsche Physikalische Gesellschaft (dpg), Elektrizität: Schlüssel zu einem nachhaltigen und klimaverträglichen Energiesystem. 2010, S. 108. Siehe auch: Institut für Energiewirtschaft und Rationelle Energieanwendung, Stromerzeugungskosten im Vergleich, Arbeitsbericht Nr.4, Stuttgart 2008, S. 3

an elf Tagen 2-2,5 Prozent ihrer möglichen Leistung.[7] Die Kapazität an Pumpspeicherkraftwerken ist völlig unzureichend, um eine Zeit der Flaute zu überbrücken. Günter Keil schreibt, dass zur Überbrückung einer Flautenzeit von zehn Tagen das 313-fache der heute installierten Pumpspeicherleistung benötigt würde.[8]

Wie beim Wind kann mit Solaranlagen Strom nicht kontinuierlich dem Bedarf entsprechend erzeugt werden. Nachts produzieren sie gar nichts und in den frühen Morgen- und Abendstunden nur sehr wenig. Im Sommer ist die Einstrahlung hoch, im Winter, wenn der Bedarf hoch ist, fallen sie nahezu aus. Photovoltaikanlagen sind nur zu zehn Prozent ausgelastet. Der größte Teil des Nacht-, Morgen-, und Abendstrombedarfs und des Strombedarfs im Winter muss durch andere Kraftwerke gedeckt werden.[9] Wenn im Fernsehen den Zuschauern stolz berichtet wird, wie viele tausend Haushalte durch eine Solaranlage mit Strom versorgt werden können, lautet die nüchterne Wahrheit: nicht ein einziger, denn wenn die Sonne nicht scheint, wird kein Strom produziert.

Deutschland ist kein von der Sonne verwöhntes Land. Wolkenfreier Himmel ist in Deutschland nicht die Regel. In Südspanien oder in Süditalien kann die eingestrahlte jährliche Solarenergie doppelt so hoch sein wie an den meisten deutschen Standorten[10]. Südliche Standorte haben

---

7   Günter Keil, Die Energiewende ist bereits gescheitert, Science Skeptical Blog, 14. Mai 2012, http://www.science-skeptical.de/blog/die-energie-wende-ist-bereits-gescheitert/007693

8   Ebenda

9   . Deutsche Physikalische Gesellschaft, a. a. O., S. 97

10   Deutsche Physikalische Gesellschaft, a. a. O., S. 97

erhebliche Wettbewerbsvorteile gegenüber Standorten bei uns. Strom kann dort für die Hälfte der Kosten produziert werden, die in Deutschland anfallen.[11] Aber es hat anscheinend für uns einen besonderen Reiz, Solarenergie dort zu produzieren, wo die Bedingungen ungünstig sind. Man kann auch Ananas in Alaska erzeugen.

Photovoltaik kann grundsätzlich keine anderen Kraftwerke ersetzen. Nur der der Photovoltaikleistung entsprechende Teil der erzeugten elektrischen Leistung wird eingespart. Bei der Berechnung der Brennstoffersparnis der konventionellen Kraftwerke ist zu berücksichtigen, dass diese komplementär zur unregelmäßigen solaren Stromerzeugung betrieben werden müssen und zum Teil im Schwach- oder Teillastbereich arbeiten, in dem der Wirkungsgrad niedriger ist. Zu den Kosten der Photovoltaiksysteme sind also auch der erforderliche Investitionsaufwand für regelbare Stand-by/Backup-Systeme und die anteiligen Betriebskosten zu addieren.[12]

Deutschland ist einsamer Spitzenreiter in der Welt, was die installierte Leistung bei der Photovoltaik betrifft. Die installierte Leistung ist 4,6-mal so groß wie in China und in Japan, 4,5- mal so groß wie in den USA und 6,4-mal so groß wie im sonnenverwöhnten Spanien![13]

Unter Bioenergie versteht man die aus Biomasse gewonnene Energie, die in Wärme, elektrische Energie oder Kraftstoffe umgewandelt werden kann. Als Hauptenergiequelle

---

11   Deutsche Physikalische Gesellschaft, a. a. O., S. 98

12   Deutsche Physikalische Gesellschaft, a. a. O., S. 98

13   Weltweit installierte Photovoltaikleistung, Erneuerbare-Energien-und-Klimaschutz.de, http://www.volker-quaschning.de/datserv/pv-welt/index.php

dienen nachwachsende Rohstoffe wie Holz oder landwirtschaftliche Produkte, die sogenannten Energiepflanzen, wie Mais, Weizen, Raps, Ölpalmen, Zuckerrüben, Zuckerrohr sowie organische Abfallstoffe wie Stroh, Gülle, Klärschlamm und Hausmüll. Energetisch genutzt werden kann Biomasse direkt durch Verbrennung oder nach vorheriger Umwandlung in Bioethanol, Biodiesel, Biogas, Wasserstoff oder Synthesegas.

Bei den erneuerbaren Energien hat die Bioenergie einen Anteil von 50 Prozent an dem gesamten Endenergieverbrauch in Deutschland. Der Anteil der Biomasse an der Verstromung belief sich 2012 auf 27 Prozent.[14] Biomasse kann in fester, flüssiger oder gasförmiger Form (Biogas) verstromt werden. Biogas hatte zuletzt einen Anteil von 15 Prozent an der Stromerzeugung aus erneuerbaren Energien.[15]

Bio-Erdgas ist speicherbar, kann flexibel und in der Stromerzeugung regelbar eingesetzt werden. Die Biogasanlagen können also Strom liefern, wenn gerade einmal die Sonne nicht scheint und der Wind nicht weht. Es gibt etwa 7.500 Anlagen, bei denen Biogas zur Direktverstromung vor Ort genutzt wird.[16]

Bioenergie wird eingesetzt, um CO_2–Emissionen zu reduzieren, indem fossile Brennstoffe ersetzt werden. Es soll so ein Beitrag geleistet werden, um den Klimawandel abzuschwächen. Bioenergie wird häufig als CO_2-neutral eingestuft, da bei der Bildung von Biomasse durch Photosynthese

---

14   Bundesverband der Energie- und Wasserwirtschaft (zitiert als BDEW),
      Erneuerbare Energien und das EEG: Zahlen, Fakten, Grafiken (2013).
      S. 10 und S. 38

15   BDEW, a. a. O., S. 10

16   BDEW, a. a. O., S. 12

prinzipiell genauso viel CO_2 assimiliert wie bei der Verbrennung freigesetzt wird. Es wird noch dargestellt, dass dies irreführend ist.

Die absurden Konsequenzen des Einspeisevorrangs von Wind- und Sonnenstrom

Wenn der Wind nicht weht, die Sonne nicht scheint, die Nachfrage aber hoch ist, müssen konventionelle Kraftwerke in kurzer Zeit hochgefahren werden, um einen Blackout zu verhindern. Für eine verlässliche Stromerzeugung sind sie unverzichtbar. Sie werden aber zu einem großen Teil nicht ausgelastet, weil Strom aus erneuerbaren Energien vorrangig eingespeist werden muss. Es wird immer weniger lohnend, konventionelle Kraftwerke zu betreiben.

Wenn andererseits etwa an einem Sonn- oder Feiertag die Nachfrage gering ist, der Wind weht und die Sonne scheint, ist das Angebot größer als die Nachfrage. Die Netzbetreiber, die den aus erneuerbaren Energien erzeugten Strom abnehmen müssen, ihn aber nicht speichern können, müssen ihn zu jedem Preis verkaufen, verschenken oder gar ausländischen Abnehmern noch einen Preis dafür zahlen, dass sie ihn abnehmen. Im vom Bundesumweltministerium herausgegebenen Erfahrungsbericht (2011) zum Erneuerbaren-Energiegesetz (Entwurf) erfährt man, dass 2008 an der Strombörse die Möglichkeit negativer Preise eingeführt wurde. Wörtlich heißt es: „Dies ist bislang in der Welt einzigartig." Es wird berichtet, dass Preise bis zu minus 500 Euro pro Megawattstunde erreicht wurden und 2009 in zehn Stunden Preise unter minus 100 Euro pro Megawattstunde beobachtet worden sind.[17]. Weil die gelegentliche Überproduktion bei uns die Netzstabilität in den angrenzenden Ländern bedroht, haben Tschechien und Polen angekündigt, ihre Stromnetze mit Hilfe sogenannter Phasenschieber an den Grenzen zu Deutschland abzuschotten.

Die Ökostromerzeuger können dem gelassen zusehen. Ihnen ist für 20 Jahre eine bestimmte Vergütung garantiert worden. Sie erhalten in jedem Fall die ihnen vom Staat zugesagte Vergütung. Die Stromverbraucher sind die Dummen, denn sie haben die Differenz zwischen den Auszahlungen an die Ökostromproduzenten und dem am Markt erzielten Erlös zu zahlen. Wenn also ein negativer Preis erzielt wird, haben die Konsumenten nicht nur den Ökostromherstellern die gesamte Vergütung zu zahlen, die um ein Vielfaches über dem normalen Börsenpreis liegt, sondern auch noch einen Betrag in Höhe des negativen Preises. Selbst wenn der angebotene Strom gar nicht abgenommen werden kann, weil die Netzkapazitäten erschöpft sind, mussten die Stromkonzerne den Ökostromanbietern den nicht eingespeisten Strom bisher vergüten. Die deutschen Verbraucher mussten dafür 2012 schon rund 33 Millionen Euro zahlen.[18]

Das stark schwankende Ökostromangebot hat dazu geführt, dass Deutschland bei ständig wachsenden Einspeisungen von Ökostrom immer mehr Strom exportiert. 2012 wurde mehr Strom exportiert als je zuvor. Der Export war

---

17 Bundesumweltministerium (BMU), Entwurf: Erfahrungsbericht 2011 zum Erneuerbaren-Energiengesetz, S. 24

18 Jürgen Grossmann, a. a. O.

viermal so hoch wie im Vorjahr und belief sich nach Schätzungen des BDEW auf 23 Milliarden Kilowattstunden bei einem durchschnittlichen Börsenstrompreis von „traumhaft günstigen" 4,3 Cent pro Kilowattstunde.[19] Die deutschen Haushalte und Unternehmen subventionieren mit den Preisen, die sie für den Ökostrom zahlen, die Strompreise ihrer Nachbarn. Die durchschnittliche Festvergütung für Strom aus erneuerbaren Energien betrug 2013 23,86 Cent pro Kilowattstunde.[20]

In den Medien wurden die Stromexporte oft als Zeichen dafür gewertet, wie leicht man ohne den Strom aus Kernkraftwerken auskommt. Um unsere dritte Parabel aufzugreifen: Was würde man wohl sagen oder schreiben, wenn zum Beispiel Autos von Mercedes oder BMW bei Überproduktion zu einem Bruchteil der Produktionskosten ins Ausland verkauft würden und der Steuerzahler die Differenz zwischen Produktionskosten und erzieltem Preis zu zahlen hätte?

Vergütungen für Ökostrom

Die Vergütungen, die den Ökostromproduzenten gezahlt werden müssen, hängen von der Art der Stromerzeugung, dem Alter der Anlagen, der Größe der Anlagen und anderen Faktoren ab.[21] „Man kann sich des Eindrucks nicht

---

19   Ebenda

20   BDEW, a. a. O., S. 38

21   Es gibt inzwischen in dem planwirtschaftlichen Monstrum EEG mehr als 4.000 verschiedene EEG-Fördersätze

erwehren" schreibt Hans-Werner Sinn, „dass die Unterschiedlichkeit der Fördersätze letztlich nur dazu dient, den zentralplanerischen Gestaltungswillen grün denkender Politiker zu befriedigen. Irgendjemand hat sich in den Kopf gesetzt, Strom müsse nach einer bestimmten Methode produziert werden, weil es die technische Möglichkeit dazu gibt, und schon wird der Fördersatz so gewählt, dass diese Methode sich lohnt und eine entsprechende Produktion zustande kommt."[22]

In der folgenden Tabelle werden die durchschnittlichen Einspeisetarife für einige wichtige Arten regenerativer Energien dargestellt.

Durchschnittliche Einspeisetarife im Jahr 2013
in Cent je Kilowattstunde

Photovoltaik	Wind onshore	Biomasse
30,03	9,04	19,60

Quelle: BDEW S. 38

Es handelt sich bei den Zahlen in der obigen Tabelle nicht um die Einspeisetarife, die 2013 gezahlt wurden, sondern um Durchschnittswerte für den gesamten Anlagenbestand.

In der folgenden Tabelle wird angegeben, wie hoch 2013 bei den ausgewählten Energieträgern der Anteil an der Stromerzeugung aus den durch das EEG geförderten Energieträgern ist und wie hoch der Anteil an den EEG-Auszahlungen ist.

---

22   Sinn, a. a. O., S. 188

Anteil ausgewählter Energieträger an Ge-
samterzeugung und Auszahlungen

	Photovoltaik	Wind onshore	Biomasse
Anteil an der Gesamter-zeugung	26 %	41 %	25 %
Anteil an den Auszahlun-gen	53 %	17 %	26 %

Quelle BDEW S.38 und eigene Berechnungen

Während also der Anteil der Photovoltaik an der gesamten durch das EEG geförderten Strom-erzeugung nur 26 Prozent beträgt, beläuft sich der Anteil an den Auszahlungen auf mehr als 50 Prozent. Die Auszahlungen für die Photovoltaik allein betrugen 2013 die unglaubliche Summe von 10,156 Milliarden Euro! Der in der Zeit von 2000 bis 2012 erfolgte Ausbau bei der Photovoltaik, belastet nach Berechnungen von Manuel Frondel die Stromkunden mit insgesamt 108 Milliarden.[23] Dabei leistet die Photovoltaik nur den sehr bescheidenen Anteil von 4,6 Prozent an der Bruttostromerzeugung.[24]

Die von den Stromkunden zu zahlende EEG-Umlage, die 2013 5,277 ct/kwh beträgt, wird – vereinfacht gesagt – ermittelt, indem von den Vergütungszahlungen an die Anlagenbetreiber die Markterlöse abgezogen werden.[25] Im Jahr

23   Manuel Frondel, Quotenmodell statt EEG, Wirtschaftsdienst, Heft 8, August 2013, S. 8

24   BDEW, a. a. O., S. 15. Die Angaben beziehen sich auf das Jahr 2012

25   Eine ausführliche Darstellung der Ermittlung der Umlage findet man in BDEW, a. a. O., S. 30 ff.

2013 musste allerdings auch noch eine Deckungslücke aus dem Vorjahr in Höhe von 2,589 Milliarden Euro ausgeglichen werden (sogenannte Nachholung). Insgesamt mussten die Stromkunden den Betrag von 20,36 Mrd. Euro zahlen.[26] In diesem Betrag ist die sogenannte begrenzte EEG-Umlage der stromintensiven Unternehmen nicht enthalten.

In der öffentlichen Diskussion wird meist nur die von Haushalten zu zahlende Umlage erwähnt. Aber der größte Teil der EEG-Umlage wird von den Unternehmen gezahlt, wie aus der folgenden Tabelle hervorgeht.

EEG-Umlage 2013 nach Verbrauchern

Private Haushalte	7,2 Mrd.€
Industrie	6,1 Mrd.€
Gewerbe Handel Dienstl.	4,0 Mrd.€
Verkehr	0,2 Mrd.€
Landwirtschaft	0,5 Mrd.€
Öffentl.Einrichtungen	2,4 Mrd.€
Summe	20,4 Mrd.€

Quelle: BDEW, S. 44

---

26   BDEW, a. a. O., S. 30

Die Belastung der Haushalte und die Freistellung energieintensiver Unternehmen

Vor allem von den Grünen wird immer wieder der Eindruck erweckt, als ob sich die Belastung der Haushalte mit den Zahlungen für die Stromrechnung erschöpft. Die Belastung der Haushalte ist jedoch viel größer als die Ausgaben für die EEG-Umlage auf ihrer Stromrechnung. Bei allen Produkten und vielen Dienstleistungen zahlen die Käufer natürlich auch für die Stromkosten, die den Untenehmen entstehen. Wenn die Stromkosten der Unternehmen durch die EEG-Umlage steigen, werden ihre Produkte teurer, als sie es sonst wären. Wenn wir Kleidung, Fisch, Milch oder was auch immer kaufen, zahlen wir natürlich auch für die bei der Produktion oder der Verteilung angefallenen Stromkosten. Ein durchschnittlicher Supermarkt muss 2013 26.500 Euro an EEG-Umlage zahlen, für das nächste Jahr rechnet man mit 32.500 Euro.[27] All diese Kosten gehen in die Preise ein, die die Käufer zu zahlen haben. Anders gesagt: Wenn Unternehmen eine Steuer zahlen müssen, so bedeutet dies nicht, wie Sigmar Gabriel als Oppositionsführer noch anzunehmen schien, dass sie diese Steuer auch tragen.[28]

Von den vielen Milliarden, die Jahr für Jahr an die Profiteure des EEG gezahlt werden müssen, erscheint nur der kleinere Teil auf den Stromrechnungen der Haushalte. Die Grünen glauben den Unmut, der sich wegen der hohen

---

27 Händler sehen ihre Arbeitsplätze gefährdet, „FAZ Net" vom 3. September 2013

28 Das ist nicht anders als bei der Mehrwertsteuer, die ja auch nicht von den Unternehmen getragen wird, weil sie von ihnen gezahlt wird. Selbst Laien wissen meist, dass sie überwälzt wird

Stromkosten regt, nutzen zu können, in dem sie die Regierung dafür verantwortlich machen, weil diese zahlreiche Unternehmen großzügig von der EEG-Umlage befreit und so die Belastung der Haushalte erhöht. Wahr ist: Schon vor der EEG-Reform von 2014 zahlten 96 Prozent aller Industriebetriebe die volle EEG-Umlage. Begünstigt waren etwas mehr als 2.000 Betriebe. Demnächst soll im Zuge der Reform des EEG die Zahl der begünstigten Unternehmen um 400 verringert werden. Auch die sehr stromintensiven Betriebe werden nach wie vor besonders entlastet. Die begünstigten Unternehmen zahlen für die erste Gigawattstunde die EEG-Umlage in voller Höhe und für den darüber hinaus von ihnen verbrauchten Strom grundsätzlich 15 Prozent der EEG-Umlage. Diese Belastung wird jedoch auf maximal vier Prozent der Bruttowertschöpfung des jeweiligen Unternehmens begrenzt, bzw. für Unternehmen mit einer Stromkostenintensität von mindestens 20 Prozent auf maximal 0,5 Prozent.[29]

Wenn im Zuge der Reform Unternehmen, die nicht dem internationalen Wettbewerb ausgesetzt sind, nicht länger begünstigt werden, ergeben sich keineswegs die von den Grünen und der SPD suggerierten Entlastungen der privaten Haushalte. Die neu durch die Stromkosten belasteten Unternehmen werden die Kosten in den Preisen, die sie für ihre Produkte verlangen, weitergeben. Die Haushalte werden dann über die Preise der Güter, die sie kaufen, belastet. Die von den Grünen und auch der SPD geführte Diskussion soll nur die horrenden Kosten des EEG verschlei-

---

29 Bundesministerium für Wirtschaft und Technologie, EEG-Reform: Planbar. Bezahlbar. Effizient. http://www.bmwi.de/DE/Themen/Energie/Erneuerbare-Energien/eeg-reform.html

ern[30]. An den hohen Kosten ändert sich nichts, wenn man die Belastungen etwas anders verteilt. Auch Sigmar Gabriel hat wohl inzwischen als Bundeswirtschaftsminister gelernt, dass es auf der Waage nichts hilft, wenn er seinen Bauch einzieht.

Ist die Umlage verfassungswidrig?

Die Förderung der erneuerbaren Energien durch Einspeisetarife, die weit über dem Marktpreis liegen, stellt ökonomisch eine Subvention dar, die durch eine Steuer finanziert wird. Es handelt sich um eine Steuer, die nicht im Staatshaushalt erscheint. Sie wird mit der Stromrechnung eingezogen und kann vom Verbraucher nicht vermieden werden. Das Parlament bleibt außen vor.

Viele halten diese Finanzierung für verfassungswidrig. Carl Christian von Weizsäcker meint, dass die Art und Weise, wie Energien verfassungswidrig am Haushalt vorbei gefördert werden, dazu führe, dass sich bestimmte Interessengruppen durchsetzen und für ihre Klientel „elegant absahnen"[31].

---

30 Auch die Monopolkommission bedauert, dass die Debatte um die Ausnahmeregelungen derzeit oftmals dazu genutzt wird, den Gedanken einer Senkung der Kosten der Energiewende durch die Frage der Verteilung der Kosten zu überlagern." Monopolkommission, Sondergutachten 65, Energie 2013:Wettbewerb in Zeiten der Energiewende, S. 9

31 Interview mit Carl Christian von Weizsäcker, „Die Welt" vom 9. Dezember 2008

Die große Verschwendung

Im Folgenden wird davon ausgegangen, dass es das Ziel der Politik ist, einen Beitrag zur Verminderung des Klimawandels zu leisten, indem wir den CO_2 Ausstoß reduzieren.

Es soll unterstellt werden, dass die Prognosen des Weltklimarates, die anscheinend von einer überwältigenden Mehrheit der zuständigen Wissenschaftler getragen werden, im Wesentlichen zutreffend sind, so dass Bemühungen, weniger CO_2 zu emittieren, sinnvoll sind.

Angesichts der Größe der Aufgabe, den CO_2-Ausstoß in dem geplanten Umfang zu reduzieren und den horrenden Kosten, die dabei entstehen, kommt dem Ziel, dies mit möglichst geringen Kosten zu tun, überragende Bedeutung zu. Wie kann das Ziel erreicht werden?

Machen wir uns das an einem Beispiel klar. Nehmen wir an, wir haben es mit einer Anzahl Unternehmen zu tun, die CO_2 emittieren und die Auflage haben, bestimmte Mengen an CO_2 zu vermeiden. Die Kosten, eine zusätzliche Tonne CO_2 zu vermeiden, mögen von 10 Euro bis 500 Euro stark variieren. In dieser Situation entstehen offenbar unnötig hohe CO_2-Vermeidungskosten. Man kann die Kosten um 490 Euro reduzieren, ohne dass der Ausstoß von CO_2 insgesamt verändert wird, indem das Unternehmen mit Grenzvermeidungskosten von 10 Euro eine Tonne CO_2 weniger emittiert (also eine Tonne CO_2 mehr einspart) und das Unternehmen mit Grenzvermeidungskosten von 500 Euro ein Tonne mehr emittiert (also eine Tonne CO_2 weniger einspart). Solche Kosteneinsparungen sind offenbar möglich, wenn die Grenzvermeidungskosten in den Unternehmen unterschiedlich hoch sind. Anders formuliert: eine kostenoptimale Lösung bedeutet, dass die Grenzvermeidungskosten in allen Unternehmen, die den Ausstoß von CO_2 vermindern, gleich hoch sind. Man nennt dies auch das Äquimarginalprinzip.

Die Frage ist, wie dieses Ziel in der Praxis erreicht werden kann.

Wenn die Unternehmen gezwungen werden sollen, die CO_2-Emissionen zu reduzieren, liegt es nahe, ihnen entsprechende Auflagen zu machen. Eine solche Politik ist für Laien verständlich und kommt deshalb den Vorstellungen der Politiker entgegen, der Bevölkerung deutlich zu machen, dass sie als gute Menschen bestrebt sind, den Klimawandel zu bremsen. Aber selbst wenn die Politiker sich bei den Auflagen um eine kosteneffiziente Lösung bemühen, kann dies nicht gelingen. Sie müssten dann nämlich wissen, wie hoch bei alternativen Auflagen die Grenzvermeidungskosten in den Unternehmen sind. Informationen über diese Kosten haben nur die Untenehmen und selbst diese müssten meist auch erst herausfinden, wie sie die Auflagen am kostengünstigsten erfüllen können. Die Politiker wären also auf Informationen von den Unternehmen angewiesen. Da die Untenehmen aber wissen, dass von ihren Informationen die Auflagen zur Schadstoffemission abhängen, haben sie kein Interesse, die Behörden richtig zu informieren. Es ist dies das gleiche Problem, vor dem die Planer im Kommunismus standen, die auf Informationen aus den Betrieben angewiesen waren, wenn sie ihre Planauflagen festlegen wollten. Die Betriebe aber informierten falsch, denn sie kämpften für einen leichten Plan.

Die Ökonomen haben zur Lösung dieser Aufgabe schon vor hundert Jahren die Auflage einer Steuer vorgeschlagen, die man nach dem Erfinder auch Pigou-Steuer nennt.[32] Ma-

---

32   Arthur Cecil Pigou (1877-1959)

chen wir uns die Wirkungsweise klar. Nehmen wir an, alle Unternehmen, die CO_2 emittieren, müssten pro Tonne CO_2– Emission eine Steuer von 20 Euro zahlen. Alle Unternehmen bei denen die Kosten, eine Tonne CO_2 zu vermeiden, geringer sind als 20 Euro, werden dies tun und also die Steuer nicht zahlen. Sie werden CO_2 einsparen, bis ihre Grenzvermeidungskosten 20 Euro erreichen. Es lohnt sich dann für die Unternehmen nicht, die Emission stärker zu reduzieren, weil die zusätzlichen Kosten der Schadstoffreduktion höher wären als die Steuerersparnis. Wenn alle Unternehmen, die CO_2 emittieren, eine Steuer von 20 Euro zahlen, wird jedes einzelne Unternehmen die Bedingung Grenzkosten der Emissionsreduktion gleich Steuersatz erfüllen. Im Ergebnis ist die von uns abgeleitete Bedingung für eine kostenminimale Lösung, dass die Grenzkosten der Schadstoffreduktion in allen Unternehmen gleich sind, erfüllt.

Die Steuerlösung hat den Nachteil, dass man bei Auflage der Steuer nicht weiß, in welchem Maße infolge der Steuer die Schadstoffemissionen reduziert werden. Eine Alternative besteht darin, dass Emissionszertifikate ausgegeben werden. Die Menge an Schadstoffen, die emittiert werden dürfen, der sogenannte „Cap", ist durch die Anzahl der Zertifikate, die eine Umweltbehörde ausgibt, unmittelbar fixiert. Die Unternehmen dürfen nur CO_2 emittieren, wenn sie im Besitz eines Zertifikats sind. Die Unternehmen, die Emissionszertifikate kaufen, erwerben sozusagen das Recht, die Luft verschmutzen zu dürfen, damit Bertold Brechts Satz aus seinem Drama „Die Heilige Johanna der Schlachthöfe": „Unaufhaltsam ist der Aufstieg dieses Ungetüms, ihm wird Natur zur Ware, selbst die Luft verkäuflich", wahr wird. Die Zertifikate werden am Markt gehandelt. Es bildet sich ein Preis. Die Unternehmen werden solange die Schadstoffemission reduzieren, wie die Grenzkosten der Emissionsvermeidung geringer sind als der Preis des Zertifikats. Nur wenn Grenzvermeidungskosten höher sind als der Preis, kaufen sie Zertifikate. Als Ergebnis sind die Grenzkosten der Schadstoffvermeidung wie bei der Steuerlösung in allen Unternehmen, die die Emission von Schadstoffen reduzieren, gleich. Die kostenminimale Lösung wird realisiert. Dies ist unabhängig davon, ob die Zertifikate unentgeltlich ausgegeben werden oder gegen einen Preis verkauft oder versteigert werden. Anders als bei der Steuerlösung kennt man nicht den Preis, der sich am Markt bilden wird, wenn der Cap festgelegt wird.

Die EU hat sich von dieser Einsicht leiten lassen, als sie 2003 beschloss, ein System für den Handel mit Emissionsrechten – EU-ETS für CO_2 und einige andere gleichartige Treibhausgase zu etablieren. Das Zertifikatsystem, das 2005 in Kraft trat, begrenzt die Menge an CO_2, die emittiert werden kann. Erfasst werden die Energieerzeuger und die energieintensiven Branchen wie die Kraftwerke, Raffinerien, Stahlwerke und viele andere. In Deutschland werden etwa 50 Prozent der CO_2-Emissionen vom Handel mit Zertifikaten erfasst. Jedes Unternehmen darf nur die Mengen an CO_2 emittieren, für die es Zertifikate zugeteilt oder am Markt erworben hat. Der Verkehr und die privaten Haushalte werden nicht durch das Emissionssystem erfasst.

Mit der am 23. April 2009 von der EU beschlossenen dritten Handelsphase gibt die Europäische Kommission eine EU-weite Gesamtobergrenze – den sogenannten Cap – für CO_2-Emissionen vor, die im Jahr 2013 auf 1,97 Mrd. Tonnen CO_2 festgesetzt wurde Die Menge wird danach jährlich bis 2020 um 1,74 Prozent gesenkt.

Wenn man sich klar gemacht hat, wie eine kostenminimale Lösung aussieht, kann man erkennen, in welch gigantischem Maße unser Geld durch das EEG verschwendet wird. Wenn man für einige ausgewählte Eneuerbare-Energie-Anlagen die CO_2-Vermeidungskosten betrachtet, ergibt sich ein erschreckendes Bild.

CO_2-Vermeidungskosten im EEG[33]

Windenergie Onshore	54,0 Euro
Windenergie Offshore	119,6 Euro
Biomasse	136,1 Euro
Photovoltaik	345,9 Euro
EEG insgesamt	136,5 Euro

Quelle:Hubertus Bardt, Juth Niehues, Holger Techert,
Die Förderung erneuerbarer Energien in Deutschland. S. 19

Die Kosten, eine Tonne CO_2 zu vermeiden, waren in der Photovoltaik 2011 mehr als fünfmal so hoch wie bei der Windenergie Onshore. Sie betragen bei allen Erneuerbare-Energie-Anlagen ein Vielfaches von dem, was im Emissionshandel je für ein Emissionszertifikat gezahlt werden musste. Der Leser wird sich vielleicht an die erste Parabel aus der Einleitung zu diesem Kapitel erinnern. Wenn es im Rahmen des europaweiten Emissionshandels möglich ist, eine Tonne CO_2 zu einem Preis von 10 Euro zu vermeiden und 345 Euro gezahlt werden müssen, um eine Tonne CO_2 mit Hilfe der Photovoltaik einzusparen, sollte man eigentlich darüber nachdenken, wie die exorbitante Verschwendung vermieden werden kann. Das geschieht aber nicht.

---

[33] Die Zahlen in der Tabelle beziehen sich auf die im Jahre 2011 bestehenden Anlagen

Nun mag man einwenden, dass der sich zuletzt bildende Preis für Emissionszertifikate anomal niedrig ist. Carl Christian von Weizsäcker hat geschätzt, dass man bei einem Preis von 30 Euro, der weltweit für die Emission einer Tonne Kohlendioxid gezahlt wird, das Ziel erreicht, die Temperatur nicht um mehr als zwei Grad ansteigen zu lassen. Auch bei dieser Überlegung wird klar, wie groß die Verschwendung ist, die uns das EEG beschert.[34] Die Regierung der USA hat die sozialen Kosten, die durch die Emission einer Tonne CO_2 im Jahr 2015 entstehen, auf 25 Dollar geschätzt.[35]

Das ist aber noch nicht alles.

Die traurige und viele Laien wohl verblüffende Wahrheit ist nun, dass mit all unseren Wind- und Solaranlagen, für die wir viele Hunderte von Milliarden Euro ausgeben, nicht eine einzige Tonne CO_2 eingespart wird, obwohl dies doch das eigentliche Ziel der teuren Förderung der regenerativen Energien ist! Ja, auch wenn wir auf Grund der Bevormundungssucht grüner Politiker bei uns und in der EU zum Beispiel alle unsere gewohnten Glühlampen durch scheußliche Energiesparlampen ersetzen, sparen wir nicht ein einziges Gramm CO_2.

Wie kann das sein? Wenn wir Strom mit Windkraft oder mit Sonnenenergie erzeugen, anstatt mit einem Kohlekraftwerk, so wird zweifellos unmittelbar der CO_2-Ausstoß re-

---

34   Interview mit Carl Christian von Weizsäcker, „Die Welt" vom 9. Dezember 2008

35   William Nordhaus, The Climate Casino, Risk, Uncertainty and economics for a Warming World. Yale University Press, New Haven, 2013, S. 228

duziert. In der deutschen Stromerzeugung werden deshalb weniger Emissionszertifikate benötigt. Es werden bei uns weniger Zertifikate für die Stromerzeugung nachgefragt. Die nicht benötigten Zertifikate werden auf dem Markt angeboten, der Preis der Emissionszertifikate sinkt. Alle anderen europäischen Unternehmen wie auch unsere eigenen Raffinerien und Stahlwerke brauchen weniger Anstrengungen zu unternehmen, die CO_2-Emissionen zu reduzieren. Es wird etwa in Polen lohnend, weniger für die Modernisierung der Kohlekraftwerke auszugeben. Die Gesamtmenge an CO_2-Emissionen ändert sich durch zusätzliche deutsche Windkraftwerke oder Solaranlagen nicht. Für den Ausstoß an Treibhausgasen ist die verbindliche Obergrenze durch den Cap bestimmt! Es kommt nicht zu einer Reduktion, sondern nur zu einer Verlagerung der Emissionen. Oder: Wenn wir unsere Glühlampen durch Energiesparlampen ersetzen und für die Staubsauger niedrigere Wattzahlen vorschreiben, wird weniger Strom verbraucht. Es wird weniger Strom produziert und es werden weniger Zertifikate benötigt. Nicht benötigte Zertifikate werden verkauft. Die CO_2-Emission findet an anderer Stelle statt.[36]

---

36 Die hier skizzierte ökonomische Einsicht wurde schon sehr früh, nämlich im Jahre 2004, vom wissenschaftlichen Beirat beim Bundeswirtschaftsministerium eindeutig formuliert. Siehe: Wissenschaftlicher Beirat beim Bundesministerium für Wirtschaft und Technologie, Zur Förderung erneuerbarer Energien, Berlin 2004, vor allem S. 6-9. Siehe auch: Sinn, a. a. O., S. 188ff. und Joachim Weimann, Die Klimapolitikkatastrophe, Marburg 2008, S. 49 ff. sowie Sachverständigenrat zur Begutachtung der gesamtwirtschaftlichen Entwicklung, Jahresgutachten 2011/12, Verantwortung für Europa wahrnehmen, hier das sechste Kapitel, Energiepolitik: Erfolgreiche Energiewende nur im Europäischen Kontext, S. 247 ff. Siehe auch: Intergovernmental Panel on Climate Change (IPCC) WGIIIAR5, Final Draft, Summary for Policymakers, S. 32

Wenn über das EEG Hunderte von Milliarden in den Sand gesetzt werden, handelt es sich um die größte Verschwendung und die dreisteste Klientelpolitik, die es in der Bundesrepublik je gegeben hat. Bei dem Berliner Flughafen und der Elbphilharmonie geht es im Vergleich mit der Vergeudung durch das EEG um lächerliche Beträge, die nicht der Erwähnung wert sind!

Rechtfertigungsversuche für das EEG

Gegen die These, dass alle Windkraftanlagen und alle Photovoltaikanlagen zu keinerlei Einsparungen führen, weil im Rahmen des Europäischen Emissionshandelssystem (EU-ETS) die Obergrenze durch den Cap verbindlich festgelegt ist, wird gelegentlich eingewandt, dass der geplante Ausbau der Anlagen der erneuerbaren Energien bei der Bestimmung des Cap berücksichtigt werden könne oder bereits berücksichtigt wurde. Das ist nicht besonders einleuchtend. Aus den Veröffentlichungen des Bundesverbandes Solarwirtschaft ersieht man, dass 2011 durch alle Solaranlagen in der Bundesrepublik 12,8 Millionen CO_2 „eingespart" wurden. Für den Cap von 2013 bis 2020 wird für das erste Jahr der dritten Handelsperiode als Obergrenze für die Emissionen eine Menge von 1,97 Mrd. Tonnen CO_2 festgesetzt.[37] Die 12,8 Millionen sind gerade etwas mehr als ein halbes Prozent

---

37 Diese Obergrenze für die Emissionen soll bis 2020 um 21 Prozent gegenüber dem Stand von 2005 sinken. Dazu soll der Cap in jedem Jahr der Handelsperiode um 1,74 Prozent abgesenkt werden. Angaben nach: Sachverständigenrat zur Begutachtung der gesamtwirtschaftlichen Entwicklung, Jahresgutachten 2011/12, S. 246

der durch den Cap festgesetzten Menge. Dass man sich bei der Festsetzung des Cap durch die sogenannten Einsparungen bei uns beeinflussen lässt, ist kaum glaubhaft. In diesem Zusammenhang ist auch interessant, dass der Ausbau bei den Photovoltaikanlagen in der Vergangenheit in groteskem Maße unterschätzt wurde. 2007 schätzte man, dass im Jahr 2008 die installierte Leistung der Photovoltaik-Anlagen um 600 MW zunehmen würde. Tatsächlich erhöhte sie sich um fast 3.000 MW und in den folgenden Jahren 2009 um 3.800 MW, 2010 um 7300 MW und 2011 um 7.500 MW.[38] Der Sachverständigenrat kommentiert das in seinem Jahresgutachten 2012/13 spöttisch mit den folgenden Worten: „Diese Diskrepanz zwischen den Erwartungen und dem tatsächlichen Zubau unterstreichen deutlich, wie fragwürdig das vereinzelt vorgebrachte Argument ist, der künftige Ausbau der erneuerbaren Energien sei beim Zuschnitt des EU-ETS bereits berücksichtigt worden, sodass das EEG auf diese indirekte Weise akute Klimawirkungen entfaltet hätte (BMU, 2009). Beides geht nicht, alles schon einzuplanen und gleichzeitig von den Entwicklungen überrascht zu werden."[39] Vor allem aber dürfte gerade die große Belastung der deutschen Industrie durch die regenerativen Energien auch verantwortungsvolle Politiker zögern lassen, Maßnahmen zuzustimmen, die etwa durch eine Reduzierung des Cap die Unternehmen in Deutschland noch stärker belasten.

Wenn man dennoch unterstellt, dass Deutschland wegen des geplanten Ausbaus der erneuerbaren Energien weniger

---

38 Zahlen nach Sachverständigenrat zur Begutachtung der gesamtwirtschaftlichen Entwicklung, Jahresgutachten 2012/13, S. 274

39 Sachverständigenrat zur Begutachtung der gesamtwirtschaftlichen Entwicklung, Jahresgutachten 2012/13, S. 275

Emissionszertifikate erhielt und es darüber hinaus zu verhindern wusste, dass andere Länder entsprechend mehr erhielten, der Cap also wegen der deutschen Anstrengungen reduziert wurde, so wäre der Cap dann, wie Hans-Werner Sinn schreibt, allerdings nicht wegen der Förderung der erneuerbaren Energien reduziert worden, sondern allein durch die Reduktion des Zertifikatevolumens auf deutsche Kosten.[40] Wenn Zertifikate in der Menge, in der das Volumen reduziert wurde, gekauft und vernichtet worden wären, wäre das gleiche Ergebnis erreicht worden. Es hätte uns aber viele hundert Milliarden Euro erspart!

Die Anhänger des EEG erklären immer wieder, die erneuerbaren Energien seien ein Jobmotor. Sie reden vom grünen Beschäftigungswunder. Man behauptet, es würden hunderttausende von Arbeitsplätzen durch die Förderung der regenerativen Energien geschaffen. Dabei weist man auf Unersuchungen hin, in denen allerdings nichts anders getan wird, als die Arbeitsplätze in der Windkraftindustrie, der Photovoltaik und der Biomasse zu addieren.

Es ist für Ökonomen verblüffend, wenn auf diese Weise die Beschäftigungswirkungen der Ökostromförderung bestimmt werden. Wenn dekretiert würde, statt Kraut Rüben anzubauen, könnte man natürlich auch ein kleines Beschäftigungswunder konstatieren. Wegen der Maßnahmen wären mehr Menschen im Rübenanbau beschäftigt als zuvor. Die Arbeitsplatzverluste im Anbau von Kraut fallen bei dieser Bruttorechnung unter den Tisch. Oder nehmen wir an, nach einem phänomenalen Erfolg bei den Wahlen wären die Grünen in der Lage, ihren Hass auf Autos in Gesetze einzubringen, die es nur noch der Polizei, Ärzten und der Bundeswehr erlauben,

---

40 Sinn, a. a. O., S. 191 f.

Auto zu fahren. Die Produktion von Fahrrädern wird subventioniert. Man könnte auch hier ein Beschäftigungswunder bei der Produktion von Fahrrädern konstatieren. Hunderttausende, die ihren Arbeitsplatz in der Autoproduktion und bei den Zulieferern verlieren, zählen bei diesem grünen Beschäftigungswunder wieder nicht. Anders gesagt: wer ständig die Bruttozahlen der Beschäftigten in der Ökostromindustrie als Beweis für gesamtwirtschaftlich positive Beschäftigungswirkungen anführt, ist entweder selbst ein ökonomischer Narr oder er will die Bevölkerung für dumm verkaufen.

Aber selbst bei der Bestimmung dieser Bruttobeschäftigungszahlen geht man oft erstaunlich forsch zu Sache. Man erfasst meist nicht nur die unmittelbar im produzierenden Gewerbe Beschäftigten, sondern zählt auch alle möglichen Dienstleister, Zulieferer und Handwerker mit, also auch den Heizungsinstallateur, wenn er gelegentlich Sonnenkollektoren auf dem Dach anbringt. Nach Angaben des Statistischen Bundesamtes, auf die sich die „Frankfurter Allgemeine Zeitung" beruft, gab es in der ersten Hälfte des Jahres 2013 lediglich noch 5.828 Beschäftigte in der Herstellung von Solarzellen und Solarmodulen und 690 in der Produktion von Solarwärmekollektoren.[41] Der Bundesverband der Solarwirtschaft rechnet aber großzügig die in der Wertschöpfungskette arbeitenden Handwerker, Zulieferer, Großhändler und Projektiere hinzu und schätzt, dass in Deutschland damit 2012 noch 100.000 Arbeitsplätze in der Photovoltaik „geschaffen und gesichert" werden.[42] Vergleicht man die Be-

---

41 „Frankfurter Allgemeine Zeitung" vom 19. September 2013

42 Ebenda. Insgesamt waren nach Angaben des Instituts der Deutschen Wirtschaft 2010 lediglich 53000 Personen mit dem Betreiben und der Wartung der Anlagen beschäftigt, die Strom aus erneuerbaren Energien erzeugen.

schäftigtenzahlen mit den Beträgen, die 2012 als EEG-Umlage allein an die Betreiber von Photovoltaik-Anlagen gezahlt werden mussten, ergibt sich ein erschreckendes Bild: Von den insgesamt 20,4 Milliarden, die die Verbraucher für die EEG-Umlage 2013 zahlen mussten, entfielen 53 Prozent, also fast 11 Milliarden Euro, an die Betreiber von Photovoltaikanlagen. Auf jeden der insgesamt 6.518 in der Herstellung von Solarzellen und Solarmodulen und von Solarwärmekollektoren Beschäftigten entfiel also ein Betrag von rund 1,7 Millionen Euro!

Die eigentliche Frage bei diesen Beschäftigtenzahlen ist jedoch, ob die Arbeitsplätze zusätzlich entstehen oder ob nicht vielmehr Arbeitsplätze an anderer Stelle wegen der Förderung der erneuerbaren Energien verschwinden. Die Zahlen, die immer wieder präsentiert werden, sagen – anders als suggeriert wird – nicht aus, dass es auch einen Nettozuwachs an Beschäftigung bei uns gibt. Man muss den Bruttobeschäftigtenzahlen die Zahl der Arbeitsplätze gegenüberstellen, die wegen der Förderung der neuen Energien an anderer Stelle der Volkswirtschaft verlorengehen. Das ist ein weites Feld. Wenn es sich bei den Arbeitskräften um qualifizierte Techniker oder Ingenieure handelt, die überall dringend gesucht werden, bedeutet ihre Beschäftigung nur, dass der Arbeitsplatz von einer nicht subventionierten Branche zur subventionierten Ökobranche wandert. Ein Arbeitsplatzgewinn ist damit nicht verbunden. Wenn infolge der Förderung der erneuerbaren Energien konventionelle Stromerzeuger verdrängt werden, gehen dort und auch in vorgelagerten Branchen wie dem Kraftwerksbau Arbeitsplätze verloren. Nach einem Bericht der „Frankfurter Allgemeinen Zeitung" vom 14. November 2013 sollen bis 2016 bei dem Energiekonzern RWE 6.750 Stellen wegfallen. Von

2011 bis Ende 2013 hat RWE bereits 6.200 Stellen abgebaut oder durch Verkauf abgegeben.[43]

Solange die Verluste infolge des EEG, wie man glaubte, nur Konzerne wie RWE und EON betraf, schienen viele das sogar mit Genugtuung zur Kenntnis zu nehmen. Doch es trifft auch die Stadtwerke.[44] Das hat dann sogar einen SPD-Minister auf den Plan gerufen. Nordrhein-Westfalens Wirtschaftsminister Garrelt Duin (SPD) erklärte, für viele der Kommunen in finanziell schwieriger Lage seien dramatische Folgen zu befürchten, weil zu den wirtschaftlichen Problemen vieler Stadtwerke die des Energiekonzerns RWE kämen, an dem viele Kommunen beteiligt seien. „Wenn dort die Verluste von den Kraftwerken reinregnen und die Städte Wertberichtigungen vornehmen müssen, dann wird das eine Katastrophe. Da schließt dann auch noch das letzte Hallenbad, weil die Kraftwerke so hohe Verluste produzieren", sagte der Minister.[45]

Bedeutsamer als die Verluste bei den konventionellen Kraftwerken sind die Arbeitsplatzverluste, die entstehen, weil Haushalte und Industrie durch höhere Strompreise belastet werden. Schon in der Vergangenheit hat man in einigen Studien versucht, den Nettoeffekt der Erneuerbaren Energien auf die Beschäftigung zu ermitteln. Man kam zu dem Ergebnis, dass langfristig mit negativen Beschäftigungseffekten zu

---

43 http://www.faz.net/aktuell/wirtschaft/unternehmen/verluste-mit-kraft-werken-rwe-streicht-4700-stellen-in-deutschland-12663668.html

44 „Spiegel Online" vom 10. Juli 2013, Stadtwerke beklagen Verluste bei konventionellen Kraftwerken, ww.spiegel.de/wirtschaft/soziales/stadtwerke-bund-beklagt-verluste-bei-konventionellen-kraftwerken-a-910427.html

45 Zitiert nach: „Frankfurter Allgemeine Zeitung" vom 21. Oktober 2013. Der Minister forderte staatliche Subventionen bis zu sechs Milliarden Euro im Jahr für die Betreiber fossiler Kraftwerke. Sie sollten dafür belohnt werden, dass sie Kraftwerke als Reserve vorhalten

rechn en ist.[46] In einer Studie von Gabriel Calzada Álvarez und anderen kommen die Autoren zu dem Ergebnis, dass für jeden im Bereich der erneuerbaren Energien entstandenem Arbeitsplatz 2,2 Arbeitsplätze im privaten Sektor vernichtet werden.[47]

Lediglich eine im Auftrag des Bundesumweltministeriums verfasste Studie errechnete in den meisten Varianten positive Nettoeffekte, weil völlig unrealistische Annahmen über die Höhe und Wachstum der deutschen Exporte der Windanlagenhersteller und der Photovoltaikindustrie gemacht wurden. In einer optimistischen Variante wurde unterstellt, dass sich die Exporte bis 2020 verfünffachen![48] Das ist durch die Erfahrungen inzwischen widerlegt. Nicht zuletzt der Zusammenbruch der deutschen Photovoltaikindustrie hat aus dem Gutachten Makulatur gemacht.

Inzwischen haben die Stromkosten eine Höhe erreicht, die die Wettbewerbsfähigkeit des Standorts Deutschland ge-

---

46 Siehe dazu: Wolfgang Pfaffenberger, Khanh Nguyen, Jürgen Gabriel, Ermittlung der Arbeitsplätze und Beschäftigungswirkungen im Bereich Eneuerbarer Energien, 2003. Steffen Hentrich, Jürgen Wiemers, Joachim Ragnitz, Beschäftigungseffekte durch den Ausbau Erneurbarer Energien, Institut für Wirtschaftsforschung Halle, Sonderheft. Ulrich Fahl, Robert Küster, Ingo Ellersdorfer, Energiewirtschaftliche Tagesfragen, Band 55, Heft 7, S. 476-481. Robert Michaels, Robert P. Murphy, Green Jobs: Fact or Fiction? Institute for Energy Research, 2009. http://www.institutefo-renergyresearch.org/wp-content/uploads/2009/01/IER%20Study%20-%20Green%20Jobs.pdf.

47 Gabriel Calzada Álvarez u. a., Study of the effects on employment of public aid to renewable energy sources, 2009. http://www.juandemariana.org/pdf/090327-employment-public-aid-renewable.pdf

48 Bundesministerium für Umwelt, Naturschutz und Reaktorsicherheit, Erneuerbar beschäftigt! Kurz- und langfristige Arbeitsplatzwirkungen des Ausbaus der erneuerbaren Energien in Deutschland, Berlin 2010

fährden. Die deutsche Industrie musste für die Megawattstunde Strom 2012 rund 45,5 Prozent mehr zahlen als 2007. In den USA stiegen die Strompreise im gleichen Zeitraum nur um 4,8 Prozent.[49] Die Nettoinvestitionen in der stromintensiven Industrie sind seit Jahren negativ. Die ausländischen Direktinvestitionen sind 2012 eingebrochen und zwar von 49 Milliarden 2011 auf nur noch 6,5 Milliarden Dollar 2012.[50] Nach einer Umfrage der Camelot Management Consultants planen ein Drittel von 300 befragten Chemieunternehmen wegen der hohen Energiekosten einen Stellenabbau und es steigt die Bereitschaft, die Produktion ins Ausland zu verlagern.[51] Kurt Bock, der Vorstandsvorsitzende der BASF weist in einem Artikel in der „Frankfurter Allgemeinen Zeitung" darauf hin, dass bei einzelnen Produkten Energie bis zu 60 Prozent der Herstellungskosten ausmacht. „Gerade diese energieintensiven Basischemikalien stehen am Anfang ganzer Wertschöpfungsketten. Wenn es nicht mehr möglich ist, diese Ausgangsstoffe in Deutschland wettbewerbsfähig zu produzieren, laufen wir Gefahr, dass langfristig ganze Wertschöpfungsketten abwandern – eine schleichende Deindustrialisierung wäre die Folge."[52] In einem ungewöhnlichen Schritt haben sich die Industriegewerkschaften Metall und Bergbau, Chemie, Energie sowie die Bundesverbände der Industrie (BDI) und der Arbeitgeber (BDA) in einem Appell an die Öffentlichkeit gewandt und gefordert, das Sys-

---

49 Institut der deutschen Wirtschaft, iwd vom 24. Oktober 2013

50 http://www.lvz-online.de/nachrichten/wirtschaft-nachrichten/auslaendische-investitionen-in-deutschland-ruecklaeufig/r-wirtschaft-nachrichten-b-348009.htm

51 Pressemiteilung der Camelot Management Consultants vom 7. November 2013

52 „Frankfurter Allgemeine Zeitung" vom 23. September 2013

tem der Ökostromförderung zu ändern.[53] Die Behauptung, es würden durch die erneuerbaren Energien auch netto Arbeitsplätze geschaffen, ist allenfalls noch eine Lachnummer.

Man hat schließlich die Förderung erneuerbarer Energien auch mit dem Argument zu rechtfertigen versucht, man werde so von den Importen aus dem Ausland unabhängiger. Die horrenden und sinnlosen Subventionen für den deutschen Steinkohlebergbau sind so jahrzehntelang gerechtfertigt worden. Es ist schon verblüffend, wenn ein Land, das seinen Wohlstand dem internationalen Handel verdankt, Autarkie auf dem Energiemarkt als Ziel ausgibt. Es ist in diesem Zusammenhang zu bedenken, dass wir bei den hohen Außenhandelsüberschüssen, die Jahr für Jahr erzielt werden, keine Probleme haben, die Einfuhren zu bezahlen. Manche mögen vielleicht befürchten, dass jene Länder, die uns Öl und Gas liefern, irgendwann auf die Idee kommen, uns den Hahn zuzudrehen. Die Ausfuhrländer müssten sich nur einig sein. Doch diese Länder haben ein eigenes Interesse, uns zu beliefern. Sie leben davon. Vor allem gibt es eine immer größer werdende Anzahl von Lieferländern. Brasilien ist gerade dabei, in die Phalanx der Ölgroßmächte vorzustoßen. Wird die Produktion voll aufgenommen, wäre Brasilien unter den Erdölförderländern die Nummer sechs. Unter den zehn wichtigsten Erdölförderländern wären nur noch vier OPEC-Länder.[54] Als Folge der Schiefergasrevolution in den USA sind diese zum größten Energieproduzenten der Welt geworden und haben vermutlich schon heute Russland, den bisherigen Weltmarktführer in der Produk-

---

53   „Frankfurter Allgemeine Zeitung" vom 24. Oktober 2013.

54   „Frankfurter Allgemeine Zeitung" vom 23. Oktober 2013.

tion von Erdöl und Gas, überrundet.[55] Autarkie als Ziel, um den Irrsinn der Förderung der erneuerbaren Energien zu rechtfertigen, leuchtet nicht ein.

Wenn hinter der Forderung nach Autarkie für den Energiemarkt die Sorge um Versorgungssicherheit steht, sollte man daran denken, dass wegen des Ausbaus der erneuerbaren Energien unsere Stromnetze anfälliger für Störfälle geworden sind. Die vier deutschen Stromnetzbetreiber müssen immer öfter eingreifen, um die Energieversorgung zu sichern. Das Risiko für Kettenreaktionen, die große Teile des gesamten Netzes stilllegen, steigt als Konsequenz der Energiewende. Das räumen selbst offizielle Stellen wie das „Bundesamt für Bevölkerungsschutz und Katastrophenhilfe" ein. Der Schaden wäre bei einem großflächigen länger andauernden Stromausfall immens.[56] Die Wahrscheinlichkeit eines totalen Blackouts ist gewachsen.

Die Förderung Erneuerbarer Energien bei uns und in der EU wird auch mit dem Argument gerechtfertigt, es solle damit ein gutes Beispiel gegeben werden, dem andere folgen werden. Der Wissenschaftliche Beirat beim Bundesministerium der Finanzen hat sich in einem Gutachten sehr detail-

---

55 U. S. Is Overtaking Russia as Largest Oil-and-Gas Produce, "Wall Street Journal" vom 2. Oktober 2013, http://online.wsj.com/news/articles/SB10001424052702303492504579111360245276476

56 Im Haus ist es dunkel, auf der Straße fallen die Ampeln und Straßenbeleuchtung aus. Arztpraxen, Schulen, Universitäten und die meisten Unternehmen müssen schließen. Die Wasserversorgung bricht nach wenigen Stunden zusammen, weil die elektrischen Pumpen ausfallen, die das Wasser durch die Leitungen jagen. Klimaanlagen und Fernheizungen fallen aus, Züge und Straßenbahnen fahren nicht mehr. An den Bankautomaten gibt es kein Geld mehr, im Supermarkt funktionieren die Kassen nicht, die Kühlung und Beleuchtung fallen aus.

liert mit dieser These auseinandergesetzt.[57] Die Studie kann hier nicht im Detail referiert werden. Es möge genügen, einige Absätze aus der Zusammenfassung zu zitieren:

„Anstrengungen einzelner Länder, durch eine Vorreiterrolle in der Klimapolitik und hohe selbst gesetzte Emissionsminderungsziele die Klimapolitik zu beeinflussen, können dazu führen, dass andere Länder in ihren klimapolitischen Anstrengungen nachlassen, statt diese zu erhöhen. Eine klimapolitische Vorreiterrolle führt deshalb in der Regel zu hohen Kosten in dem Vorreiterland, ohne dass eine entscheidende Verbesserung des Weltklimas sichergestellt werden kann."

„Besondere Anstrengungen und Vorreiterinitiativen einzelner Länder verbessern auch nicht notwendigerweise die Ausgangssituation für eine weltweite Klimavereinbarung, sondern können das Zustandekommen einer solchen gefährden. Die Verringerung des verbleibenden Vorteils aus weltweiten Klimavereinbarungen macht das Zustandekommen einer solchen Lösung unwahrscheinlicher"[58].

Man hat auch erklärt, die Förderung erneuerbarer Energien sei sinnvoll, weil mit kontinuierlich steigenden Preisen für Öl und Gas zu rechnen sei, so dass irgendwann die Investitionen sich als rentabel erweisen können. Nun spricht generell nichts dafür, dass Beamte und Politiker besondere Fähigkeiten bei der Vorhersage zukünftiger Preise haben. Angesichts der gerade beginnenden Revolutionierung der Energiemärkte durch Fracking steht die Annahme ständig steigender Preise mehr denn je auf wackligen Füßen. Der

---

57 Gutachten des Wissenschaftlichen Beirats beim Bundesministerium der Finanzen, Finanzpolitik zwischen Emissionsvermeidung und Anpassung, Berlin, Januar 2010

58 Ebenda, S. 31

dramatische Verfall des Ölpreises hat uns gezeigt, in welchem Maße die grünen Prognostikern geirrt haben. Wenn steigende Preise erwartet werden, wird auch nicht dargelegt, wie stark und wann die Preise für Rohöl und Gas steigen müssten, damit die heutigen Investitionen in Windkraft- oder Photovoltaikanlagen sich als lohnend erweisen könnten. Im übrigen: Wenn in der Zukunft Investitionen in Anlagen der erneuerbaren Energien wegen gestiegener Öl- oder Gaspreise lohnend sind oder sich wegen der Erwartung steigender Preise als lohnend erweisen, brauchen sie nicht staatlich gefördert zu werden, weil private Investoren nicht zögern werden, die Chancen zu ergreifen.

Die Förderung erneuerbarer Energien wird auch als erfolgversprechende industriepolitische Maßnahme begründet. Erst durch staatliche Förderung werden neue Technologien, die langfristig rentabel zu sein versprechen, in erwünschtem Maße erprobt. Für das einzelne Unternehmen mögen sich die notwendigen Investitionen nicht lohnen, weil es befürchten muss, dass Nachahmer auf den Plan treten und ihn um die Früchte seine Anstrengungen bringen. Dabei wird vor allem auf sogenannte Lernkurveneffekte hingewiesen. Darunter versteht man die Erscheinung, dass die Produktionskosten mit wachsender Produktionsmenge sinken. Das ist eine Erscheinung, die gerade bei jungen Produkten beobachtet wird.[59]

Man kann dem wissenschaftlichen Beirat beim Bundesministerium für Wirtschaft nur zustimmen, wenn er schreibt: „Es gibt zudem wenig Anlass für die Annahme,

---

59   Tatsächlich ist die Lernkurve ein überall auftretendes Phänomen. Es ist offensichtlich unsinnig, die Forderung aufzustellen, dass der Staat alle möglichen jungen Produkte durch Subventionen fördern sollte

dass Lernkurveneffekte bei den erneuerbaren Energien voraussetzen, dass ein ganzes Land gewissermaßen als Versuchslabor mit großen Mengen von zunächst relativ ineffizienten Technologien überzogen werden müsste."[60]

Es ist sicher richtig, Forschung und Entwicklung im Bereich CO_2-freier oder CO_2-vermeidender Energietechnik zu fördern. Unsere Förderung kam aber vor allem chinesischen Unternehmen zugute, die bei uns keine Gewerbesteuer zahlen. Die Förderung krankt daran, dass nicht die Forschung finanziert wird, sondern dass eine Vorauswahl von Technologien getroffen wird, die in den Genuss horrender Subventionen kommen. Dabei zeigte sich, dass in den subventionierten Bereichen wie der Photovoltaik und der Windkraft der Anteil der Ausgaben für Forschung und Entwicklung erstaunlich gering ist.

Man hat erwartet, dass sich als Folge der industriepolitischen Maßnahmen zur Förderung erneuerbarer Energien die subventionierten Unternehmen zu Weltmarktführern entwickeln und die Exporte der geförderten Unternehmen einen wachsenden Anteil an den global expandierenden Weltmärkten erringen.

Inzwischen hat man 13 Jahre Erfahrung mit dieser Variante grüner Industriepolitik gemacht. Hat die grüne Industriepolitik zu dem erwarteten Erfolg geführt, der die Skeptiker –also vor allem die Ökonomen –endgültig eines Besseren belehrt hat? Die Antwort lautet: Die Industriepolitik endete in einem Desaster, was jedenfalls für die am weitaus stärksten geförderte Photovoltaik gilt. "Deutschlands So-

---

60 Gutachten des Wissenschaftlichen Beirats beim Bundesministerium für Wirtschaft und Technologie, Wege zu einer wirksamen Klimapolitik, Berlin 2012, S. 15

larbranche löst sich auf", kann man schon seit einigen Jahren als Schlagzeile in den Zeitungen immer wieder lesen. Tatsächlich ist das Tempo, in dem die Branche verfällt, atemberaubend. Man wird es kaum als Erfolg der grünen Industriepolitik ansehen können, wenn heute kein einziges deutsches Unternehmen mehr zu den 20 größten Solarfirmen der Welt zählt. Auch bei den Herstellern von Windkraftanlagen werden die ersten Pleiten gemeldet. Der bekannte Hersteller Prokon ist seit Mai 2014 insolvent.

Was die Verschwendung bedeutet.

Im Jahr 2013 mussten insgesamt 20,4 Milliarden für die EEG-Umlage bezahlt werden. Die Umlage soll 2014 auf 23,6 Milliarden Euro steigen. Bei weiterem Ausbau der erneuerbaren Energien wird der für den Ökostrom von den Stromverbrauchern zu zahlende Betrag weiter steigen. Für den Netzausbau werden nach Angaben von Professor Haucap allein für die geplanten Offshore-Trassen 22 Milliarden veranschlagt, die Ausgaben für die geplanten Nord-Süd-Trassen kommen noch dazu.[61] Um die wachsenden Mengen dezentral erzeugten Ökostroms an die großen Netzknotenpunkte zu transportieren, sind nach einem Gutachten für das Bundeswirtschaftsministerium Investitionen von 23 bis 49 Milliarden Euro erforderlich.[62] Teuer wird es auch, wenn größere Mengen von Offshore-Strom eingespeist werden.

---

61 „Frankfurter Allgemeine Zeitung" vom 17. Juli 2013. Professor Haucap war von 2008 bis 2012 Vorsitzender der Monopolkommission.

62 Frankfurter Allgemeine Zeitung vom 23. September 2014

Die Differenzkosten (Die Differenz aus Vergütungen und Erlösen) sind nahezu dreimal so hoch wie für Windkraft vom Lande.[63] Je stärker die erneuerbaren Energien ausgebaut werden, umso weniger Strom können konventionelle Kraftwerke verkaufen und umso niedriger ist der Großhandelspreis, den sie erzielen. Investitionen in neue Kraftwerke oder auch die Fortführung wenig ausgelasteter, bestehender Kraftwerke erscheinen nicht lohnend. Andererseits müssen konventionelle Kraftwerke als Reserve bereitstehen. Wenn es dunkel und windstill ist, kann kein Strom aus Wind- und Photovoltaikanlagen eingespeist werden. Um Versorgungssicherheit[64] zu gewährleisten und Stromausfälle zu vermeiden, wird es vermutlich nötig sein, für das Vorhalten von Reservekapazität einen Preis zu zahlen.[65] Der Stromkunde

---

63   BDEW, a. a. O., S. 38

64   Versorgungssicherheit wird in einer Studie des Energiewirtschaftlichen Instituts an der Universität Köln (EWI) definiert als die Erzeugungskapazität, die erforderlich ist, um die Jahreshöchstlast der Stromnachfrage weitestgehend zu decken. Dabei werden die erneuerbaren Energien mit einer gesicherten Leistung von fünf! Prozent ihrer Kapazität berücksichtigt. Siehe dazu: EWI, Untersuchungen zum zukunftsfähigen Strommarktdesign, Untersuchung im Auftrag des Bundesministeriums für Wirtschaft und Technologie. 2012.
Die Probleme der Vorhaltung der notwendigen Reservekapazität werden in der Literatur unter dem Stichwort Kapazitätsmarkt diskutiert. Siehe dazu: Wissenschaftlicher Beirat beim Bundwesministerium für Wirtschaft und Technologie (BMWi), Langfristige Steuerung der Versorgungssicherheit im Stromsektor, September 2013. Monopolkommission. Sondergutachten 65, Energie 2013: Wettbewerb in Zeiten der Energiewende, S.184-209; Sachverständigenrat zur Begutachtung der gesamtwirtschaftlichen Entwicklung, Jahresgutachten 2013/2014, S. 424-427

65   Nordrhein-Westfalens Wirtschaftsminister Duin forderte, wie berichtet, staatliche Subventionen bis zu sechs Milliarden Euro im Jahr für die Betreiber fossiler Kraftwerke, damit diese Kraftwerke als Reserve vorhalten

wird auch dafür zur Kasse gebeten werden. Die jährlichen Zahlungen werden also weiter steigen.[66]

Die jährliche Belastung der Verbraucher durch das EEG-Gesetz wird allerdings überschätzt, wenn man die Höhe der EEG-Umlage zugrunde legt. Man muss berücksichtigen, dass die Großhandelspreise gesunken sind. Nach Hans-Werner Sinn mussten die deutschen Verbraucher 2013 dennoch die immense Summe von 13 Milliarden Euro mehr bezahlen als konventioneller Strom gekostet hätte.[67] Machen wir uns klar, was das bedeutet:

Im Jahre 2012 waren 1,931 Millionen Kinder im Alter von drei bis sechs Jahren in Kindergärten. Bei einer durchschnittlichen Gebühr von 814 Euro pro Jahr könnte man mit einem Betrag von rund 1,6 Milliarden Euro allen Eltern, die heute Gebühren zahlen, die Zahlung erlassen[68].

Wenn 100.000 Altenpfleger zusätzlich eingestellt würden, um den Pflegenotstand zu mildern, würde dies bei einem

---

66 Durch die EEG-Reform von 2014 wird lediglich der jährliche Ausbau begrenzt; bei der Solarenergie auf 2,5 Gigawatt, bei der Windenergie an Land auf ebenfalls 2,5 Gigawatt, bei der Biomasse auf 100 Megawatt und bei der Windenergie auf See auf eine Installation von 6,5 Gigawatt bis 2020. Doch der Irrsinn wird fortgesetzt. Bis 2025 soll der Anteil der erneuerbaren Energien zwischen 40 und 45 Prozent und bis 2035 zwischen 55 und 60 Prozent betragen. http://www.bmwi.de/DE/Themen/Energie/Erneuerbare-Energien/eeg-reform.htm

67 Hans-Werner Sinn, 13 Thesen zur Energiewende, http://www.cesifo-group.de/de/ifoHome/policy/Sinns-Corner/Sinn-Juni2014-14-Thesen-zur-Energiewende.html

68 Zahlen über die Kinder im Alter von drei bis sechs Jahren in Kindergärten, Statistisches Jahrbuch 2013, S. 59. Angaben über die durchschnittliche Kindergartengebühr http://www.kinderpilot.de/kindergartengebuehren-in-deutschland

unterstellten Bruttojahreseinkommen von 25.000 Euro rund 2,5 Milliarden Eurokosten.[69]

Wenn die Investitionen des Bundes in Autobahnen und Fernstraßen verdoppelt würden, betrügen die zusätzlichen Kosten[70] 5,4 Milliarden Euro

Wenn die Ausgaben der Gemeinden für den Straßenbau um 50 Prozent erhöht würden, kostet das rund[71] 2,1 Milliarden Euro

Das ergibt insgesamt eine Summe von 11,6 Milliarden Euro

Man hätte als noch 1,4 Milliarden übrig, um spezielle Wohltaten zu finanzieren. All das könnte mühelos Jahr für Jahr ohne zusätzliche Belastung der Bevölkerung aufgewendet werden, wenn es den Irrsinn des EEG-Gesetzes nicht gäbe.

Wenn wir den Betrag von 13 Milliarden Euro zur Bekämpfung von Aids, zur Bekämpfung der Malaria oder zum Kampf gegen Hunger und Unterernährung einsetzen, könnten Jahr für Jahr Millionen von Menschen gerettet werden.[72]

---

69   Zahlen über die Bruttoeinkommen der Altenpfleger nach http://www.score-personal.de/altenpfleger-gehalt/ug

70   Quelle: http://www.iwkoeln.de/de/infodienste/iwd/archiv/beitrag/verkehrsinfrastruktur-deutschlands-strassen-zerbroeseln-105579

71   Quelle: http://www.promobilitaet.de/media/file/873.Pro_Mobilitaet_PM_03-2013_Kfw_Kommunalpanel.pdf

72   Bjorn Lomborg weist 2007 darauf hin, dass wir mit 27 Milliarden Dollar, die in der Bekämpfung von Aids eingesetzt werden, im Laufe der folgenden Jahre 28 Millionen Leben retten könnten. 27 Milliarden Dollar sind der Betrag, den wir in zwei Jahren zur Verfügung hätten, wenn es die unsinnige Verschwendung von Geldern nicht gäbe. Bjorn Lomborg, Cool it, München 2008, S. 57. Weiter heißt es bei ihm:
„An Unterernährung sterben jährlich fast 4 Millionen Menschen. Das Problem betrifft, was fast noch dramatischer ist, über die Hälfte der Weltbevölkerung durch Schädigung des Sehvermögens, Senkung des IQ, Ver-

Auch die grünen Gutmenschen in allen Parteien sollten vielleicht einmal innehalten und sich fragen, ob es tatsächlich moralisch vertretbar ist, 13 Milliarden Euro und mehr jährlich zu verschwenden

Der Erfolg der Lobby.

Die Einführung des EEG und das Festhalten an den ökonomisch unsinnigen Einspeisevergütungen ist der Erfolg der grünen Lobby. Es ist der größte und teuerste Lobbyerfolg aller Zeiten. Die volkswirtschaftlichen Kosten dieser Lobbyarbeit stellen alles in den Schatten, was es auf diesem Gebiet je gegeben hat. Noch nie hat die Klientel einer Lobby in diesem Ausmaß absahnen können. Wie konnte das erreicht werden?

Die grüne Lobby ist wohl organisiert. Selbst der zurückhaltend formulierende Sachverständigenrat spricht von „politisch sehr schlagkräftigen Subventionsempfängern"... „vor deren Macht die Politik offenbar auf breiter Front kapituliert hat."[73]

....

zögerung der Entwicklung eines Landes ... Investitionen im Umfang von 12 Milliarden Dollar könnten das Auftreten des Problems wie auch die Todesrate vielleicht auf die Hälfte reduzieren ..." Bjorn Lomborg, a. a. O., S. 58. Und über die Malaria schreibt er: „In einem Zeitraum von zwölf Monaten werden rund zwei Milliarden Menschen infiziert (viele von ihnen mehrmals) und die Krankheit sorgt für eine weitverbreitete Schwächung der Bevölkerung. Investitionen in Höhe von 13 Milliarden Dollar könnten jedoch die Zahl der Erkrankungen um die Hälfte reduzieren, 90 Prozent der Neugeborenen schützen und die Zahl der Todesfälle bei Kindern unter fünf Jahren um 72 Prozent senken:" Lomborg, a. a. O., S. 58

73 Sachverständigenrat zur Begutachtung der gesamtwirtschaftlichen Entwicklung, Jahresgutachten 2012-2013, S. 282

Alexander Neubacher weiß, dass im Bundsumweltmi-
nisterium die Lobbyisten ein und aus- gehen. Er erwähnt
das Beratungsinstitut Ecologic, das zu dem Netzwerk Ecor-
net gehört, zu dem sich verschiedene den Grünen naheste-
hende Institute zusammengeschlossen haben. Das Institut
Ecologic, das auch den Umweltausschuss des Europäischen
Parlaments berät, leistet juristische Unterstützung bei Gesetzentwürfen aus dem EEG-Bereich. Die grünen Berater
verfügten, wie Alexander Neubachef weiß, „zeitweise über
eigene Schreibtische im Ministerium und sogar über dienstliche E-Mail-Adressen."[74] Das stieß immerhin auf scharfe
Kritik des Bundesrechnungshofs.

Neubacher, der als Wirtschaftsredakteur im Haupt-
stadtbüro des „Spiegel" in Berlin arbeitet, kennt sich aus. Er
schreibt: „Mehrere Hundert Ökolobbyisten sind beim Bundestag inzwischen registriert. Sie veranstalten parlamenta-
rische Abende für Abgeordnete, tauchen bei Anhörungen
als Sachverständiger auf und kennen sich im Berliner Re-
gierungsgeschäft bestens aus." Die Umweltverbände spielen
bei Gesetzentwürfen mit. Neubacher: „Bei einer Anhörung
zur Energiewende im vergangenen Jahr traf Greenpeace auf
die Deutsche Umwelthilfe, der Bundesverband Erneuerbare
Energie auf den Bundesverband Bioenergie, der Bundesverband Windenergie auf den Solarenergie-Förderverein
Deutschland, der BUND auf die Grundgrün Energie GmbH,
die Belectrik Solarkraftwerke GmbH und die Solarpraxis
AG. Kritiker waren kaum eingeladen worden, nicht mal von
der Opposition."[75]

---

74   Alexander Neubacher, Ökofimmel, München 2012, S. 127
75   Ebenda, S. 126 f.

Die Lobby hat es unter entscheidender Mitwirkung der Grünen auch verstanden, ihre Leute im Bundesumweltministerium oder im Umweltbundesamt zu platzieren. Ein grüner Ideologe wie Jochen Flasbarth, der im Widerspruch zum wissenschaftlichen Konsens vor den Gefahren der grünen Gentechnik warnt, wurde von Trittin ins Umweltbundesamt geholt und wurde dessen Präsident. Inzwischen ist er Staatssekretär im Umweltministerium.

Die Verbände, die den Ausbau der erneuerbaren Energien bedingungslos unterstützen, können jederzeit ihre Anhänger mobilisieren, wenn eine volkswirtschaftlich gebotene Einschränkung der exorbitanten Förderung geplant ist. Sie können vor allem auf die Unterstützung der meisten Journalisten zählen. Bei ARD und ZDF finden sie immer Gehör. Alexander Neubacher weiß, dass bei Pressekonferenzen des „Potsdam-Instituts für Klimafolgenforschung" schon mal Beifall geklatscht wird.

Die Profiteure.

Die üppigen Subventionen waren eine wahre Goldgrube für Investoren, Großbauern und Kleinbauern, für Waldbesitzer, Berater und Verkäufer. Aloys Wobben Gründer, Eigentümer und Geschäftsführer des Windanlagenherstellers Enercon, zählt zu den reichsten Deutschen. Im Ranking des „Manager Magazins" kam er 2013 unter den hundert reichsten Deutschen mit einem geschätzten Vermögen von 5,6 Milliarden Euro auf Platz 16. Auch der Sonnenkönig genannte Frank Asbeck, Gründungsmitglied des ersten grünen Landesverbands, dessen Unternehmen in den besten Tagen fünf Milliarden Euro wert war, heute aber fast nichts, konnte kräftig absahnen.[76] Aber auch bei den Windkraftanlagen gibt es viele Profiteure, nicht nur bei denen, die wie Aloys Wobben die Anlagen produzieren, sondern bei denen, die dafür bezahlt werden, dass sie die Anlagen auf ihren Grundstücken dulden. „An guten Windstandorten in Schleswig Holstein zahlen Betreiber oft mehr als 50.000 Euro Pacht – pro Windrad, jedes Jahr, 20 Jahre garantiert. Wer als Bauer einen ganzen Windpark an Land zieht, der fährt seinen Trecker nur noch zum Vergnügen."[77] Die Stromkunden dürfen zahlen. Es gibt inzwischen mehr als 23.000 Windanlagen.

Auch das Geschäft mit den Biogasanlagen blüht und bringt wegen der hohen Subventionen Reichtum für die Betreiber. Viele Landwirte sind auf den Zug gesprungen und werden reich.

---

76   Selbst 2011, als sein Unternehmen einen Verlust von 233 Millionen auswies, schüttete Solarworld etwa zehn Milionen Euro Dividende aus, gut ein Viertel ging an ihn. Aber auch in allen Jahren zuvor hatte er sich stets großzügig bedient. Sein Lebensstil ist kein Beispiel für den von den Grünen proklamierten Konsumverzicht. Auch sein Maserati und sein Rolls-Royce sind nicht die Kleinwagen, die die Grünen propagieren. Sein Jagdschloss Calmuth, das er Ende 2008 erwarb, liegt romantisch in einem Seitental des Mittelrheins unweit von Remagen. Auf 350 Hektar Privatwald kann er seinem Jagdhobby nachgehen. Doch ein Schloss reichte dem bekennenden Legastheniker für seine Repräsentationsbedürfnisse nicht. Er erwarb das nun wirklich repräsentative Schloss Marienfels von Thomas Gottschalk, der es für 3,5 Millionen Euro gekauft und anschließend renoviert hatte. Angaben nach: Mari Brück, Nele Hansen, Rebecca Eisert, Der Fall des Sonnenkönigs, „Wirtschaftswoche" vom 19. April 2013

77   Georg Fahrion, Thomas Steinmann, Die Grünen Glücksritter, Capital, Juli 2013, S. 39

Was ist zu tun?

Ökonomisch vernünftig wäre es, den teuren Spuk der Förderung erneuerbarer Energien zu beenden. Mit dem Handel mit Emissionsrechten steht ein effizientes europaweites Instrument zur Reduzierung von CO_2-Emissionen zur Verfügung, durch das die Klimaziele kostengünstig realisiert werden können, indem die Obergrenze für Emissionen (der CAP) kontinuierlich abgesenkt wird. Mit konkreten Ausbauzielen für die erneuerbaren Energien wird die Logik des Emissionshandelssystems ausgehebelt. Sie verursachen, wie gezeigt wurde, horrende Kosten, bewirken aber keine zusätzlichen Einsparungen von CO_2. Leider werden jedoch konkrete Ausbauziele für erneuerbare Energien sowohl von der EU als auch von der Bundesregierung vorgegeben. So soll nach dem im November 2013 geschlossenen Koalitionsvertrag der Anteil der erneuerbaren Energien an der Stromerzeugung bis 2025 auf 40 bis 45 Prozent und bis zum Jahr 2035 auf 55 bis 60 Prozent steigen.[78] Die SPD, die früher einmal die Interessen der Industriearbeiter vertrat, wollte noch höhere Anteile der erneuerbaren Energien durchsetzen. Keiner fragt: Wer soll das bezahlen? Es ist erstaunlich und blamabel, dass von Politikern dieser kostspielige Schwachsinn kaum in Frage gestellt wird.

Wenn die unsinnigen Ausbauziele für erneuerbare Energien tabu sind, kann man mit dem Sachverständigenrat, dem wissenschaftlichen Beirat beim Bundeswirtschaftsministerium und der Monopolkommission fragen, was man am besten aus der verfahrenen Situation machen kann. Die genannten Gremien haben sich alle für eine technologieneu-

---

[78] Koalitionsvertrag zwischen CDU, CSU und SPD. 18. Legislaturperiode, S. 51.

trale Förderung ausgesprochen. Technologieneutral wäre es, wenn einheitlich Mindestvergütungssätze für die Erzeuger erneuerbarer Energien festgesetzt werden. Man hat errechnet, dass bei einheitlichen Einspeisevergütungen auf dem Niveau der Windanlagen an Land von 2013 bis 2020 Kosten im Barwert von bis zu 52 Milliarden Euro (in Preisen des Jahres 2011) eingespart werden können.[79]

Das wird nicht praktiziert, weil die nicht wettbewerbsfähige Photovoltaik bis auf weiteres chancenlos wäre. Die Lobby wird ein solches Quotensystem zu verhindern wissen. Durch die EEG-Reform von 2014 wird lediglich der jährliche Ausbau begrenzt; bei der Solarenergie auf 2,5 Gigawatt, bei der Windenergie an Land auf ebenfalls 2,5 Gigawatt, bei der Biomasse auf 100 Megawatt und bei der Windenergie auf See auf eine Installation von 6,5 Gigawatt bis 2020.

Einige fundamentale Einwände

Wie auch immer CO_2 eingespart wird, so bedeutet das zunächst nichts anderes als eine Reduktion der Nachfrage nach fossilen Brennstoffen. Durch alle bisher diskutierten Maßnahmen zur Verringerung des Ausstoßes an CO_2 wird die Nachfrage verringert. Das Angebot bleibt bei diesen Betrachtungen außen vor. Das Angebot wird durch das Verhalten der Ressourceneigentümer bestimmt. Wie die Anbieter reagieren, wird nicht thematisiert. Es wird bei den Erörterungen anscheinend unterstellt, dass die Anbieter ihr An-

---

79 Sachverständigenrat zur Begutachtung der gesamtwirtschaftlichen Entwicklung, Jahresgutachten 2012-2013 S.283

gebot um jene Menge reduzieren, um die die Nachfrage der EU oder Deutschlands sinkt. Aber warum sollten die Ressourceneigner sich so verhalten? Es spricht überhaupt nichts dafür, dass die Eigentümer der Ressourcen ihr Angebot an fossilen Brennstoffen um den Betrag reduzieren, den wir weniger nachfragen! Wenn wir die realistischere Annahme machen, dass das Angebot vollkommen unelastisch ist, wird der Preis soweit sinken, bis soviel zusätzliche Nachfrage generiert wurde, wie wegen unserer ressourcensparenden grünen Politik ausgefallen ist. Der Beitrag unserer Hunderte von Milliarden verschlingenden Politik auf den Klimawandel wäre gleich Null! Um dies an einem Beispiel von Hans-Werner Sinn zu erläutern. Man gibt bei der Kollekte Geld in den Klingelbeutel. Man tröstet sich bei dem Gedanken, dass dies eine gute Tat ist, selbst wenn alle anderen nichts geben. Wenn diese aber so tief in den Klingelbeutel greifen, dass danach nichts mehr drin ist, wird man sich fragen, ob man das Geld nicht sinnvoller hätte ausgeben können.[80]

Es mag an dieser Stelle hilfreich sein, einen Blick darauf zu werfen, wie es die anderen Länder bisher mit der Reduktion des CO_2-Ausstoßes gehalten haben. Während von 1990 bis 2012 der Ausstoß von Kohlendioxid in der EU 27 um 16 Prozent und bei uns um 22 Prozent gesunken ist, erhöhte er sich im gleichen Zeitraum in den USA um sechs Prozent, in Kanada um 18 Prozent, in Japan um 16 Prozent, in Australien um 43 Prozent, in Südkorea um 162 Prozent, in Indien um 209 Prozent und in China um 274 Prozent![81]

---

80 Sinn, a. a. O., S. 403 f. Siehe zu dem hier nur angedeuteten Themenkomplex das sechste Kapitel das vergessene Angebot, in Sinn a. a. O., S. 374-451.

81 Zahlenangaben nach: „Frankfurter Allgemeine Zeitung" vom 9. November 2013

Selbst wenn unsere Bemühungen den CO_2 Ausstoß zu reduzieren, nicht dadurch konterkariert werden, dass andere um so mehr emittieren, selbst wenn unser Kollektenbeitrag in den Klingelbeutel nicht deshalb vergebens war, weil die Nachfolgenden durch den Griff in den Klingebeutel wieder alles herausgeholt haben, kann man fragen, ob unsere Opfer so viel bewirken, dass sich das Ganze lohnt. Für viele, die die immer wieder verbreiteten Schreckensnachrichten und Horrorszenarien für bare Münze nehmen, stellt sich die Frage gar nicht. Sie wissen: Alles, was getan wird, um unseren Planeten in letzter Minute zu retten, muss gut sein.

Nach den Ergebnissen ökonomischer Modelle ist eine moderate Erwärmung per Saldo von Vorteil, weil die Getreideernten in der Welt insgesamt steigen. Die Gewinne in den Ländern der gemäßigten Zone sind größer als die Verluste in den tropischen Ländern, die zu den Verlierern zählen. Nach Schätzungen von Wissenschaftlern, über die Bjorn Lomborg berichtet, hat die globale Erwärmung seit dem Jahr 1900 einen Wohlstandsgewinn in Höhe von 1,5 Prozent des globalen Bruttosozialprodukts gebracht und wird 2025 einen Hochpunkt erreichen.[82]. Die Zahl der durch Hitze verursachten zusätzlichen Sterbefälle wird als Folge der weiteren Erwärmung zunehmen. Doch die Zahl der vermiedenen Kältetoten übersteigt die Zahl der zusätzlich durch Hitze verursachten Todesfälle nach Schätzungen um 1,2 Millionen.[83]

---

82 Bjorn Lomborg, Extrem viel Geld für wenig Klimaeffekt, „Frankfurter Allgemeine Zeitung" vom 7. Juli 2013

83 How Much Have Global Problems Cost the world: A Scoreyard from 1900 to 2050, zitiert nach Bjorn Lomborg, ebenda. Siehe auch Matt Ridley, Why climate change is good for the world, The Spectator, 19. Oktober 2013

Die EU hat in der Strategie für das Jahr 2020 die Ziele vorgegeben, die Treibhausgasemissionen um mindestens 20 Prozent gegenüber 1990 zu reduzieren und einen Anteil von 20 Prozent erneuerbare Energien am Gesamtenergieverbrauch zu erreichen. Der renommierte Ökonom Richard Tol kommt zu dem Ergebnis, dass die 2020-Strategie etwa jährlich 185 Milliarden Euro kostet. Wird sie über das ganze Jahrhundert fortgesetzt, kostet diese Politik rund 15 Billionen Euro.[84]

Setzt man die Emissionsminderung, die mit dieser Strategie erzielt wird, in die Klimamodelle des IPCC ein, so ergibt sich nach Berechnungen von Bjorn Lomborg, dass der globale Temperaturanstieg um 0,05 Grad Celsius reduziert wird, also um nicht mehr as ein zwanzigstel Grad! Rund hundert Milliarden Euro sind bei uns für die Solarstromproduzenten bereits aufgelaufen. Wenn man die damit erreichten CO_2-Einsparungen in die Klimamodelle einsetzt, errechnet Lomborg, dass sich die Erderwärmung bis 2100 um 37 Stunden!! verzögert.[85] Das heißt, die Erderwärmung würde sich um 37 Stunden verzögern, wenn die primäre CO_2-Einsparung nicht durch das Emissionshandelssystem neutralisiert würde! Tatsächlich wird die Erderwärmung nicht einmal um 37 Stunden verzögert, sondern gar nicht!

Das „Wall Street Journal" hat die deutsche Energiewende mit Maos Großem Sprung nach vorn verglichen. Es gibt in der Tat in der Wirtschaftsgeschichte nur wenige Vorgänge, die dem aus erlösungsideologischer Verbohrtheit entsprun-

---

84   Richard S. J. Tol, A cost-benefit analysisof the Eu 20/20/20 package, Energy Policy, Band 49, Oktober 2012, S.268-295. Siehe auch: Richard S. J. Tol, Why worry about climate change? ESRI Research Bulletin 2009/1/1 S. 1-6

85   Bjorn Lomborg, Extrem viel Geld für wenig Klimaeffekt, a. a. O.

genen ökonomischen Irrsinn der deutschen Energiewende vergleichbar sind. Wie unter Mao ist man bei uns stolz auf die Dezentralisation der Erzeugung, Solaranlagen auf dem Dach, Windkraftanlagen in der Nachbarschaft. Dezentralisation war auch unter Mao das erwünschte Ziel, als die kleinen Hochöfen aus Sand, Steinen, Tonerde und Ziegeln errichtet wurden, in denen Pfannen, Töpfe und landwirtschaftliche Geräte eingeschmolzen wurden. Auch bei uns wird von den Befürwortern der Energiewende Autarkie als eines der Ziele der Energiewende genannt. Ein großer Teil des in den Hinterhofhochhöfen unter Mao produzierten Eisens war unbrauchbar, die Kosten einer Tonne Roheisen waren doppelt so hoch wie das in einem modernen Hochofen hergestellte Roheisen. Auch der Strom, den wir in Windanlagen und aus Sonnenkraft gewinnen, ist weniger wertvoll als konventioneller Strom, weil er oft gerade dann nicht verfügbar ist, wenn er gebraucht wird. Was die Kostensteigerung angeht, können wir Mao allemal toppen! Es gibt allerdings einen fundamentalen Unterschied: In China wurde das Experiment beendet!

Erneuerbare Energien – umweltfreundlich?

Unsere schönsten Naturlandschaften werden durch Windräder entstellt. Die fast 200 Meter hohen Kolosse lassen die Kirchen klein erscheinen. Die Monster stehen im Wald und in der Heide, im Meer und auf den Berggipfeln der einst schönsten Landschaften unserer Heimat. Überall dröhnen und brummen die riesigen Rotoren der Ungetüme, die von den ersten Betreibern noch „Growiane" genannt wurden.

Mit der Zunahme der Anlagengröße werden Turmhöhe und Rotorradien vergrößert. Die Turmhöhe erreicht bei einer Anlage vom Typ E-126 der Firma Enercon 196 Meter. Für eine einzige Anlage dieses Typs muss ein Fundament aus 1.400 m³ Kubikmetern Stahlbeton ins Erdreich gegossen werden. Dieses Fundament wiegt 3.500 Tonnen.[86] In der Grube, die dafür ausgehoben werden muss, könnte man rund 150 Autos vom Typ VW Polo verscharren. Ein modernes Windrad hat die doppelte Spannweite eines Jumbojets, die Rotorspitzen bewegen sich mit bis zu 400 Studenkilometern auf einer Kreisbahn.[87] Für solche Großanlagen werden straßenbreite Schneisen in den Wald geschlagen. Bis zu 10.000 Quadratmeter Wald werden für ein einziges Windrad gerodet.

„Windkraftanlagen sind nicht nur Geländerfresser. Sie erfordern nicht nur die Erschließung, also die Entwaldung ganzer Höhenzüge. Sie sind zudem hoch effiziente Geräte zur Vernichtung von Vögeln und Fledermäusen", schreibt Enoch zu Guttenberg, angesehener Dirigent und Naturschützer der ersten Stunde, in einer leidenschaftlichen Anklage gegen die Zerstörung der Landschaft „unseres wenigstens in Teilen immer noch berückend schönen" Deutschlands.[88] Er weist darauf hin, dass die Bayerische Staatsregierung selbst als besonders gefährdet unter anderem benennt: den Schwarz-storch, den Weißstorch, die Wiesen- und die Rohrweihe, den Schwarz- und den Rotmilan, den Baum- und den Wander-falken, den Wespenbussard, den Uhu, den Grauweiler, – „all

---

86   Erneuerbare Energien Nachrichten, http://www.energieblog24.de/e126/

87   http://www.vernunftkraft.de/mythos-8/

88   Enoch zu Guttenberg, Ich trete aus, Leserbrief an die „Frankfurter Allge-meine Zeitung" vom 12. Mai 2012

dies ohnehin bedrohte Vogelarten, die vom Sog der Windräder angezogen und buchstäblich zerhäckselt werden." Bei der artenschutzrechtlichen Prüfung bei der Zulassung von Windkraftanlagen wurden in Bayern die zu schützenden Vogelarten mir nichts dir nichts von 326 auf 26 Vogelarten reduziert!

Es gibt wenig Untersuchungen darüber, in welchem Maße Vögel durch die Windräder zerschreddert werden. Hermann Hötker vom Michael Otto-Institut geht von 6,9 geschredderten Vögeln und 13,3 getöteten Fledermäusen pro Windrad und Jahr aus. Bei 23.000 Windrädern sind das jährlich 158.000 getötete Vögel und 305.000 zerschredderte Fledermäuse.[89] Immerhin gibt es dafür in Biberach in Baden-Württemberg zwei Brücken zu bewundern, die extra gebaut wurden, damit Fledermäuse besser über die Straße fliegen können. Dafür mussten 435.000 Euro gezahlt werden, wie der Bund der Steuerzahler in seinem Schwarzbuch mitteilt.[90]

Während Niedersachsen bei der Verspargelung und Verwüstung der Landschaft mit 6.700 Anlagen einen Spitzenplatz einnimmt, blieben bisher Bayern und vor allem Baden-Württemberg von der Landschaftsverstümmelung relativ verschont. Das soll sich nach den Vorstellungen der rot-grünen Regierung in Stuttgart möglichst schnell ändern. 2012 gab es dort erst 400 Anlagen. Der Vorsitzende der SPD-Fraktion hat Gesetzesänderungen angemahnt, um die Monster auch in geschützter Landschaft schneller durchzubringen. Das Land soll nicht länger Schlusslicht bleiben.

---

89   Zitiert nach: Wenn die Natur unter die Räder kommt. „Focus" vom 23. September 2013, S. 112

90   „Frankfurter Allgemeine Zeitung" vom 18. Oktober 2013

Man will bei der Verspargelung der Landschaft nicht länger abseits stehen. Bis 2020 wünscht sich Rot-Grün 1.200 neue Anlagen.[91] „Das sind sehr schöne Maschinen, mir gefallen sie", soll Kretschmann über die Windräder gesagt haben.

Was bedeutet das im konkreten Fall? In einem der schönsten Täler Deutschlands, dem Münstertal bei Freiburg werden die Ungetüme bald die Landschaft verunzieren, weil vier von fünf Bürgern Windkraftanlagen auf den Berghöhen sehen wollen. Das musste der Hotelier Fuchs erfahren, der dort das renommierte Hotel „Spielweg" in fünfter Generation führt, und vergeblich versuchte, die Gegner zu mobilisieren.[92]

Einen vergeblichen Kampf führte auch Hans Joachim Mengel, der in der brandenburgischen Uckermark die Kulturlandschaft bewahren wollte und das Schloss Wartin bei Casekow vor den näher rückenden Windrädern schützen wollte. Gegen grüne Überzeugungstäter und die Profiteure stand er auf verlorenem Posten. „Wir erleben die schlimmsten Verheerungen des Landes seit dem dreißigjährigen Krieg" sagt Mengel.[93]

Im Süden Deutschlands ist Rheinland-Pfalz Spitzenreiter in der Verwandlung unberührter Natur in Industriegebiete. Schon 1.300 Windräder drehen sich in dem relativ kleinen Land mit vier Millionen Einwohnern.[94] Doch der grü-

---

91 Ministerium für Umwelt, Klima und Energiewirtschaft Baden-Württemberg, http://www.um.baden-wuerttemberg.de/servlet/is/106679/

92 Winand von Petersdorff, Durchs Land der Riesen, „Frankfurter Allgemeine Zeitung" vom 5. Februar 2012. Ein außergewöhnlich lesenswerter Artikel

93 Zitiert nach: Winand von Petersdorff, a. a. O.

94 http://www.mwkel.rlp.de/Klimaschutz,-Energie/Erneuerbare-Energien/Windenergie

nen Ministerin in Rheinland-Pfalz, Ulrike Höfken, kann es mit der Verschandelung der Landschaft nicht schnell genug gehen. Sie will die Zahl der Windräder bis 2030 mehr als verdoppeln. Bis 2030 soll sich das Land zu 100 Prozent mit Strom aus erneuerbaren Energien versorgen können, wie immer Frau Höfken sich das vorstellen mag. Auch in eigentlich geschützten Gebieten sollen Windräder nach Einzelfallprüfung möglich sein.

Selbst in einem der schönsten Gebiete der Pfalz, der Region Mittelhardt-Weinstrasse, der „deutschen Toskana" mit traumhaft schönen Orten wie Deidesheim, St. Anton, Roth und vielen anderen, die Ausgangspunkt für Wanderungen in den Pfälzer Wald sind, schlägt Frau Höfken zu. Mit den idyllischen Wanderungen soll Schluss sein, denn nach einem nur sechs Kilometer breiten Streifen zu den Hügeln der Haardt, der geschützt sein soll, erwarten den Wanderer nach dem Willen der Ministerin die stählernen Ungetüme. Auch von Nachhaltigkeit, von der die Grünen ständig reden, verabschiedet sich Frau Höfken. Nachhaltigkeit ist ein Wort, das aus der Forstwirtschaft stammt. Die damit gemeinte Pflicht zum Wiederaufforsten hat bei uns den Raubbau des Waldes beendet. Die Ministerin hat angekündigt, den Wald nicht mehr in vollem Umfang aufzuforsten, denn sonst müssten für die geplanten Windräder 1.500 bis 2000 Hektar Wald an anderer Stelle aufgeforstet werden.[95]

Auch das Mittelrheintal, wo die Rheinromantik gegen Ende des 18. Jahrhunderts ihren Ursprung hatte, soll nicht verschont bleiben. Dort sollen in zwei geschützten Flora-Fauna-Habitat-Gebieten Windparks entstehen. Neben der Burg Drachenfels sollen demnächst 18 Windräder stehen,

95 Sturm im Wald, „Frankfurter Allgemeine Zeitung" vom 4. Dezember 2013

jedes höher als der Kölner Dom. Dort brüten Rotmilan und Schwarzstorch. Roland Köhler, der den Widerstand organisiert, sagt, die Windparkpläne am Rhein, seien das „größte Landschaftszerstörungsprogramm seit dem Zweiten Weltkrieg".[96]

Über die Barbarei im Namen des Umweltschutzes schreibt Botho Strauss. „Eine brutalere Zerstörung der Landschaft, als sie mit Windkrafträdern zu spicken und zu verriegeln, hat zuvor keine Phase der Industrialisierung verursacht. Es ist die Auslöschung aller Dichter-Blicke der deutschen Literatur von Hölderlin bis Bobrowski. Eine schonungslosere Ausbeute der Natur lässt sich kaum denken, sie vernichtet nicht nur Lebens-, sondern auch tiefreichende Erinnerungsräume. Dem geht allerdings voraus, dass für die kulturelle Landschaft allgemein kaum noch ein Empfinden lebendig ist. So verbindet sich das sinnliche Barbarentum der Energieökologen mit dem des Massentourismus."[97]

Auch Bayern, das bei der Solarenergie schon trauriger Spitzenreiter ist, will bei Windkraftanlagen aufholen. „Während man in Niedersachsen die Fläche und Weite einer Landschaft hemmungslos verspargelte, geht es in Bayern um die prägenden Sichtachsen, die großen Perspektiven des Landschaftsbildes", schreibt Enoch zu Guttenberg in dem schon zitierten Leserbrief. „Kann es das wirklich sein"? fragt Guttenberg. „Dieses Elendsbild eines besetzten, seiner selbst beraubten Landes, nunmehr auch

96 Wenn die Natur unter die Räder kommt, „Focus" vom 23. September 2013, S. 111

97 Zitiert nach Oskar Lafontaine, Wie die Windräder die Umwelt zerstören, „Frankfurter Allgemeine Zeitung" vom 13. Dezember. 2013.

in Bayern?" Hier seien es nicht die Ebenen sondern die Hügel, Gipfel, Berge und Höhenkämme, die die Planer reizen. Über allen Gipfeln ist Ruh, war gestern. Schluss damit, dekretierten die Freunde der Windenergie.[98] Bayern, das erste Land mit rotierenden Gipfelkreuzen?

Und was machen die Umweltverbände? Sie sahnen ab. Allen voran der BUND. Guttenberg: „Vor 37 Jahren hatte ich die Auszeichnung und die Ehre, den BUND gemeinsam mit so großen Männern wie Bernhard Grzimek, Robert Weinzierl und Herbert Gruhl zu gründen. Ich war in dieser Gründerzeit Vorstandsmitglied und Sprecher des wissenschaftlichen Beirats. Nun jedoch ging mir das Heimatgefühl in diesem meinem zweiten Vaterhaus verloren. Ich erkläre deshalb schweren Herzens und in großer Trauer hiermit meinen Austritt. Ich will nicht Teil sein und teilhaben an alldem was nunmehr – und sei es in bester Absicht – an unkündbar scheinenden Prinzipien über Bord geworfen wurde." Und er schreibt weiter, er wolle seine Hände nicht in die „Nähe zu jenem Geldfass recken, das die Grundbelange des Natur- und Denkmalschutzes" korrumpiere.

Guttenberg weiß, dass es ums Geld ging, als der BUND gegen den geplanten Windpark in Nordergründe am Wattenmeer klagte. Eine der wichtigsten Vogelrouten war gefährdet. Doch gegen eine Zahlung von 800.000 Euro zog der BUND seine Klage zurück. Und ganz ähnlich nahm der BUND seine Klage gegen die Elbvertiefung zurück, als der Betreiber bereit, war neun! Millionen Euro an eine Stiftung zu zahlen.

---

98 Man hat allerdings den Kickelhahn bisher von diesen Monstern verschont

Und auch dem Nabu (Landesverband Hessen) ist der Eintritt in die Schutzgeldbranche gelungen. Als er gegen einen Windpark in Hessen klagte, weil in dem betroffenen Gebiet der Lebensraum des Roten Milan gestört werden könnte, war er bereit, gegen ein Schutzgeld von 500.000 Euro die Klage zurückzuziehen. Die Betreiber waren zur Zahlung bereit, weil durch Gerichtsbeschluss fünf der schon laufenden Windräder per Sofortvollzug stillgelegt wurden und die Klage vermutlich einen jahrelangen Stillstand der Anlage zur Folge gehabt hätte.[99]

Konrad Volkhardt vom Nabu-Kreisverband Werra-Meißner will die „Zustimmung zu Windkraftanlagen gegen Geld" zum Modell erheben. Für jeden kleinen Windpark soll eine halbe Million in eine Umweltstiftung fließen. Der Nabu nutzt das Recht, als Umweltverband klagen zu können, schamlos aus.[100]

Die Auswirkungen der Windkraftindustrie auf den Menschen sind bislang unzureichend medizinisch erforscht. Eine oftmals bagatellisierte Gefahr geht vom so genannten Infraschall aus. Als Infraschall wird der Luftschall unter einer Frequenz von 20 Hertz bezeichnet. In diesem Bereich der tiefen Töne kann der Mensch keine Tonhöhen mehr wahrnehmen. Elefanten und Blauwale hingegen kommunizieren untereinander per Infraschall über große Entfernungen. Die wichtigsten in zahlreichen Fallstudien bei Belastungen durch Infraschall auftretenden Symptome

---

99 Jakob Schlandt, Betreiber beklagen „Wegezoll" für Windräder, „Berliner Zeitung" vom 16. Februar 2013. Es war Johannes Lackmann, der frühere Vorsitzende des Bundesverbandes Erneuerbare Energie, der davon sprach, dass dies der Einstieg des Nabu in die Schutzgeldbranche sei und der laut „Berliner Zeitung" Strafanzeige wegen Erpressung erwägt

100 Ebenda

sind: Schlafstörungen, Kopfschmerzen, Migräne, Herz-
rasen, Bluthochdruck, Unruhe, Nervosität, Reizbarkeit,
Schwindelgefühle, Konzentrationsschwierigkeiten, Tini-
tus, Depressionen, Angstzustände. Ein tragischer Fall wird
von Winand von Petersdorff in dem schon zitierten Aufsatz „Durchs Land der Riesen" geschildert. Bei dem epi-
leptischen Sohn der Familie Hung häuften sich die Anfälle
dramatisch, nachdem in der Nachbarschaft Windräder errichtet wurden. Bei einem dieser Anfälle stürzte der Sohn
die Treppe herunter und ist seitdem querschnittsgelähmt.
Man bagatellisiert die möglichen negativen Wirkungen
des Infraschalls, indem man erklärt, dass Infraschall für
den Menschen nicht wahrnehmbar sei und deshalb auch
nicht schädlich sein könne. Mit diesem Argument könnte
man auch behaupten, radioaktive Strahlung sei unschädlich, weil sie durch den Menschen nicht wahrgenommen
werde![101]

---

101 Siehe dazu: Mythos acht: aus http://www.vernunftkraft.de/category/my-
then/, Nina Pierpont, Windturbine Syndrome. http://windland.ch/presse/
Wind_Turbine_Syndrom_Nichtmediziner_Deutsch.pdf, Renate Nimtz-
Köster, Erdbeben auf der Matratze, „Der Spiegel" vom 22. September
2003, Ärzteforum Emissionsschutz, Gefährdung der Gesundheit durch
Windkraftanlagen, Bernhard Voigt, Gesundheitsgefährdung durch Infraschall – Wie ist der internationale Stand des Wissens? In: Für Windkraft
mit Abstand, http://www.windkraft-abstand.de/infraschall/
Håkan Enbom, Inga Malcus Enbom, Infraschall von Windenergieanlagen
– ein ignoriertes Gesundheitsrisiko, Läkartidningen (schwedische Ärztezeitung) vom 6. August 2013, übersetzt von Volker Heidemann, http://
windwahn.de/index.php/krankheit-56/infraschall/schwedische-studie-
ueber-infraschall
Das Umweltbundesamt hat im Jahr 2011 ein Forschungsvorhaben vergeben, das sich mit der Geräuschbelastung durch tieffrequenten Schall,
insbesondere durch Infraschall, beschäftigt

Ist Bioenergie umweltfreundlich?

Bioenergie wird verwendet, um CO_2-Emissionen zu reduzieren und damit dazu beizutragen, den Klimawandel abzuschwächen. Weil bei der Bildung von Biomasse durch Photosynthese die gleiche Menge an CO_2 assimiliert wird wie bei er Verbrennung freigesetzt wird, sieht man oft Bioenergie als CO_2-neutral an. Bioenergie hat nach dieser Auffassung keinen schädlichen Nettoeffekt auf den CO_2-Gehalt der Atmosphäre.

Doch wenn Flächen für den Anbau von Energiepflanzen genutzt werden, die sonst nicht genutzt würden (Wiesen und Wälder), und die Kohlenstoff aus der Atmosphäre gebunden hätten, ist die wegen des Anbaus von Energiepflanzen verlorene Kohlenstoffbindung in das Kalkül einzubeziehen. Wenn bei einer solchen direkten oder indirekten Landnutzungsänderung Wälder in landwirtschaftliche genutzte Flächen für die Produktion von Energiepflanzen umgewidmet werden, steigen die Emissionen drastisch an.[102] Der schlimmste Raubbau findet in Indonesien und Malaysia

---

102 Nationale Akademie der Wissenschaften, Leopoldina, Bioenergie – Möglichkeiten und Grenzen, Halle Saale, 2013, S. 29. Dabei ist nicht nur die direkte, sondern gerade auch die sogenannte indirekte Flächennutzungsänderung von Bedeutung. Indirekte Flächennutzungsänderung liegt vor, wenn Ackerland, auf dem bisher Nahrungspflanzen angebaut wurden, für die Produktion von Energiepflanzen genutzt wird und die der Ernährung dienenden Pflanzen jetzt auf anderen Flächen erzeugt werden, dort also zum Beispiel Wälder abgeholzt werden. Zu dieser indirekten Flächennutzungsänderung kann es kommen, wenn wegen des sinkenden Angebots an Lebensmitteln die Preise steigen und es lohnend wird, bisher landwirtschaftlich nicht genutzte Flächen zu bearbeiten.

statt, wo große Urwaldgebiete abgeholzt werden, um Palmöl für den sogenannten Ökodiesel zu gewinnen[103].

Nur wenn man unterstellt, dass nicht irgendwo zusätzlich bisher landwirtschaftlich nicht genutzte Wiesen oder Wälder für den Nahrungsmittelanbau genutzt werden, wenn in den USA oder in Europa statt Nahrungsmittel Energiepflanzen angebaut werden, kommt es nicht zu einem Anstieg der Emissionen von Treibhausgasen.

Es steht dann weniger Nahrung für die Bevölkerung zur Verfügung. Wegen der Verminderung des Angebots steigen die Preise. Die Menschen in den reichen Ländern werden ihren Nahrungsmittelkonsum nicht einschränken. Aber die Armen in der Welt, die die Hälfte ihres Einkommens für Nahrungsmittel ausgeben, müssen ihren Verbrauch reduzieren. Eine Verringerung von Treibhausgasen ist also allenfalls dann zu erreichen, wenn mehr Arme Hunger leiden müssen, weil wir ihre Nahrung in unseren Tanks verbrennen.

Dabei ist zu beachten, dass die für den Anbau von Energiepflanzen benötigten Flächen groß sind. Wenn bei uns ein Energieanteil der Biokraftstoffe von zehn Prozent erreicht werden soll, wie es die EU anstrebt, müssten 27 Prozent der deutschen Ackerfläche für den Anbau von Energiepflanzen verwendet werden.[104] [105]

---

103 Autofahrer verbrauchten durch die Beimischung von Biodiesel zu konventionellem Diesel 2012 365 Prozent mehr Palmöl als vor sechs Jahren, „Der Spiegel" vom 9. September 2013, S. 69

104 Siehe dazu Sinn, a. a. O., S. 257. Dem liegen Berechnungen der Internationalen Energieagentur zugrunde. Nach einem Ansatz der OECD beträgt die benötigte Fläche sogar 31 Prozent

105 In einer Lesermeinung in „FAZ online" vom 27. Juli 2012 hat Armin Quentmeier errechnet, dass 2011 pro Kopf der Weltbevölkerung 370 kg Getreide

Der Bioenergierausch hat unsere Landschaft dramatisch verändert. Die Subventionierung der Bioenergie hat bewirkt, dass unsere Bauern in großen Scharen auf den Mais- oder Rapszug gesprungen sind. Die Maisanbaufläche hat sich von 1,5 Millionen Hektar im Jahr 2002 auf 2,6 Millionen Hektar 2012 erhöht (das sind 22 Prozent der gesamten Ackerfläche), um Biogasanlagen zu betreiben oder um Biosprit herzustellen.[106] Stillgelegte Flächen und Brachen werden in Maisäcker umgewandelt, Die stillgelegten Flächen, die für den Vogelbestand segensreich sind, sind von 1,3 Millionen Hektar 1995 auf 215.000 Hektar im Jahr 2012 gesunken.[107]

Mais muss besonders stark gedüngt werden, die Nitratbelastung des Grundwassers steigt, die Böden werden verdichtet, das Land wird mit einer naturfeindlichen Monokultur überzogen, in der sich nur noch die Wildschweine wohl fühlen. Um das Klima zu schützen, wird unsere Kulturlandschaft zerstört, obwohl, wie gezeigt wurde, das Klima gerade nicht gerettet wird.

Die Zahl der Vögel nimmt in dieser Monokultur dramatisch ab. „Seit der Energiewende, nämlich dem Erneuerbare-Energiengesetz 2005 und seit der Abschaffung der obligatorischen Flächenstilllegungen der EU 2007 können nur noch vier von dreißig untersuchten Arten ihren Bestand halten, 26 Arten nehmen ab", zitiert Carl Albrecht von Treuenfels,

---

erzeugt wurden. Mit der aus dieser Getreidemenge erzeugten Menge an Ethanol könne man einen Mittelklassewagen zweimal voll tanken

106 http://www.maiskomitee.de/web/public/Fakten.aspx/Statistik/ Deutschland,
und www.destatis.de/DE/PresseService/Presse/Pressemitteilungen /2012/10/PD12_360_412.html

107 www.destatis.de/DE/PresseService/Presse/Pressemitteilungen/2012/10/ PD12_360_412.html

langjähriger Präsident des WWF, Martin Flade vom DDA (Dachverband Deutscher Avifaunisten). In einem lesenswerten Artikel in der „Frankfurter Allgemeinen Zeitung" vom 22. September 2012 hat von Treuenfels den Bioenergiewahn in eindringlichen Worten verdammt.[108]

Selbst die Umweltschutzverbände und die Grünen sind inzwischen gegen die Biospritpolitik der EU. „Die momentane Agrospritpolitik der EU paart ökonomische Unvernunft mit ökologischer und sozialer Verantwortungslosigkeit", erklärt im „Spiegel" Kathrin Birkel vom Bund für Umwelt und Naturschutz, einem Verband, der sonst mit im Bunde ist, wenn es gilt, die Natur platt zu machen.[109]

Wenn man danach fragt, wer für diese Politik des ökonomischen Irrsinns und der ökologischen Unvernunft verantwortlich ist, landet man bei den Grünen, auch wenn diese „Meister des guten Gewissens" (Jan Fleischhauer) heute davon nichts mehr wissen wollen, weil sie angeblich schon immer gegen diesen Unsinn waren. Jürgen Trittin, der die Biospritmisere initiiert hatte, pries einst als Bundesumweltminister den Biosprit als „Kraftstoff für unsere Zukunft" und verkündete im November 2005 auf einem Internationalen Kongress für Biokraftstoffe: „Der Acker wird zum Bohrloch des 21. Jahrhunderts". Renate Künast erklärte als Landwirtschaftsministerin: „Wir wollen den Landwirten den Weg für den Einsatz von Biokraftstoffen ebnen und deren Markteinführung beschleunigen".[110] Und für Bärbel Höhn war gar die

---

108 Carl Albrecht von Treuenfels, Unheimliche Feldruhe, „Frankfurter Allgemeine Zeitung" vom 22. September 2012

109 „Der Spiegel" vom 9. September 2013, S. 69

110 Alle Zitate aus: Jan Fleischhauer, Meister des guten Gewissens, „Spiegel online" vom 23. August 2012

Förderung von Bioenergie eine Frage der nationalen Sicherheit.[111] Im Wahlkampf 2005 war sie noch „mit 100 Prozent Flower-Power durch die Gegend gefahren".[112]

Wenn es einen Wettbewerb in den Disziplinen Heuchelei, Schamlosigkeit und Selbstgerechtigkeit gäbe, wären die Grünen kaum zu schlagen.

Bärbel Höhn will jetzt Strom aus Wildkräutern stärker fördern. Hoffen wir mit Jan Fleischhauer, dass nicht in naher Zukunft das Pflücken von Löwenzahn wegen des Verstoßes gegen die Energiesicherheit unter Strafe gestellt wird.

Literaturempfehlung

Hans-Werner Sinn, Das grüne Paradoxon, Plädoyer für eine illusionsfreie Klimapolitik, Berlin 2012. In dem sehr zu empfehlenden Buch werden die in diesem Abschnitt nur kurz diskutierten Fragen auf hohem wissenschaftlichen Niveau umfassend auf 573 Seiten in verständlicher Sprache behandelt.

Joachim Weimann, Die Klimapolitikkatastrophe, Deutschland im Dunkel der Energiesparlampe. Dritte Auflage, Marburg 2010. Klar, verständlich und kompetent.

---

111 Fleischhauer, a. a. O.

112 Alexander Neubauer, Ökofimmel, München 2012, S. 43